課程發展與設計新論

黃光雄、蔡清田　著

五南圖書出版公司 印行

推薦序一

　　我國於2014年8月正式實施「十二年國民基本教育」，教育部陸續公布《十二年國民基本教育課程發展指引》、《十二年國民基本教育課程綱要總綱》，並以受到「聯合國教育科學文化組織」、「歐洲聯盟」、「經濟合作與發展組織」重視的「核心素養」作為課程連貫與統整的核心。

　　《課程發展與設計新論》一書的出版，可因應十二年國民基本教育課程改革之需，本書首先便明確指出十二年國民基本教育課程改革的「核心素養」是課程垂直連貫與水平統整的核心，而且本書內容更包括課程的結構與意義、課程設計與課程研究、課程設計的理論取向意識型態、課程設計的模式、課程選擇、課程組織與統整、課程發展、課程實施與課程領導、課程評鑑、課程研究的回顧與展望等共十章。特別重視「核心素養」的意義、課程結構與意義，說明「核心素養」的課程設計與研究發展之意涵；指出精粹主義、經驗主義、社會主義、科技主義與專業主義等理論取向意識型態；說明目標模式、歷程模式、情境模式的課程設計；說明課程選擇的規準與原則；指出課程組織的要素、課程組織的原則、課程組織的類型與結構；指出教師教學本位的課程發展、國家政策本位的課程發展與行動研究本位的課程發展；指出課程實施與教師角色、課程實施的研究觀點、課程實施的探究主題與配套措施；說明課程評鑑的步驟與標準、評鑑的類型、評鑑的模式與課程評鑑的價值取向；第十章課程研究的回顧與展望——邁向課程學的建立，論述條理分明，不僅具有創新價值，更具有課程理論探究與實務應用的重要性，故值得推薦出版。

臺灣首府大學講座教授兼人文學院院長

歐用生

推薦序二

　　本書作者黃光雄與蔡清田都是國內課程界知名學者，十分關注我國課程改革，而且對於課程發展與設計投入相當多的研究如國家科學委員會的《全方位的國民核心素養之教育研究》、國家教育研究院《中小學課程相關之課程、教學、認知發展等學理基礎與理論趨向之研究》、《K-12中小學課程綱要之核心素養與各領域之連貫體系研究》、《K-12一貫課程綱要各教育階段核心素養與各領域課程統整之研究》及《十二年國民基本教育課程發展指引草案研擬研究》。

　　本書《課程發展與設計新論》全文包括課程的結構與意義、課程設計與課程研究、課程設計的理論取向意識型態、課程設計的模式、課程選擇、課程組織與統整、課程發展、課程實施與課程領導、課程評鑑、課程研究的回顧與展望等共十章。特別說明「核心素養」的意義、課程結構與意義，說明「課程即經驗」、「課程即計畫」、「課程即目標」與「課程即研究假設」等五種課程現象與「核心素養」的課程設計與研究發展之意涵；指出精粹主義、經驗主義、社會主義、科技主義與專業主義等理論取向意識型態；說明目標模式、歷程模式、情境模式的課程設計；說明課程選擇的規準與課程選擇的原則；指出課程組織的要素、課程組織的原則、課程組織的類型與結構；指出教師教學本位的課程發展、國家政策本位的課程發展與行動研究本位的課程發展；指出課程實施與教師角色、課程實施的研究觀點、課程實施的探究主題與配套措施；說明課程評鑑的步驟與標準、評鑑的類型、評鑑的模式與課程評鑑的價值取向；第十章課程研究的回顧與展望——邁向課程學的建立，包括第一節課程研究的回顧與展望，第二節課程研究的再研究——邁向課程學的建立。

　　本書歸納整理最新的研究文獻與提出最新的研究成果，具有課程研究發展的理論與實踐之價值，並可提供學校教師與課程研究發展人員，作為進

行課程發展與設計之參考，亦可提供關心教育改革的政府與民間相關人士，
作為推動十二年國民基本教育課程改革的參考，故特別加以推薦。

法鼓文理學院講座教授
陳伯璋

自 序

　　本書名為《課程發展與設計新論》，旨在因應我國課程改革方興未艾的課程發展理論與實務之需，並展望未來邁向課程學之建立，特別是我國於2014年8月正式實施「十二年國民基本教育」，教育部陸續公布《十二年國民基本教育課程發展指引》、《十二年國民基本教育課程綱要總綱》、進行國民中小學九年一貫課程綱要的調整、高中職課程綱要的更新、與K-12課程綱要的研究規劃。因此，本書《課程發展與設計新論》共十章。第一章課程結構與課程意義，首先指出十二年國民基本教育課程改革的「核心素養」之意義，進而指出課程結構與意義，說明課程的豐富面貌，並進而指出「課程即科目」、「課程即經驗」、「課程即計畫」、「課程即目標」與「課程即研究假設」等五種課程現象。第二章課程設計與課程研究，闡述了「核心素養」的課程設計與研究發展意涵，說明課程設計的意義，並進而指出教育的三類研究、課程研究的意義、課程的三類研究、課程模式與理論以及透過課程研究，落實學校本位課程發展的理念。第三章課程設計的意識型態，說明課程的意識型態，並進而指出精粹主義理論取向、經驗主義理論取向、社會主義理論取向、科技主義理論取向與專業主義理論取向等課程意識型態。第四章課程設計的模式，說明目標模式、歷程模式、情境模式的課程設計，進而指出課程設計模式的多樣化。

　　第五章課程選擇，說明課程選擇的重要，並進而指出課程選擇的規準與課程選擇的原則。第六章課程組織與課程統整，說明課程組織的規準，進而指出課程組織的要素、課程組織的原則、課程組織的類型與結構。第七章課程發展，說明課程發展的意義，並進而指出課程發展的進路、教師教學本位的課程發展、國家政策本位的課程發展與行動研究本位的課程發展。第八章課程實施與課程領導，說明課程實施意義，指出課程實施與教師角色、課程實施的研究觀點、課程實施的探究主題與配套措施及課程領導行動策略的相關議題。第九章課程評鑑，說明課程評鑑的基本概念，指出步驟與標準、

評鑑的類型、評鑑的模式與課程評鑑的價值取向。另外新增第十章課程研究的回顧與展望——邁向課程學的建立，包括第一節課程研究的回顧與展望，第二節課程研究的再研究——邁向課程學的建立。本書旨在提供學校教師與課程研究發展人員，作為進行課程發展與設計之參考，亦可提供關心教育改革人士，作為進行課程研究與推動課程改革的參考。特別也感謝五南圖書出版公司發行人楊榮川先生與陳念祖副總編輯，慨允協助出版。作者才疏學淺，舛誤之處，尚乞方家不吝指正。

黃光雄與蔡清田
謹識於國立中正大學教育學院
2015年2月1日

目　錄

第一章　課程結構與課程意義

本章旨在說明課程（curriculum）的結構以及課程的各種意義，作者首先因應我國十二年國民基本教育課程改革闡述有關「素養」（蔡清田，2011）、「核心素養」（蔡清田，2012）、「國民核心素養」（蔡清田，2014）的意義，進而說明課程結構包括「顯著課程」（explicit curriculum）、「潛在課程」（hidden curriculum）與「懸缺課程」（null curriculum）等三種類型，並進而指出教育人員經常接觸的「課程即科目」、「課程即經驗」、「課程即計畫」、「課程即目標」與「課程即研究假設」等五種課程現象的意義、功能與限制（蔡清田，2008）。

第一節　核心素養的意義

我國「十二年國民基本教育」之課程發展與設計，本於全人教育的精神，以「自發」（taking the initiative）、「互動」（engaging the public）及「共好」（seeking the common good）為「基本理念」，以「成就每一個孩子—適性揚才、終身學習」為「願景」，強調學生是自發主動的學習者，學校教育應善誘學生的學習動機，透過適性教育提升學生學習的渴望與創新的勇氣，激發學生生命的喜悅與生活的自信，引導學生妥善開展與自我、與他人、與社會、與自然的互動能力，協助學生應用及實踐所學、體驗生命意義，成為具有社會適應力與應變力的終身學習者，善盡國民責任並展現共生智慧，期使個體與群體的生活和生命更為美好，願意致力社會、自然與文化的永續發展，共同謀求彼此的互惠與共好。在前述基本理念引導下，《十二年國民基本教育課程綱要總綱》（教育部，2014），明訂「啓發生命潛能」、「陶養生活知能」、「促進生涯發展」、「涵育公民責任」四項總體「課程目標」，以協助學生學習與發展。上述課程目標應結合「核心素養」（core competencies）加以發展與設計，並考量各學習階段特性予以達成，期落實十二年國民基本教育「自發」、「互動」與「共好」的課程理念，以臻全人教育之理想。

特別是教育部於2013年11月30日透過「十二年國民基本教育課程審議會第四次審議大會」審議通過《十二年國民基本教育課程發展指引》，作

為十二年國民基本教育課程連貫與統整的核心（蔡清田，2014），教育部更於2014年2月17日以臺教授國部字第1030007735號函發布《十二年國民基本教育課程發展指引》，以國民所需的「核心素養」作為《十二年國民基本教育課程發展的主軸（蔡清田，2014），指引《十二年國民基本教育課程綱要總綱》與各領域／科目課程綱要及各級學校課程之發展。因此，本書就此進一步論述《十二年國民基本教育課程綱要總綱》、《十二年國民基本教育課程發展指引》（國家教育研究院，2014）、《中華民國教育報告書》（教育部，2011a）、《十二年國民基本教育實施計畫》（教育部，2011b）、《十二年國民基本教育：開啟孩子的無限可能》（教育部，2012）、《普通高級中學課程綱要》（教育部，2008a）、《職業學校群科課程綱要》（教育部，2008b）、《國民中小學九年一貫課程綱要》（教育部，2008c）、《綜合高級中學課程綱要》（教育部，2009）與《幼兒園教保活動課程暫行大綱》（教育部，2012a）等有關「素養」（蔡清田，2011）、「核心素養」（蔡清田，2012）、「國民核心素養」（蔡清田，2014）的理念，及其具有的課程意義（蔡清田、陳伯璋、陳延興、林永豐、盧美貴、李文富、方德隆、陳聖謨、楊俊鴻、高新建、李懿芳、范信賢，2013）。

一、「素養」

「素養」（competence）是一種構念，也是一種根據學理建構的理論構念（蔡清田，2014），「素養」是指個人為了健全發展，並發展成為一個健全個體，必須透過教育而學習獲得因應社會之複雜生活情境需求所不可欠缺的「知識」、「能力」與「態度」（陳伯璋、張新仁、蔡清田、潘慧玲，2007），特別是指個人經過學校教育課程設計而學習獲得的「優質教養」之綜合狀態簡稱為「素養」（蔡清田，2011）；簡言之「素養」就是透過教育情境獲得學以致用的「知識」、「能力」與「態度」而展現出「優質教養」，強調非先天遺傳的後天「教育」與人為「學習」之功能（蔡清田、陳延興、吳明烈、盧美貴、陳聖謨、方德隆、林永豐，

2011），一方面可協助個體獲得「優質生活」，另一方面可協助人類因應當前「資訊社會」及未來「優質社會」的各種社會場域生活之挑戰（蔡清田，2012）。

二、「核心素養」

「核心素養」（core competencies）是「核心的」素養（蔡清田，2012），不僅是「共同的」素養，更是「關鍵的」、「必要的」、「重要的」素養，具有「關鍵性」、「必要性」、「重要性」的核心價值，是經過社會賢達所精心挑選出來，並可透過課程設計專業將「學科知識」與「基本能力」取得均衡並加以精密組織及安排先後順序，而且是可學習、可教學、可評量的關鍵必要素養，核心素養具有「關鍵性」、「必要性」、「重要性」的結構，可以促成各學習領域科目課程發展的統整性與連貫性，進而建構各教育階段課程的連貫體系（蔡清田、洪若烈、陳延興、盧美貴、陳聖謨、方德隆、林永豐、李懿芳，2012），不僅可提升教師課程設計與教學實施的效能並可提升學生學習的效能，可進一步發揮國民教育的學校功能，進而彰顯「個人發展」與「社會發展」的功能（Rychen & Salganik, 2003），因此「核心素養」被譽為是課程發展與設計的關鍵DNA（蔡清田，2012）。簡言之，每一個個人終其一生一定需要許許多多的素養，以因應各種社會生活之所需，這些是一般普羅大眾生活必須具備的素養，如學會聽說讀寫等語文溝通、解決問題等等日常生活所需的素養，而且這些所有社會成員都應該共同具備的素養，並非無所不包，而是可以再區分為比較「關鍵的」、「必要的」、「重要的」被認為是最根本、不能被取代、而且居於最核心地位的「核心素養」，以及由「核心素養」所延伸出來的其他相關的周邊外圍素養，這些社會成員都應共同具備「關鍵的」、「必要的」、「重要的」被認為是最根本、不能被取代、量少質精的關鍵少數、且居於最核心地位的素養，叫做「核心素養」（蔡清田，2011）。

三、「國民核心素養」

　　「國民核心素養」（National core competencies）係指每一個「國民」都須具備的「核心素養」（蔡清田，2014），是國民必須具備核心而關鍵必要的「核心素養」，不僅是「共同的素養」，更是「關鍵的」、「必要的」、「重要的」素養，具有「關鍵性」、「必要性」、「重要性」的核心價值，不僅可以有助於滿足個人「優質生活」需求，協助國民獲得個人成功的人生，以營「成功的個人生活」，更可以有助於建立功能健全的社會，達成「優質社會」發展願景，以建構「功能健全的社會」（蔡清田，2012）。

　　我國教育部「高級中等以下學校課程審議委員會」第二次審議大會於2014年10月27日審議通過《十二年國民基本教育課程綱要總綱》的特色之一，是在傳統「學科」課程設計外，納入「核心素養」的課程設計理念。「學科」課程設計是以領域／科目為課程設計導向，重視領域／科目的「學科知識」；「核心素養」的課程設計則是強調跨領域／科目與跨教育階段的全方位國民核心素養之培養。本書針對「國民核心素養」進行闡述，以培養國民應具備的「核心素養」。「國民核心素養」是統整的「知識」、「能力」與「態度」，能積極回應個人及社會的生活情境需求，使國民個人得以過著積極與負責任的社會生活，面對現在與未來的社會生活挑戰（蔡清田，2012）。「素養」不只是「能力」，而是一種廣義的新能力與新知能，包含了「知識」、「能力」與「態度」之統整，要能內化並強調知行合一，不僅透過學習學會認知、技能與情意，並能學以致用且願意實踐在生活情境中（蔡清田，2011）。

　　「國民核心素養」兼重「個人發展」與「社會發展」的雙重功能（蔡清田，2011），不只是可以展現優質的國民個人「基本知能」或「基本素養」，更可展現優質社會文化的「核心素養」之特質，進而強化國家的競爭力。「國民核心素養」乃是國民個人實現「優質生活」需求繼而參與「優質社會」生活所不可或缺、且必須具備核心的素養（蔡清田，2012），「國民核心素養」可涵括所通稱之「國民基本知能」或「國民基

本素養」（蔡清田，2012），而且具有課程發展與設計的意義（蔡清田，2014）。十二年國民基本教育之核心素養係強調培養以人為本的「終身學習者」，包括「自主行動」、「溝通互動」、「社會參與」三大面向，以及「身心素質與自我精進」、「系統思考與解決問題」、「規劃執行與創新應變」、「符號運用與溝通表達」、「科技資訊與媒體素養」、「藝術涵養與美感素養」、「道德實踐與公民意識」、「人際關係與團隊合作」、「多元文化與國際理解」九大項目。學生能夠依三面九項所欲培養的素養，以解決生活情境中所面臨的問題，並能因應生活情境之快速變遷而與時俱進，成為一位終身學習者。以下茲以「國民核心素養的滾動圓輪意象」，來顯示國民核心素養的重要內涵，如圖1.1所示。

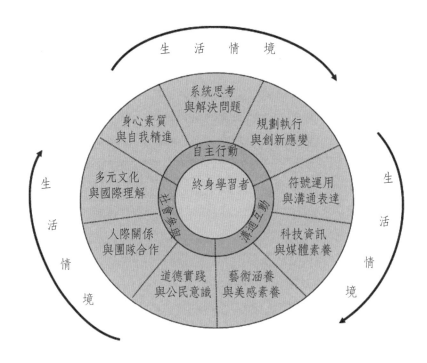

✿圖1.1　國民核心素養的滾動圓輪意象

　　《十二年國民基本教育課程綱要總綱》的「國民核心素養」整合了「核心素養」的理論依據之臺灣本土研究與國際全球研究的雙重視野，是經過社會賢達所精心挑選出來（蔡清田、洪若烈、陳延興、盧美貴、陳聖謨、方德隆、林永豐、李懿芳，2012），可爭取在地認同與國際理解，具有「自主行動」、「溝通互動」、「社會參與」等三維面向多樣型態，並展現出「國民核心素養」具有「終身學習者」的三面九項之多樣學習面向，可建構以國民為終身學習者的主體，並建立嚴謹結構而巧妙精美的課程連貫體系，特別是「自主行動」、「溝通互動」、「社會參與」三維面向之下的「身心素質與自我精進」、「系統思考與解決問題」、「規劃執行與創新應變」、「符號運用與溝通表達」、「科技資訊與媒體素養」、「藝術涵養與美感素養」、「道德實踐與公民意識」、「人際關係與團隊合作」、「多元文化與國際理解」等多樣型態範疇的豐富內涵；更展現出「國民核心素養」具有終身學習者在國小、國中、高中職等教育階段之垂直連貫性，進一步彰顯了「國民核心素養」的多樣性與多層次性的嚴謹結構與精緻巧妙的課程連貫體系，不僅可以展現「國民核心素養」垂直連貫之姿，更可以融入國民生活情境並跨越各種社會領域及學習領域／科目之中，不僅有助於國民個人獲得成功的人生，更可以有助於建立功能健全的社會。這一方面說明了「國民核心素養」是可透過課程設計加以選擇組織及安排先後順序，另一方面可以詮釋了國民教育與生活情境之間的動態發展及其所交織而成的課程連貫體系，說明了「國民核心素養」可加以「組織」安排幼兒園教育階段、初等教育階段、前期中等教育階段、後期中等教育階段等各關鍵教育階段的先後順序（蔡清田，2014），因此確定國民在12歲、15歲、18歲等各教育階段所學習獲得的內容與程度水準；換言之，國民核心素養依照個體身心發展階段各有其具體內涵，依序分為國小、國中及高級中等教育等三個教育階段，在自主行動、溝通互動與社會參與等三大面向循序漸進，進而成為能具備在各面向均衡發展的現代國民，參見表1.1我國「十二年國民基本教育」各教育階段國民核心素養具體內涵。

✿表1.1 我國「十二年國民基本教育」各教育階段國民核心素養 具體內涵

一個核心	三個面向	九個項目	項目說明	國民核心素養具體內涵		
				國民小學教育	國民中學教育	高級中等學校教育
終身學習者	A 自主行動	A1 身心素質與自我精進	具備身心健全發展的素質，擁有合宜的人性觀與自我觀，同時透過選擇、分析與運用新知，有效規劃生涯發展，探尋生命意義，並不斷自我精進，追求至善。	E-A1 具備良好的生活習慣，促進身心健全發展，並認識個人特質，發展生命潛能。	J-A1 具備良好的身心發展知能與態度，並展現自我潛能、探索人性、自我價值與生命意義、積極實踐。	U-A1 提升各項身心健全發展素質，發展個人潛能，探索自我觀，肯定自我價值，有效規劃生涯，並透過自我精進與超越，追求至善與幸福人生。
		A2 系統思考與解決問題	具備問題理解、思辨分析、推理批判的系統思考與後設思考素養，並能行動與反思，以有效處理及解決生活、生命問題。	E-A2 具備探索問題的思考能力，並透過體驗與實踐處理日常生活問題。	J-A2 具備理解情境全貌，並做獨立思考與分析的知能，運用適當的策略處理解決生活及生命議題。	U-A2 具備系統思考、分析與探索的素養，深化後設思考，並積極面對挑戰以解決人生的各種問題。
		A3 規劃執行與創新應變	具備規劃及執行計畫的能力，並試探與發展多元專業知能、充實生活經驗，發揮創新精神，以因應社會變遷、增進個人的彈性適應力。	E-A3 具備擬定計畫與實作的能力，並以創新思考方式，因應日常生活情境。	J-A3 具備善用資源以擬定計畫，有效執行，並發揮主動學習與創新求變的素養。	U-A3 具備規劃、實踐與檢討反省的素養，並以創新的態度與作為，因應新的情境或問題。

B 溝通互動	B1 符號運用與溝通表達	具備理解及使用語言、文字、數理、肢體及藝術等各種符號進行表達、溝通及互動，並能瞭解與同理他人，應用在日常生活及工作上。	E-B1 具備「聽、說、讀、寫、作」的基本語文素養，並具有生活所需的基礎數理、肢體及藝術等符號知能，能以同理心應用在生活與人際溝通。	J-B1 具備運用各類符號表情達意的素養，能以同理心與人溝通互動，並理解數理、美學等基本概念，應用於日常生活中。	U-B1 具備掌握各類符號表達的能力，以進行經驗、思想、價值與情意之表達，能以同理心與他人溝通並解決問題。
	B2 科技資訊與媒體素養	具備善用科技、資訊與各類媒體之能力，培養相關倫理及媒體識讀的素養，俾能分析、思辨、批判人與科技、資訊及媒體之關係。	E-B2 具備科技與資訊應用的基本素養，並理解各類媒體內容的意義與影響。	J-B2 具備善用科技、資訊與媒體以增進學習的素養，並察覺、思辨人與科技、資訊、媒體的互動關係。	U-B2 具備適當運用科技、資訊與媒體之素養，進行各類媒體識讀與批判，並能反思科技、資訊與媒體倫理的議題。
	B3 藝術涵養與美感素養	具備藝術感知、創作與鑑賞能力，體會藝術文化之美，透過生活美學的省思，豐富美感體驗，培養對美善的人事物，進行賞析、建構與分享的態度與能力。	E-B3 具備藝術創作與欣賞的基本素養，促進多元感官的發展，培養生活環境中的美感體驗。	J-B3 具備藝術展演的一般知能及表現能力，欣賞各種藝術的風格和價值，並瞭解美感的特質、認知與表現方式，增進生活的豐富性與美感體驗。	U-B3 具備藝術感知、欣賞、創作與鑑賞的能力，體會藝術創作與社會、歷史、文化之間的互動關係，透過生活美學的涵養，對美善的人事物，進行賞析、建構與分享。
C 社會參與	C1 道德實踐與公民意識	具備道德實踐的素養，從個人小我到社會公民，循序漸進，養成社會責任感及公民意識，主動關注公共議題並積極參與社會活動，關懷自然生態與人類永續發展，而展現知善、樂善與行善的品德。	E-C1 具備個人生活道德的知識與是非判斷的能力，理解並遵守社會道德規範，培養公民意識，關懷生態環境。	J-C1 培養道德思辨與實踐能力，具備民主素養、法治觀念與環境意識，並主動參與公益團體活動，關懷生命倫理議題與生態環境。	U-C1 具備對道德課題與公共議題的思考與對話素養，培養良好品德、公民意識與社會責任，主動參與環境保育與社會公共事務。

| | | C2
人際
關係
與
團隊
合作 | 具備友善的人際
情懷及與他人建
立良好的互動關
係,並發展與人
溝通協調、包容
異己、社會參與
及服務等團隊合
作的素養。 | E-C2具備理解他
人感受,樂於與
人互動,並與團
隊成員合作之素
養。 | J-C2具備利他與
合群的知能與態
度,並培育相互
合作及與人和諧
互動的素養。 | U-C2發展適切的
人際互動關係,
並展現包容異
己、溝通協調及
團隊合作的精神
與行動。 |
| | | C3
多元
文化
與
國理
際解 | 具備自我文化認
同的信念,並尊
重與欣賞多元文
化,積極關心全
球議題及國際情
勢,且能順應時
代脈動與社會需
要,發展國際理
解、多元文化價
值觀與世界和平
的胸懷。 | E-C3具備理解與
關心本土與國際
事務的素養,並
認識與包容文化
的多元性。 | J-C3具備敏察和
接納多元文化的
涵養,關心本土
與國際事務,並
尊重與欣賞差
異。 | U-C3在堅定自
我文化價值的同
時,又能尊重欣
賞多元文化,具
備國際化視野,
並主動關心全球
議題或國際情
勢,具備國際移
動力。 |

　　《十二年國民基本教育課程綱要總綱》明確指出,國民所需具備的跨領域與跨教育階段九項「核心素養」是可分教育階段、跨領域/科目、分領域/科目的學習,且各領域/科目都可依其特性理念目標,發展出各「領域/科目核心素養」,而能促進「國民核心素養」(蔡清田、陳伯璋、陳延興、林永豐、盧美貴、李文富、方德隆、陳聖謨、楊俊鴻、高新建、李懿芳、范信賢,2013)。「領域/科目核心素養」係指各教育階段核心素養結合各領域/科目理念與目標後,在各領域/科目內的具體展現。換言之,「領域/科目核心素養」,是指在各教育階段中的不同領域/科目以其學科語言來呈現此教育階段與此呼應的該領域/科目核心素養具體內涵。因此,各領域/科目核心素養可考量其領域/科目的獨特性或高級中等教育階段學校類型的差異性而加以發展,不必涵蓋核心素養或各教育階段核心素養的所有面向,具有課程發展與設計的彈性空間。

第二節　課程結構與意義

　　「課程」具有何種結構？特別是「課程」的意義是什麼？眾說紛紜，有如蘇東坡的〈題西林壁〉所云：「橫看成嶺側成峰，遠近高低各不同；不識廬山眞面目，只緣身在此山中」，此種千變萬化的景象，不僅讓教育相關人員嘆爲觀止，更顯露出課程現象的動態性與意義的多樣性（蔡清田，2007）。例如：部分家長與社會人士便往往習慣於認爲課程便是學校教學「科目」（Willis, Schubert, Bullough, Kridel, & Holton, 1994）；部分學校教師也都習慣於接受課程是出版社編輯設計出版的「教科用書」（Glatthorn, 1987）；部分課程學者認爲課程是指「教材大綱」，亦即，課程是條列教材內容的綱要（Bruner, 1967）；也有部分教育行政人員強調課程是一系列的教學「目標」（Bobbitt, 1918; Tyler, 1949）；更有教育行政人員主張課程是一種學校教學「計畫」（黃政傑，1991）；也有部分課程學者認爲課程應該是指學生學習「經驗」（Schubert, 1986; Skilbeck, 1984）；甚至有學者從教師的專業角度來分析課程的教育意義，將課程視爲有待教師在教室情境當中加以實地考驗的一套教學歷程的「研究假設」（蔡清田，2001）。

　　可見，課程存在許多層次，每一個層次的課程都是特殊決定過程所造成的結果（黃光雄、蔡清田，1999）。這種情形就如同Daignault（1995, 483）所探討的課程理念與教學實務之間的「缺口」與「落差」之現象，流露出課程現象的動態性與意義的多樣性，具有「諾曼地」的游牧性質（Pinar, Reynold, Slattery, & Taubman, 1995, 483），也是變動不居的、未完成的、有待補充的（Cherryhomes, 2002）。但是，課程概念的意義分歧混淆，造成課程意義的分殊與多樣化，不僅令學校教育人員莫衷一是，而且不同人士的不同課程觀點，極易形成迥異的立場，造成學校教育人員、家長與關心教育的社會大眾與相關人員的相當困擾（蔡清田，2008），因此，本節旨在針對課程的結構與意義加以說明。

一、課程的結構

　　就課程結構而言，我國《十二年國民基本教育課程綱要總綱》指出「十二年國民基本教育」課程類型區分為二大類：「部定課程」與「校訂課程」，如表1.2所示。

☙表1.2　「十二年國民基本教育」各教育階段課程類型

教育階段 課程類型		部定課程	校訂課程
國民小學		領域學習課程	彈性學習課程
國民中學			
高級中等學校	普通型高級中等學校	一般科目 專業科目 實習科目	校訂必修課程 選修課程 團體活動時間 彈性學習時間
	技術型高級中等學校		
	綜合型高級中等學校		
	單科型高級中等學校		

　　依據《十二年國民基本教育課程綱要總綱》的說明「部定課程」是由國家統一規劃，以養成學生的基本學力，並奠定適性發展的基礎。在國民小學及國民中學為培養學生基本知能與均衡發展的「領域學習課程」，在高級中等學校為部定必修課程，其可包含達成各領域基礎學習的「一般科目」，以及讓學生獲得職業性向發展的「專業科目」及「實習科目」。「校訂課程」則是由學校安排，以形塑學校教育願景及強化學生適性發展。在國民小學及國民中學為「彈性學習課程」，包含跨領域統整性主題／專題／議題探究課程，社團活動與技藝課程，特殊需求領域課程，以及服務學習、戶外教育、自治活動、班級輔導、學生自主學習、領域補救教學等其他類課程。在高級中等學校則為「校訂必修課程」、「選修課程」、「團體活動時間」（包括班級活動、社團活動、學生自治活動、學

生服務學習活動、週會或講座等）及「彈性學習時間」（包含學生自主學習、選手培訓、充實（增廣）／補強性課程及學校特色活動）。其中，部分選修課程綱要由領域課程綱要研修小組研訂，做爲學校課程開設的參考依據。上述課程結構，整體而言，依據課程學理可區分爲「顯著課程」（explicit curriculum）、「潛在課程」（hidden curriculum）與「懸缺課程」或「空無課程」（null curriculum）等三種類型。茲詳述如下：

(一)顯著課程

　　「顯著課程」係指學校及教師依據政府所公布的課程綱要或課程標準等課程計畫，例如我國教育部2014年公布《十二年國民基本教育課程綱要總綱》、《十二年國民基本教育課程發展指引》、2008年公布的《普通高級中學課程綱要》、《職業學校群科課程綱要》、《國民中小學九年一貫課程綱要》，所規劃設計和提供的學科知識、基本能力、核心素養；通常「顯著課程」同時包括看得到的「正式課程」（formal curriculum）以及「正式課程」之外的「非正式課程」（informal curriculum）。「正式課程」是指官方有意計畫和教導的領域／科目，例如我國《十二年國民基本教育課程綱要總綱》指出「十二年國民基本教育」各教育階段共同課程之領域課程架構如下表1.3。

　　這些是教育部與學校所規劃而明列於科目表的語文、數學、社會、自然科學、藝術、綜合活動、科技、健康與體育等等學習領域／科目；以及「正式課程」之外的「非正式課程」如學校所規劃的運動會、教學參觀、新生訓練、成人禮、頒獎等等學習活動。近年來臺灣教育的改革，課程革新占有舉足輕重的地位，自然是有其道理的。課程是政府或學校的規劃，經由教師提供給學生的經驗和知識。經驗是個體和情境互動所得的東西，而大部分的知識大都是根據經驗而來的，經過科學的程序而獲得的這類經驗與知識，通常稱爲「官方課程」（official curriculum）或「正式課程」。特別是「顯著課程」中的「正式課程」大致表現在課程綱要、課程標準、課程指引、課程大綱、教科用書或上課時間表（日課表）當中。教師、家長及學生都清楚理解，他們知道學了這些課程，學生會獲得什麼學科知識、基本能力、核心素養。

✿表1.3 「十二年國民基本教育」各教育階段共同課程之領域課程架構

教育階段		國民小學			國民中學	高級中等學校
階段年級 領域		第一學習階段	第二學習階段	第三學習階段	第四學習階段	第五學習階段（一般科目）
		一　二	三　四	五　六	七　八　九	十　十一　十二
部定課程	語文	國語文	國語文	國語文	國語文	國語文
		本土語文/新住民語文	本土語文/新住民語文	本土語文/新住民語文		
			英語文	英語文	英語文	英語文
						第二外國語文（選修）
	數學	數學	數學	數學	數學	數學
	社會	生活課程	社會	社會	社會	社會
	自然科學		自然科學	自然科學	自然科學	自然科學
	藝術		藝術	藝術	藝術	藝術
	綜合活動		綜合活動	綜合活動	綜合活動	綜合活動
	科技				科技	科技
	健康與體育	健康與體育	健康與體育	健康與體育	健康與體育	健康與體育
						全民國防教育
校訂課程	彈性學習必修/選修/團體活動	彈性學習課程				校訂必修課程 選修課程 團體活動時間 彈性學習時間

由此可見，課程是學校教育的主要內容，影響學校教育的成效甚巨（蔡清田，2008）。

(二)潛在課程

除了「顯著課程」之外，還有一種課程稱爲「潛在課程」，是指學校的物質、社會及認知等環境所形成的學生非預期的學習結果；換言之，「潛在課程」乃指不明顯、不易察覺的課程，學生可能經由學校環境當中人事物的互動過程，而學習的內容或經驗（黃光雄，1996）。這個課程的新領域，從1970年代在美國得到課程學者的關注，學者不同，所給的名稱也不同，諸如：hidden curriculum、latent curriculum、unstudied curriculum、untaught curriculum、unwritten curriculum等。簡單的說，「潛在課程」是「正式課程」、「官方課程」之外，學生在學校所學的東西。這些東西除了認知領域，更包含情意領域。潛在課程學習的結果大都是情意領域的，比如：態度、價值觀、人生觀等等。因爲學生所學的態度並非全是正面的、積極的，而且常有負面的、消極的；再者，潛在課程的影響常非教師的意圖，而學生常是不知不覺的，最麻煩的是這種影響特別深刻且久遠。因此，更值得注意和關心。教育工作者研究潛在課程，大致從三個環境下手：物質環境、社會環境及認知環境。以下就從這三種環境來說明其所產生的潛在課程（黃光雄，1996）：

1.物質環境

物質環境的教育效果稱爲「境教」，指的是校園的規劃、校舍的設計及教室的安排等等。

(1)校園規劃

牛津大學（University of Oxford）及劍橋大學（University of Cambridge）是兩所世界知名的學府，兩所大學都有小河貫穿其間，特別是劍橋大學。學校建築物古色古香，即使新蓋的建築物，其顏色也是一致的，比如牛津大學，新舊的建築物都是土黃色的。每個學院，碧草如茵，看起來十分舒適。建築物的旁邊植有美麗的花卉，四季開花爭豔。有些學院，例如劍橋大學的一所學院，裡面雕有英國偉大人物的石像，像是培根（Francis Bacon）、牛頓（Issac Newton）等等，倍增人文氣息。這兩所大

學培養了無數的各行各業的傑出人才，徜徉其間，會有很深的感受。有人說，在牛津和劍橋住上幾年，既使沒有得到博士學位，氣質也會變得高雅許多。

(2)校舍設計

英國大英博物館中的圖書館在未新建以前，設在大英博物館的中央。閱覽桌成放射狀的編排，幾百年的歷史，內部設計古樸典雅。藏書以千萬計。世界上著名人物，如馬克斯、孫中山等等，曾在此處研究過。坐在其中，坐擁書城，也頓覺自己在享受濃郁的人文氛圍。

美國學者艾斯納（E. Eisner）很關心美國的教室，他發現美國的小學有幾個特徵，千篇一律，比如：不考慮美觀；不關心隱私；不講究舒適；重視堅固耐用、敲不破、摔不壞。他說了一個笑話：「連味道都差不多！」想想看，一個學生，在這種環境六年、八年，甚至十二年，耳濡目染，長期接觸之後，可能產生什麼心態？會塑造何種人格特質，實在值得深入研究！價值觀念，孕育了教室，孕育了校園規劃，這些教室和校園，孕育了成千上萬學生的價值觀念。他說：「我們創造了教室，教室創造了我們的學生。」於是價值觀念就間接的影響了學生。如果，一個校長能完全決定學校的建築和規劃，校長的價值觀念則可以透過校園而塑造了學生的價值觀念。換句話說，學生已經和校長有相近的價值觀念。校園的規劃不僅是重視美觀而已，達到美育的功能而已，事實上，它有「潛在課程」的價值存在，具有陶冶的作用，我們不得不重視。

美國學者克斯特羅（Carrie Yang Costello）比較一所大學的兩個學院，即法學院和社會工作學院，研究它們如何透過校舍的規劃和運作，藉著社會化再製種族、階級和性別的不平等。亦即再製了法學是屬於男性的職業，而社會工作是女性的工作。法學院畢業生服務的對象是富裕的男性白人，而社會工作學院畢業生工作的對象常是貧窮的有色人種的女性及兒童。該校法學院的長廊設有捐款榜，捐款者大都是男性白人，這提醒學生法律在傳統上是白人男性的天下。激勵學生自許，有朝一日也向這些捐款的傑出校友看齊。而社會工作學院的長廊牆上，沒有懸上捐款校友的名牌。法學院的長廊掛有退休教授及傑出校友的畫像，這些畫像基本是男性

白人，象徵著這一事業乃是男性白人的世界。社會工作學院的公共場所展示的藝術品常是女人、兒童及有色人種，比如：在學生交誼中心掛著以「世界的兒童」為主題的照片，這說明女性、兒童及有色人種等是社會工作者服務的對象。另外，法學院和社會工作學院的交誼中心也潛在的傳遞一些訊息。法學院的交誼中心是布置優雅的咖啡館，學生品味可從菜單上看出：研磨咖啡和高級餐點。而社會工作學院的交誼中心，只擺了幾張簡陋的傢具和幾部自動販賣機。兩相比較，前者顯得高雅，後者顯得寒酸。

　　總之，學生不論身處學校何處，「潛在課程」的影響，卻無所不在。整個學院點點滴滴的個別影響，可能不算什麼，但匯合起來的整體影響，卻是難以估計的。

　　(3)教室安排

　　教室桌椅的編排也透露潛在課程的訊息。克斯特羅研究的法學院演講廳，教授的位置在講臺上，學生的位置則在他前面的拱形座位上。教授可以俯視每個學生，而學生的視線則鎖定在前方。教授高高在上的位置，傳達了其社會的優越性，建構了師生的權力階層。法學院演講廳的設計形成灌輸給法學院的學生紀律、階層關係及對於權力和威權的尊敬。社會工作學院教室桌椅的安排乃是圓形的，也可以因應小組或全班討論的需要，做各式各樣的編排。教授沒有高高在上的座位，這讓學生有不同的感受。

　　美國學者蓋哲思（J.W. Getzels）在1974年一篇文章中，探討了美國教室在不同年代有其不同的桌椅編排方式。比如：二十世紀初葉是長方形的；30年代是正方形的，但是學生的椅子可移動成不同的型態；50年代也是正方形的，不過桌子可以排成圓形的；到了70年代，則教室大了四倍，沒有教師和學生的桌子，是一種開放式的教室，教室裡放了零星雜物，像是兒童的遊戲間或放滿兒童隨身用品的倉庫。蓋哲思認為，不同的座位編排有其不同的教育信念，例如：長方形教室認為學生是心中空無一物的學習者；正方形認為學生是積極的學習者；圓形認為學生是社會的學習者；而開放式則認為學生是尋求學習刺激的學習者。

　　事實上，蓋哲思的研究，如以潛在課程而言，至少有兩個意義：第一是對於師生關係觀念的改變：例如現在的課堂，老師站在講臺上，面對

四、五十個學生，教室和學生之間有一道鴻溝，學生與學生之間也無法面對面溝通，老師高高在上很有權威。但是一旦教室課桌椅的編排改成圓形以後，老師坐在其中一個位置，與學生平起平坐，師生的對話，同學的溝通，變成暢通無阻。也就是從單向的溝通，變成雙向的溝通及多向的溝通。而且師生的地位變成很民主，兩者之間是一種「對話」，而非「教訓」。於是教室布置的改變，就把師生關係也轉變了。第二是學生學習觀念的改變：像目前課堂的布置，顯示學生是一個被動的、消極的聽講角色，好像學生的腦袋裡都空空的，需要老師去「灌輸」。如果是圓形的，開放式的，那你就會發現，學生才是學習的主角，非學習的局外人。老師要協助學生學習，而不是代替學生學習。過去的初中，全校才一部顯微鏡，結果只有老師會操作，真正要學習的學生，卻沒有顯微鏡可以看。老師代替得愈多，學生就學得愈少了。

美國著名大學如哈佛大學（Harvard University）等校，其正式課程與其他大學大同小異。這些大學之所以稱為名校，除了傑出的教授和豐富的藏書之外，更重要的是普遍存在於這些名校的學校文化，而這種學校文化是許多因素所形成的，其中當然包括「物質環境」。師生長期默默欣賞這種學校文化，不知不覺受到「潛在課程」的影響，而有以致之。

2.社會環境

社會環境指的是學校的制度、措施及儀式等。

(1)傑克森（P. Jackson）的研究

傑克森在1968年，寫了一本書叫做《課堂中的生活》（*Life in the classroom*）。這本書在那時的影響不大，地位不高。但是到1970年代以後，潛在課程變成課程研究的熱門主題之後，這本書一夜之間成為研究潛在課程專家必讀的一本書。他研究美國的小學，觀察出美國的小學有三樣事實：第一、學生多、校地小、資源少。第二是評價，學校時時處處不是在評價別人，就是要受評價。第三是權力的不平等，老師和學生之間亦然。

傑克森提到學生多、校地小、資源少，可能影響什麼呢？因為學生多，相對的資源有限，設備少，像飲水機、廁所有限，可是學生人數太

多，大家就要排隊、等待，可惜等待並非完全有效，有的卻等不到。等不到的人「期待」就被削弱了，潛在的影響是「耐心」和「忍耐」。

　　再來是評價，比如學生考試、打操行分數和教職員工的考績等。老師評價學生，老師也在被別人評價，相互評價、自我評價。本來，傑克森認為，學校是追求知識的地方，而學生被評價、被懲罰，常常不是因為功課不好，而是行為態度不合老師的期望而受懲罰。遲到、製造噪音、不聽教師指導，或排隊推擠等等，都會被懲罰。由於時時處處都在受評價，因此學生就學會趨獎，往可能受到獎賞的一方追求；或是逃避，儘量避免受到處罰。把不好的藏起來，把好的表露出來。例如考了100分，就拿回家表功邀獎，考了30分的考卷就丟進垃圾桶，裝成沒考試，這樣就會產生「順從」和「作假」以及「冷漠」的態度。為什麼說「冷漠」呢？因為他每次考10分，就會挨罵挨打，好不容易考了30分，照樣要挨打，因為還是不及格。可是從來沒有人關心過他從10分進步到30分的努力過程。因此就會造成他冷漠，以及無動於衷的心理。

　　最後，再來談「權力的不公平」。傑克森認為老師和學生之間相互比較，老師的權力比較大。他舉了兩個例子，在我們看來，也許不倫不類，可是因為發生在美國，也就不足為奇了。他說，老師可以支配學生的注意力和學習，所以不公平；另外就是老師比學生自由得多，所以也不公平。因為老師有事，可以請另一個老師「代課」，可是學生有事不能到校，就是不能請另一個同學「代坐」在位子上聽課，這就是老師、學生權力不平衡的例子。既然老師的權力那麼大，學生方面自然的就學會「奉承」了，老師喜歡什麼，就一直表現。另一方面學會隱藏教師不悅的言行，老師不喜歡的就儘量隱藏，結果呢？就是培養出「聽話」的學生。另外，學生也學會小小的「欺騙」以得到好處。

(2)艾斯納（E. Eisner）的觀察

　　艾斯納在其1994年的《教育的想像》（*Educational imagination*）一書中提了一些潛在課程的例子。第一是「服從行為的培養」。學校有很多措施希望學生「聽話」，希望學生有「服從行為」。從這兒我們就可以發現不僅是我國，連美國也一樣，總是希望學生能聽話。而最值得玩味的，是

學生會研究老師的喜好，然後投其所好，互相達到師生皆歡的地步。學生為了求取高分，或得到老師特別的關懷，自然會「研究老師」，學生會知道老師喜歡出哪些題目，知道如何作答，知道老師的脾氣。然後再投其所好，老師不喜歡我遲到，我就準時上課。老師希望一題問答題要答八張答案紙，我就寫八張以上。如此一來，老師高興，學生也滿心歡喜，這就是聽話、順從的行為。也就是「研究」老師的「成果」。

　　老師的一切行為態度，一切措施，都會培養學生聽話的，學校是培養聽話的地方，不鼓勵批判思考和創造力。由於如此，所以畢業後，投入社會，在機關、學校、公司服務，就試探老闆的好惡，不敢作主，凡事固步自封，一點創意也沒有。如果一個校長願意鼓勵老師有創造力，老師也期望學生有創造力，學校裡一定營造一個學校環境，將創造力做為重要的期望。這樣學校的氛圍必是生氣蓬勃的，將來學生走出校門後，因其有創造力，對社會更有貢獻，因為他的潛力能夠充分發揮。

　　第二是「競爭的措施」。競爭在學習上是很重要的，有比賽，有競爭，才能使學生盡力而為、全力以赴。公家機關的按年資計酬或升級的方式，和私人機構看業績給薪水的方式，會使得同一個人有兩種不同的工作效率。有競爭才使得潛力得以完全發揮。當年在羅馬世運上，美國十項全能選手強生和楊傳廣同一組跑一千五百公尺，希望能和楊傳廣競爭，否則強生分在別組，就是他得到分組的第一名，速度也會比較慢。所以學校制訂了很多比賽的項目，比如整潔比賽、秩序比賽、合唱比賽……連公家機關也有各種比賽的方式，因為這樣潛力才能發揮，不可否認的，這是一種很好的方式，但是，它可能還會產生什麼樣的其他結果呢？根據研究發現，那會培養一些勾心鬥角、斤斤計較，必須將自己的成功建立在他人失敗的心態。如果在一個班級上，也會使班級的氣氛不良。為什麼呢？像以前大學中有些教授採用所謂的「常態分配」評分方式，全班素質無論多好，總有人必須補考、重修。因此，同學之間就會互相的計較，有心的去排擠別人，使自己成功，這種競爭就成為負面作用了。當然，要如何防止競爭之後的負面影響，就值得大家去思考和研究了。

　　第三是「獎賞的應用」。對於表現好的，達到教師期望的，或教師

希望藉著鼓勵的方式改變學生行爲的，都可以應用獎賞的方式。當然獎賞可以是口頭上的鼓勵，也可以是物質上的獎勵。不過，選擇獎品也是一種學問，如果無心去思考，只想有獎品就好，結果造成一個小學生領的全部是筆記簿，國中生是版本相同的字典。如此，在學生嫌多的情況下，哪有鼓勵的作用？鼓勵要採漸進，以及持續不斷的進行。例如蔡老師在班上上課，有三位學生特別多話，喜歡跑來跑去。於是，黃老師利用下課之後，請他們到辦公室來，蔡老師說：「你們三位都很聰明，老師問的問題，你們也都能夠回答，老師很喜歡你們。但是，你們上課偶爾喜歡講話，隨便走動，這樣不太好，老師不喜歡這樣。」接著蔡老師又說：「老師這裡有幾種獎品，你們自己挑選看看，喜歡哪一樣？如果你們以後上課，不再那麼愛說話、走動，老師就把獎品送給你們。」果然，有了效果了，那三位學生漸漸改掉了這個壞習慣。後來，蔡老師又用同樣的方式，漸進的鼓勵，使他們上課再也不隨意走動，或吵鬧別人。

　　雖然他們的行爲改變了，可是卻出現了一個問題，那就是其他同學也許認爲，上課要吵要鬧，要隨意走動，才會受到老師的注意，才有機會讓老師鼓勵。如果這樣，這又是負面效果了。學生的輔導、學生的指導，絕對不是一種有公式可循的技術，那還是一種藝術，應用之妙，要看老師因時、因地、因人而有所不同，毫無公式可循的。不過這種獎賞是一種外部增強，不是內在增強。因此，一旦不再繼續提供獎賞，學生的行爲可能故態復萌。如何由外部增強轉爲內在增強，是教師要研究的課題。

　　另外，認爲「作息時間表」也很重要。作息時間的潛在影響很深的，以嘉義市嘉北國小爲例。該校空間小、學生多。當你看見一大堆學生鬧哄哄的在玩、跳、追逐，可是當鐘聲一響，「噹」一聲，全校立刻恢復平靜，這就是作息時間的功能。這種情況，可能產生兩個潛在的影響，一是「非遵守時間不可」，二是「認知的彈性」。在音樂教室中，上課學習一首歌，因爲下課鐘聲響了，可是仍有一段沒教唱完，也必須下課，因爲別的班級準備進教室上課。在美勞教室中，素描還有一根香蕉沒畫好，聽見鐘聲響了，你也必須下課，遵守時間，因爲別班要上課。這種情況，會不會產生認知學習的障礙呢？不會！因爲有「認知的彈性」，沒上完的，下

節再上，下週再上，照樣可以上完。另外，作息時間表也教導學生凡事不用投入太深，因為所學東西涉入太深，時間一到，馬上停止學習，學生容易招致挫折。這就是作息時間表的影響，絕對不是代表上課下課而已。

課程表不僅是規定何時上何種科目，而且它對於學生有更深層的意義。時數較多，排在上午及升學主科。諸如英語、數學等科目，就比時數較少、排在下午及升學不考的科目，諸如音樂、美術等科目，重要得多，其任課教師在學校的地位也高得多。通常認為，上午學生頭腦清醒，所以要上嚴肅的知性學科，而下午學生頭腦較不清醒，所以可上休閒性質的軟性科目。學生和家長重視主科，連帶的也較重視並尊敬擔任這些科目的教師。

最後，談談「儀式」的潛在影響。所謂儀式指的是學校舉行的週會、開學典禮、畢業典禮及升（降）旗典禮等等。這種儀式都有設計的目的，以畢業典禮為例，臺灣學校實施升（降）旗典禮數十年，官方的目的當然在培養愛國情操。但是實施方式，幾乎數十年如一日，千篇一律，變成例行公事。有沒有培養了學生的愛國情操，沒有經過研究，不得而知。但是部分的事實是學生因為多年的早晨日曬，可能身體會健康些。官方最不想要的升旗結果，應該是令學生討厭了升旗，如果這是事實，則這也是升旗典禮所產生的負面潛在課程。

3.認知環境

分成三項說明：一是師生在課堂中的互動，二是教科書對學生的影響，三是教學方法對學生潛在的間接影響。

(1)師生在課堂中互動的影響

《師友》登過一篇文章，文章的大意大概是這樣的：有一個小女孩，她喜歡畫畫，作點小玩意兒，並且常得到父母親的鼓勵。後來小女生入學讀一年級了，上美勞課的時候，老師發了一張圖畫紙。小女生拿到紙以後，立刻就畫起來了，老師很快的阻止她說：「等到老師教妳畫什麼，妳再畫……。」要做勞作時也一樣，小女生迫不及待的就動手了，老師又上前阻止說：「妳又不聽話了，等老師教妳了，妳再動手，會做得更好喔……。」那麼幾次以後，小女生聽話了，「一個口令一個動作」，老師

教她才做，老師指示什麼，她才做什麼。

過了一個學期以後，小女孩因為搬家而轉到新學校。新學校的老師很尊重小朋友的創造力，當把圖畫紙發給小朋友以後，全班同學都高興的畫起來了，唯有那小女生沒動筆，老師覺得很奇怪，就問她：「妳為什麼不畫呢？」小女生回答說：「老師，妳沒說要畫什麼，我不敢畫。」上勞作課時也一樣，大家都興高采烈的在動手做了，只有小女生呆呆地坐在椅子上，老師去問她，她回答說：「老師，你還沒教我做呀……」第一位老師非常負責盡職，一再地教導小朋友，怎麼做，怎麼畫。第二位老師非常重視小朋友的藝術創作，重視小朋友的創造能力。小女孩在第一個學校，遇到那麼盡責的老師，叫他好多畫畫的技巧，也許小女生全都忘光了，但是他沒有忘掉「等待、被動、消極」的人格特質。第一位老師如果知道小女孩學到「不該學的」，一定會很傷心。這就是師生互動當中，學到負面情意的影響。

現在談談比馬龍效應（Pygmalion effect）。這個研究是美國的兩位心理學家羅森（Robert Rosenthal）和賈克森（Lenore Jacobson）在1968年所作的實驗（Rosenthal and Jacobson, 1968）。他們在小學的中年級，做些智力測驗，等測驗完以後，交給任課老師約五分之一的名單，並且告訴老師說：「這幾位學生的資質特別傑出。」老師接過名單以後，看看名單中所列的名字。因為老師也是新接這一班，對學生原有的程度也不知道。經過一學期以後，這幾位名單上有名的學生脫穎而出，比其他同學表現優異。這時候，這兩位心理學家才說：我給你的名單是隨意的，不是真正依據測驗成績的。沒想到這幾位學生真的脫穎而出，為什麼？

這兩位心理學家觀察到，自從這幾位學生的名單列在資質優異的行列以後，老師在教學時的態度，有幾項重要的轉變。舉例來說吧！老師經常走到這幾位學生座位旁，拍拍他們的肩，摸摸他們的頭；老師對這幾位學生講話和藹可親、面帶微笑；上課中，老師常用關愛的眼神看這些學生；學生答對老師的問題時，就增強鼓勵，答錯時，也不時地提供答案的線索，增加學生答對的機會；給這些學生的作業份量較重，要求也特別高。諸如此類的，在老師的殷切期望、高度關懷和嚴格的要求之下，學生全力

以赴，深怕老師失望，因而得到好的成績。

老師的期望、鼓勵，並不在任何科目的單元當中，但學生體會了之後，效果就呈現了，這就是認知的提升，潛在的影響。

(2)教科書對學生的影響

常識的觀點認為學校的知識是價值中立的，但是這種想法是過於樂觀的。學者認為教科書裡隱藏著性別主義、種族主義、階級主義，以及政治及宗教的意識型態。教科書作者希望透過教科書以再製既得利益者的權益。

幾十年前《中國時報》報導教科書有性別上的差別待遇，並以二年級的課本上有一課「爸爸早起看書報」、「媽媽早起忙打掃」為例，認為經此長期的社會化之後，會造成一些男尊女卑刻板的不良影響。因此，美國學者也認為美國的教科書十分清楚的是男性的歷史（his-tory），而不是女性的歷史（her-story）。早期美國的教科書也可以發現，當老媽子和長工都是黑人，穿美麗洋裝和筆挺西裝的是白人。經過這樣長期的灌輸，也會有種族上的不平等影響。

像我們唸英文，絕對不是單純的看課本上有哪些文字，唸哪些東西，而是整個意識型態或價值觀也會受到英文中所藏的英美社會意識型態或價值觀的影響。美國學者艾波（M. Apple）研究在1980年，全美國買書的錢共有60億美元，其中的四分之一是買大學及中小學的教科書。而學生在學校中，約75%的時間投注在教科書裡，在家裡也約有90%的時間和教科書為伍，可見教科書影響之大。如果教科書被有心人或既得利益的團體應用，重新製造現存社會性別、種族、貧富的不平等，那真是太可怕了。美國既得利益的團體，透過教科書，灌輸小學生，現在的社會是公平的，是和諧的。其實美國的社會隱藏了很多的衝突和不公平，這也是美國學者研究發現的。所以說，教科書的功能是很了不起的，如果能妥善的運用，所能表現的影響力是很大的。

英國哲學家羅素（Bertrand Russell）在1917年發表的《社會重建的原理》（*Principles of social reconstruction*）一書中提到，一個國家想增進國家的自尊，並且意識到，不藉偏見的歷史，無法達到其目的。心智上毫無

防衛能力的兒童，被學校教以曲解的、偏見的歷史觀念。不同國家的兒童都被教以充滿著虛妄的、自我誇耀的歷史觀點，無形中鼓勵了國家之間的鬥爭，並使得偏執的民族主義，得以猖獗。

(3)教學方法對學生的影響

透過教學方法，教師在傳授知識，但是沒想到，教學過程已經影響了其他非知識的部分，那就是「情意」的層面。例如「小組討論法」，小組討論是以小團體的方式，互相激發思考，交換經驗，以得到認知的教育目標。但是可能產生「尊重對方人格」、「服從多數人的決定」……這些民主的態度，這就是認知以外的情意、態度表現。

利用小組討論活動也可以消除種族的偏見，為什麼呢？例如在美國，他們進行小組討論的時候，安排各色人種在一起，一組中有白種人、黃種人、黑種人……，一眼望去，如同小型的聯合國。在討論的過程當中，大家的意見都可能被採納，也可能被否決，可是種族平等的觀念就有可能透過較長時間的相處和團體活動，使得同一組的各色人種能團結起來，和諧相處。

4.潛在課程的特徵

(1)是間接的，而不是直接的

例如鐘聲響了，直接的告訴我們是上課或下課。可是間接的我們學到了遵守時間的原則。又如我的老師教我：世界上最小的鳥是蜂鳥。這是直接的，但他那一份教學的熱忱和態度，使我想要認同他，這並不是他「教」的範圍。而是間接的影響了我，希望以後也能像他一樣當老師。

(2)常是情意的，而較少認知到

美國教育家布魯姆（B. Bloom）把學習的目標分作三大類：認知、技能、情意。潛在課程的影響就在情意方面。你的人格、態度，較易受到潛在課程的影響。例如「愛國情操油然而生」、「認同老師而終身從事教育工作」，這都是情意的。

(3)有正面的，也有負面的

例如比賽或競爭的措施，在正面的，學會了學生個人發揮潛力、團隊精神；在負面的，則學習奉承，勾心鬥角或是「把自己的成功建立在別人

的失敗上」。

(4)只是一種可能性，不是絕對性

潛在課程對學生的影響僅有可能性，而非必然的。升旗典禮這類儀式的設計和培養愛國情操之間，僅有一種「可能」，但也可能會讓學生「討厭」這個儀式。潛在課程是一種潛在的可能性，可能這樣，也可能那樣，而沒有絕對的，必然的後果。

(5)比明顯課程的影響更為深遠

比如小學時，教師所教的知識，很快就忘得一乾二淨。但是在價值觀、人生觀的影響上，卻常是終生的，不但深刻，而且久遠。潛在課程有的部分是由學校的物質環境，諸如校園規劃、校舍設計及教室安排產生的；有的部分是由學校的社會環境，諸如制度、措施、儀式產生的；有的部分是由學校的認知環境，諸如師生互動、教科書及教學方法所產生的。我們在學校服務，應該盡其可能，產生正面的潛在課程，並且削減帶來負面影響的潛在課程，使得潛在課程變得有助於協助教育目標的達成。

(三)懸缺課程

「懸缺課程」或「空無課程」是指學校應教、但卻沒有教的學習內容，例如開放心胸、包容異己、熱愛藝術、環保意識、民主素養、批判反省、愛心耐心、處理衝突之知能等。因此，進行課程設計時，宜同時考量顯著課程和潛在課程，較能達到學校的目標。美國課程專家艾斯納（E. W. Eisner）在其出版的《教育想像：學校課程的設計與評鑑》（*The Educational Imagination: On the Design and Education of School Programs*）一書中，首度提出「懸缺課程」（the null curriculum）的概念。隨後若干課程專家也在其著作中提及，並加以討論。本文擬簡要的介紹其概念（黃光雄，1996）。

懸缺課程，簡言之，係指學校理應教導而卻未教導的東西，諸如學校未能提供給學生學習的選擇機會、看法、概念及技能等等。艾斯納認為，學校所重視的課程固然重要，學校所忽略的課程也同樣值得關注。「不知」不單是一種中性的真空；「不知」對於我們所能考慮的選擇種類、所能探討的途徑，對於我們檢視問題所採的觀點等等，具有重要的效果。

懸缺課程的探討約可分為三個層面：一是學校教育忽略的心智能力；一是學校課程遺漏的科目或教材；一是學校教育疏忽的情意陶冶。

就心智能力而言，當前學校教育側重的是邏輯分析及演繹推理的過程，亦即使用文字或數字，藉著邏輯程序，而從事思考，諸如數學的運算、自然科學及嚴格社會科學的探究等等。相對的，忽略了培養隱喻的，即想像的思考方式，這種認知過程的型態，不依文字或數字作為中介，不遵守規則，是屬於非邏輯性的，是超越邏輯能夠應用的範圍，諸如「人比黃花瘦」，「斷腸人在天涯」等等，沒有一句是合乎邏輯的陳述。基此，隱喻及想像思考構成了學校的懸缺課程。

就科目或教材而言，可用層階的方式來表達，即這部分的懸缺課程，大可大到整個科目的忽略，小可小到部分教材的遺漏。艾斯納認為經濟學、法學、人類學、大眾傳播學及民族藝術等科目是美國中、小學校懸缺課程。弗林德（D. J. Flinders）、諾丁（N. Noddings）及桑頓（S. J. Thornton）等人認為歷史科的科學史部分，生物科的演化部分，美國史的新政無法解決就業問題的部分等等，均可視為科目內容的懸缺課程。

就情意領域而言，此一層面包括價值、態度及情緒等等。通常認為認知是與情意對立的，而情意又與技能對立的。目前學校教育著重的是認知歷程的發展；而對情意的層面不是忽略，就是無能為力。以情感的陶冶為例，通常可藉音樂、美術、雕塑、舞蹈等聽覺藝術及視覺藝術加以培養，但由於主觀及客觀因素，而受到相當程度的忽視。事實上，許多重要的生產性思考型態是依聽覺的及視覺的方式而運作的。因此，情意領域成為學校課程的懸缺課程。

懸缺課程以「空白」（the nullness）為研究對象，相當別致，學界認為難以成唯一種研究的概念。懸缺課程事實上是一種相對的、動態的理念，亦即各國、各校之間，有其彼此不同的懸缺課程。各國依其教育理想而規劃課程，為充分實現該理想，自當審慎檢視規劃的課程是否有所遺漏。各國教育理念互異，構成的懸缺課程也不盡相同。另外，各校因校長及教師的不同，所強調及所忽略的心智能力種類也迥異，因此也造成各校間互異的懸缺課程（黃光雄，1996）。總之，懸缺課程至少具有「警告」

的作用，時時處處提醒我們，學校教育要五育均衡發展，不要有所偏頗，而形成懸缺課程，而致無法達成學校教育的目標。

二、課程的意義

　　近年來課程研究的方向有些改變，過去課程的界說偏向於強調教學計畫的內容，而現在課程專家則以整個學習情境定義課程（蔡清田，2008）。「課程」，可說是學生學習的科目及有關的設計，或者是一系列學習目標，或者是學習的一切計畫，不過這些都是可預期的，事先預定的，與學生的實際經驗可能不盡相同，然而，學生實際學習經驗也是課程的一部分。課程不僅是學科材料或學生將要學習的材料，課程也是學校教育年輕人的所有經驗。課程一般被界定為所有學校所計畫和指導的學習，不管學習是在教室、運動場或其他學生生活的場合發生（黃政傑，1985，33；Tyler, 1949）。因此，課程是教師為達到教育目的，所計畫並指導學生的所有學習經驗。課程定義相當富有彈性，其最低限度可以代表學生學習科目的綱要，其最大範圍可以涵蓋教育機構的計畫、教學、學習中所發生的任何事情，甚至認為最廣義的課程，可以同時涵蓋教育目的、教育方法、及其環境互動之下的學生學習經驗（黃光雄、蔡清田，1999）。

　　一般而言，課程的定義，大致可分為二大派別，其一為課程是學科或科目的總和；其二為課程是指學生在學校內所獲得的經驗，此種課程的意義又分為是否在學校計畫預期當中的兩種觀點，亦即可分為「預期的學習經驗」與「未預期的學習經驗」。第一種派別的課程意義，以學科或科目的總和為課程的定義較為狹隘，第二種派別的課程意義，以學生的學習經驗為課程的定義則較為廣泛。若依課程定義抽象程度和以學生為中心的程度來分析，第一種派別以學科或科目的課程定義較為具體，且以學校教師為中心，第二種派別以學生經驗為課程定義較為抽象，且主要以學生為中心（Beane, Toepfer, & Alessi, 1986, 34）。

　　課程亦存在許多層次，每一個層次的課程都是特殊決定過程造成的結果。例如美國課程學者古德拉（Goodlad, 1979）便認為有五種不同的課

程在不同的層次運作。第一個層次是「理念課程」（ideal curriculum），例如政府、基金會和特定利益團體成立委員會，探討課程問題，提出的課程革新方向都是屬於「理念課程」。第二個層次是「正式課程」（formal curriculum），指由州政府或地方教育董事會所核准的課程方案，可能是各種理念課程之綜合或修正，也可能包含其他課程政策、標準、科目表、教科書等等，皆屬於「正式課程」。 第三個層次是「知覺課程」（perceived curriculum），指學校教師對於正式課程加以解釋後所認定的課程。第四個層次是「運作課程」（operational curriculum），指教師在班級教學時實際執行的課程。第五個層次是「經驗課程」（experienced curriculum），指學生實際學習或經驗的課程。

　　除上述的課程意義分類之外，就葛拉松（Glatthorn, 1987, 1）的觀點來看，課程可依據教學實施程度而分成六種不同的類別，即「建議的課程」（the recommended curriculum）、「書面的課程」（the written curriculum）、「支持的課程」（the supported curriculum）、「被教的課程」（the taught curriculum）、「施測的課程」（the tested curriculum）以及「習得的課程」（the learned curriculum）。「建議的課程」係指學者所構想推薦的課程，類似於古德拉的「理念課程」；「書面的課程」係指政府公布的課程綱要內容，與根據課程綱要所編輯出版的教科用書，類似於古德拉的「正式課程」；「支持的課程」則是指受到學校教師所支持的課程內容與方法，類似於古德拉的「知覺課程」；「被教的課程」係指教師所教導的課程內容，類似於古德拉的「運作課程」；「施測的課程」係指透過測驗考試等評鑑的課程內容；「習得的課程」係指學生所學習經驗到的課程，類似於古德拉的「經驗課程」。上述六類課程涵蓋的層面，包括課程政策、課程目標、學習方案、學習領域、學習科目、學習單元及教材等（蔡清田，2008）。

三、課程意義的豐富面貌

　　值得注意的是，臺灣的黃政傑（1985, 7）以及香港的李子建與黃顯華

（1996），皆曾經從學科、經驗、目標和計畫四個向度來界定課程，代表課程發展中不同時期的概念與分類的觀點，其立論頗能統合綜括課程界各家論點，茲分述如下：

課程是「學科或教材」的觀點，認為課程可以是一個科目、幾個科目、所有科目或各科目中的教材。

課程是「經驗」的觀點，強調以學生為學習中心，重視學生的學習環境，認為課程是學生在學校情境交互作用之下，所獲得的一切學習經驗。

課程是「目標」的觀點，認為課程是一連串預定的且有組織的目標。

課程是「計畫」的觀點，重視計畫的內容和計畫的程序，其中包括目標、內容、活動、評鑑等因素。

然而，上述的四種課程定義的研究取向，缺乏一種從教師的專業角度來分析課程的教育意義；換言之，上述四種課程意義的分類，未能從學校教師的教育專業文化的觀點，將課程視為有待教師在教室情境當中加以實地考驗的一套教學歷程的「研究假設」。因此，課程的綜合定義應該至少包括了「科目」、「經驗」、「計畫」、「目標」、與「研究假設」等五種的課程意義。以下分為五節將這五種不同的課程意義加以闡述評論，以供課程研究發展人員與學校教師之參考。

第三節　課程即科目

本節旨在說明「課程即科目」的意義，並指出此種課程意義的教育功能與可能的教學限制。

一、「課程即科目」的意義

將「課程」視為一種學習領域、學習科目、教材或教科書，通常是學校教師、學生家長及社會大眾所熟知的一種課程定義，「課程即科目」也是最傳統、最普遍的課程定義方式之一。科目通常是指學校教學的科目內容，也是學校教育人員與一般社會大眾的「知覺課程」。例如：我國《國

民中小學九年一貫課程綱要》（教育部，2003），因應多元智力論，提出語文、社會、自然與生活科技、數學、健康與體育、藝術與人文、綜合活動等七大學習領域，也是一種科目取向的課程意義。

在此種傳統的課程定義之下，往往「課程」的範圍是指學習領域的科目知識結構、知識內容或學科教材綱要。特別是一般人往往將教師準備於課堂教學的科目單元主題與內容綱要，視同「課程」的同義詞，或將學校開授的科目表或學生的功課表視爲「課程」的全部，甚至將教科書當成唯一的「課程」。此種「課程即科目」的課程意義之基本假設，主張課程設計人員或學校教師可以選取每一個學科精粹做爲學習內容，而且最好的學習內容與最重要的學科觀念，出現在人類的偉大著作當中。

美國的學校課程，其學習內容起源於西方古老歐洲的中等學校之教學科目。例如：1893年「美國教育學會」（National Education Association）《中等學校教育十人委員會報告書》（*Report of the Committee of Ten on Secondary School Studies*），建議以拉丁文、希臘文、英文、當代語言、數學、物理、化學與天文學、自然歷史、歷史、人民政府、政治經濟、地理等具有西方教育傳統學術地位的學科，作爲中等學校教育課程的主要科目。此課程建議，影響了美國四十多年來界定中等學校學術課程的主要參考依據（Willis, Schubert, Bullough, Kridel, & Holton, 1994, 85）。

在「課程即科目」的課程觀點定義之下，學科可以用來訓練學生的心理官能、心靈或是合乎兩者的要求。因此，幾何學被認爲可以訓練學生的邏輯官能，拉丁文被認爲可以訓練學生的想像官能，古典語文的學習被認爲可以產生普遍的心理訓練。此種課程觀點認爲學科知識是主要學習的內容。這是學校活動與教育歷程認定的與特定的目的，而且學習活動是達成這個學科教育目的的精確方法。就學科教育目標而言，學校教育的使命在教導學生追求學科知識眞理與智慧，以傳承並捍衛鞏固學科知識。

例如：英語、科學或藝術，這樣的科目，並不是一個單一獨立的知識。通常一個科目被稱爲一門學科，是因爲學者就其所研究領域的知識，進行持續不斷的研究發展與擴散，以進一步瞭解其研究領域的現象。學科的研究不是偶發的，學科專家要求自己遵守專業程序，以確保對研究的問

題、問題的相關資訊及研究結果的意義能獲得共識。隨著歲月的增長，每一科目都累積了許多學科資料、概念、原則、蒐集資料與解釋的技能，以及此科目的有關範圍與限制。這一大堆的材料是遠超過任何一位學者所能理解的，當然，不是任何一個教學內容或教學方案所能完全涵蓋的，更不是任何一位個別學生學習經驗的建構。

學科內容與學習，起先都是源自日常生活活動經驗與教育歷程受到其他因素作用影響所需的教育因應。當生活活動受阻時，學科內容的知識，就會因應生活活動需要而產生。這種需要的行為，一旦被發現，就是課程設計人員與學校教師所需要的學科知識內容。這些科目學習內容，乃基於有助於非學科專家瞭解語言、科學、社會系統的研究，也有助於非學科專家解決其日常生活中所遭遇的問題，而且，這些內容也是該學門的學者所選擇，適合於將來成為該領域學者或專家所必須具備的入門基礎。

二、「課程即科目」的功能

學校教學科目的功能，是促使教師教學與學生學習活動得以繼續進行，促使學生於最值得學習的學科知識內容上獲得智慧的成長。因此，「學科知識就是力量」。其所關心的教育問題主要包括：課程內容應該如何被形成與陳述？在教育歷程中學科內容的地位與功能是什麼？哪一部分的學科教育應該被分類為「通識科目」，哪些部分應該是「專門科目」或「職業科目」或純粹的「選修科目」？什麼範圍的通識科目才能與職業科目均衡，什麼範圍的職業科目才能成就圓滿的通識科目？可見，就課程意義而言，「課程即科目」強調學科知識，而使教學內容具體化的教科用書與器物用品也經常被當作課程，這是一種偏向科目本位的課程理論取向，而且與「精粹主義」的課程設計意識型態關係相當密切，作者將於本書第三章課程設計意識型態當中加以詳細說明與評述。

其優點是，此種課程定義方式可以將科目之間、學習領域之間做一清楚的區分，例如「語文課程」或「數理課程」或「社會課程」或「藝能課程」等等。其課程評鑑，強調課程必須忠實反應學科知識本質。評鑑的層

面可能包括學科知識內容以及課程材料，而且對於學生的評鑑，主要在瞭解學生的學科知識。因此，教育行政當局在規劃、監督與管理課程方面，也較方便與明確，有一致而標準的規範。而且由於科目之間有明確的劃分，因此學習內容的選擇與組織也比較容易進行系統的安排與設計，例如課程應包含多少科目？每一科目占多少學分或時數？科目之間的順序與統整應如何安排等等皆比較容易進行設計。因此規劃學生進行的學習內容較有系統與具體，也較合乎知識結構。

三、「課程即科目」的限制

　　「課程即科目」的課程定義將科目、學習內容或學科知識內容視為其同義詞，是狹隘不恰當的觀念，因此，許多批評者大多認為這種「課程即科目」的課程定義仍有不足之處（黃顯華、李子建，1996，9；Schubert, 1986, 26; Tanner & Tanner, 1995, 32）：

　　(一)此種視「課程即科目」的定義，忽略學生對於學習活動的主觀性認知、創造力、思考能力、智能發展等。另外，也較不鼓勵學生主動地建構知識和參與學習活動，容易使學生處於一種被動地接收訊息的學習角色。

　　(二)若將「課程」的定義侷限於學科內容與教材原料和成果，忽略了教學過程的動態因素，教學過程也因此容易成為以教師為中心的學科內容之單向灌輸，導致教師普遍重指定的教學內容而輕教學與學習過程的偏頗心態。

　　(三)課程內容與教學過程兩者截然分開是不恰當的。此種定義容易將「課程」淪於「學科本位」、「教材本位」，忽略涉及課程設計的工作，如教學策略、順序程序、引起動機的方法、內容的詮釋等，容易忽略學生在學習活動中所獲得的實際經驗、師生互動以及潛在課程的影響等等，甚至漠視師生情意創作力表現和教師個人成長等。

　　(四)此種「課程即科目」的課程定義，未能包括活動課程和學校生活的經驗，只注意學科內容的知識權威性，而忽視如何顧及學生的個別差

異。因此，課程的改革難以完全落實，較少注意課程實施的實際情況和教育改革的動態，以致教學環境如學校組織、教師態度、社區觀點等未能充分改變，以配合課程改革的運作。因此課程改革容易流於學科之間上下左右搬動、上課時數調整、教材內容粗略增刪而已。

第四節　課程即經驗

　　本節旨在說明「課程即經驗」的意義，並指出此種課程意義的教育功能與可能的教學限制。

一、「課程即經驗」的意義

　　「課程即經驗」的「課程」定義，傾向將「課程」視為一種「學習經驗」，是學習者、學習內容與教學環境之間的交互作用，以及交互作用之後所產生的經驗歷程與實際結果，亦即，「課程」是指學生從實際學校生活所獲得的學習經驗。

　　此種「課程即經驗」的課程觀點，重視的是學習者個別的學習經驗及其所產生的學習歷程與學習成果。其課程的基本假設是以學生為學習的中心，主張學校課程應該適應個別學生，而非學生適應學校課程，強調學生個人的學習經驗之意義理解，以學生興趣、需要等，作為學校教育課程設計之依據。此種課程觀點強調學生學習動機是內發而非外塑，主張學校課程應該符合學生認知、技能及情意發展階段。因此，學校課程若能依此提供學生學習的活動經驗，才能進一步促使學生在學習活動的經驗中進行學習和獲得健康成長。

　　此種「課程即經驗」的課程觀點，注重學生的學習過程，特別強調學生在學習過程中的認知、技能、情意等方面之發展，重視學習活動對學生個人的教育意義。其所關心或質疑的課程設計問題之一便是：課程是事先規定的嗎？學生可以從學習活動中學到什麼？學生自己認為自己的學習如何？以及如何可以獲得更佳的學習？

二、「課程即經驗」的功能

　　「課程即經驗」的課程定義較為寬廣，重視正式課程、非正式課程與潛在課程，以及其他經過指導或未經過指導的學生學習經驗，此種定義，成為一種比較多元的學習經驗，有利學習者的均衡發展。此種「課程」觀點強調學習者的個別差異，尊重學習者個人的主體性，重視學習者平等參與學習活動的機會，兼重教育目標與學習過程，具有經驗主義的色彩，而且與課程設計的經驗主義意識型態理論取向關係密切，作者將特別在本書第三章加以說明及論述。

三、「課程即經驗」的限制

　　以學習經驗做為課程的定義，雖然視課程教學與學習為不可分割的過程，但是由於每個學生都可能有不同的經驗與「經驗課程」（experienced curriculum），因此，這種觀點暗示著學校教育情境當中存在著許多不同的「課程」，同時，這種課程的模糊定義觀點，也容易使課程的意義引起混淆不清。特別是如果課程是學校生活中的學生學習經驗，則任何一位課程研究人員或是學校教師皆無法掌握課程全貌，更難以完全理解其真相。就算課程研究人員進行九年的長期觀察研究，也是無法精確預測或控制一位學生在十二年國民基本教育過程中所經歷的學校生活經驗。因此「課程即經驗」的課程定義不免遭受下列的批評（Schubert, 1986, 31）：

　　(一)「課程即經驗」的課程定義，重視學生興趣與需求，但是，未必能對個別學習者有充分的教育指導，且傾向較少注意社會的需求，容易忽略社會文化對課程的影響，低估課程與社會之間的互動關係。

　　(二)「課程即經驗」的定義，不能明確地區分正規學習活動的正式課程與課外活動的非正式課程。因此，對於潛在課程、非正式課程與非指導性的課程，難以明確的界定與掌握。由於這種學生學習經驗的課程定義範圍太廣闊，使課程研究造成高度的教育挑戰。

　　(三)「課程即經驗」定義的學習成果，難有具體的客觀評鑑標準，因

此，也難以對學習者進行完整而正確的評鑑工作，教師與學生容易趨易避難，流於糖衣的軟式教育。而且因爲學生學習經驗會包括一些可欲與不可欲的各種學習經驗，也包括一些與教育有關和無關的不同生活經驗，因此，學校教師是否應該爲每一位學生的每一種學習經驗的結果負責任，這仍然是有待教育界深入探討分析的問題。

(四)「課程即經驗」的定義，雖重視學習者個別的學習經驗，但在現實學習環境中，卻難以完整而週全地安排以順應個別學習者的需求及個人整體的全人格發展，因此，在實踐方面產生困難。例如：在臺灣地區目前存在的大班教學實際情境當中，學校班級學生人數皆在三十名以上，一位教師如何在有限的時間與資源條件之下，與一班三十人的學生進行個別對話與指導，進而規劃促進學生個人發展的課程，這是目前臺灣學校教師在現行的教育制度之下，亟需克服的困難。

第五節　課程即計畫

本節旨在說明「課程即計畫」的意義，並指出此種課程意義的教育功能與可能的教學限制。

一、「課程即計畫」的意義

所謂「課程即計畫」，是從事前規劃的角度，來探究課程設計與課程發展的工作，並將課程視爲一種教學計畫。此種定義認爲課程是一種學習者的學習計畫，可以是政府官方規劃的「正式課程」，或學校課程發展委員會審核通過的「學校整體課程計畫」或各處室與各年級學習領域「課程計畫」，或教師規劃設計的「教學計畫」，或學生的「學習計畫」，例如：我國《十二年國民基本教育課程綱要總綱》（教育部，2014）、《十二年國民基本教育課程發展指引》（國家教育研究院，2014）、《普通高級中學課程綱要》（教育部，2008a）、《職業學校群科課程綱要》（教育部，2008b）、《國民中小學九年一貫課程綱要》（教育部，

2008c）、《綜合高級中學課程綱要》（教育部，2009）與《幼兒園教保
活動課程暫行大綱》（教育部，2012a）等等，皆具有「課程即計畫」的
課程意義。換言之，課程計畫就是指課程規劃人員根據社會文化價值、學
科知識與學生興趣，對課程目標、內容、方法、活動與評鑑等因素所作的
一系列選擇、組織、安排之規劃。

　　「課程即計畫」的要素，主要包括了課程目標、課程內容、課程方法
與活動，以及課程評鑑的工具和程序。由於課程計畫，強調計畫的內容要
素和規劃的程序，因此，對於課程發展和設計工作是有促進其精緻化的效
用，而且課程計畫強調了課程設計人員的責任，希望他們能夠慎思熟慮，
仔細選擇組織安排課程的各種要素，提供學生優良的學習機會，以幫助學
生獲得繼續性、程序性及統整性的學習經驗。

　　「課程即計畫」的課程觀點，所關心的主要課程問題是：課程如何能
夠預備未來的成人參與社會生活？學校是否應該被視為改善社會的正義機
構嗎？學校應該基於何種邏輯前提設證或研究假設來進行課程規劃？課程
應該幫助學生接受既存的社會秩序或是加以克服與超越？學生應該接受社
會或是質疑社會機構之合理性？學生是否僅僅適應當代社會機構或者學生
應該接受教育並激發改善社會之意願？

　　「課程即計畫」的課程觀念，強調「事前規劃」與「預先計畫」的
觀點，主張課程是預期的，而且其程序是可以事前加以規劃的，其中包含
了學習目標、內容、活動以及評鑑的工具和程序等周密的思考，作為教育
工作的準則，以便於控制掌握學習結果。換言之，以課程為計畫的定義，
特別是將課程視同在教學之前出現的事前課程計畫或規劃工作。例如：舒
伯特（Schubert, 1986, 28）就認為以課程為計畫的定義，蘊含著「規劃活
動」（planned activities）的課程計畫之意義，此種課程觀點與社會取向的
課程意識型態有著密切的關聯，作者將在本書第三章作更為詳細的說明與
評述。

　　「課程即計畫」的層次與範圍，可能包括全國性、縣市性、全校性、
個別教師為個別班級所擬訂的教室層次課程等等所包含的各項課程計畫
（黃政傑，1991，71）。換言之，「課程即計畫」的層次，可以是全國性

的、地區性的，也可以是學校性的，或是教室班級性的。因此，課程計畫者，可以是學科專家、教育行政人員、課程專家，也可以是學校行政人員或是班級教室內之任課教師。

臺灣的國定課程或國家層次的課程計畫，包括國家制訂之課程標準或課程綱要，甚至根據課程綱要或課程標準所規範的教科書、教師手冊或教學指引以及學生習作等學習計畫。特別是中央政府的教育部，作為國家層面的整體課程規劃的政府機構，負責課程綱要或課程標準、學生教科用書、教師手冊或教學指引等之統籌規劃。就一般而言，課程標準是由教育部出面邀請教育界人士，開會研議各級學校各科目之課程計畫，俾便各級學校遵循，然此並非透過立法機關之法律，而是一種教育部之行政命令，這是一種教育行政中央集權制度下的國定課程計畫。通常課程綱要（或課程標準）總綱所列的各種計畫，是政策性的課程行政命令與規定。教育部修訂的課程綱要（或課程標準），以兩個層面來進行設計，亦即課程綱要（或課程標準）總綱小組與各分領域／科目的課程綱要（或課程標準），分此二組，各司其職。課程綱要（或課程標準）總綱包括課程目標、核心素養、領域／科目、每週教學時數、實施通則；而分科課程綱要（或課程標準）則決定學科課程目標、核心素養、學習重點（含學習內容／學習表現）或教材大綱、時間分配、實施方法。中央政府教育部頒布的《十二年國民基本教育課程綱要總綱》則是由教育部聘請社會賢達、學者專家、學校教育工作者與民間教改團體所組成的一個課程發展專案小組，共同研商的課程計畫，包括十二年國民基本教育的課程改革基本理念、課程目標、核心素養、領域／科目與實施通則等內容，基本上這也是一種中央政府主導的國家層次課程計畫與課程行政命令。

臺灣地區的教科書，過去是由教育部所屬國立編譯館編輯審查之後，並經由臺灣書店統一配送全國國中小學使用的各科學生教科用書；或由民間教科書出版社編輯之後，經過國家教育研究院（國立編譯館）審查通過，由地方縣市政府統一購買或由個別學校選購的各科學生教科用書。在臺灣，以往的教學指引也是由國立編譯館編輯審查通過後，經由臺灣書店統一配送全國國中小學教師使用的各科教師手冊，以為全國各地學校教

師的教學依據：或連同學生教科用書一起由民間教科書出版社編輯之後，經國家教育研究院（國立編譯館）審查通過，由地方縣市政府統一購買或由個別學校選購的各科教師用書。另一方面，學生習作及坊間出版的測驗手冊及參考書，也是學校教師規劃用來準備應付升學考試的學習計畫，甚至，以往民間出版的參考書及測驗卷，曾經一度成為替代教科書，用以準備升學考試之主要學習計畫。

二、「課程即計畫」的功能

　　「課程即計畫」的課程觀點，強調課程是一套事先規劃設計安排的學習計畫，或者可說是教學實施程序。此種學習計畫對學習者的學習目標、內容、評鑑等，均以整體呈現的方式提供學習者學習的機會，具有結構完整與精緻的優點。這一課程觀點，主張課程是可以事前加以預期控制的，因此便於做層級的規劃，如中央政府規劃的全國課程、地方縣市政府計畫的課程、學校發展的課程或個別教學者在教室設計的課程等等，具有清楚的層級、可事先規劃設計等優點。總之，「課程即計畫」的課程定義，乃透過計畫來界定課程的意義及其內涵，強調預先事前規劃的觀點，認為課程是可以預期的，也是可以事前加以規劃的。因此，課程設計人員可以經過周密的計畫，規劃優良的學習內容與方法，達成預期的學習結果，此為課程計畫之優點。

三、「課程即計畫」的限制

　　然而，此種「課程即計畫」的課程定義，容易遭受下列的批評：

　　(一)「課程即計畫」的課程定義，重視課程設計的事前預先規劃活動，因此，課程計畫往往只重視正式的、理想的、或文件上的課程規劃，甚至是官方的命令與規定，重視社會文化價值之傳遞，並強調社會道德文化標準的建立，偏向社會主義（socialism）課程理論取向的觀點，難免有時會忽略課程背後的課程目標之合理性與意識型態的正當性。

(二)「課程即計畫」的課程觀點，強調計畫付諸行動的實施過程有其規劃的實施程序，主張計畫與執行是隸屬於不同層次的課程決定，課程實施不同於課程設計，因此「課程即計畫」的課程觀點主張教學不同於課程。但是，就學校教師而言，在教室實際教學過程當中，課程和教學往往是一體的兩面，因此，課程設計人員難以單方面從事前規劃的課程計畫，來瞭解學校教師實際教學的複雜過程，更難預測千變萬化的教學結果。

(三)「課程即計畫」的課程觀點，往往要求學校教師和學生必須依預定的課程計畫進行課程實施工作，否則事前規劃的努力便是徒勞無功，因此「課程即計畫」的課程觀點容易形成教育監督管理與控制的手段（Tanner & Tanner, 1988, 23）。甚至，課程設計人員經常誤認為教師的教學歷程必定忠實地進行課程實施，忽略課程實施及師生與課程互動之複雜歷程與教學結果，不易探討學校教師的「知覺課程」或教室內實際的「運作課程」，此為「課程即計畫」的限制之一。

(四)「課程即計畫」的課程定義，缺乏教學上的彈性，容易忽略學習者個別的學習經驗差異與不同的學習興趣與需求，特別是這種重視「預先規劃活動」的定義，忽略學習的複雜過程或學生的「經驗課程」，亦容易忽視教學活動背後的課程目的，或忽略不易事前預測的複雜學習結果。例如：有意忽略學習活動過程對學生個人意義的影響及學生獲得的學習經驗。因此，極可能忽略了潛在課程之發現處理與懸缺課程之探究。

(五)這種「課程即計畫」的課程定義，往往訴諸由上而下的政府施政理想與教育行政計畫，強調官方一致的課程行政命令規定，未能充分顯示發展設計的動態歷程，且未能兼顧在教室課堂教學情境當中可能隨時出現的教師教學創意，忽略教室教學的實況，漠視教師在教室課堂隨機應變出現的變通計畫或另類思考（Portelli, 1987, 361）。

第六節　課程即目標

本節旨在說明「課程即目標」的意義，並指出此種課程意義的教育功能與可能的教學限制。

一、「課程即目標」的意義

　　「課程即目標」的課程定義，將「課程」視為一種一系列目標的組合，不論是教育目的、宗旨、一般目標、具體目標、行為目標或表現目標等等，皆由學生行為的改變，呈現其教育效果。例如：美國課程學者巴比特（F. Bobbitt）的課程思想，主要乃在於強調課程是為將來生活的準備。其主張的課程意義，係指一連串預備年輕學生，將來能履行成人事務的活動和經驗，而且，課程目標是評鑑學生學習結果的規準，亦即，課程的目標乃是指預期學生所要表現的行為，其教育方法強調實作與實際參與活動以獲取經驗。例如：巴比特將人生經驗分成十個領域：語言活動、健康活動、公民活動、社交活動、心智活動、休閒活動、宗教活動、親職活動、非職業性的實用活動與職業活動。課程設計者主要關心的議題包括下述兩個問題。第一個是課程設計人員應採取何種途徑以擬訂教育目標的價值？第二個是課程設計人員應透過何種方式以表達陳述課程目標？

　　「課程即目標」的觀點，往往將課程視同工廠中的生產線，因此，目標的擬定必須具體明確而清楚。例如：美國課程界學者泰勒（Ralph Tyler），便主張以行為及內容的雙向分析表來協助課程設計人員，敘寫具體的課程目標（Tyler, 1949），以便於教育控制與行政管理，這種課程目標的觀點，偏於科技取向的課程設計意識型態的課程理論取向觀點，作者將於本書第三章加以說明與評述。

　　在課程選擇方面，「課程即目標」的觀點，重視課程目標的引導作用，依據目標選擇材料，以社會需求為主，其次顧及學生興趣與能力，及合適的學科知識。在課程組織方面，課程要素一方面包括實質上的活動或經驗，另一方面則注重形式上順序的邏輯安排，強調目標與手段的連鎖，由最終目標分析其先備條件，轉化為階段目標，再安排學習階層。在課程評鑑方面，初步的評鑑在診斷學生的先備能力，最後的評鑑在判斷目標的達成程度。

　　學校是社會或政府的代理人，因此部分主張「課程即目標」的課程

設計人員，便認爲課程目標應由社會或政府決定，學校只負責如何使課程產品符合規格的科學技術工作。因此，「課程即目標」的課程定義，通常是指以政府立場或官方定義的課程目標，或政府官方預期「正式課程」的學習結果，例如：1929年所公布的中華民國教育宗旨：「中華民國之教育，根據三民主義，以充實人民生活，扶植社會生存，發展國民生計，延續民族生命爲目的，務期民族獨立，民權普遍，民生發展，以促進世界大同。」又如1946年公布的中華民國《憲法》，第158條規定：「教育文化，應發展國民之民族精神、自治精神、國民道德、健全體格、科學及生活智能。」1979年公布之《國民教育法》，第1條也明文規定：「國民教育依憲法第一百五十八條之規定，以養成德、智、體、群、美五育均衡發展之健全國民爲宗旨。」

特別是臺灣地區「課程綱要」或課程標準的學校教育目標與課程目標，便是明顯的指政府「正式課程」或「官方課程」的預期學習結果之「課程即目標」實例。例如：1994年教育部公布之《國民中學課程標準》，也明確地指出：「國民中學教育繼續國民小學教育，以生活教育、品德教育及民主法治教育爲中心，培養德、智、體、群、美五育均衡發展之樂觀進取的青少年與健全國民爲目的。」1998年教育部公布的《國民教育階段課程綱要總綱》的課程目標：「國民教育之學校教育目標在透過人與自己、人與社會、人與自然等人性化、生活化、適性化、統整化與現代化之學習領域教育活動，傳授基本知識，養成終身學習能力，培養身心充分發展之活潑樂觀、合群互助、探究反思、恢弘前瞻、創造進取的健全國民與世界公民。」上述的這些目標皆是政府用來進行課程發展的具體教育政策指標。尤其是我國《十二年國民基本教育課程綱要總綱》（教育部，2014），明訂「啓發生命潛能」、「陶養生活知能」、「促進生涯發展」、「涵育公民責任」四項總體「課程目標」，又如國民中小學九年一貫課程綱要，最明顯的變革之一，是建立國民教育九年一貫的課程目標，將過去傳統國民中小學分別列舉的學校教育目標，統整爲國民教育學校教育目標，引導學生致力達成下列課程目標：

1. 增進自我瞭解，發展個人潛能。

2. 培養欣賞、表現、審美及創作能力。

3. 提升生涯規劃與終身學習能力。

4. 培養表達、溝通和分享的知能。

5. 發展尊重他人、關懷社會、增進團隊合作。

6. 促進文化學習與國際瞭解。

7. 增進規劃、組織與實踐的知能。

8. 運用科技與資訊的能力。

9. 激發主動探索和研究的精神。

10.培養獨立思考與解決問題的能力。

　　又如1989年，美國總統布希（George Bush） 邀請各州州長召集全國教育會議，並建議六大國家教育目標，以引導美國全國學校教育（DOE, 1991, 3），美國「全國教育目標」如下：

・在西元2000年以前，所有的美國兒童都將做好就學準備。

・在西元2000年以前，高中生畢業率將增加到至少90%。

・在西元2000年以前，四、八、十二年級的美國學生，都能證明有能力面對英語、數學、科學、歷史及地理等方面問題的考驗；而且在美國的每一所學校，都將使全體學生，學習充分運用其心智，準備好作一個負責的公民，能繼續學習，並在現代經濟社會中，成爲一個有工作生產力的從業人員。

・在西元2000年以前，美國學生的科學與數學成就，將領先全世界。

・在西元2000年以前，每一個美國成年人都能夠具備讀寫能力，並且有能力在全球經濟中參與競爭，獲得成爲負責任的公民所需的知識及技能。

・在西元2000年以前，每一所美國學校都將免於毒害與暴力，並能提供有助於學習的紀律環境。

　　1993年美國柯林頓（Bill Clinton）總統，也簽署了「目標2000： 教育美國法案」（Goal 2000: Educate America Act），除了保留布希政府的六項國家教育目標之外，又增加兩項新目標（高新建，1997）：

・全美國的教育人員，將繼續接受改善其教育專業技能所需要的課程

方案，全美國的教育人員，並且有機會學得教導並裝備下一世紀所有美國學生所需要的知識與技能。

．全美國每一所學校，將增進學生家長投入參與提升學生的社會、情意、與學術成長之合夥關係。

二、「課程即目標」的功能

上述這些由政府明確制訂的教育目標實例，指出「課程即目標」的課程觀點，由於便於教育績效管理與行政運作控制，往往受到政府的青睞。因此，政府經常主張教育應有明確的目標為引導，學校課程要有目標導向，以設計學習方法與教學內容，並達成預定的教育政策與教育理想。

教育目標是課程設計最終成品的模型，課程目標明確化，可以形成詳細的具體目標或行為目標，因此，透過建立課程目標，便可精確預測、控制各種課程設計的現象。所以，課程目標可以判斷整個課程方案達成目標的程度，作為課程修訂的參考依據。整體課程有其預定的教育目標，可以引導課程評鑑的進行，因此，「課程即目標」具有統一教育目標、而且容易進行課程評鑑的優點。此種課程意義，重視課程目標的明確性與可觀察性，採取可觀察或可測量的形式的課程評鑑，指出學生學習的終點，以引導教學活動之進行，所以相當強調績效與科技取向。

此種教育科技的觀念，合乎西方社會控制人類的世界觀，應用精確的科學與技術力量於學校教育的課程設計過程與結果，消除人類不切實際的幻想與美夢，提倡以科學替代人類不確定的藝術。並利用工廠生產之譬喻，將課程視同製造產品的生產輸送線，並以教學為課程技術的運用問題，重視品質管制的步驟，以合乎教育績效之必要性，如契約教學（contract teaching）、編序教學（programmed teaching）、精確教學（precision teaching），強調具體目標之說明，以促進教育效率，促成教室的例行措施之標準化，其主要的特色包括：

(一)教師必須在教學進行之前，對自己的教學科目加以明確規劃，列出可以測量的具體目標。

(二)學生在學年或學期或學習階段一開始，必須先接受事前測驗，以
確定學生的起點行為。

(三)學校教師必須就每位學生或每一群學生，明白地列出有待學生必
須完成的工作單元。

(四)課程有其學習的先後順序性或階層性。

(五)教師與學生均應記錄其教學與學習的預期進度及進步情形。

三、「課程即目標」的限制

　　「課程即目標」的課程定義，是將課程的實施建基於行為科學之上，
而且將學校視同工廠，教育視同生產，在學校工廠內，教師如工人，學
生是原料，課程是加工生產線。就其缺點而言，設定目標，雖然便於管理
和控制，但是「課程即目標」的觀點，容易忽略了人類行為的複雜性及社
會的交互作用，且忽略教師在此課程設計與發展的過程當中扮演的主動角
色。此種目標導向的課程，容易忽略學習者的個別經驗，此種課程定義與
「課程即計畫」的觀點有些許的雷同。因此，課程往往被定位為一組有意
圖的預定學習結果與標準，導致容易過度重視預期的學習結果，而漠視非
正式的學習以及學習的方法與活動，甚至忽略了教學內容與過程。

第七節　課程即研究假設

　　本節旨在說明「課程即研究假設」的意義，並指出此種課程意義的教
育功能與可能的教學限制。

一、「課程即研究假設」的意義

　　依學校教師的教育專業觀點，課程應該是一套教學內容與教學方法的
建議說明，以說明在何種邏輯前提之下具有教育價值；在何種條件之下，
此套課程是可以在教室實際進行教學。換言之，為了驗證此套課程是否具

有教育價值，為了驗證此套課程是否在教室實際情境中具有教學的可行性，可以將課程視為有待教師在教室情境脈絡的教學過程中加以考驗的一套「研究假設」（Stenhouse, 1975, 161）。

「課程即研究假設」（curriculum as hypothesis）基本假定是：外來的課程計畫人員可以從教室情境之外，提供課程法則，並要求教師遵循其課程指示，但是並無法完全保證學生得以能夠有效進行學習。課程計畫人員必須告訴教師：「課程是一種在教室情境中有待考驗的研究假設」。因為個別學生是不同的，而且個別的教室情境也是相異的，因此，每一位教師都必須根據個別教室情境中的實際經驗，去接受、修正或拒絕任何普遍性的規則或原理（蔡清田，1995）。因此，學校教師必須從事課程探究以獲得教育理解。課程對教室情境的教學有著不同的影響；換言之，教師必須考慮其所處之個別教室情境與可能的課程教學效應，而且，研究假設有待教師在實際教室情境當中，加以實地考驗或修正。此種「課程即研究假設」的課程觀點與學校教師的教育專業關係相當密切，作者將在本書第三章課程設計的意識型態當中，加以詳細的闡述與評論。

從課程研究發展的角度而言，所有的課程皆是有關知識、教學與學習本質的「研究假設」。教育知識本身，不是可以事前明確界定或規定的課程目標，而且，概念本身並不是單一絕對的知識結構，教學的目的不是要學生尋求統一的標準答案，而是應教導學生從探究過程當中，進行沒有標準答案的討論與學習，引導學生進入多元社會文化的對話中，經由討論探究的方式而學習瞭解各種不同意見。因此，學校的課程應促進學生認知過程的發展，引導學生學習如何學習、提供學生發展心智能力成長的機會（Stenhouse, 1975）。此種課程一方面是教育學者表達教育理念之媒介，另一方面也是教師在教室情境中進行教學實驗的「研究假設」（Stenhouse, 1985, 65）。

由此觀之，課程的意義，不只是代表一套教材輯（material package）或預定的教學大綱（syllabus），而是在教室情境中將一種教育理念與教育價值轉化為教育歷程當中的教學實務，而且課程也是有關教學歷程的一種「研究假設」的具體規範說明。具體而言，「研究假設」特別是指由課

程計畫人員所發展出來，並送到實驗學校，以便實驗教師在教室情境中加
以實地考驗的暫時假設之教學方法策略與教學內容，他們可能被稱為「指
引綱領」或是「假設策略」，也是有待教師去蒐集資料的「待答問題」。
課程計畫人員所提供給教師參考的課程教材，是一種提供教師與學生進行
教學與學習的「探究證據」（evidence for investigation）。「探究證據」
是指課程計畫人員所提供而有待探究的散文、詩詞、照片、圖畫片等各種
教學材料與媒體，「探究證據」這個字眼說明了課程計畫人員所提供的教
學材料與媒體，是有待教師與學生在課堂中進行批判考驗與探究，這是一
種用來協助師生進行有關矛盾爭論議題的討論與批判的媒介（Stenhouse,
1970, 1）。

　　「課程即研究假設」的課程觀點，主張課程是一種教育媒介，教師必
須透過教學將課程所蘊含的教育理念與知識本質付諸實際的教育行動。事
實上，教師可以研究的角度來處理課程所蘊含的教育理念與知識本質，並
將其視為可以進一步探究的問題。課程是開放的研究假設、可以質疑的方
法與內容，不是理所當然的教條與命令。換言之，教師可以把教室當成課
程的實驗室，教學便是進行實驗研究，而教師與學生則是共同進行研究的
學習夥伴，課程就是有待考驗的研究假設，教學行動就是實驗的自變項，
學習成果就是依變項，而學習影響則是師生共同研究之對象。換言之，可
以從微觀的教室研究角度來探討個別教師在個別教室中個人所進行的教學
活動；亦即，課程是一種學校教育教學歷程的規劃說明書。因此，課程也
可以是一種開放給教師公開質疑並進行教室教學考驗的研究假設，而且，
課程所處理的教育知識，應該是可以允許教師與學生在教室實際情境當中
加以主動建構的，課程也可以是允許教師與學生彼此協調磋商的學習內容
與方法，以適用於教室教學的動態歷程，如此的課程對教室中的師生才具
有豐富的教育意義（蔡清田，1997a）。

　　「課程即研究假設」通常是指在教室情境當中，學校教師的「運作
課程」，亦即以課程為馬車，教師扮演馬車駕駛的角色，引導學生順利進
行學習之旅。「課程即研究假設」意指教師對政府所規劃的課程目標與教
學內容及方法，可以因時因地因對象而加以制宜與權衡。不管政府制訂的

課程目標與方法內容爲何，教師應該站在教育專業的立場，若不合於學生興趣能力與需求，皆應加以考驗反省之、改善之。教師應該參與教室層次的課程發展，並就國家層次、地方層次與學校層次的課程設計加以考驗，不把課程標準、教學指引、教科用書內容當成理所當然的教條與命令規定，並在教室情境當中進行教室的課程行動研究，以課程作爲教育設計手段與工具，將「課程」視同「研究假設」，以協助學生進行學習。因此，「課程即研究假設」的課程觀點，乃是以課程爲一種協助教師與學生進行教學與學習的教育設計，而非用以壓制教師和學生之控制工具（蔡清田，1992b）。

二、「課程即研究假設」的功能

　　「課程即研究假設」課程觀點之優點，在視課程是一種可供質疑與驗證的假設，重視教師的教學方法、學生學習的思考模式、師生互動等因素，以及這些因素變項彼此之間的動態交互作用等等。一方面，課程不僅可以隨著時代的社會變遷與時俱進，而且重視課程革新，以及學校教師的專業成長與教育專業自主性，並且可將教學方法與課程實施加以有效的連結。進而有效的課程可以落實於教室實際教學的實務當中，而非將課程與教學兩者視爲截然劃分的兩極，而且其有效性，也可以在實際的教室情境中得到充分的考驗與印證。換言之，一方面透過教學實務，以驗證課程理念；另一方面也同時透過課程研究發展與實施的過程，改進教學歷程與教學結果（蔡清田，1997b）。

　　「課程即研究假設」的課程觀點，認爲在教室情境當中進行教學的教師必須和學生進行磋商與協調，以進一步將「研究假設」的課程，透過行動轉化爲教學的「研究假設」，並透過教學行動歷程將課程蘊含的教育理念，轉化爲教室中的教學實際行動。換言之，教師不僅應該將課程視爲在教室中有待實地考驗的「研究假設」，教師更需進一步採取「研究假設」的教學，以思辨質疑的教育批判方式來實施中央或地方政府事前規劃的課程，藉以啓發學生的心智成長，而不是一味地灌輸政府規定的課程內容與

方法。因此,「課程即研究假設」的課程觀點,重視批判教學方法,鼓勵學習者質疑、探究、討論的學習方式。教師與學生在課程實施過程當中,所扮演的關鍵角色受到應有的重視,教師與學生雙方更可以負起評鑑課程的責任,而且師生關係同時也是一種平等、互惠、協商與教學相長的「互為主體」之平等關係與歷程。

　　今日臺灣的學校課程受到教育傳統觀念之影響與束縛。一方面,教育行政體制往往透過由上而下的方式制訂課程規範,並未能根據教學實務加以具體說明;另一方面,教師也未被鼓勵,將課程視為在教室中有待考驗的研究假設,而且,事實上,教室中的學生學習,就如同在課程實驗室中接受未受到監督控制的教學實驗一般,此種反教育的變異現象亟待改進。

　　具體而論,依臺灣教育行政體制之下的學校課程發展現況,中央政府的教育部或地方政府的教育局處可以透過行政命令公布課程綱要或課程標準,以規範教學與學習內容方法。但是,教育部或教育廳局並不能保證以行政命令規定的課程能被教師有效地照章實施,因為上級政府透過行政命令所統一規定的制式課程,不一定適用於每一位教師與每一位學生。由於個別學校的環境脈絡不同,個別教室情境迥異,教師與學生均具有獨特的個別差異,所以,課程應該要能鼓勵教師的彈性教學,並引發教師反省批判自己的教學,以有效地協助學生進行學習。為了考驗課程的研究假設,教師必須和學生進行合作,視課程即有待考驗的研究假設,師生共同在教室教學情境當中,驗證並評鑑課程研究假設。因此,師生可以合作進行課程的研究與磋商協調,以探究課程所具有的潛能與可能限制。

　　今日的臺灣社會正逐漸邁向政治民主化、社會國際化、經濟市場化與文化多元化之際,教育部積極推動十二年國民基本教育課程改革、提升國民素養(教育部提升國民素養專案辦公室,2013)與多元入學方案等教育改革措施,透過國家教育研究院繼續編輯或審查學校教科書、教學指引與學生習作。另一方面,更開放民間出版社與教科書商參與中小學教科書的編輯,進而鼓勵地方政府與學校教師進行投入本土課程的研究發展,支持學校教師進行開放教育與田園教學,企圖培養立足臺灣、關心本土、放眼世界與前瞻未來的國家公民。這一連串開明進步的「教育鬆綁」課程改革

措施，展現了政府重視教育改革與課程革新的企圖與決心，同時也凸顯了學校教育工作第一現場的學校教師，進行課程內容的選擇組織與評鑑的重要性。因此，為了因應政府的教育改革與課程革新，「課程即研究假設」的課程意義，不僅一方面可以改善教師的教學實務，提升學校教師教學的效能與改進學生的學習品質，另一方面也說明了教師的課程設計教育專業能力之必要性與重要性，更充實了我國課程研究領域的豐富面貌。

三、「課程即研究假設」的限制

　　值得注意的是，雖然課程是一種研究假設，也是一種動態的驗證過程，但此種「課程即研究假設」的課程觀點，也容易予人飄忽不定、虛無飄渺、缺乏安全保障的感覺。尤其此種具有實驗性質的課程與教學研究過程，容易造成教師莫名的壓力與恐懼，甚至造成教師無所適從或孤立無助的教學困境。另一方面，此種鼓勵研究的教學過程雖然重視學生的參與，但在實際的教室教學情境中，究竟學生是否真能對自己所扮演的實驗研究角色有充分認知，仍有待深入加以探究。而且此種「課程即研究假設」的定義，相當重視教師的教育專業成長與專業自主性，但在教育的現實層面中，若整體社會大環境未能提供教師適當的專業成長機會，以及實際支持與鼓勵等相關配套的課程革新措施，則此種假設驗證的課程研究發展之實驗精神，很容易流於形式，甚至只是淪為一種教育改革理想情境的口號！在此同時，在從事培養師生反省批判與創造思考能力之時，雖然強調心智啟發與學習成長，但是，也不可造成學生學習失控，而危及學生個人利益，甚或造成社會的矛盾衝突與對立，這是從事課程研究發展設計的學校教育相關人員與教師應該特別慎思熟慮之處。

第二章　課程設計與課程研究

　　本章首先指出核心素養的「課程設計」（curriculum design）與研究發展之意涵，進而說明「課程設計」的意義，以及「教育研究」的三種類型，並闡述此三類教育研究對「課程研究」領域之啟示，並進一步說明「課程基礎研究」（curriculum basic research）、「課程應用研究」（curriculum applied research）與「課程行動研究」（curriculum action research），進而探討課程研究與課程理論（curriculum theory）的教育任務，及其對「學校本位課程發展」（school-based curriculum development）的理念與實踐之可能貢獻（蔡清田，2007）。

　　特別是我國推動「十二年國民基本教育」課程改革（國家教育研究院，2014），期望提升國民的「核心素養」以提升國家競爭力，並重視「學校本位課程發展」的理念與落實（蔡清田、陳伯璋、陳延興、林永豐、盧美貴、李文富、方德隆、陳聖謨、楊俊鴻、高新建、李懿芳、范信賢，2013），前行政院教育改革審議委員會，針對學校教育現況分析，指出我國傳統學校各科教學與各項活動的獨自分立，各處室實施計畫欠缺協調與統合，導致學生承受零散的課程內容，學生經驗無法統整，學生人格發展無法統整，全人教育無法實現的弊端；前行政院教育改革審議委員會總諮議報告書（1996）進而提出課程改革的改進策略，期望透過學校課程發展，重視課程的整體性，落實「共同經營課程」的辦學理念，促成學校課程的永續發展（蔡清田，2002）。我國中小學於2014年8月正式實施「十二年國民基本教育」，2000年8月自一年級實施國民中小學九年一貫課程改革，面對此一課程變革的新局，我國中小學所進行的學校本位課程發展的過程與結果，有待進一步探討；而且中小學能否透過課程領導，促進學校本位課程發展，更是有待進一步探究（蔡清田，2005；2007）。目前研究者初步研究顯示（蔡清田、王霄燕，2001；蔡清田、童正德，2002；蔡清田、陳美伶，2003；蔡清田，2005；蔡清田，2007；2011；2012；2013；2014），學校本位課程發展的困境之一是，面對「十二年國民基本教育」課程改革實施，期望提升國民的「核心素養」，許多學校教育人員仍舊習慣遵照中央政府統一公布課程綱要／課程標準的領域／科目與節數，沿用教科書進行教學，缺乏「學校本位課程發展」的動態理念，

學校教育人員未能深入瞭解學校本位課程發展的深層意涵，將學校視爲課程發展的基地，重視學校本位課程發展人員的團隊合作精神，未能普遍認同校長即課程領導者、主任即課程規劃者、教師即課程設計者，也未能重視學校本位課程發展程序的原理原則，將教師視爲課程發展的研究者，將教室視爲課程發展的研究室，將課程視爲有待考驗的行動研究假設（黃光雄、蔡清田，2002）。因此，本章最後一節將探討如何透過課程研究，以落實學校本位課程發展的理念（蔡清田，2008）。

第一節　核心素養的課程設計與研究發展之意涵

「國民核心素養」不僅意指每一個「國民」都須具備的「核心素養」，也是屬於新興的「課程設計」、「課程研究」與「課程發展」理念，是一種有理論依據的理論構念（蔡清田，2011），深具有課程研究發展價值（陳伯璋、張新仁、蔡清田、潘慧玲，2007；蔡清田、陳延興、吳明烈、盧美貴、陳聖謨、方德隆、林永豐，2011；蔡清田、洪若烈、陳延興、盧美貴、陳聖謨、方德隆、林永豐、李懿芳，2012），可作爲「十二年國民基本教育」課程發展的主軸（蔡清田，2014），並作爲十二年國民基本教育課程設計的垂直連貫與水平統整之核心，指引《十二年國民基本教育課程綱要總綱》與各領域／科目課程綱要及各級學校課程之發展，具有「課程設計」、「課程研究」與「課程發展」的重要意涵。

「國民核心素養」是當前「聯合國教育科學文化組織」（United Nations Educational, Scientific and Cultural Organization，簡稱UNESCO）、「經濟合作與發展組織」（Organisation for Economic Co-operation and Development，簡稱OECD）及「歐洲聯盟」（European Union，簡稱「歐盟」或EU）等國際組織與先進國家所強調的課程改革重點（洪裕宏，2008；胡志偉、郭建志、程景琳、陳修元，2008；高涌泉、陳竹亭、翁秉仁、黃榮棋、王道還，2008；陳伯璋、張新仁、蔡清田、潘慧玲，2007；彭小妍、王瓊玲、戴景賢，2008；蔡清田，2011；蔡清田，2012；顧忠華、吳密察、黃東益，2008；European Commission, 2005；

OECD, 2005; UNESCO, 2003）。

　　「國民核心素養」的「課程設計」、「課程研究」與「課程發展」之意涵為何？本書所指稱的「國民」是指18歲以下接受幼兒園及中小學教育的國民，「國民核心素養」一般係指我國人民於18歲完成後期中等教育時，能在社會文化脈絡中，成功地回應情境的要求與挑戰，順利完成生活任務並獲致美好的理想結果之所應具備的核心素養（陳伯璋、張新仁、蔡清田、潘慧玲，2007），這種「國民核心素養」可當作未來規劃學校課程發展之基礎，並作為未來規劃K-12年級課程綱要之參考。茲就「國民核心素養」的「課程設計」與研究發展意涵加以說明：一、「國民核心素養」係指每一個「國民」都必須具備的「核心素養」；二、「國民核心素養」屬於新興「課程設計」之理念，具有「課程研究」創新性的「課程發展」價值；三、「國民核心素養」目前是臺灣中小學校應該教而未教的「懸缺課程」；四、「國民核心素養」不是先天遺傳，而是國民經過後天的教育而學習獲得；五、可透過國民教育的「正式課程」培育未來所需的「國民核心素養」；六、「國民核心素養」可做為十二年國民基本教育課程設計垂直連貫與水平統整的「核心」。分述如次：

一、「國民核心素養」係指每一個「國民」都必須具備的「核心素養」

　　「國民核心素養」係指每一個「國民」都必須具備的「核心素養」，以因應社會的生活需要（Rychen & Salganik, 2003），進而促成「個體發展」與「社會發展」（蔡清田，2012）。「國民核心素養」是代表國民所應該學習獲得的共同素養，具有關鍵、必要、重要與共同的特質，「國民核心素養」是國民處於社會中所必須具備之關鍵素養，是國民個人生活所必需之素養，也是現代社會國民的必備條件，更是國家社會發展所不可或缺的人力資本之重要素養。「國民核心素養」橫跨生活中各種不同的多元社會場域，並跨越各級學校的主要學習領域課程科目內容與重要的新興議題。特別是，「國民核心素養」乃不因情境差異而有不同的素養，讓國

民可以終其一生無論在哪一個機構、擔任不同工作、或處在各種不同的多
變情境下，獲得所需的核心素養，整合知識、能力與態度，協助國民有效
參與學校教育，在各行業市場、政治過程、社會網絡以及家庭生活中，能
兼顧個人與社會所需的一般生活或社會各種情境領域所需要的知識、能
力與態度，培養溝通互動、自主行動、社會參與的核心素養（蔡清田，
2011）。

二、「國民核心素養」屬於新興課程設計之理念，具有課程研究 創新性的課程發展價值

　　「國民核心素養」屬於新興「課程設計」之理念，具有「課程研究」
創新性的「課程發展」價值。國民核心素養是指國民接受國家教育後，
具備足以勝任從事個人與社會的任務行動時，所需的知識、能力、態度等
行動的先決條件，促成個體的主體能動性，以成功因應情境中之需求與挑
戰。「國民核心素養」的知識、能力與態度，是可加以規劃界定其架構與
選擇其內涵，具有「國民教育目的」和課程目標的意向意義，以培養整體
高品質素養的國民。

　　依據我國《憲法》第21條規定：「人民有受國民教育之權利與義
務。」「國民教育」乃是教育基本權的保障範圍，面對當前文化日益多元
性與處境更加國際化的年代，今日教育人員必須承擔起培養未來國民的責
任，國民必須接受國民教育，而對國家中的種族、族群、生態有所理解，
這可說明「國民核心素養」之重要性。

　　我國《憲法》第158條亦明確指出：「教育文化，應發展國民之民族
精神、自治精神，國民道德，健全體格與科學及生活技能。」就培養社會
好國民、世界好公民，讓國家更有競爭力，國民生活更好而言，教育是國
家發展基礎，教育目標必須回應社會期待：教育發展目標及策略必須掌握
國家發展目標，契合專業理念，兼顧社會期待。而且「人」才是競爭力
的根本，教育應使所有孩子發展潛能：培育兼具專業與通識之人才，養成
尊重生命、終身學習、宏觀視野、體魄強健的國民。是以，就國民個人的

觀點，「國民核心素養」可視爲增能賦權以促進國民「個體發展」的自我實現，並且具備與異質性社會群體互動的素養；就國家社會的觀點而言，「國民核心素養」可視爲具備社會參與及貢獻的知識、能力與態度，「國民核心素養」必須能夠運用在不同的生活情境，國民個人必須具備勝任扮演工作者、家庭成員與社會公民角色的素養。

三、「國民核心素養」目前是臺灣中小學校應教而未教的「懸缺課程」

　　「國民核心素養」是過去臺灣中小學校應該教而未教的「懸缺課程」，臺灣學校教育常流於考試領導教學的弊病，僅重視知識與能力的學習，而忽略態度情意的重要性，因此我國國民在接受各級學校教育以後，學習到部分「學科知識」與「基本能力」，但並未具備現代國民所需要的「素養」（洪裕宏，2008；胡志偉、郭建志、程景琳、陳修元，2008；高涌泉、陳竹亭、翁秉仁、黃榮棋、王道還，2008；陳伯璋、張新仁、蔡清田、潘慧玲，2007；彭小妍、王璦玲、戴景賢，2008；顧忠華、吳密察、黃東益，2008）。傳統學校往往透過科目爲主的課程，只重視知識傳遞與認知技能的訓練，忽略「國民核心素養」的培養，因此，「國民核心素養」是過去臺灣中小學校應該教而未教的「懸缺課程」（黃光雄、蔡清田，2009）。特別是國民知識能力上，雖然有某種基礎的培養，但是，這些國民所需的「核心素養」通常不在正規教育體制中被充分重視（顧忠華、吳密察、黃東益，2008），甚至成爲學校該教而未教的「懸缺課程」。

　　面對知識經濟終身學習社會的來臨，必須評估檢討學校課程現況與問題，因應社會的環境變遷與需求。我國過去的教育，在升學壓力下，中小學課程偏重學科知識取向，過度強調智育掛帥，無法落實德、智、體、群、美等五育均衡發展的全人教育，五育「病」重，偏重智育的「知識」而忽略「能力」與「態度」，如果只重「能力」的學習，可能淪爲「忽略知識」而且「缺乏情意」的「訓練」，欠缺「態度」的情意價值引導，則

其後果堪慮。例如修車廠技工徒有修車「能力」卻「態度」不當而缺乏誠信，以致不當更換汽車零件或浮報價格地大敲顧客竹槓；或如食品製造商人有「能力」在食物中添加「起雲劑」，卻「態度」不當地添加有毒的「塑化劑」，這些商人有「能力」卻「態度」不當而作出傷天害理之事，造成國民身心健康嚴重受損並破壞國家聲譽（蔡清田，2011）。

　　「國民核心素養」的培養過程中，學校扮演著重要角色，促使學生對於國民所需的核心素養有所認識與瞭解，並體認到這些「國民核心素養」的重要性，進而產生學習的意願與行動。此外，學校須引進「國民核心素養」的系統化知識、能力與態度，透過完善的課程規劃與實施，引導學生學習「國民核心素養」內涵，進而習得「國民核心素養」。就此論之，「國民核心素養」必須在教育過程中，實質融入各級學校課程並加以實施，各級學校的課程，亦應依其內容程度而有進階性。

四、「國民核心素養」不是先天遺傳，而是國民經過後天的教育而學習獲得

　　「國民核心素養」不是先天遺傳，而是國民經過後天的教育而學習獲得，「國民核心素養」是預期國民經過學習之後所須具備的素養，有了這些核心素養之後，將來可以有效的適應社會生活，進而促成「個體發展」與「社會發展」（蔡清田，2012）。換言之，「國民核心素養」，是預期國民經過學習之後所必須具備的核心知識、能力和態度之重要素養，有了國民核心素養之後，將來有效地因應社會生活需要。特別是當前科技發展日新月異以及社會快速變遷，加上全球化浪潮席捲世界，形成變動不居的多元社會，如何建立永續的經濟發展、社會福祉、社會融合、社會正義與個人福祉，這與知識、能力、態度等之學習息息相關。尤其二十一世紀是一個全球國際化、資訊變動化的社會，必須思考學生在未來多變的社會之中，要學習哪些內容？要如何學習？要學會哪些知識、能力、態度？才足以在未來社會中能夠促成「個體發展」與「社會發展」。

　　教育是國家建設當中非常重要的一環，要繁榮國家經濟、建立優質社

會，教育扮演著極為重要的角色。特別是教育具有培育人才的重要功能，是一項永續經營發展的專業，因此教育的主體在於學生，如何協助學生學會新的知識、新的能力、新的態度（蔡清田，2014），以習得應具備的「國民核心素養」因應未來變動社會的需要，實屬相當重要。

從教育的觀點而言，「國民核心素養」是「可以透過教育加以引導的」、「可以透過教學加以培養的」、「可以透過學習獲得的」。就素養的本質而言，「能力」可為先天，亦可從後天習得；但「素養」並不是先天遺傳的，素養並非與生俱來的，而是需要透過有意的培養與發展，是可以從學習中獲得的（蔡清田，2011）；換言之，「國民核心素養」是後天習得的，有別於部分非經學習的先天能力，而且「國民核心素養」可以透過有意的人為教育加以規劃設計與實施，是可學與可教的，並經由學習者的一段特定時間之學習和累積充實以獲得素養。特別是就「國民核心素養」的本質而言，「國民核心素養」不是先天的而是後天的，是可教、可學、可評量的（蔡清田，2012）。「國民核心素養」不是先天遺傳，而是國民經過國民教育的後天學習得來，而且國家可以透過教育培養「國民核心素養」，可逐漸充實「國民核心素養」的知識、能力、態度之內涵與提升其水準品質，並且可扭轉國人對基本能力相對於知識之誤解，並且可以進一步培養社會所需的優質國民，同時促成「成功的個人生活」及「功能健全的社會」。

五、可透過國民教育的「正式課程」，培育未來所需的「國民核心素養」

我國可透過國民教育的「正式課程」，培育未來所需的「國民核心素養」（蔡清田，2008），必須考慮社會、文化和國際的變遷，進行整體規劃，培養全方位的「國民核心素養」（陳伯璋、張新仁、蔡清田、潘慧玲，2007），建構百年樹人之教育發展藍圖，作為未來教育努力的方向，追求卓越與公義，不只「人人可以接受教育」，達成國民教育的最基本要求；更能「人人都能享有優質教育」，以達成「百年樹人」、「百年生

機」、「百年公義」與「百年和平」等改革的期許（吳清山，2011）。

教育部（2011a）在《中華民國教育報告書—黃金十年百年樹人》一書中，也明確指出：「發展多元現代公民素養」是我國未來十年應發展的重點教育項目。可見「國民核心素養」，將有利於個體提升學習力，適應社會生活及培養就業技能，進而促進社會的凝聚力，厚植國家永續發展的根基。因此，「國民核心素養」應該是學校課程的核心，如能界定我國「國民核心素養」，將有助於引領學校課程發展，以培養並提升「國民核心素養」。

「國民核心素養」可以是政府部門規劃的「正式課程」，透過國民教育協助國民具備某種知識、能力、態度，可使得國民更明智地勝任個人或社會任務行動，受過優質教育有助於培養「國民核心素養」並促進民主政治的推展，也是社會健全運作的先決條件。因此，「國民核心素養」是在18歲之前的「準公民期」，需要在政府官方的「正式課程」規劃引導之下，學習「國民」此一特定角色時，所應擔負的任務，以習得核心而關鍵的知識、能力與態度之「國民核心素養」，成為好國民。

「國民核心素養」不只是可學、可教、可評量的，更可透過教育經由課程規劃、設計、實施、評量，培養並評量學習者的核心素養，促成國民的主體能動性，以營造成功的國民生活與建立功能健全社會。因此，「國民核心素養」除了明顯地出現在教育目的與學校正式課程文件當中，成為明確的課程設計與研究發展指標之外，國民核心素養也納入學校課程方案當中，可彌補傳統學校教學科目不足之處。

六、「國民核心素養」可做為十二年國民基本教育課程設計垂直連貫與水平統整的核心。

《十二年國民基本教育課程發展指引》可以指引「十二年國民基本教育」課程連貫與統整，《十二年國民基本教育課程發展指引》以國民所需的「核心素養」作為「十二年國民基本教育」課程發展的主軸（蔡清田，2014），可作為十二年國民基本教育課程設計的垂直連貫與水平統整之核

心，指引「十二年國民基本教育」課程綱要總綱與各領域/科目課程綱要及各級學校課程之發展。

　　「國民核心素養」具有「課程設計」、「課程研究」與「課程發展」價值。「國民核心素養」在「十二年國民基本教育」中可扮演重要角色，主要有兩個作用，一是國民核心素養可以作為「十二年國民基本教育」課程目標之來源，另一個作用是國民核心素養可作為《十二年國民基本教育課程發展指引》之「核心」，引導《十二年國民基本教育課程綱要》之設計與研究發展。因此，國民核心素養並非僅作為宣誓性目標，而是有其「十二年國民基本教育」的「課程設計」、「課程研究」與「課程發展」重要意義（蔡清田，2014）。《十二年國民基本教育課程綱要》可將過去的「學科知識」、「基本能力」與「核心能力」的範疇擴大為「國民核心素養」，並將「國民核心素養」列為課程目標的重要來源，以進一步引導未來的「課程設計」。「國民核心素養」與「課程研究」與「課程發展」關係密切，特別是「國民核心素養」可用來擴充或修正教育目的與課程目標，可透過官方教育政策加以明確公布，甚至列入學生畢業離校的要求條件，或列入正式學校課程計畫當中。

　　換言之，「國民核心素養」在《十二年國民基本教育課程綱要》中，可做為各教育階段垂直連貫及領域／科目水平統整的「指引」，可與學習領域／科目的課程內容、教學運作與實施通則、學習評量等進行連貫與緊密連結，特別是透過「十二年國民基本教育」課程設計培養國民所需的「核心素養」（陳伯璋、張新仁、蔡清田、潘慧玲，2007；蔡清田、陳延興、吳明烈、盧美貴、陳聖謨、方德隆、林永豐，2011；蔡清田、洪若烈、陳延興、盧美貴、陳聖謨、方德隆、林永豐、李懿芳，2012），整體規劃優質的「正式課程」，重視德、智、體、群、美等五育當中該教而未被教的「懸缺課程」，培養具有終身學習的核心素養之健全國民，並透過研擬《十二年國民基本教育課程綱要》，建立兼具國際化與本土化的宏觀課程目標，培養「國民核心素養」，經由各個領域／科目的課程規劃與實施通則的設計，作為中央政府、地方政府、師資培育大學、學校教師等進行課程發展之參考，轉化為教材原型以提供教科書產業業者進行教科書的

設計之參考，或轉化建立以提供輔導團進行教學輔導與教師精進教學之參考，以研擬教師專業核心素養指標及教師專業發展評鑑指標的配套措施，提出教學處方策略與學校本位課程發展的可行之道，以利縮短《十二年國民基本教育課程綱要》與教學現場的落差，並引導課程、教學、學習與評量的前後一貫與緊密連結，進而提升「國民核心素養」。

第二節　課程設計的意義

　　教育是人類求生存、求發展所不可或缺的生活經驗。教育與人類生活的進步是息息相關的，而課程則是教育活動的主要工具與方法之一，其價值實屬重要（賈馥茗，1985）。以今日而言，「教什麼」可以說是「用什麼來作為教育內容」，這是屬於課程的問題（黃光雄、蔡清田，2002）。另一方面，從課程關係到全國國民的角度來說，學校教育工作是一項社會專業，而這項專業是針對全體國民的培育而準備，既然國民是國家的主體，欲使這些國民趨向於「理想的」變化歷程，所以用什麼課程來使國民達到理想的境地，便成為一項極為重要的教育工作。由此可見，課程乃承遞人類理想與延續人類生活的教育媒介，有其不可漠視的重要性。因此，「課程設計」便成為達成教育目標的重要歷程與方法（黃光雄、蔡清田，2009）。

　　要瞭解課程設計的意義之前，首先應就「設計」（design）一詞的意義加以理解。一般而言，「設計」是指一個分析與綜合之慎思熟慮的精心規劃歷程。「設計」乃以問題的溝通為起點，以解決問題的實施計畫為終點。因此，「設計」的歷程是獨立於實施的歷程，兩者不能混為一談（Nunan, 1983, 1）。

　　課程設計係指課程要素的選擇、組織與安排的方法過程（黃政傑，1991）。課程設計包含擬訂教學目標，選擇組織教學活動，執行評鑑工作的「科學技術」。因此，課程設計的本質是一種實務工作，不是一種理論的研究，旨在設計一套課程產品系統，以達成教育目標，而不只是去解釋現有的課程現象。就此而論，課程設計比較關心具體而實用的課程製成

品，是課程決定過程的「最後產物」，因此，課程設計與強調「歷程」的「課程發展」應有其性質上之差異。

課程設計人員可能是一群由國家聘用或贊助的研究發展人員，也可能是一群由民間教科書出版商所聘請的編輯人員，亦可能是某一縣市政府所借調的教師研究團體，或某一教師研習中心的課程研究人員，或是以學校為依據的優良教師專業團體，或是教室中的個別教師。因此，課程設計的假設、目的、規準、程序及參與者等因素，可能因教育機構性質不同，採取不同的研究、設計、發展、實驗試用歷程與評鑑回饋策略，而有所差異。所以，課程設計並非基於不變的法則，而是涉及了藝術設計、批判分析、以及實驗檢證等歷程。

課程設計的方法技術，係指依照課程設計的理論基礎，對課程因素進行選擇、組織與安排。這些課程因素包括目標、內容、活動、方法、教材及評鑑、時間、空間、資源、學生組織、教學策略、及教師專長等項。因此，學生的需求及興趣、校外社會活動、學校文化、課程意義、教師能力、教育行政人員與學校教師同仁間的協調、課程理論與教學實際兩者之間的問題、需求評估等問題的考量，皆是進行課程設計時，所須注意考慮的相關因素。但是，一般人往往忽略了課程設計所需的相關研究發展、推廣、實施、評鑑、修訂與教師在職進修的必要性，以致於形成不夠精緻或不夠完整的課程設計概念。事實上，上述這些相關課程規劃活動所需龐大的經費與工作也是課程設計的過程與結果當中，不可或缺的重要考慮因素（Tyler, 1979, 249）。

總之，課程設計的意義，強調精確性的「設計」觀念，期許課程工作人員，對達成課程目標的各種理論基礎、選擇方法、組織要素和組織程序等專門技術，進行慎思熟慮的規劃。其優點乃在於要求課程規劃與實施人員能重視設計工作，以確立目標，善用時間、促進溝通協調，增加課程的精確性，使學生學習經驗的繼續性、程序性和統整性，能發揮較大的影響力，以達成教育目標。

特別是課程研究，更是進行精緻的課程設計所需要具備的先決條件。因此，課程設計的程序不應只包括制定課程目標、準備課程大綱與設計

教材，而應包括課程計畫的研究過程、參與人員、負責機構、決定權力、影響因素等加以事前規劃設計。以下各節將就研究、教育研究與課程研究的相關類型如「基礎研究」（basic research）、「應用研究」（applied research）與「行動研究」（action research）加以說明其與課程設計之間的關係（黃光雄、蔡清田，2009）。

第三節　教育的三類研究

　　本節旨在說明研究的意義、教育研究的目的與教育的三類研究。

一、研究的意義

　　「研究」是一種系統化的活動，以發現或建構一套有組織的知識體系。研究是指出因素，以便瞭解說明現象。研究的發現，不是個別行為的預測，而是發現通則與建構理論，其發現，可作為繼續探究的指引。研究的目的在於求知，發現真相，以增進對現象的瞭解，以建立理論、模式或行動方案，是一種求知的歷程。研究旨在於提供概念、動態模式與通則，以協助研究人員理解教育歷程，並作為進一步設計教育方案與實施課程方案之參考依據（Tyler, 1966, 31）。

二、教育研究的目的

　　「教育研究」旨在增進對教育現象的瞭解，是一種求知的歷程。因此，教育研究可能經過世紀之長的經驗智慧累積與長期研究的心智努力，才能累積知識。其主要貢獻，不在於解答特定的教育問題，而在於提供教育理念、動態模式與教育通則，協助教育人員理解教育發展之歷程，並作為設計發展教育方案與實施相關課程發展方案之參考依據，是以教育研究是邁向教育發展的入門。教育研究與教育發展兩者都很重要，但是所動用的人力、經費與成本大不相同（Tyler, 1976a, 1），特別是因為教育發展

（educational development）是比較偏重當代教育產品的設計、生產、製造、評鑑與改進的活動，而且教育發展仍須奠基在教育研究的基礎之上。

三、教育的三類研究

從實用的觀點而言，教育研究大致區分爲基礎研究（basic research）、應用研究（applied research）、行動研究（action research）等三種類型（蔡清田，1992a，143：Tyler,1984, 30）。

第一類是教育基礎研究，這是教育研究人員希望自己從事的教育研究發現，能夠合乎自己個人或教育學界同仁的學術興趣所進行的研究，其目的在求知，與解釋教育現象的理論及模式發展有密切關聯。第二類是教育應用研究，是指教育研究人員希望自己從事的教育研究發現，能引起研究人員的贊助者或一般社會大眾的濃厚興趣，其目的在追求教育的實用價值，與教育理論的接受、利用與轉化有關，較不關心教育理論的問題。第三類是教育行動研究，是指教育研究人員利用「應用研究」的結果，透過實際教育行動解決實際教育問題。教育行動研究通常是屬於學校或教室層面有關特定學校或特定學生的教育研究，也就是學校人員處理特定學校情境問題所進行的教育努力（Tyler, 1984, 40）。

將教育基礎研究所探究的知識、概念及理論應用到教育實際工作領域，是促進教育進步與課程發展之動力。是以教育理論與教育實際之間雖然有差距存在，但是，這種差距正是激勵教育工作人員繼續從事研究發展與設計的動力來源。因此，教育應用研究所設計發展出來的教育科技、方法技術及模式，可以進一步促進教育的精緻化，提升教育的生產力與競爭力。特別是教育基礎研究所研究開創出來的教育概念、知識與理論，以及應用研究或教育應用研究所設計出來的技術方法與模式，皆不應只是做爲研究者個人的私有專利，而應成爲社會團體所共享之公共教育資本，作爲教育實務工作人員進行教育行動研究的根基，以創造教育進步與改革之基礎。

第四節　課程研究的意義

「課程研究」是指一種對課程現象追求更寬廣更深層的理解之努力。課程設計，則是在特定的教育情境條件之下，設計出一種課程與教學系統，以達成教育目標的一種課程行動。課程研究是指出課程因素，以便瞭解並說明課程現象，而其發現，則是有關課程設計整體因素的發展通則，不是個別課程行為的預測（黃光雄、蔡清田，2009）。

課程研究是課程設計與課程發展的入門。課程設計（curriculum design）、課程發展（curriculum development）與課程研究（curriculum research）不同之處，是課程研究重在求知，而課程設計與課程發展則重視當代課程產品與歷程的設計、發展、生產、製造、評鑑與改進的活動（Tyler, 1976a, 1）。

課程研究的發現是做為繼續探究課程的指引，因此，其目的乃在於求知。課程研究的貢獻在於解釋課程現象，不在於解答特定的課程設計問題。它提供課程概念、課程發展的動態模式與課程設計的通則，以協助課程設計人員理解課程發展的動態歷程，並進而充實課程設計人員規劃與實施課程設計方案的實踐能力。

課程設計與課程發展是一種教育歷程，用以設計達成特定課程條件下，特定課程目標的工具，並使此種課程工具日益完美（黃政傑，1985，200）。從事設計發展課程方案、教學資源、教學器材、視聽媒體、電腦軟體、教學歷程、學習方法等教育工具的教育工作人員，他們可能不直接從事課程研究。但是，他們需要利用課程研究的成果，以設計達成課程目標的方法與工具。

課程研究的功能之一，乃在於進行協助課程設計與課程發展，使課程具體明確而清楚，以便教師在教室情境中加以實施，並進行實地考驗與評鑑，以有效地協助學生進行學習，並進而提升課程與教學的教育品質。甚至，課程研究不僅可以提供課程設計與課程發展之回饋，更可以幫助教師在教室情境當中採取課程與教學之教育行動，進而改進教師的教學實務品

質,落實教室層次的課程設計與課程發展。因此,課程研究、課程設計與課程發展並不是一種研究方法,課程的研究設計與發展乃是結合了過去各自分立的「研究」、「設計」與「發展」工作,成為改進課程的一套策略與進路,是設計與發展課程成品和程序的有效過程,並可以保證課程成品和程序的完美(黃政傑,1985,198)。

近年來,一方面我國的國家教育研究院、國立編譯館、臺灣省國民學校教師研習會、教育部人文及社會學科教育指導委員會、國立臺灣師範大學科學教育中心以及民間許許多多的教科書出版社,皆已累積許多寶貴的課程設計與課程發展的實務工作經驗。一方面,我國課程學者,如王文科、黃光雄、黃炳煌、黃政傑、陳伯璋、歐用生、蔡清田等,在課程研究領域辛勤耕耘,成果累累。另一方面,黃光雄也在1980年代編輯了《課程的理論與實際》的英文論文集,將課程問題分成概念、基礎、目標、選擇、組織、評鑑和革新等七部分,收錄了課程上的重要研究,這可以奠定我國課程研究的基礎,提示了我國日後課程研究的方向。

課程研究一方面要瞭解過去與現況,更需要掌握最新動向與展望,以迎接未來的挑戰。課程學者向來不關心課程研究本身的歷史,但是,近十年來歷史研究的價值已受重視,許多課程學者不僅追求敘述的課程史,而且要求批判的、評鑑的課程史觀(歐用生,1984,26)。另一方面,在實務上,我國近三十年來課程的改革和研究,仍然是「技術至上」和「目標模式」的反映,嚴重的是國內從事課程改革的相關人士並不明瞭這些模式是西方獨特的歷史、文化背景下的產物,更何況其背後具有偏狹的「工具理性」作祟,並已產生相當大的負作用。而從事課程改革的相關單位與有關人士卻用之不疑,並且讚揚這些課程研究的優點,而沒有發覺其背後獨特的歷史文化脈絡與社會意識型態。是以,從事課程改革的相關單位與人員既然知道過去的缺失,就應深思檢討、避免重蹈覆轍(陳伯璋,1982,326)。課程研究必須從「行政」取向,走向「研究發展」取向,以邁向課程學術理論體系的建立,從而又以之為行政的引導,如此課程研究才能順利結合課程理論與課程實際,才能促進教育革新的落實(陳伯璋,1982,316)。

因此，透過課程研究可以鑑往知來，作爲深思檢討課程設計與課程發展的借鏡，避免重蹈其錯誤覆轍，另一方面可以糾正錯誤的課程觀念、引導課程發展與課程設計，協助相關人員從事「目標模式」、「歷程模式」、「情境模式」的相關研究與發展，檢討改進行政模式與研究發展推廣模式，探討評估學校課程設計與發展的利弊得失，作爲從事課程研究、課程設計與課程發展的參考依據。

第五節 課程的三種研究

國內已有許多學者進行課程領域的研究（陳伯璋，1985；黃光雄，1996；黃炳煌，1996；黃光雄、蔡清田，1999；黃政傑，1999；歐用生，2000；蔡清田，2001；2002；2003；2004a；2004b；2005；2006；2007；2008；2009；2010；2011；2012；2013；2014），奠定我國課程研究的基礎，逐漸開拓國人課程研究視野。此外課程研發人員，也可以參考表2.1所列的課程研究方法類型及其所處理的問題，特別是運用分析的、慎思的、行動的等方法，進行課程研究。

✿表2.1　不同課程研究方法所處理的問題（改自Short, 1991, 17-19）

課程研究方法	課程問題
(1)分析的	・「課程」一詞通常是指什麼？ ・有什麼概念比「教育目標」更佳，可以引導課程實務？
(2)擴充的	・支持某課程方案的論點蘊含的假定和規範是什麼？其論點是否適切？ ・其他另類變通的理論依據是否更為適切？為什麼？
(3)思辨的	・個人有關課程規劃過程（或需要改變課程方案）的綜合經驗知識，可與他人分享？ ・我是否能提出課程理論趨勢或實務指引？
(4)歷史的	・何種共同因素使得美國三十六州在1983至1986年間，通過有關增加高中畢業的課程要求和標準？ ・在1968至1973年間，市中心磁性學校的課程決策過程及其所處的政治脈絡為何？

(5)科學的	・有多少學校利用芝加哥大學杜威實驗學校所發展的課程模式？ ・「擴展的環境」是美國一至三年級社會科用以組織課程單元的最普遍架構？
(6)俗民誌的	・什麼要素構成影響學區或州層面的課程決策？ ・課程規劃過程的何種因素改善或阻礙教師參與課程發展的能力？
(7)敘述的	・我的老師或我修過的課，對我在職業選擇上的影響，有何歷史性（自傳式）意義？ ・在過去二十五年來，我身為一位音樂教師，我對音樂課程重要內容（及其理由）的觀點有沒有改變？
(8)美學的	・史密斯老師班上學生所經驗到的課程影響，如何透過質性方式加以呈現出來？ ・某公司生產製作的閱讀方案當中，書面材料的重要特質為何？
(9)現象學的	・學生對被安排半天在職業學校課程方案，另外半天在綜合中學課程方案，其感受和知覺為何？ ・如果教師、學科主任或課程行政人員身為委員會一員，則他們對學區內所發展出來的健康教育課程方案是否有不同的觀感？
(10)詮釋學的	・某高中被退學的學生在其週記所寫的「我憎恨學校」的話語，其真正意義為何？ ・十九世紀末期課程文獻所採用的「課程分流」名詞，其意義為何？
(11)理論的	・應該如何以最佳的方式來擬定特定課程的結構要素、規範觀點與行動指引之相關陳述？ ・「課程設計」概念，是否能夠有效地組織某一課程不同部分的理念成為一個可行的課程整體（包括規範的、實用的和結構的面向）？
(12)規範的	・在何種前提之下，某一課程可以被創造出來？ ・某項被提議的課程，有何系統的合理說明？
(13)批判的	・現存課程決策實務與基本規範（如接受知識的管道均等，學術自由、人類尊嚴等）之間是否存在矛盾不一致？ ・課程所指的「沒有偏見」（性別的、經濟的、意識型態的），在課程的口號宣稱及其實際行動之間如何連繫？

(14)評鑑的	・在陳述歷史科的課程目標時，依重要大事紀分類編選內容的方法是否比依年代編選內容的方法更好？ ・教師使用課程指引是有助益或阻礙課程實施的行動？
(15)整合的	・目前有關學校課程如何發生變革的實證研究是否與理論上的理解一致？是否能作為未來研究的假設？ ・採用不同類型課程發展策略的個案研究所提出的解釋，是否能舉出證據證明哪一種策略最有效？
(16)慎思的	・我們是否應該改變我們的課程政策或綱要（如目標、內容、組織與資源分配）？ ・什麼是完成理想目的的最佳行動方案進程？
(17)行動的	・在此步驟我們應採取何種行動，才能與終極目標一致？ ・根據上一步驟的發生結果，必須如何調整下一步驟。

　　上述課程研究方法，就實用程度而言，可區分為「課程基礎研究」（curriculum basic research）、「課程應用研究」（curriculum applied research）、「課程行動研究」（curriculum action research）等三種不同類型（黃光雄、蔡清田，1999；蔡清田，2001；2004a；2004b；2008；2011；2012；2013；2014）。課程研究發展人員可以利用這三種不同的課程研究，進行課程改革的研究、發展、規劃、設計、實施、推廣與評鑑。

一、課程基礎研究

　　第一種是課程的基礎研究，是指課程研究人員希望自己的研究發現能夠合乎自己個人或課程學者所興趣關注而進行的課程理論研究，此類型的課程研究可以稱為「課程基礎研究」。課程基礎研究之目的乃在於求知，此種課程理論的基礎研究，與解釋課程現象的課程史、課程哲學、課程社會學與課程心理學等課程學術理論，以及課程的理論化發展有密切的關聯。例如：桑代克（F. L. Thorndike）的學習遷移（transfer of learning）便是課程基礎研究的一例，它提供一般廣範而普遍的研究發現（蔡清田，2001；2013）。

　　在桑代克的實驗中，發現學過幾何學的學生並不會比未學過幾何學的學生更能合乎邏輯地處理非幾何的材料，學過拉丁文的學生並不會比未

學過拉丁文的學生更會記憶英文單字。簡單地說，學習某種特定科目其本身能產生心靈訓練的這種觀點，並不能成為課程設計的普遍而有效的研究基礎。這個心理學的學習遷移實驗研究，引發課程設計與發展人員，從事研究及考驗課程內容與應用這些實驗研究結果，以提供一個更能接受的基礎，以便選擇課程內容，設計學習經驗及教學程序，並組織嚴謹的學習內容。

杜威（John Dewey）的「興趣與努力」研究，是另一個影響課程設計與發展的課程基礎研究。其實驗研究指出，學生學習的興趣與努力，並非彼此對立，而且當學習活動興趣越高，學生也更努力學習。杜威的研究結果，使課程設計者對學生動機的重要性留下深刻印象，但是，此種課程基礎研究指出，除非學生能夠發現校內外情境的相似性，並且也學會如何應用，否則學生無法把所學的應用到校外情境。因此，這種課程基礎研究，提醒課程設計者注意到學習遷移的問題，然而，並未能提供特定的解決之道；換言之，並沒有解決學校教師如何協助學生發展學業興趣的問題。但是，此種課程基礎研究，帶動了相關的課程應用研究。例如：根據「當代兒童與年輕人的興趣與動機是什麼?」的調查結果，課程設計人員獲得了一個更充實的發展與設計基礎，以選擇課程的主題與順序，並且設計出適合學生興趣與動機的學習。

二、課程應用研究

課程基礎研究帶動了課程應用研究，此種研究是指課程研究發展人員希望自己的研究發現，能引起研究人員的雇主、一般社會大眾、教育體制的消費使用顧客的濃厚興趣與關注，此類型的課程研究可以稱為「課程應用研究」。

為了能夠明智地運用課程基礎研究的結果，課程應用研究通常有必要把一般的概念與原則，轉化為特定的內容與歷程。課程應用研究之目的，乃在追求課程之實用價值。此種研究與課程概念的接納、課程設計方法的採用與課程改革方案的實施之轉化有關，甚或不關心課程理論的問題。

　　這種研究調查的問題，諸如「如何能夠有效地將校內的學習運用到校外的社會情境？」舉例而言，桑代克在1920年代調查了許多地區成人使用的數學，也研究了學生學習中的數學概念與技能，以及學生遭遇的困難。此種研究成人在當代社會使用的數學能力與範圍，以及調查研究當代社會成人與小孩使用的閱讀能力與範圍，即是這類課程應用研究之實例。根據上述桑代克研究的結果，課程設計人員就將平方根與算術等這些當代校外社會所未使用的運算程序，不再列入課程的重要學習內容，而新的學習內容則是與當代美國成人活動更為相關的主題。這個新的主題順序與教學計畫，是依據學習數學的研究衍生而來。根據這些研究結果，課程設計人員選擇校外所大量使用的數學主題，而且他們設計出學生可以在一般校外情境實際使用的學習經驗。

　　同樣地，在此一時期的閱讀領域也快速增加了許多關於成人閱讀報紙、小說、組合物件及裝配器具說明書的研究。調查了通俗讀物的字彙量，也調查了兒童在不同讀物的不同興趣。調查了閱讀的心理歷程，並且檢驗不同教學方法的效果。傳統閱讀科目的內容是先教字母、音節、單字之後再教句子，新的內容則是先認字與瞭解句子之後再作分析，而且這種新的閱讀科目內容，是以審慎且有限量的字彙來表達。因此，在閱讀入門的領域中，課程設計者所選擇的教材內容、字彙、句型結構代表著大多數兒童與成人的閱讀種類，而且他們發展出學生可以在一般校外情境中實際練習此種閱讀的學習經驗。

三、課程行動研究

　　第三種課程研究的類型是課程的行動研究，是利用課程應用研究之研究結果解決實際的課程問題，此類型的課程研究可以稱為「課程行動研究」（蔡清田，2013）。例如鄉土教學學校本位課程發展之行動研究（洪英，2002）、幼兒多元智能課程發展行動研究（黃娟娟，2003）、國中鄉土藝術課程發展行動研究（呂松林，2003）、國民中學校長課程領導之行動研究（陳樹叢，2003）、國小三年級人權教育課程設計行動研究（蔡慧

琦，2004）、國小四年級國語文課程統整之行動研究（張美慧，2004）、
課程規劃的行動研究：以生命學園為例（蔡麗華，2004）、教導主任鄉土
自編教材課程發展行動研究（雲大維，2006）、教務組長課程領導之行動
研究（李旭民，2006）、國小級任班級讀書會課程發展之行動研究（劉明
琇，2007）、國小五年級教師生命教育課程發展之行動研究（劉安祝，
2008）、國小四年級環境教育課程設計之行動研究（林吟徽，2009）等
等，都是在職的學校教育實務工作者，並且積極參與國立中正大學制度化
的在職進修方案，在課程研究所與教育學研究所的教授指導下，接受行動
研究的教育訓練，並且透過行動研究，一方面進行學校課程改革，另一方
面更根據行動研究歷程與成果，撰寫學位論文，獲得碩士學位。其結果不
僅實務工作者本身獲得教育專業發展，並且也是「教師即研究者」的最佳
寫照之一，更是「教育實務工作者即行動研究者」的實例。這說明了課程
基礎研究或課程應用研究的課程蘊義，有待教師將研究發現應用並落實於
特定學校與教室層次的課程行動研究。換言之，課程基礎研究與課程應用
研究，可以指引教師作為進行學校課程設計的參考依據，但是，教師本身
有責任在教學情境當中，去發現並分析問題、決定嘗試解決課程與教學問
題的途徑、測試檢證或修正解釋 （Tyler, 1984, 41）。

　　舉例而言，杜威所進行的課程基礎研究，指出興趣可以激發學生學習
動機並維續學生的學習。課程設計人員所進行的課程應用研究，則嘗試去
發現兒童、年輕人、以及成人的閱讀興趣是什麼。而在課程行動研究過程
當中，教師應該去發現特定學校特定學生的興趣能力是什麼。這個學校教
師在教室層次所進行的課程與教學行動研究的特定研究調查與探究，稱為
課程行動研究。

　　特別是從課程研究的觀點出發，課程的意義可以提供教師針對學校
課程問題進行專業討論的起點。例如：就學校教師而言，課程可以是政府
規定的正式書面課程計畫文件，或官方正式公布的課程指導綱領；也可以
是一種提供理想的社會價值、知識、技能與態度；也可以是透過各階段學
校生活所安排設計的各種不同學生學習經驗；也可以是存在教師心中理想
的班級教學藍圖，或是教師胸中的教室教學企劃書。而且，吾人也可以進

一步從教師本身的教育理念與實際教室教學的動態關係，來探究課程本質（蔡清田，1992b；1995；1997a；1997b）。

　　就學校教師而言，行動研究係指教師在教室情境的研究、探究與試驗。它是教師嘗試改進本身的教學，並透過教學實際來檢證教育理論基本假設的一種行動（Connelly & Calndinin, 1988, 152）。教師在教室情境當中考驗課程，瞭解課程在教室情境中實際運作情形的歷程。教師應該運用理論性與實證性的研究發現，確實把握研究的問題，並瞭解到教學情境的整體性與課程情境的特殊性。教師採取行動研究，乃在於因應不同的課程情境，並發現教材的深層意義與多種潛能，並將具有豐富想像力的課程，運用於教室教學情境當中。在行動研究過程當中，教師是課程的探究者，其任務不光是執行課程計畫人員的意圖，教師本身應該掌握「課程潛能」與進行「課程探究」，如此才能在行動研究過程中接受教育與學習，進而促成教師的專業成長，並且讓學生直接受益。因此，行動研究是一種幫助教師創造課程情境的慎思研討與教學相長的學習途徑，也是促進教師專業成長的妙法。行動研究包括邁向適合教室情境的課程與教學實驗設計，並幫助教師在教育行動過程中不斷地成長與進步。

　　課程行動研究是根據「課程即研究假設」的概念而來，而且教師在教室情境中進行的課程行動研究，更是一種在教學過程中實踐，並建構理論的教育行動。教師應站在務實的角度，反省檢討教學歷程以提升學生學習的品質。課程是教師與學生在教室教學互動歷程當中，進行學習生活的教育媒介，教師可以探究並考驗課程當中的教育理念。事實上，課程是教師在學校與教室情境當中進行行動研究的實驗程序規劃說明書，亦即，課程是一種有待教師在教室情境當中，加以實地考驗的暫時性研究假設，而且置身於教室當中的教師則是進行課程行動研究的主要靈魂人物，以教學實務經驗考證課程當中所蘊含的教育理念，並根據教室層次的課程行動研究結果，修正或否證課程中的教育理念。

　　換言之，教師是教室層次重要的課程發展人員，可以根據教室的實際教學經驗，考驗課程當中蘊含的教育理念之價值性與可行性。一方面，教師可以在教室教學過程中，將課程所孕育的教育理念，轉化為教育實踐與

課程行動;另一方面,教師則根據課程行動與教育實務經驗,修正課程所蘊含的教育理念,並進而透過教室情境當中的課程行動,發展及建構適合自己學校班級情境的課程意義與課程內容方法。是以課程行動研究是一個連續不斷、週而復始的繼續性歷程。教師研究自己的教學經驗,並且透過個人與集體方式加以反省;透過教師彼此間相互支持與課程計畫人員的支持,得以獲得教育專業成長(蔡清田,1997a)。

可見,地方學校可以作為課程設計與課程發展的重鎮,學校教師可以參與課程設計與發展工作,並且和課程專家一起合作共同解決學校課程與教學問題。教師可以透過課程行動研究,解決學校教室的課程教學問題。這種課程行動研究是指學校教育情境的參與者,基於實際課程與教學問題解決的需要,與課程專家或學校組織當中的教育工作成員共同合作,將課程與教學問題發展成課程研究主題,進行有系統的研究,講求實際問題解決的一種研究方法。簡言之,課程行動研究就是研究課程知識和課程行動,以解決課程問題的一種課程研究(陳伯璋,1990,475)。

課程行動研究,不在追求普遍的課程知識與教學的原理原則,而是要去獲得有用的資訊,以協助特定的學校教師處理所遭遇的課程與教學實務問題。它偏向於學校層面或教室層次,特定學校、特定教師或特定學生之研究。換言之,課程行動研究可以是課程設計人員採取反省批判的方法,檢討改進課程發展與設計之歷程,特別是它往往是指學校教育人員,在外來教育顧問或課程專家等課程變革的推動者之協助下,處理特定學校情境的課程問題,所進行的教育行動與課程行動之努力(Stenhouse, 1975; Tyler, 1984, 40)。

但是,值得注意的是,有助於釐清學生該學什麼的研究,不受限於當代社會需求及學生興趣的研究。例如:有關學科知識的調查指出學生先前獲得的先備知識、技能、態度及習慣等基本學習或起點行為的重要性。基於此種研究的回應,課程設計人員採用課程應用研究,以確定不同族群學生在進行新學習之前,就已經獲得的基本能力是什麼。由於這種課程應用研究的關注,強化了雙語、雙文化、多元文化教學方案的發展,課程設計人員在設計教學方案時,課程應用研究便可以用來瞭解不同族群學生的概

念、態度及技能，而且課程行動研究也可以協助特定教師瞭解自己班級學生在教室教學過程中的學習（蔡清田，1997b）。

第六節　課程模式與理論

本節旨在說明「模式」（model）及「理論」（theory）的意義，以及此兩者在課程領域上的應用。本節並嘗試將課程模式與課程理論加以釐清，並進而指出課程理論的教育任務。

一、模式

「模式」具有許多意義，無論代表的是實物、複製品、樣品、行為都具有呈現、介紹、溝通、示範等意義。「模式」可能是實際狀況的描述，也可能是理想狀況的指引，不論哪一種，它都具有推廣、促銷的意味（黃政傑，1991，145）。模式乃是對於假定存於理論之中諸種關係的一種「圖示的表徵」。它雖可協助理論家辨識現象或事實，以及現象與現象間的關係，從而導致理論的建立，但它並不是理論的本身（黃炳煌，987，77）。模式是一種「概念架構」，或是一種「理論性的組織體系」。模式由兩個部分所組成：第一個部分是「要素」或「變項」，第二個部分是這些要素或變項之間存在的「關係」（黃炳煌，1988，21）。

二、理論

「理論」則是由一套相關的命題所組成，而命題則由相關的概念（concept）或定義所組成，至於概念則由同類的特殊事實或屬性，經過抽象作用而形成（黃炳煌，1988，77）。理論是一套相關概念、命題和定義，藉著對變項間之關係的詳加敘述，提出對現象的一種觀點，目的在解釋和預測現象。概念與模式是構成理論的主要部分，可以描繪出所要理解的因素與教育歷程的圖樣（Tyler, 1966, 31）。理論和模式不同之處至少

有三點：第一個是模式所包括的命題，仍停留在假定和自明之理的層次，而尚未達到法則和原則的層次。第二個是模式比理論更為具象化、更為靜態，因為模式只描述構成要素彼此之間的相對位置，但卻不描述其變化的歷程。第三個是模式的功能重在協助吾人看出實體（reality）究竟包含了「哪些東西」，而不在企圖解釋「為什麼會這樣？」：換言之，模式的功能重在描述；而理論則除描述之外，尚重預測的功能（黃炳煌，1988，21）。

理論提供教育領域的理念關係型態，涵蓋所有基礎研究的目的，概念則是整體中較為細節的一個小部分，模式是動態關係輪廓的概要說明，可以用來解釋教育的現象。概念與模式是構成理論的主要部分，我們可以藉此描繪出所要理解的因素與教育歷程的圖樣（Tyler, 1966, 31）。

三、課程模式

目前課程學者提出的「課程模式」（curriculum model），屬於概念模式居多，且大都以圖繪方式呈現，故亦稱為圖繪模式。課程模式是課程設計的實際運作狀況的縮影，或是理想運作狀況的呈現，希望藉以介紹、溝通或示範課程計畫、設計、發展的藍圖，指引未來的課程研究設計與發展工作。課程模式所要顯示的不外是課程要素、課程設計的程序及其中的關係（黃政傑，1991，144）。因此，不管是課程計畫模式、課程發展模式、課程理論模式或課程架構，為了強調課程設計的精確性，皆可以「課程設計模式」一詞統稱。本書將在第四章課程設計的模式中，加以闡述與評論。

四、課程理論

「課程理論」（curriculum theory）是指一套相關聯的概念課程，針對課程現象提供了系統化與啟示性的觀點。雖然有些課程研究者認為課程理論尚未發展成熟，甚至懷疑課程理論的存在（Schwab, 1971），但是也

有一些課程研究者指出課程領域的確出現了許許多多的理論，而且課程理論具有描述、解釋、預測、引導、批判諸種功能（黃政傑，1991，91：Beauchamp, 1975, 3）。課程理論可以統整有關課程現象的知識，並協助教育人員從不同角度去觀察和解釋事物，可擴大教育人員對於課程現象的瞭解，亦可以指出未來發展和努力的方向（黃炳煌，1987，86）。課程理論是課程基礎研究的一個重要領域，一方面，不但可以滿足課程研究人員的好奇與探索的求知動機；另一方面，可以提供一套課程概念與課程問題架構、分析課程現象、建議課程實務策略、引導課程改革與教育革新。特別是，課程理論的研究，可以啓發教育學者的課程理念，也可以提供課程實務工作的參考。由此觀之，深入地瞭解課程理論，可以解釋和說明課程現象與課程事實，甚至引導提升課程設計與發展的價值。另一方面，課程實務也可以用來檢證修正課程理論。甚至，透過課程理論與課程實務兩者互動的過程，促成課程革新與教育進步。

五、課程理論的三個任務

　　課程是一種人為設計的教育實務，因此，教育人員所需要的課程理論，不同於自然科學理論。課程理論不僅包括對課程現象加以解釋說明，而且必須針對教育實務提出課程建議，以表明課程理論的一般任務，乃在於說明對課程發展方案的觀點，指出課程設計的各個要素之間的關係，以便引導課程問題的解決途徑。事實上，從課程行動研究的觀點出發，課程乃是一種有待教師在教室情境中，加以實地考驗的研究假設（Stenhouse, 1975），因此，課程理論乃基於實際運作的課程工作假設，建議一套課程處理計畫，以及預測未來的可能解決途徑（Tyler, 1949, 1）。

　　一般人經常聽到教育專家或課程學者介紹課程理論取向的內容要點，但是，往往缺乏瞭解此課程理論取向的發展背景、問題架構、整體內容，以致於所知的只是片面的課程意識型態，而非全貌的課程理論。課程理論取向的介紹應該是批判的、統整的，期使課程理論的使用者不致受到矇蔽，而能具有「批判的利用」（黃政傑，1985，188）。課程理論取向紛

類雜陳，然而它往往具有意識型態的偏執，所以課程設計人員最重要的不在於尋覓一個最佳課程理論，而是在使用任何課程理論時能夠瞭解其缺失，知所變通並加以補救（Schwab, 1971）。因此，課程理論取向或課程意識型態的研究，可以減少盲目誤用課程理論的發生。

簡言之，課程理論應該包括三種任務：第一個任務是課程理論的「知識性任務」，它可以指出課程設計的基本問題，以及課程設計依據的通則；第二個任務是課程理論的「應用性任務」，它可以指出這些課程設計基礎觀點與課程結構要素之間的關係；第三個任務是課程理論的「行動性任務」，它可以建議或預先評估未來解決這些課程設計相關問題的途徑。

由上述課程理論的三種任務觀之，課程研究發展人員與學校教師必須一起合作，靈活地應用課程基礎研究與課程應用研究，針對其所共同面臨的課程問題深思熟慮地加以探究，根據教師在教室進行課程行動研究的結果，設計務實的課程，才能改進學校教育的教室教學品質。換言之，進行課程規劃之前，必須先進行教室教學的行動研究之探究，如此才能奠定課程的教育理念與教學實務基礎，在教學實務中實踐課程理論，並依據課程理論引導教學實務（Stenhouse, 1985, 59）。

第七節　透過課程研究，落實學校本位課程發展的理念

我國推動「十二年國民基本教育」課程改革（國家教育研究院，2014），期望提升國民的「核心素養」以提升國家競爭力，並重視「學校本位課程發展」的理念與落實（蔡清田、陳伯璋、陳延興、林永豐、盧美貴、李文富、方德隆、陳聖謨、楊俊鴻、高新建、李懿芳、范信賢，2013）。「學校本位課程發展」的理念，是以學校為基地的課程發展（蔡清田，2007），藉由中央政府教改方針倡導，及地方政府的支持，以學校為「根據」「基地」，重視學校人員的自主與責任，主動規劃設計、實施、評鑑，透過學校課程發展委員會，進行學校組織再造，整合學校人力

資源與地方資源，強調學校人員的「團隊合作」的精神與「循序漸進」的策略（蔡清田，2002），合力發展學校課程（蔡清田，2001）。

　　過去我國中央政府往往透過教育行政命令規定學校教科書，而且一般學校往往接受官方指定的教科書或選用民間出版的教科書，做為學校課程的依據，學校普遍缺乏課程研究的觀點（蔡清田，2008）。這不僅忽略從教師的專業角度來省察學校課程問題，未能從學校教師的教育專業觀點來探究課程的蘊義，更未能從「行動研究」的角度將課程視為「研究假設」，以及未將教師視為在學校情境當中的研究者。因此，今日臺灣學校是否能夠確實進行「課程發展」，落實「學校本位課程發展」的理念，耐人尋味。是否徒有「學校本位課程」之名，而無學校本位課程「發展」之實？或雖有課程的「發展」，但卻未能發展出優質的課程，導致課程品質的下降？尤其是學校是否透過「課程研究」進行「課程發展」，更是值得深入研究。

　　近年來臺灣的科技部補助有關學校本位課程發展的專題研究，似乎是隨著臺灣中央政府推動課程改革的明確趨勢而逐漸增加，學校本位課程發展相關研究的52件（統計2000年至2007年9月），有48件屬於偏重課程實踐的應用研究或行動研究，這種趨勢似乎有其呼應課程改革政策之合理性。然而，有趣的是大多數此類研究雖然合乎歐美1970年代學校本位課程發展的字面意義，但研究視野卻有限，比較缺乏重視「課程即經驗」的深層意義，較少針對臺灣本土的學校課程發展經營團隊形成與互動歷程之深入描述分析批判，學校本位課程發展的實踐仍不夠落實。

　　未來似乎宜可深入探討學校課程發展人員的團隊合作精神與循序漸進的策略，加強學校本位課程發展實踐的情境分析之「再研究」、學校本位課程發展實踐的願景建構之「再研究」、學校本位課程發展實踐的方案設計之「再研究」、學校本位課程發展實踐的執行實施之「再研究」、學校本位課程發展實踐的評鑑回饋等之「再研究」（蔡清田，2007），並深入學校本位課程發展的理論探討，考量臺灣本土學校本位課程發展的實踐，對應當前國際全球化課程研究之趨勢（蔡清田，2003），加深加廣課程研究視野，冀望能進一步落實並深化學校本位課程發展之理念（蔡清田，

2005），促成課程創新（蔡清田，2006）。是以，作者提出課程發展行動研究的四個具體建議，亦即強調「課程即課程發展的行動研究假設」的課程意義、「教室即課程發展的行動研究實驗室」的學習氣氛、「教師即課程發展的行動研究者」的教師角色、「學校即課程發展的行動研究基地」的學校情境，呼籲課程學者與學校教師，協同合作，透過行動研究進行學校課程發展（蔡清田，2004a）。

一、我國課程研究的檢討

　　課程研究，除要瞭解過去與現況，更需要掌握最新動向與展望，以迎接未來的挑戰。近年來，一方面，我國的教育部、國家教育研究院、國立編譯館、教育部人文及社會學科教育指導委員會、國立臺灣師範大學科學教育中心以及許多民間教科書出版社，皆已累積許多課程發展實務經驗。特別是教育部於2001年正式實施「國民中小學九年一貫課程」，2014年實施「十二年國民基本教育」，重視「學校本位課程發展」，再創國內課程發展新猷。另一方面，我國諸多課程學者，辛勤耕耘，奠定我國課程研究的基礎，提示了我國日後課程研究的方向（黃光雄、蔡清田，2002）。

　　過去我國課程學者熱心介紹國外課程學者（如R. Tyler, L. Stenhouse, M. Skilbeck, D. Lawton, M. Apple）之學說與模式，比較忽略課程研究本身的歷史，但是，近年來歷史研究的價值已受重視，許多學者不僅追求敘述的課程史，而且要求批判的、評鑑的課程史觀（歐用生，1984）。學者相繼指出我國課程改革當中的意識型態與相關問題。特別是歐用生（1984）的《課程研究方法論》與陳伯璋（1985）的《潛在課程之研究》，在80年代即從課程社會學的批判觀點指出，我國近三十年來課程改革研究仍然是「技術至上」和「目標模式」的反映。嚴重的是國內從事課程改革的相關人士並不明瞭這些模式是西方獨特的歷史、文化背景下的產物，更何況其背後隱藏著偏狹的「工具理性」，並已產生相當大的負作用。而從事課程發展的相關單位與有關人士卻用之不疑，並且讚揚這些課程研究的優點，而沒有發覺其背後獨特的歷史文化脈絡與意識型態。

　　透過課程研究可以鑑往知來，一方面作爲深思檢討課程發展的借鏡，避免重蹈其錯誤覆轍。特別是課程研究必須從「行政」取向，走向「研究發展」取向，以邁向課程學術理論體系的建立，從而又以之爲行政的引導，如此課程研究才能順利結合課程理論與課程實際，才能促進教育革新的落實（陳伯璋，1985）。另一方面，課程研究可以糾正錯誤的課程觀念、引導課程發展，協助相關人員從事課程改革，檢討改進行政模式與研究發展推廣模式，探討評估學校課程發展的利弊得失，作爲從事課程發展的參考依據。

二、課程研究與課程發展結合的重要性

　　「課程改革」（curriculum reform），可能是由於社會政治壓力所造成的結果。特別是指由官方所發動的課程改革，往往透過立法程序或行政命令，見諸政府公布之正式課程文件或課程計畫（黃光雄、蔡清田，1999）。例如我國教育部秉持行政院教育改革審議委員會總諮議報告書（1996）與立法院教育委員會的會議決議，所公布的《國民教育階段九年一貫課程綱要總綱》（教育部，1998）、《國民中小學九年一貫課程暫行綱要》（教育部，2000）、《十二年國民基本教育課程綱要總綱》（教育部，2014）與《十二年國民基本教育課程發展指引》（國家教育研究院，2014）等官方文件，企圖達成課程目標、課程內容、教學方法、教師價值觀念等層面之變革。

　　特別是教育部依據《國民教育法》第4條、《教育基本法》第13條、以及《教育部指定中等學校及小學進行教育實驗辦法》暨《國民教育階段九年一貫課程綱要總綱》與《十二年國民基本教育課程發展指引》（國家教育研究院，2014）等規定與相關計畫，進行國民教育九年一貫課程改革與「十二年國民基本教育」課程改革（國家教育研究院，2014）。希望透過「學校本位課程發展」（school-based curriculum development），鼓勵學校進行「課程發展」（curriculum development），期望教師進行教學創新與「課程設計」（curriculum design），深具國民教育課程改革之價值。

今日的臺灣社會正逐漸邁向政治民主化、社會國際化、經濟市場化與文化多元化之際，教育部積極推動十二年國民基本教育課程改革。另一方面，更開放民間出版社參與中小學教科書的編輯，進而鼓勵學校教師進行投入學校本位課程發展。這一連串開明進步的「教育鬆綁」措施，展現了政府重視課程改革的企圖，也彰顯了學校課程發展的重要性。

然而，過去我國學校普遍缺乏「課程發展」的觀點，較少將教師視為在學校情境當中的課程研究者。因此，本文希望能有助於國內學校進行「課程研究」與「課程發展」，以回應目前國內的課程改革。

三、透過課程行動研究，進行學校課程發展的具體建議

作者主張透過課程行動研究，進行學校課程發展。教育實務工作者除了可以參考課程研究、課程規劃、課程設計、課程實施、課程評鑑與課程經營等學校課程發展的永續經營之行動策略外（蔡清田，2002），也必須留意課程行動研究的諸多問題（黃政傑，2001；陳伯璋，2001b）。是以作者特別提出透過課程行動研究，進行學校課程發展的具體建議，亦即掌握「課程即研究假設」的課程意義、鼓勵「教師即研究者」的教師角色、營造「教室即研究實驗室」的學習氣氛、規劃「學校即課程研究發展的基地」的學校情境；甚至強調「課程即課程發展的行動研究假設」的課程意義、「教室即課程發展的行動研究實驗室」的學習氣氛、「教師即課程發展的行動研究者」的教師角色、「學校即課程發展的行動研究基地」的學校情境，呼籲課程學者與學校教師，協同合作，透過行動研究進行學校課程發展。

(一)掌握「課程即課程發展的行動研究假設」的課程意義

以往我國中央政府的教育部透過行政命令公布課程標準或課程綱要，以規範教與學的內容與方法。但是，教育部並不能保證以行政命令規定的課程能被教師有效地實施，因為透過行政命令所統一規定的課程，是校外的專家所「事前規劃」或政府所「預先規定」的知識內容，不一定適用於每一位教師與每一位學生。由於個別學校的環境脈絡不同，個別教室情境

迴異，教師與學生均具有獨特的個別差異，所以，課程應能鼓勵教師的創意教學，並引發教師反省批判自己的教學，以免受到特定意識型態的控制與灌輸。因此，教師可以視課程為有待考驗的研究假設，在教室教學情境當中，驗證課程研究假設，以探究課程所具有的潛能與可能限制。

依教育專業觀點，課程應該是一套教學內容與教學方法的建議說明，以說明在何種邏輯前提之下具有教育價值；在何種條件之下，此套課程是可以在教室實際進行教學。換言之，為了驗證此套課程是否具有教育價值與可行性，可以將課程視為有待教師在教室情境脈絡的教學過程中加以考驗的一套「研究假設」（Stenhouse, 1975）。課程的意義，不只是代表一套教材輯或預定的教學內容大綱，而是將一種教育理念與教育價值轉化為教學歷程的一種「研究假設」的具體規範說明（蔡清田，2000），引導教學與學習之進行。「課程」涉及教師的教學方法、學生學習的思考模式與師生互動，是這些因素變項之間的動態交互作用之說明（蔡清田，2001）。

「課程即課程發展的行動研究假設」的課程觀點，主張課程是一種教育行動研究的媒介，教師將課程所蘊含的教育理念，付諸實際的教育行動，亦即將「課程即研究假設」的課程意義，轉型成為「課程即課程發展的行動研究假設」。事實上，教師可以行動研究的角度來處理課程所蘊含的教育理念，並將其視為可以進一步探究的行動研究假設，是可以質疑的方法與內容，不是理所當然的教條與命令（Elliott, 1998）。

(二)鼓勵「教師即課程發展的行動研究者」的教師角色

教師位居課程的「教育理想」和「教學實際」之間的實踐媒介，教師如何明智地「詮釋」與「實施」課程當中的教育理念，是決定課程發展成敗的重要因素。教師是學校課程的實際運作者，對於課程的相關問題困難與成效，最為清楚。在這種情況下，身為教室實務工作者的教師，應該扮演研究者的角色，遇到問題與困難時，不是交給校外的學者專家，而是要透過教師自己在教室情境當中進行研究，尋求答案和解決之道（歐用生，1996），此種課程在英、美與澳洲相當盛行（Carr & Kemmis, 1986; Elliott, 1992; McKernan, 1996; Stenhouse, 1975）。

　　行動研究旨在協助教師，成為教育專業領域當中能夠反思的專業人員（Schon, 1995）。教師在課程發展過程中，不應只是一味執行校外專家規劃的課程，也不是一位機械的教學匠；教師應在教學歷程當中採取「教師即研究者」的立場，將課程視為研究假設，透過行動研究，反省檢討自己的教學，以改進學生學習。例如：史點豪思便指出，「沒有教師專業成長，就沒有課程發展」（Stenhouse, 1975），其意義不是在於去訓練教師，以符合課程內容規範的要求，而是課程發展人員必須去開發課程，以適當地促成教師專業成長。因為提升學生的學習素質，有賴教師的教育專業成長與教學品質的提升。因此，課程發展人員的主要任務，乃在不僅以富有意義的課程代表知識形式，作為教師的教學工具，藉以改進教學，課程更是代表某種教育理念，企圖改進教師教學與學生學習。

　　課程行動研究，將教師角色轉型為「教師即課程發展的行動研究者」，進行學校課程發展，除了將課程視同有待教師在教室情境當中實地考驗的研究假設，更鼓勵教師研究發展自己的課程「研究假設」，並實地加以考驗這一「研究假設」。此種學校課程發展策略，不同於等待校外人員提供「研究假設」的「教師教學本位的課程發展」進路（黃光雄、蔡清田，1999）。因為此種課程是一種課程發展的行動研究假設說明，協助教師反思自己的教學，考驗課程知識與教學行動之間的動態關係，教師不僅在教學過程中實踐課程當中的教育理念，並經由課程研究過程當中重新建構課程當中的教育理念（Elliott, 1992）。特別是教師本身透過慎思熟慮構想，並研擬自己的課程發展行動研究的假設，並由教師本身在教室情境當中實地考驗自己研擬的「課程發展的行動研究假設」，可落實課程發展的教育理念，提升教學與學習的品質。

(三)營造「教室即課程發展的行動研究實驗室」的教室氣氛

　　在教室情境當中，師生扮演馬車駕駛的角色，進行學習之旅。亦即，課程只是幫助教師與學生進行教與學的教育媒介，師生應該才是駕馭課程的主角，課程不應反客為主。課程發展不僅是一種不斷重新建構的歷程，重要的是教室不只是課程實施的場所，更是進行課程發展與行動研究的實驗室，教師在教學情境和學生一起合作處理知識問題，並反省檢討其問

題。

　　教師可以把教室當成課程行動研究的實驗室，教學便是進行實驗研究，而教師與學生則是共同進行研究的學習夥伴，課程就是有待考驗的研究假設，教學行動就是實驗的自變項，學習成果就是依變項，而學習影響則是師生共同研究之對象。換言之，課程是一種開放給師生公開質疑並進行考驗的行動研究假設，而且，課程中的知識，應該是可以允許師生在教室情境當中加以主動建構的，允許師生彼此協調磋商的學習內容與方法，以適用於教室的動態歷程（蔡清田，2000）。

　　從課程研究發展的角度而言，所有的課程皆是有關知識、教學與學習本質的「研究假設」。學生學習是學校教育的重心，主要採用的學習方式是探究式的學習，學習不在獲得答案，而在繼續地研究問題。教師的角色是協助學生順利地進行學習，並由學生自己尋找問題的可能答案。因此，教師的教學強調知識的啟發，而不是知識的灌輸。教育知識，不是可以事前明確界定或規定的目標，而且不是單一絕對的知識結構，教學的目的不是要學生尋求統一的標準答案，而是應教導學生從探究過程當中，經由討論探究的方式而學習瞭解各種不同意見，引導學生學習如何學習、提供學生發展心智能力成長的機會。

　　「教室即課程發展的行動研究實驗室」，亦即將教室視為課程行動研究考驗假設的實驗室（歐用生，1999；蔡清田，2000；Stenhouse, 1975），在教室情境中採取教育行動，教師必須和學生進行磋商與協調，以進一步將「研究假設」的課程，透過行動轉化為教學的「研究假設」，並透過教學行動歷程將課程蘊含的教育理念，轉化為教室中的教學實際行動，以質疑批判方式來實施事前規劃的課程，藉以啟發學生的心智成長，而不是一味地灌輸規定的課程內容與方法。因此，課程行動研究觀點，重視批判教學方法，鼓勵師生質疑探究、討論的學習方式。教師與學生在課程實施過程當中，所扮演的角色受到應有的重視，教師與學生雙方更可進行課程研究發展，而且師生關係同時也是一種平等、互惠、協商與教學相長的「互為主體」之平等關係與歷程。因此，教室的氣氛便可以從「教室即研究實驗室」轉型為「教室即課程發展的行動研究實驗室」。

(四)規劃「學校即課程發展的行動研究基地」的學校情境

學校通常是教師最能自發地與校內外人員進行溝通協調,共同發揮教育理想之處(Skilbeck, 1984; Stenhouse, 1975)。因此,學校是課程研究發展的基地,不只是校外機構的實驗場所(蔡清田,2001)。學校可透過需求評估(Taba, 1962; Tanner & Tanner, 1995)、情境分析(Skilbeck, 1984),指出影響課程發展的因素,以瞭解課程發展現象,描述分析課程、檢視課程綱要與學校計畫(Henderson & Hawthorne, 2000)。特別是可採取SWOTA分析,蒐尋學校資料,如學校沿革、學校設備、社區概況、教職員編制、學生人數、家長職業等。蒐尋資料後,再研析學校情境,分別從地理環境、學校規模、硬體設備、教師特質、行政人員、學生素質、家長期望、社區參與、地方特色等項目,分析其優勢(Strengths)、劣勢(Weaknesses)、機會點(Opportunities)、威脅點(Threats)與未來可能的課程發展行動方向(Action),且根據課程研究發現,做為建構願景、擬定目標、設計方案與實施評鑑之參考,避免創新的草根取向,流於隨興恣意的草莽取向(蔡清田,2002)。

以專業的觀點而言,課程的研究發展,是永續經營的工作。學校進行課程研發,宜進行形成性評鑑以修正課程。課程在正式實施之前,在學校情境中試用,檢視並修正教材教法等設計的適切性(黃政傑,1991;Elliott, 1998),可提升課程發展之品質。特別是透過課程研究團隊,可將課程發展的草案或成品,置於學校情境中測試,從而蒐集其運作過程產生的問題,並做為進一步推廣的決定依據(蔡清田,2000)。

課程發展,應該進行正式推廣前的小規模實驗,以試用課程發展的成品;參與課程實驗表現優異的教師,可聘為課程推廣實施的教學示範教師,進行推廣工作。以課程的採用階段而言,重視問題解決途徑的課程改革,提升教師診斷問題及行動的能力與意願,並以學校作為課程研究發展的基地與課程改革的前進基地,重視學校教育人員的責任與地方資源的利用,結合課程顧問專家的經驗與智慧,透過合作行動研究方式,解決學校的課程問題,提升教育品質。

課程發展是團體合作的產物,學校教師、課程學者、學校教育行政

人員、教學輔導人員以及師資培育機構相關人員，可以建立彼此相互溝通的管道，以透過課程行動，改進課程發展的歷程，提升課程品質。教師可以經由錄影或錄音方式記錄課堂上教師教學與學生學習討論實況，並分析學生的行動與互動，而且，校外的課程諮詢顧問經由訪問教師進行觀察晤談，記錄其討論過程以增進教師對自己教育理念的理解。

在「學校即課程發展的行動研究基地」的學校情境中，課程顧問與學校教師進行一種協同合作行動研究，共同指出學校的課程發展問題。課程顧問的角色在協助教師依據其教育理念發展課程，協助教師進行課程發展及瞭解課程發展的前進方向，不致落入課程發展的泥沼與意識型態紛爭當中。因此，課程顧問的角色，在於發現學校課程的問題與特點，盡力找出降低課程意識型態衝突的方法，並嘗試克服阻力，促成學校課程發展與不斷進步。

作者主張「課程研究」是課程發展的入門。課程發展是在特定的教育情境下，發展出一套課程系統，以達成目標的一種課程行動。學校課程發展是要經歷時間醞釀才能逐漸開展，在課程發展開始之初，可先針對學校情境進行課程研究。特別是課程行動研究，可以營造學校課程發展的研究情境，可以透過慎思熟慮構想的歷程，協助研究學校內部優劣與外在機會點與威脅點的情境，協助課程研發人員理解課程發展的動態歷程，使學校課程發展的未來願景目標具體而方向明確，才不會茫然不知所措，才不致迷失方向。

作者進而提出課程行動研究的四個具體建議，亦即掌握「課程即課程發展的行動研究假設」的課程意義、鼓勵「教師即課程發展的行動研究者」的教師角色、培養「教室即課程發展的行動研究實驗室」的學習氣氛、規劃「學校即課程發展的行動研究基地」的學校情境，呼籲課程學者與學校教師，協同合作，透過行動研究進行學校課程發展。

總之，從課程研究的觀點而言，「課程」並不一定是教育行政機關由上而下、事前規範要求學校照章執行的規定或命令計畫；課程也可以是一種協助教育實務工作者進行行動研究方案之參考架構。教育實務工作者可將「課程」所蘊含的教育理念，付諸實際教育行動，並將其視為可以進一

步探究的研究假設，並根據課程行動研究結果修正或否證「課程」中的教育理念，考驗「課程」當中所蘊含的教育理念之價值性與可行性。甚至，課程可以是教育實務工作者，特別是教師，透過由下而上的課程發展，或是由內而外所建構的教育行動研究方案，不僅可發展適合學校情境之課程意義，並可轉型成為合乎學校情境的課程發展行動研究方案，以落實學校本位課程發展的理念（黃光雄、蔡清田，1999；黃政傑，1999；歐用生，2000；蔡清田，2001；2002；2003；2004a；2004b；2005；2006；2007；2008；2009；2010；2011；2012；2013；2014）。

第三章　課程設計的理論取向意識型態

　　「理念的課程」（ideal curriculum）（Goodlad, 1979），是指由學者專家所提出的理念學說課程，或由專業組織、基金會和特定利益團體成立委員會，進行課程問題探討與理念的倡導所提出的「建議的課程」（recommended curriculum）（Glatthorn, 2000）。例如：「聯合國教育科學文化組織」（United Nations Educational, Scientific and Cultural Organization，簡稱UNESCO）、「經濟合作與發展組織」（Organisation for Economic Co-operation and Development，簡稱OECD）及「歐洲聯盟」（European Union，簡稱「歐盟」或EU）等國際組織與先進國家強調國民所需的「核心素養」理念，是其課程改革的重要理念（洪裕宏，2008；胡志偉、郭建志、程景琳、陳修元，2008；高涌泉、陳竹亭、翁秉仁、黃榮棋、王道還，2008；陳伯璋、張新仁、蔡清田、潘慧玲，2007；彭小妍、王瓊玲、戴景賢，2008；蔡清田，2011；蔡清田，2012；顧忠華、吳密察、黃東益，2008；European Commission, 2005; OECD, 2005; UNESCO, 2003）。又如在全球化的浪潮之下，我國行政院教育改革審議委員會總諮議報告書所提出強調培育優質人才的能力取向課程理念建議與課程改革方向，便是屬於「理念建議的課程」（ideal recommended curriculum）。有趣的是，由於學者專家或專業組織、基金會和特定利益團體所提出的「理念建議的課程」（蔡清田，2008），是一種「理念研究建議的課程」或「理念學說建議的課程」，也是一種烏托邦的公共願景與希望（Doll & Gough, 2002; Halpin, 2006），或許都有其倡導的理想色彩或特定利益與習焉而不察之立場（Scott, 2006），因此又被稱為「意識型態的課程」（ideological curriculum）（Goodlad, 1979）。

　　本章旨在說明課程設計的理論取向意識型態（ideology），並從課程立場、教育愼思過程與課程設計方法等三個層面分析「精粹主義」、「經驗主義」、「社會主義」、「科技主義」與「專業主義」等五種課程設計理論取向的意識型態（黃光雄、蔡清田，2009）。

第一節　課程理論取向意識型態

　　在教育領域，意識型態是指提供有關教育決定的一套價值前提的信念系統（Eisner, 1994, 47）。意識型態往往是某一特定社會團體所視同「理所當然的觀點」（Posner, 1995, 249），甚或習焉而不察的偏好或偏見，因此，它是一種有限的與不完整的觀點（Apple, 1979）。例如：主智傳統主義者（intellectual traditionalists）、社會行為主義者（social behaviorists）以及經驗主義者（experientialists）彼此對立的差異，使得這些意識型態的擁護者在課程領域的立場迥異。早在1902年，杜威（John Dewey）就強調學習者興趣能力、社會需求、學科知識內容等皆必須被學校教育人員視為互賴的三種課程要素（Tanner, 1982）。然而，杜威的忠告並沒有受到重視，主智傳統主義者注意的是學科內容，社會主義者重視的是社會，而經驗主義者關心的是學習者（Schubert, 1986）。

　　課程設計係以學科知識、學生興趣、社會文化需求等課程理論取向作為課程的基礎來源。值得吾人注意的是，課程設計往往只根據一種或二種理論基礎作為課程的來源，以形成課程組織內部較高的一致性。然而，課程設計的理論基礎來源，在實際運用上往往在偏重某一特定的課程理論取向，甚至，課程設計實務背後經常潛伏著彼此對立的意識型態，因此，均衡調和各種理論基礎實屬不易。然而，意識型態的分析，可以幫助吾人瞭解教育的課程政策有其優先順序的邏輯；換言之，意識型態是理解學校課程設計的社會文化脈絡之分析工具。

　　意識型態是影響社會行動的因素之一，同時，意識型態也會影響學校課程內容，因此，學校課程的改變必須與意識型態的變遷相互呼應。因為歷史乃是史學家與其事實間，一種持續不斷交互作用的歷程；也是一種現在與過去間永無停頓的對話（黃光雄，1987，195）。課程理論取向的意識型態是指決定學校教育目標、課程內容與方法的思想體系與信念系統（Eisner, 1994, 47），它更代表一種課程實務工作人員信念和思想的派

典，對當代課程設計的理論研究與實務影響深遠。因此，課程意識型態的歷史理解，有助課程設計人員從歷史中記取教訓。

課程設計理論取向意識型態的研究目的，雖然不在尋找解決目前問題的答案，但是可以幫助課程設計人員瞭解課程問題的連續性，避免過去所犯的錯誤，重新認識課程設計問題，並對反覆出現的問題提出新的挑戰（黃政傑，1991，26）。因此作者希望經由不同意識型態之間的對話，打破對立的僵局，建立不同課程設計理論取向之間的溝通橋樑，奠定理性共識的基礎，並探討健全有效的研究方法，以建立課程自身的學術造型，使課程成為一門教育的研究領域（陳伯璋，1987，307；歐用生，1989，115）。另一方面，也希望學校課程能有助於建立適當的意識型態，學校的課程革新與教育改革必須植基於意識型態的改變，如此，學校才能與新的社會情境協調融洽，並且和睦相處（Tyler, 1976b, 136）。

例如：英國的「夏山學校」（Summerhill）與美國之「自由學校」（Free school），皆是西方另類學校（Alternative school），其學校行政、課程教學制度與學習規則等工作，皆會受到課程設計人員特定意識型態的影響，特別是「經驗主義」理論取向的課程設計意識型態。又如，一方面，「適應社會」的課程設計意識型態理論取向，可能認為學校只是一個附屬於社會中的教育機構，其功能與責任是特定的，只限於心智陶冶與公民教育，以適應社會的結構功能與當代社會需要。另一方面，「社會重建」的課程設計意識型態理論取向，則可能認為學校與家庭、教會及其他社區機構應該彼此合作，善用社區的資源，設計有效的社區教育方案或學校課程方案，以重新建立理想的人類社會與美麗新世界。然而，課程設計人員也應該仔細思量英國的「夏山學校」與美國的「自由學校」畢業生日後回到社會之後，其適應性如何？這也有待課程設計人員與學校教育人員深入瞭解與詳細評估。

就臺灣而言，臺灣的另類學校如「兒童哲學教室」、「森林小學」、「種籽學苑」、「全人中學」、「雅歌小學」、「田園小學」與「假日學校」等，報章雜誌曾經加以介紹，部分另類學校的實際參與工作人員也有零星的日誌對外發表。然而，另類學校是否成為未來臺灣教育改革的典

範，則有待進一步研究。再者，臺灣地區部分縣市政府所進行的「開放教育」、「轉型優質」措施，其定義如何？如何進行課程設計？這些教育改革背後的理論取向意識型態分析，都是課程設計的相關課題。

　　美國史丹佛大學（Stanford University）教授歐克爾（Decker Walker）便明確地指出課程設計與發展過程包含三個成分，亦即「立場」（platform）、「慎思過程」（deliberation）及「設計」（design）。其課程設計與發展的歷程，基本上是個描述性的過程，且具有時間先後順序的排列，始於各種意識型態的課程立場、終於設計、而過程為慎思（Walker, 1971）。歐克爾主張的課程設計與發展，其主要的優點為具有彈性而非線性，目標的重要性似乎較為次要，目標只是眾多意識型態課程立場中的一個成分，而且目標和手段並不截然分開，皆可納入課程立場的意識型態當中（Walker, 1990）。

　　歸納課程學者的研究，可以從「精粹主義」的「學科取向」、「經驗主義」的「學生取向」、「社會主義」的「社會取向」與「科技主義」的「目標取向」等四個課程立場角度，分析課程設計的意識型態（李子建、黃顯華，1996；黃政傑，1991，103；歐用生，1989，2；蔡清田，1992a；Eisner, 1994, 61; Kliebard, 1986, 27; Tyler, 1949, 5）。但是，這些課程立場或課程設計理論取向，皆忽略從學校教師的專業角度來省察教室中的課程問題，未能從學校教師的教育專業主義的教學歷程取向來探究課程的教育蘊義；換言之，皆未從教育專業主義的教室行動研究的角度將課程視為「研究假設」，未將教師視為在教育歷程的教室情境當中的課程教學研究者，忽略了課程設計的「專業主義」理論取向課程意識型態的分析與批判，殊為可惜（黃光雄、蔡清田，2009）。

　　因此，本章將嘗試從「課程的立場」、「教育慎思過程」及「課程設計方法」等三個角度來解析上述這五種意識型態，以作為建構課程設計的基礎。

第二節　精粹主義理論取向的課程意識型態

　　美國1893年的重組中等學校學習科目《十人委員報告書》（*Report of the Committee of Ten on Secondary School Studies*），建議以傳統學科作為課程的主要概念，便是屬於傳統「精粹主義」（Essentialism）學科取向的課程設計意識型態之一例（Tyler, 1971, 30）。1937年巴格萊（William. C. Bagley）等人提出教育應該重視基本學科學習的呼籲，主張從過去的文化遺產中選擇文化精粹，作為基本的學習材料，這些學者被稱為「精粹學派」（Essentialist）（Tyler, 1949, 4）。此一學派強調學生學業程度的提高，追求卓越是其共同口號，哈佛大學校長科南特（J. B. Conant）對此甚為支持。

　　「精粹主義」是美國的學術理性教育思想，特別是學術理性的傳統主義者，認為教育是以社會傳統的精粹文化為媒介，對下一代實施嚴格的心智訓練，偏重傳統的學術精華之注入，將學科知識的學術文化遺產傳遞給下一代（林本，1970，138），因此，課程便是學科專家透過教科書傳遞給學生的學術知識精華，這種傳統「精粹主義」理論取向強調學科學術的課程設計思想與信念（Rug, 1969a, 80; Tyler, 1971, 32）。這種課程理論，以教科書為中心，安排主題順序，選擇活動與練習，教師只是教科書的跟班，教科書扮演學科主角，指引教學內容（黃政傑，1991，105；歐用生，1989，8）。「精粹主義」意識型態的課程立場、教育慎思過程與課程設計方法的主要論點如次：

一、課程立場

　　「精粹主義」課程設計理論取向意識型態，採取傳統學科學術取向的課程立場，重視「課程即科目」的課程意義，強調學科知識的重要性。因此，課程不只代表一種特定的學科知識內容及概念，而且也代表一種人

類理性的認知思考模式。主張學校課程，應介紹傳統學科學術的基本學習領域，以發現學生的學科學習興趣及學術性向。例如：偉大作家的菁英著作中所創造的偉大觀念，皆是學校教育課程設計的焦點內容，以協助學生探究學術生命、知識真理與公平正義等基本學術問題。透過世界名著的深入瞭解，人類學術理性的最高成就的介紹、分析、欣賞與討論，以開展人類的學術理性。而且，博雅教育的學科知識傳授，則是最佳的教學方法途徑。

二、教育慎思過程

　　「精粹主義」主張教育目的旨在傳遞學術文化遺產，特別是代表傳統文化精華的學科知識。學校的主要功能乃在於強化學生對學科知識的認知與心智成長，學校應發展人類的學術理性，以人類學術理性批判考驗人生，並引導生命的理性發展。「精粹主義」的教育內容強調學術是人類理想的智慧結晶，要成為有教養的人，就必須能理解重要學科的偉大著作以及文化遺產的精華，而且，學科知識一旦組織成系統，在教學上非常方便，以此做為教育陶冶工具最有價值。

　　「精粹主義」的教育方法，不管是重視認知課程的觀點，或是主張學術理性，都強調形式訓練的重要，以維持傳統科目的權威地位。學科專家對學科知識最有研究，是學科知識的研究人員與探究開拓先鋒，更是學科知識的捍衛者與守護神，他們是最有資格的學科課程設計人員，而學校教師是課程的被動接受者、使用者與執行者，但不是主動的課程設計人員。教師的主要任務乃在於依據學科課程設計人員規劃的課程內容，忠實地進行課程實施，將精粹文化傳遞給下一世代的學生。

三、課程設計的方法

　　學科取向的學術傳統「精粹主義」理論取向以科目為本位，發展以教科書為中心或以課本為依據的課程編輯方法。主張以學科專家的建議，作

爲教育目標的主要來源（Tyler, 1949, 25）。其主要的觀點包括三個部分：第一個觀點是依照學術研究領域分類規劃課程內容；第二個觀點是教科書的編輯完全委諸學科專家，教師只能從幾種教科書或課本中採擇一種或數種內容；第三個觀點是依據預先規定的論理系統，組織課程教材內容，要求教師依一定順序，忠實地進行課程實施以教導學生。

就課程選擇而言，由於學科知識是人類活動的精華，具有永恆性，因此，學科知識比社會需求和學生需求更爲重要。就課程組織而言，課程設計以學科知識爲中心，重視學科知識的邏輯與結構，認爲知識可以切割爲不同領域來學習，其型式稱爲「學科課程」。就課程評鑑而論，評鑑層面包括課程內容及課程材料，要求課程內容材料應該反應學科知識本質，以協助學生獲得學科知識，逐步邁向學術社群，成爲學術社群的一分子。

「精粹主義」理論取向的傳統學科學術課程設計，至少有兩項優點。一方面，由學科專家編輯課本，論理組織嚴謹、內容較眞實可靠、不致違反學科知識眞理；另一方面，家長、教師、學生與社會人士較能信賴，甚至，對能力較差、缺乏創造力的教師有一定的課程教學規範，不致造成嚴重錯誤。但是，學科課程的實施，迄今已發生許多問題（黃政傑，1991，307），造成師生依賴教科書內容，缺乏活潑的教學創意。

這種學術傳統的「精粹主義」學科意識型態的課程設計理論取向觀點，不僅使課程窄化爲學科，甚至窄化爲教科書或課本；教學被窄化爲教書，並淪爲灌輸知識而不是啓發學生的主動思考；學習被窄化爲教科書內容的記憶；知識也被扭曲爲商品化的產物，使得學生個人的主體性與知識實體世界逐漸異化，甚至誤將教科書內容當成是眞實的生活世界。因此，這種傳統觀點應隨著歷史潮流而修正或改變，正如同「美國教育學會」（National Education Association）於一次世界大戰後出版的年刊中明確地指出：「從可能蒐集到的教材內容精選出最低基本材料或加上補充讀物——這種只做修補課程的工作，已不能滿足需求。」（引自林玉体，1980，358）。

第三節　經驗主義理論取向的課程意識型態

　　進步主義（Progressivism）的部分教育學者，強調學生學習經驗的重要性，此種觀點是「經驗主義」的濫觴，實為美國傳統教育的主要反動勢力之一。特別是主張兒童中心教育的領導人物，重視教育過程當中學生經驗的重要性，他們為了增進彼此交換意見及教育心得的機會，推廣普及其教育觀念，乃在1918年冬集會於美國首府華盛頓，成立「進步主義教育學會」（Progressive Educational Association）。參加者大多數是美國教育界名流，首任名譽會長是哈佛大學校長艾略特（C. W. Elliot），其後則是杜威（John Dewey）（林玉体，1983，468）。

　　進步主義陣營當中贊成「經驗主義」的教育學者，主張以學生的需求與興趣作為教育目標的主要來源，學校有責任協助學生滿足需求、提供對個人與社會有重要意義的社會型態（Tyler, 1949, 10）。「經驗主義」肯定學生主動參與學習的重要性，重視學生的需求、能力與興趣，認為教育是生活本身，不只是未來生活的準備，學校是小型的社會，設計課程的目的旨在幫助學生解決問題。因此，「經驗主義」的信徒，建議無預設、無結構、非事先決定的課程目標與課程內容（Tyler, 1971, 30）。有關「經驗主義」課程立場、教育慎思歷程與課程設計方法的主要論點包括：

一、課程立場

　　「經驗主義」意識型態採取學生個人取向的課程立場，重視「課程即經驗」的課程意義，強調學生學習經驗的重要性，而且主張教育是一種引導學生天真無邪的本性的發展，教師如同園丁，以提供豐盈的成長環境，從協助學生性向與學習環境互動過程當中，發展學生的興趣與心智。「經驗主義」者主張「課程即經驗」，課程不是存在於教科書當中，也不是存在於科目名稱內或教學計畫上，課程只存在學生的學習經驗當中。學習科

目與學習者兩者之間的關係，就如同地圖與旅遊者的實際經驗一樣（黃政傑，1985，28）。學生的學習經驗如同旅遊者的實際旅遊經驗。旅遊者的實際旅遊經驗，可能不同於旅行社在出遊計畫的地圖所事前安排規劃的旅程，也不同於旅遊指南的說明內容。因此，學生的個人學習經驗將不同於班級教師的教學計畫，有異於學校的整體課程規劃，而與課程設計人員編輯的教科書內容不盡一致，甚至可能不同於官方課程標準的正式規範與預期理想。

就課程選擇而言，「經驗主義」者強調選擇課程的第一個依據不是學科知識、也不是社會需求，而是學生的興趣。課程設計人員應該依據學生興趣，決定課程內容和結構。 就課程組織而言，課程設計方法依照心理順序，組織學生的學習經驗，這種組織型態稱為「活動課程」或「經驗課程」。就課程評鑑而言，觀察是主要的評鑑技術，用以找出學生個人成長及改變的證據，兼重學習課程的歷程與結果，不只評鑑學生達成目標的程度，而且重視預定目標之外的「非正式課程」與「潛在課程」的學習。

二、教育慎思過程

「經驗主義」者的教育目的主張教育工作人員應當本著自由、平等與博愛的教育原則，協助每個學生，成為具有獨特創意的個體（林本，1970，140；林玉体，1983，468）。「經驗主義」的教育內容強調教育即生活，因此，學生的第一手親身經驗，是學習的主要資源，學習經驗是學生與環境交互作用的結果，教科書或學習手冊，只是參考資料的來源之一。

「經驗主義」的教育方法重視學生的活動，強調「做中學」與「問題解決法」，並且，注重學生在學習過程中的全面表現。「經驗主義」認為學校教師是最重要的課程設計人員，是決定學生學習經驗的重要人物，教師是主要的學校教育工作者，應該有創意地設計學校課程，以引導學生進行主動學習。

「經驗主義」強調學生為學習的中心，學生是主動的學習者。學習不

只是單純地將資訊傳授給學生，知識是由學習者建構的，學生不斷學習，便不斷成長，其知識亦不斷變化（Tyler, 1949, 11）。換言之，「經驗主義者」認爲學習是學習者與環境交互作用的動態過程當中，不斷地創造教育意義、產生知識的學習經驗過程與結果。眞正的教育環境是學習者所能控制與無法影響的因素之間的均衡狀態，而且「經驗主義者」主張如果學生可以完全控制學習環境，其行爲將會變得狂妄不馴，但是，如果學生無法控制自己的學習環境，其行爲將會變得順從或叛逆而無法精通所學。因此，只有當學生滿意於有時必須適應、有時可以掌握自己的目的之學習環境，學生才會獲得可欲的學習結果。在進行課程設計與發展時，檢視「學生是個主動而有目的的個體」這個概念是很重要的。

三、課程設計方法

　　杜威在美國芝加哥大學（University of Chicago）創立實驗學校，提倡學生中心的教育，重視學生的學習經驗，而課程則以學生的自發活動爲鵠的，此種「經驗主義」的課程設計方法，實已開創「青少年需求中心法」（the adolescent-need procedure）的先河（林本，1970，149；Tyler, 1949, 5）。此種課程設計方法由「進步主義教育學會」1930年代的「八年研究」（The Eight Year Study）所提倡，可說是一種劃時代的舉動。此種課程設計方法，強調學生的學習經驗，其重點包括三個部分。第一個要點，強調學校教師的責任是去發現學生的興趣與經驗，進而在學生的興趣與經驗之上，建立教育活動。第二個要點，強調以學生興趣與經驗作爲教學設計的起點，因此，活動內容不是能事先硬性規定的。第三個要點，強調重視學習者身心發展的程序，教學活動是由教師與學生共同合作計畫的。課程設計人員，特別是教師，應關懷學生的整個學習環境，並考慮學生的社會層面、心理層面、情緒層面和生理層面的成長，提供學生各種可能的與可欲的學習經驗。

　　學校教育的責在設計適性課程，協助學生發展個人關聯的意義與價值，因此，學校應提供一種豐富的學習資源環境，以協助學生獲得成長需

求。學校課程應重視師生共同計畫的交互作用與動態歷程，教師必須與學生有教育愛的情感，尊重學生爲主動的學習主體，並允許甚或鼓勵傳統學校教育體制之外的學校教育革新與課程改革，例如：英國夏山學校、美國自由學校與臺灣森林小學等等的另類學校課程改革。教師應設計關心學生個人的「經驗主義」課程，而不只是執行中央政府交辦的課程行政命令規定，教師應視學生爲人性本善、獨特、主動的學習個體，而不只是班級團體中的一個數字號碼。

這種「經驗主義」意識型態強調學生本位的課程設計理念，其優點在於容易引發誘導學習者的學習動機、滿足學生需求、積極參與學習活動。然而，其缺失在於可能流於放任、反智主義、不重視未來（黃政傑，1991，124），特別是此種觀點由於感染太濃的個人主義色彩，未能符合社會需求。因此，1930年美國遭受經濟大恐慌打擊時，受到社會有識之士的非議，而「社會主義」意識型態理論取向的課程設計思想得以逐漸萌芽（林本，1970，141）。

第四節　社會主義理論取向的課程意識型態

由於進步主義陣營當中的部分人士過分強調「經驗主義」的個人價值，以至忽略社會需求而受到非議，尤其在經濟不景氣時更遭到嚴厲批判。加上美國羅斯福總統（T. Roosevelt）提倡「新政」（New Deal），進行社會改革，因此美國學界也普遍瀰漫著「社會危機」與「社會改革」的氣息（林玉体，1983，487）。例如：美國著名教育學者克伯屈（William H. Kilpatrick）發表《教育與社會危機》（*Education and the Social Crisis*）一書，孔茲（George S. Counts）也譴責進步主義陣營當中的「經驗主義」，極有可能形成無政府或極端個人主義的危險，因此爲文呼籲「學校也敢於建立新的社會秩序嗎？」（Dare the School Build a New Social Order?）時風影響所及，進步主義思想因而峰迴路轉，「社會主義」理論取向的課程設計意識型態逐漸受到重視。

「社會主義」的課程設計意識型態，強調學校課程應該以學生的活

動為核心，協助學生研究自己的生活社區，調查自己家族的起源，學校應該提供學生充裕的社會學習機會，進行慎思論辯以交換觀念（Tyler, 1971, 29）。因此，主張課程設計應該以社會問題為組織的核心，而且學校課程應該有勇氣、有智慧地處理當代生活事件，以鼓勵教師與學生研究社會文化、工業、政治的歷史發展，並提供必要的社會價值技能。例如：美國哥倫比亞大學（Columbia University）師範學院（Teachers College）教授羅格（Harold Rugg）便主張，課程應使學生瞭解人類社會變遷所導致的社會問題。羅格並且在哥倫比亞大學師範學院附設的林肯實驗學校（Lincoln School），進行課程實驗，提供各種學習機會，幫助學生瞭解並比較民主制度和其他制度的人民生活方式，培養學生開放的心胸與批判的態度（Rugg, 1969a, 7）。這種「社會主義」意識型態理論取向的教育思想，啟蒙了社會適應與社會重建的課程設計理念，其課程立場、教育慎思歷程與課程設計方法之要點如下：

一、課程立場

「社會主義」的課程設計意識型態，採取社會取向的課程立場，重視「課程即計畫」的課程意義，強調社會學習計畫的重要性，主張從社會分析中，以獲得學校課程目標之內容，以服務社會。「社會主義」課程設計的意識型態，認為學校可以提供適合社會需求的課程，以增進學生對當代社會生活的瞭解。學校主要是服務社會的一種教育機構，亦即，學校是社會的代理人，其目的乃在提供滿足社會需求及合乎社會利益的課程。

就課程意義而言，課程即是建構社會的計畫藍圖，含有事前規劃設計的意義。此種課程理念也有兩種觀點，一派主張協助學生適應現有的社會秩序，一派主張重建社會（Tyler, 1949, 35）。例如：社會適應觀，認為目前社會大體上是合理的、美好的，需要加以維護；而社會重建觀，則認為現存社會不健全，已威脅到生存，傳統方法無法解決問題與衝突，因此企圖建立新的社會觀並付諸教育行動，以重建理想的社會。特別是社會重建觀的課程設計意識型態，確信教育是社會重建的工具，持此觀點的教育改

革人士，企圖透過課程使大眾瞭解社會病態及採取積極的行動，以建立新的理想社會。

　　社會適應觀的課程目標乃在維護現行社會功能，主張在現有的社會結構下，進行細部調整；而社會重建觀則認為建立新社會，應從根本改變社會的基本結構，是比較急進的教育觀。「社會主義」意識型態的課程選擇，強調社會活動或社會問題，認為社會實用的知識才具有社會價值，而且知識的學習，需依社會行動的需要，加以選擇。因此，此種意識型態強調課程選擇的依據是社會價值、社會活動與社會問題，而不只是學科知識，也不是學生興趣。此種意識型態更強調選擇知識的實用價值，須由社會行動加以證實。但是，社會適應觀重視社會活動的實行能力；而相對地，社會重建觀則重視社會問題的解決。

　　「社會主義」意識型態的課程組織，強調以社會功能為課程組織核心，依社會問題加以分類組織，強調社會活動或社會問題，依社會行動或問題的需要加以組織，這是一種社會取向的課程設計理念，經常以「核心課程」為型式（林本，1970，148）。社會適應觀的課程評鑑採客觀的評鑑工具，社會重建觀以個人主觀意見為評鑑方式，重在衡鑑學生在其所處社會情境的實際表現。因此，課程的效果，必須等到學生回到社會工作崗位後，才能實際有效地加以觀察。

二、教育慎思過程

　　「社會主義」意識型態的教育目的，強調社會的興趣與社會的需求，這應是其教育的重心，而且，學校應為社會中心的學校（楊國賜，1974，3），學校的存在是為了社會有教育下一代的需要。社會適應觀認為目前社會是合理、美好、值得維護的，因此，社會應該決定學校課程內容，引導學生學習，延續社會現有功能，而且課程應協助學生適應現存社會。而社會重建觀，則認為課程應該提升學生的社會批判能力，培養建立新目標的技能，以促成有效的社會改變，因為教育的終極目的旨在增進民主社會的共同福利（林本，1970，141）。

　　「社會主義」意識型態的教育內容，強調課程應該由課程設計人員預先加以規劃組織，並且以社會功能、社會問題、社會價值為核心，並融入社會傳統中對於人類生活進步上有所貢獻的文化。「社會主義」意識型態的教育方法，傾向於主張各種教育活動應由課程設計專家或學校教師來策劃推動，不使學生流於放任，使學生有效地參與社會實際生活的各個層面。學校教師的角色，持社會適應觀者視教師為教學管理者，引導並評鑑學生的學習活動；社會重建論者視教師為學生的學習夥伴，重在激發學生參與社會行動的熱忱（黃政傑，1991，124）。「社會主義」意識型態強調學生是社會團體當中的一名社會行動者，學生是社會的一分子，不能脫離社會團體生活，不能太強調個人自由，一切應以社會為優先。

　　「社會主義」意識型態，強調學校是教育系統的重要一環，學校課程應該提供學生機會去學習閱讀、寫作、人際溝溝與團隊合作等基本社會技能；學校可以透過課程規劃，提供學生在家庭、工作場所或其他社會機構所無法學到的發現事實、原則、觀念等來源的機會。學校課程計畫是比家庭教育更為精確、更為均衡、更為普及的社會學習計畫，彌補了其他社會機構不足之處。而且「社會主義」意識型態的社會重建觀點，強調學校代表著社會理想的規劃，而不只是代表著大社會的現況，在學校課程計畫當中，每一個學生都應該受到尊重，不受歧視；教室裡的互動是受到公平與正義的引導，教室氣氛也反應出關懷別人的事實。總之，「社會主義」意識型態主張學校規劃課程的焦點，應該強調學生利用學校提供的特殊資源所能學習的價值，如受過專業教育的教師、書籍和圖書館、實驗室和實習商店、鼓勵真誠、信任、關懷別人的人性傳統與社會進步的環境，以幫助學生去利用這些社會資源，其教育意義是積極而正面的。

　　「社會主義」意識型態，強調學生可在家庭生活經驗之外，開展了一個追求熱切希望的社會生活類型，因為學生是一個社會學習的個體，也是一個動態的有機體，不只受到基本生理動機與需求的影響，社會的價值、態度與目的也會影響個人的學習行為。因此，此種意識型態，強調學校課程應該發展高層次的人類社會理想、價值與目標，以引導人類的進步（Tyler, 1955, 426）。美好的社會人生，是指人性的不斷發展，亦即更有

能力去學習，更有能力去幫助社會中的其他人；建立一個更能誠摯地尊重人類潛能的社會；更能激發鼓勵個人成為社會中的一分子，使一代比一代更為進步（Schubert & Schubert, 1986, 100）。

三、課程設計方法

　　美國哥倫比亞大學師範學院課程學者卡司威爾（Hollis. L. Caswell）提倡「社會功能法」（the social-function procedure），主張課程編製必須使學生容易實現其社會生活，幫助學生瞭解現實社會問題，以培養學生解決問題的社會實際能力（林本，1970，146）。「社會功能法」的主要觀點包括兩個主要部分，第一個是主張所謂社會功能就是在現實生活當中，將個人活動、各種社會計畫及社會問題等綜合成幾個主要社會核心問題，作為編制課程時特別強調或決定方向之用；第二個是主張一切科目的學習應加統合，雖然各科仍可繼續存在，但不可孤立分離，應以「核心課程」為主軸，互相聯絡，貫通任何領域與學年。例如：小學低年級得採活動課程從事經驗學習，低年級課程之後的中年級課程與高年級課程以此推移，到了中等學校階段則可以抽象符號為主，而採用近於科目組織類型的課程設計型式（林本，1970，142；楊國賜，1974，48）。

　　「社會功能法」的編製步驟，包括四個步驟：第一個步驟是調查社會生活的種類、功能及活動，加以整理選擇幾個重要功能，作為決定課程範圍及選擇教材的依據；第二個步驟是從社會發展的過程當中，發現影響社會功能的主要勢力，使學生瞭解歷史演進的關鍵因素；第三個步驟是分析學生的興趣、能力與需求，以此為依據，排列學習材料，作為各學科的學習範圍；第四步驟是以第三步驟的資料為依據，把第二步驟分析所得的社會主要影響勢力，作適當安排，成為一般學習的範圍，再配合第一步驟的社會功能，選定為各學年之一群必須學習的社會生活經驗。

　　這種「社會主義」課程設計意識型態理論取向的課程思想，使學校師生充滿信心地企圖建立一個理想的社會，重視課程設計的社會需求與社會適用性。其優點是與社會生活密切關聯，教育學者不逃避社會問題，也不

退縮到象牙塔之內，特別是課程設計人員以所接受的學術訓練為依據，貢獻所學，處理面臨的社會問題，並協助學生獲得必要的社會知能，改善社會秩序。一方面，急進的社會重建取向，旨在喚起教師與學生的社會批判意識，激發學生改變社會病態的意願，討論有關社會矛盾的爭議問題，如宗教、性別、貪污、種族歧視，處理棘手問題以改變社會結構，扭轉社會垂直結構的不當暴力，以重建健康、公平、正義的新社會；另一方面，保守的社會適應取向，旨在強調遵守社會秩序，例如藥物濫用、性教育、親職教育、環境生態研究、性別意識型態研究、少數民族研究，特別是有關原住民教育與課程之研究，引發社會大眾的意識、關心，以期改善某一社會偏差現象。

　　但是，「社會主義」課程設計意識型態，可能流於偏重社會取向與成人本位，因此，學習者的個人需求與興趣容易遭到忽略，而且學生個人淪為社會的工具；特別是「適應社會」的觀點，強調社會文化的傳遞，一味重視適應社會必備的知能與道德權威，而忽略個人心智的開展，漠視了個人挑戰權威的心靈認知解放，甚至，限制了個人自由公平參與社會知識的開創歷程。

　　而且「社會主義」課程設計意識型態強調社會主流文化，以促成社會文化的融合，但在多元文化的當代社會情況之下，少數族群文化如原住民等不易受到尊重，甚至遭到忽略。此種意識型態，重視社會的統整與一致性，不易因應地區差異，如山區海邊之別、城市鄉村之異等等，容易忽略地方特色與課程內容的多樣性與差異性。值得進一步探究的是，一方面，社會重建者有關學校的任務，究竟是道德重建或政治改革的工具，仍未有一致的結論；另一方面，其教育理念和方法，是否能有效導致社會改革，仍受到質疑，這種「社會主義」課程設計意識型態理論取向仍舊有其不足之處。

第五節　科技主義理論取向的課程意識型態

　　從1910年代後半，直至1920年代期間，教育科學運動風行全美，迄今

仍留餘響，綿延不絕。此一運動以實證實驗的手段，或計量統計的方法、來從事教育的科學研究。其領導者爲巴比特（F. Bobbitt）和查特斯（W. W. Charters）等人，他們主張教育上一切問題，應該都用科學的客觀方法求得解決，而且只有用科學的方法才能有效率地解決教育問題（林本，1970，142），這種重視社會效率的課程，又稱爲科學化的課程理論取向或課程工學（陳伯璋，1987，15；歐用生，1989，65）。

「科技主義」課程設計意識型態的教育目的，乃承襲英國教育學者斯賓塞（H. Spencer）之遺緒，以爲教育爲生活的預備。教育即在於透過科學的方法技術，以裝備學生準備未來生活當中各種活動的能力。其教育內容，包括健康、職業、家庭、社會等各方面的經驗。實作是其教育方法的特色，最有效的方法是讓兒童與青少年實際參與活動以獲得經驗。

課程設計專家如同教育工程師，接受訂單的規格、規劃生產流程、根據明確的標準評鑑產品。因爲學校如工廠，因此教師如同工人一般，將學生視同原料，透過課程的生產線加工成爲產品。特別是一次世界大戰後美國的課程發展領導者，如巴比特以及查特斯等人，以教育的科學研究結果，建立課程設計與發展的指導原則。例如：桑代克的學習遷移論打破「形式訓練」的觀點，因此，課程學者便利用科學方法調查當代生活的活動與學生的學習情形，以建議課程的內容。由於戰爭的爆發，與戰爭有關的行業需要大批的技術工人，傳統的學徒訓練不敷急用，因此利用活動分析法或工作分析法，分析特定行業的知識、技能與習慣，短期的職業訓練課程也因此應運而生（Tyler, 1971, 26）。

一、課程立場

「科技主義」意識型態採取科技取向的課程立場，重視「課程即目標」的課程意義，強調教育科技在課程領域的重要性，主張課程設計是技術性活動，以設計適當手段達成既定目的，亦即，企圖設計適當的課程方法與內容以達成預定的課程目標。此種意識型態，強調教育投資必須產生相應的教育效果，否則便是浪費和損失，此種觀點合乎系統化教育計畫的

特色。

　　依「科技主義」的觀點，課程可以是一種教育管理的工具說明書，其目的旨在控制學校教育並使其標準化，以便於教育管理與行政控制。例如：使用電腦輔助教學、編序教材等各種媒體和器材於課程中，設計教學順序，並利用既定課程目標作為規準，以評鑑該課程計畫的效率效能。因此，學校教育必須是目標導向，有明確方向與意義的課程目標，並設計適切的課程方法與教學內容，以克服障礙並達成課程目標。此種理論取向將科技精確、系統、複製等特性，移植於學校教育，預測和控制各種課程現象，提供教育效果的證據，排除教育上的模糊及不確定性。

　　因此，課程設計的主要問題，不在質疑教育目的，而在將教育目的轉化為可以透過操作型定義，以事前明確的規範及說明描述可觀察的學生具體行為，設計適當的課程教學方法，以達成既定目標。因此，課程設計人員在發展課程目標的時候，課程目標就有其獨特的重要性。換言之，當課程設計人員在界定學校該幫助學生學習什麼內容與方法之時，就發生了課程目標的優先問題。例如：傳統的心理官能論指出學生不能普遍類化其學習經驗，而且，學生所學的任何事物必須是特定的行為，而桑代克學習遷移研究，則推翻了此種傳統論點，因此，桑代克的數學心理學為小學數學列出3000個特定目標，後來，賈德（Charles H. Judd）及其學生就此進行小學生類化程度的調查研究。當小學一年級學生在練習「兩個一位數的加法」時，如果能同時對其說明加法的運算過程，則小學生只須練習21個題目，就能做對所有一百題的「兩個一位數的加法」。賈德的研究指出小學生有類化的能力，而且類化能力隨著經驗而增加。這個實證研究的發現，對課程設計人員的蘊義，乃是教育方案的課程設計目標應該合乎學生能力（Tyler, 1984）。

　　但是，特別值得課程設計人員注意的是，課程目標應能顧及具有潛能發展的學習者的興趣，並對學生有教育意義，或者這些課程目標應該能在教學的歷程中獲得實現（Tyler, 1976a, 61）。在學習一個特定單元中，起初目標應是學生所能瞭解的，也有興趣去學習或有意義的事物。然而，經由學習的經驗，學生將會加廣加深其興趣。當學生對所學的相關性有更

進一步的認識，學生也將瞭解其他目標的意義並發展出興趣來，如此就會受到激勵去作更進一步的學習。以閱讀為例，一位小學一年級新生，如果其父母或家人從來沒有唸書給他聽，他也從未看過別人讀書，則他是不太可能一開始便積極地參與教師所設計的基本閱讀方案，也不可能一開始便瞭解這些學習活動會對他有任何意義。對這樣的一位學生，在閱讀方面適當的開始學習目標，可能是先幫他本身學會享受欣賞別人閱讀朗誦解說的傾聽興趣。當此學生發現那些一頁頁的印刷物件是令人覺得有趣的文字內容，則他將會想要去找出如何自己閱讀的方法，在此刻，目標就反應出學生所剛獲得的興趣。

二、教育慎思過程

「科技主義」的課程設計意識型態，主張科學是一種思考與解決問題的方法，科學帶給人類社會一種新的未來希望，幫助人類尋找問題的解決途徑（Tyler, 1963, 137）。科學乃在建構一個完整而有秩序的系統來解釋自然現象，並建立一套明智地控制與利用自然世界的基礎。

「科技主義」的課程設計意識型態，也強調科學也是一個連續不斷的探究歷程，而不是特殊問題的一組固定答案。科技教育的一個主要目標，是協助學生發展科學探究的整體歷程，包括提出問題、辨別特定問題、建議可能的解釋、設計考驗解釋的方法、進行相關的觀察與蒐集相關資料、解釋資料與說明，進而探究新問題（Tyler, 1960, 32）。科技教育也應該引導學生，從科學探究中進行建設性的行動，經此教育經驗以獲得明智地解決問題、控制環境的自信心。科技教育應該避免無聊僵化的規條，而應該強調新的觀點與新的問題，為學生開拓新的視野，滿足其想像，並有效的運用其心智。因此，科技對每一個學習者而言都是很重要的，應該是通識教育的一部分，甚至對那些有特別興趣與能力的學生而言，可以引導其專研科學、工程與技藝（Tyler, 1960, 31）。

「科技主義」的課程設計意識型態，特別主張工作世界將顯現出由工業生產力逐漸轉變為資訊與服務生產力的特徵，因此科技將在所有生產力

的部門扮演著重要的角色。明日的工人所需要的技術與態度，將不同於今天的工人。科技將會變得更有影響力，更為便捷，更為複雜。學校可以提供生涯教育的課程，以增進學生對社會工作世界的瞭解。

三、課程設計方法

巴比特（F. Bobbitt）提倡「活動分析法」（activity analysis procedure），透過成人活動的調查，並且詳細分析教育目標，以作為決定課程範圍的依據，故此種課程設計方法又稱為目標法。巴比特認為課程編製方法是專業問題，應由專業人員採用科學方法來解決，不是外行人所能置喙。課程專家是社會的代理人，採用科學方法，以發現最終目標，作為課程設計的指引（黃政傑，1991，211；Bobbitt, 1918, 1924）。

巴比特的課程設計方法，首先在為學校提供一組完整而明確的終極目標（Tyler, 1988b, 270），其方法稱「活動分析法」，包括四個步驟。第一步驟是人類經驗分析，課程設計起點是生活活動，可分析為語言、健康、公民、社交、心智活動、休閒、宗教、親職、實用與職業等十領域。第二步驟是特殊活動分析，由大活動單位分析為小活動單元，一直持續下去，直到發現可以履行的特殊活動為止。第三個步驟是獲得課程目標，課程目標是實踐經過詳細分析的活動能力，而且能力是指活動的履行，不只是知識的背誦，尚包括技能、習慣、態度等多種因素。第四個步驟是選擇課程目標，學校教育與一般教育有別，只有那些十分複雜，無法由一般生活歷程充分發展的能力，才屬於學校教育目標。例如：巴比特就曾將人類活動加以分析，列出了831個特殊明細的目標，以為課程編制的基礎。

另一方面，查特斯（W. W. Charters）的「工作分析法」（task analysis procedure），則是巴比特「活動分析法」在職業活動方面的運用（黃政傑，1991，31）。所謂「工作分析」，係指將特殊職業活動的組成元素尋找出來，並確定實踐此種職業活動的方法與標準，以作為課程設計之依據。

「工作分析」的課程設計，最著名的應首推美國查特斯在其《課程建

構》（*Curriculum Construction*）一書中所提出的系統程序最為合乎科學化歷程，其工作分析的課程設計包括八個步驟（Charters, 1923）。第一個步驟是決定目標，研究社會情境的人類生活，決定主要教育目標。第二個步驟是工作分析，將教育目標分析為職業理想和職業活動。第三個步驟是繼續分析，將職業活動分析到每一個職業工作的單位出現，而且這些工作單位的一連串精密步驟，最好是學生本身可以直接從事，不須他人協助的工作步驟。第四個步驟是安排順序，依據重要程序，排列職業理想與職業活動的先後順序。第五個步驟是調整順序，依據職業理想與活動對學生學習價值的高低，重新調整先後順序。第六個步驟是選擇內容，確定那些職業理想與活動適合於校內學習，哪些適合於校外學習。第七個步驟是研究發展，蒐集教導職業理想與職業活動的最佳方法與最好之策略。第八個步驟是安排教學，依據學生的心理特質和教材的組織，以安排各種職業理想與活動的教學順序，並加以實施。

　　「工作分析」的實際應用，是「活動分析」在職業教育方面的運用。課程設計者先確定某一行業「應該做何種份內工作」，再進一步分析「如何做」。查特斯曾將此法應用於婦女、秘書、醫生、教師與圖書館員等工作的課程設計。例如：他就曾為美國密蘇里州的哥倫比亞市（Columbia）史蒂芬斯學院（Stephens College）設計一套女子教育課程。

　　此種「科技主義」意識型態課程設計方法的優點，是應用科學方法編制課程，建立理論技術基礎，從實際生活中調查社會需求，因此，在方法上是一大創新，而且建立明確詳細的教育目標也是其重大貢獻之一。例如：「工作分析」或「活動分析」可以精密地發現職業活動所需的特殊能力和技巧方法，因此，透過「工作分析」的課程設計似乎可以培養優良的職業工作所需的動作方法、技能、品行或態度。其優點乃在於課程設計過程中選擇適當教材，縮短教材與課程目標的差距，避免盲目選材的缺失。

　　但是，「活動分析法」與「工作分析法」，皆一味地接受既有的社會秩序，無法圓滿的達成教育目標（Tyler, 1949, 18; 1971, 32）。此種「科技主義」意識型態課程設計的理論取向，接受實然的社會活動，不一定合乎應然的教育理想，而且此種課程方法，將活動或工作分析為零碎的行為

單位，如同化學界把化合物分析爲元素、分子、原子一般，這種課程原子論，容易造成見樹不見林的缺失，甚至把課程窄化爲無關價值的技術問題。特別是「工作分析法」的限制乃在於此法只適用於職業工作的技能訓練，如機械操作或演講技術的教導練習，因此對於情意領域的學習，如陶冶高尚情操或職業道德則難以周全顧及，此爲其限制之一。

第六節　專業主義理論取向的課程意識型態

採取教師教學「專業主義」意識型態的課程設計立場者，重視教師的教育專業能力地位，強調教育過程當中，教與學互動的重要性，主張學校教育的課程教學，旨在強化學生的認知發展歷程，「教育歷程」是可學習和可轉化的教育實體，用以學習解決問題。課程乃在強調教學與學習之動態歷程，而不只是教材內容，而且教學也不只是事實與資訊的累積與灌輸，而是引導學生認知發展，以協助學生學習探究促成類化遷移。換言之，一方面，在教學方法上協助學生學習如何學習；另一方面，在教學材料上提供學習機會以強化學生不同的心智功能。這種教師「教學專業主義」教育理論取向，強調「教育歷程」的課程設計意識型態，此種教師教學「專業主義」理論取向的主要論點如下：

一、課程立場

教師「專業主義」教育理論取向的課程設計意識型態強調「課程即研究假設」的概念，主張課程是一套有關教學程序的理念說明，但是，這一套教育理念的說明，卻有待教師在教室教學情境中加以實地考驗，以驗證教育理念是否具有教學的適用性與學習的實用性。其課程選擇，可以包括制式之教科用書，也可以就每一個學習主題編輯學習材料與教學指引；而且，學校教師也可以利用影片及印刷品做爲教師與學生於課堂中進行討論的證據材料來源。其課程組織，同時強調論理組織與心理組織原理，重視採用核心課程的單元設計途徑，兼重學科知識結構與學生認知心理結構之

發展。其課程評鑑，強調學生學習過程的重要性，因爲學生的學習行爲結果，是無法精確預先測量的（Stenhouse, 1975, 82）。

學校教師「專業主義」的課程設計意識型態，認爲過去的教師往往透過課程或依賴教科用書教導學科知識，而且教師必須遵守課程或教科用書當中的學科知識，視爲理所當然，而不會加以懷疑和批判，這種屈服於外來的權威，不能稱爲教學專業。依傳統的觀點，課程理論所探究的課程有可能是教室門外的學科專家所「事前規劃」或政府所「預先規定」的學科知識內容，是教師與學生所無法理解的知識問題，而且教師與學生所接受的是教育之外的特定意識型態的控制與灌輸，而學校則淪爲特定意識型態的再製工廠，威脅了教學的教育價值。

依超越傳統的觀點，教師與學生應該透過教學與學習來考驗課程的價值性，亦即，課程只是幫助教師與學生進行教與學的教育媒介，教師與學生應該才是駕馭課程的主角，課程不應反客爲主。而且，教育行政人員不應該利用課程來考驗教師與學生，或利用課程來控制教學與學習。這種教學專業的課程觀念，並不是侷限於「學習經驗」、或「學科知識」、或「預定目標」、或「社會理想」、或教師的教學「研究假設」，而是以學校教師「專業主義」的課程設計理念，以教育專業知識爲依據，重視教育的教學動態歷程，進而啓發師生應用教育知識問題的本質作爲學習媒介，引導學生的質疑思辨與批判態度，進而增進教師與學生的認知、情意與技能的發展。

二、教育慎思過程

就一般而言，在課程規劃歷程中，一般的教育目的經常被解析爲以預先規定的學生行爲改變，作爲具體教學目標或預期學習結果。然而，布魯納（Jerome Bruner）、皮特斯（Richard Peters）、史點豪思（Lawrence Stenhouse）與艾略特（John Elliott）等人卻採取學校教師「專業主義」的意識型態課程立場的取向，強調學校教師的教育專業，重視「課程即研究假設」的課程意義，強調師生在教室教學互動過程的「教育歷程」之重要

性，他們並不認為所有的人類知識與理解能力，都可以利用預先規定的學生學習行為加以描述。史點豪思甚至認為，預定的學生行為目標有著不可避免的缺失，亦即，不僅誤解教育知識的本質，而且誤解改進教育實務的教室教學歷程（Stenhouse, 1975, 79）。

就教育目的而言，教育旨在引導學生進入其知識文化的思想體系，並進而培養人類的思考系統，以促進人類思考的自由（Stenhouse, 1975, 82）。就教育方法而言，探究討論教學法，可以增進人類的認知思考。成功的教育方法，是一種知識的引導與啟蒙。就學校教師角色而言，教師的主要任務，乃在於蒐集並提供學生探究學習的證據材料，並在學生進行討論過程當中，扮演保持程序中立的討論主持人，這是一種具有相當教育專業的教師角色。

學科專家的地位，乃在於透過專業知識，提供教師教學所需的課程材料，但不能硬性規定教師的教學方法。因為教育涉及了一種具有內在價值的活動，教育本身就具備卓越的標準，而且也是可以評估的內在標準，因此，教育不應受到外在價值標準的外來牽制與外部控制（Peters, 1966, 15）。

因此，課程計畫人員必須解答下列三個具有先後順序的問題，以做為課程規劃的開端，亦即，什麼課程內容最具有價值？這些教學內容具有何種一般性的教育目的？何種學習經驗最能有助於此種教育目的的達成（MacDonald, 1971, 4）？要回答這些課程規劃問題，必須在教室中進行大規模的課程教學實驗。這種課程規劃途徑，乃是根據教師「專業主義」的教育歷程而加以規劃設計，而非依據當時傳統的預先規範課程的目標而計畫。

三、課程設計的方法

學校教師「專業主義」意識型態的課程設計，強調教師教育專業成長與學生整體發展。因此，重視教師的教室層次研究取向之課程設計與發展，強調教師在教室情境中與學生交互作用的動態歷程，主張課程設

計與發展必須落實在教室情境當中，教師必須將外來的課程或教師自行設計的課程加以實地考驗，以進一步探究課程潛能，在教學中實踐課程當中的教育理念，並根據學生的學習進步情形，反省檢討自己的教學，以提升學生的學習品質。例如：史點豪思利用「教師即研究者」（teacher as researcher）的途徑設計與發展課程，鼓勵參與「人文課程方案」（Humanities Curriculum Project）的教師，希望教師將課程視為有待教師於教室情境中加以考驗的「研究假設」。

教師必須在教室情境中進行研究，考驗研究假設，反省地處理教學證據，批判自我教學。教師必須改變傳統的教學角色，改變過去只把教師當成是知識唯一來源的角色，扭轉為教師是一位具有發展學生理解能力的教育專業人員角色。因為教師扮演的是保持程序中立的討論主持人，以幫助學生經由探究討論，來理解矛盾的社會爭論議題，而不是進行威權的意識型態的灌輸教學。因此，學校課程乃以矛盾的社會爭議問題為中心，鼓勵學生去界定自己企圖追求的問題，教師協助提供所需的材料和指引，提供機會去分析、處理、分配、評鑑。教學乃在於透過教師激發學生提出問題，以引導學生認知、技能與情意等能力的發展，透過課程材料和工作任務，培養學生在教育與學習歷程中的高級心智能力。

總之，本章所述這五種課程的理論取向，代表五種理想類型的課程設計意識型態。事實上，很少有一種意識型態可以完整地界定某一個課程方案的所有屬性，但是，每一個課程方案的背後，都有其獨特的理論取向與意識型態。因此，釐清每一種課程方案的理論取向與課程意識型態，可以幫助教育改革者理解不同課程與教學方案在本質上的重要差異。這五種課程意識型態構成五種不同的課程理論取向、五種課程立場、五種教育慎思歷程與五種課程設計方法，雖然隨著社會環境的文化變遷而彼此消長，然而這些課程觀點正是主導課程設計的主要意識型態。事實上，實際的學校課程設計，可能是五種課程意識型態與立場的折衷與妥協，但是其正當性如何？是否具有教育意義？則有待進一步深入分析。

第四章　課程設計的模式

　　「課程模式」（curriculum model）是課程設計的實際運作狀況的縮影，或是理想運作狀況的呈現，希望藉以介紹、溝通或示範課程計畫、設計、發展的藍圖，指引未來的課程研究設計與發展工作。課程模式所要顯示的不外是課程要素、課程設計的程序及其中的關係（黃政傑，1991）。因此，不管是課程計畫模式、課程發展模式、課程理論模式或課程架構，為了強調課程設計的精確性，皆可以「課程設計模式」（curriculum design model）一詞統稱。本章旨在說明「課程設計模式」的意義與概念，特別是課程設計上的三種常見的模式，亦即，「目標模式」（objectives model）、「歷程模式」（process model）與「情境模式」（situation model），並就上述三種常見的「課程設計模式」加以批判。

　　「課程設計模式」約有三種，亦即「目標模式」、「歷程模式」與「情境模式」（黃光雄，1996）。一般而言，「目標模式」偏向於工業心理學的影響，例如：美國課程學者泰勒（Ralph. W. Tyler）在「八年研究」（the Eight Year Study）所發展出來的課程設計模式，便是「目標模式」的典型代表（蔡清田，2009），包容「精粹主義」理論取向的學科學術傳統、「經驗主義」的學生取向、「社會主義」的社會取向與「科技主義」的技術取向（黃光雄、蔡清田，1999），承續過去課程學者的遺緒（Ornstein & Hunkins, 1993），統合了當時各種教育學派思想，其所建立的模式單純且易於瞭解，統括課程設計的重要因素，故迄今他所建立的基本原理與計畫架構歷久不衰，廣被利用（黃政傑，1991）。

　　「歷程模式」則受到教育哲學與認知心理學的影響，例如：英國課程學者史點豪思（Lawrence Stenhouse）主持「人文課程方案」（The Humanities Curriculum Project）所規劃的課程設計模式（蔡清田，2001），是「歷程模式」課程設計的典範，這是英國中央政府擬將國民教育年限延長至16歲之前置實驗課程，是英國政府教育當局因應社會變遷，以充裕經費從事國民教育革新行動的最佳寫照之一，此項課程方案被視為多元文化社會的課程改革實驗之經典代表（Elliott, 1994; 1998），透過學校課程方案，提供教師進行教育實驗的一套架構，鼓勵教師進行統整課程的合科教學（Elliott, 1998, 38），深具國民教育改革之參考價值。

　　另外1960年代的美國課程改革舞臺出現了一波社會學習領域課程改革（Dow, 1991; Thorton, 1994），在一波新的社會學習領域課程改革當中，哈佛大學（Harvard University）認知研究中心（Center for Cognitive Studies）的認知心理學者布魯納（Jerome S. Bruner）所領導研究規劃發展的套裝課程「人的研究」（Man：A Course of Study，簡稱MACOS），特別受到世界各國教育界的矚目（單文經，2004），這是教育界課程創新的一個改革典範（蔡清田，2006），更是「歷程模式」課程設計的典範。

　　「情境模式」則是包括多門專門學科的社會文化分析，例如：英國課程學者羅通（Denis Lawton）所倡導的「文化分析模式」（cultural analysis model）與史克北（Malcolm Skilbeck）的「情境分析模式」（situational analysis model），皆是「情境模式」的著名代表模式（蔡清田，2002）。

第一節　目標模式的課程設計

　　本節旨在說明「目標模式」的起源、原理、本質，目標的來源、選擇、陳述、分類、適用，以及「目標模式」的特色、流弊與限制。

　　所謂「目標模式」的課程設計，主要的精神在於「目標取向」的理念。此種課程設計，與本書第三章所論及的「科技主義」的課程設計意識型態關係密切。特別是課程設計人員經常以「課程目標」作爲選擇活動、組織與年段安置等相關設計活動之引導，並據此進一步發展形成詳細明確的目標，轉換成學習經驗，最後加以評鑑，作爲課程改革的基礎。例如：我國《十二年國民基本教育課程綱要總綱》（教育部，2014），明訂「啓發生命潛能」、「陶養生活知能」、「促進生涯發展」、「涵育公民責任」四項總體「課程目標」，以協助學生學習與發展。上述課程目標應結合「核心素養」（core competencies）加以發展與設計，並考量各學習階段特性予以達成，期落實十二年國民基本教育「自發」、「互動」與「共好」的課程改革理念。又如美國課程學者泰勒的課程設計模式，可說是「目標模式」的課程設計典型代表，但是在泰勒以前，巴比特（F. Bobbitt）與查特斯（W. W. Charters）等人皆已有依據目標發展課程的觀念

（黃光雄，1984，287；1996）。

巴比特認為人類生活包含各種特定活動的實行，教育的功能即在預備個人的未來生活，亦即適當的準備個人各種特定的活動（Bobbitt, 1924）。巴比特採用活動分析（activity analysis）的方法，將人類生活的主要領域劃分為十類活動，即語言活動、健康活動、公民活動、社交活動、心智活動、休閒活動、宗教活動、親職活動、非職業性的實用活動、及職業活動。事實上，這些活動的詳述，即是教育目標的內涵。查特斯（Charters, 1923）將活動分析法應用到職業教育，以工作分析（task analysis）的方法設計課程。他將教育的理想，轉化為理想的活動，再分析為實際運作的單元，這些實際運作的單元就是教育目標。總之，「目標模式」要求課程設計人員，由目標出發，去設計課程，在整個課程設計中，目標是統治者或指導者，「目標掛帥」是座右銘（黃政傑，1991，172）。

一、「目標模式」的起源

激勵泰勒去建構一個「目標模式」的課程設計模式，乃起源於自1934至1942年間，美國「進步主義教育學會」（Progressive Educational Association）在俄亥俄州立大學（Ohio State University）發動「八年研究」（the Eight Year Study）的課程發展工作經驗，這是一個綜合性的課程設計步驟與教學方案。泰勒是此一課程方案的課程評鑑主持人。當時這是一項龐大的課程方案，因為它涵蓋了從洛杉磯到波士頓，貫穿整個美國大陸各州的三十所實驗中等學校。此項研究起因於經濟衰退，大部分人都找不到工作，因此年輕人進入高中就學比率大增，然而，過去高中的傳統課程，對那些不一定升入大學的高中學生而言，實在太缺乏彈性。「八年研究」便是針對此問題，尋找解決途徑。

「八年研究」指出進步主義者起初的決定，允許自由放任的控制與開放政策，導致學校的改革策略毫無方向與頭緒，缺乏效率。因此，三十所學校開始要求更多的領導與明確的方向，並接受泰勒對於課程計畫所提出

建議的結構性指導。

(一)課程之目標

　　課程目標的來源，融合了進步主義所標榜的學生取向、適應當代社會生活效率的科技取向與傳統的學科專家的建議，以調和社會與個人之間的可能衝突與矛盾，同時包容學習心理學、進步主義教育哲學與社會秩序控制的觀點。三十所實驗學校，以滿足青少年的需求與維續擴展民主的生活方式，為其一致認同的教育目標（Ritchie, 1971, 484）。其主要的教育目標分類：（Tyler, 1942; Madaus & Stufflebeam, 1989, 105）

1. 發展有效的思考方法。
2. 培養有效的工作習慣與學習技能。
3. 陶冶社會態度。
4. 獲得寬廣而重要的興趣。
5. 發展音樂、藝術、文學，及其他美感經驗的欣賞能力。
6. 發展敏銳的社會感受力。
7. 發展更佳的個人社會調適能力。
8. 掌握重要資訊。
9. 發展健康的身體。
10.發展與社會一致的生活哲學。

(二)課程之組織

　　八年研究所使用的課程組織，包括垂直的文化史組織、水平的廣域課程組織與統整型的興趣組織，強調學習經驗的繼續性、順序性及統整性，發展出核心課程的類型。實驗學校的教師認為「核心課程」型式比傳統的「科目課程」型式更能達成其課程目標，其理由有：

1. 打破傳統科目本位課程壁壘分明的人為界線。
2. 可以經常進行合作的計畫與教學。
3. 可以探究寬廣的學習領域關係。
4. 可為大型團體提供有效的學習經驗。
5. 便於處理那些不需一再操練特殊技能的教材。
6. 可以運用較大的單位時間，不必受限於一節課的固定時間限制。

7. 可以運用蒐集資訊及教室活動等更寬廣的教材與技術資源。

「八年研究」課程方案開始時，學校在辨認所要處理的問題及課程組織分配工作上遭遇到難題。各學校之間的用語，所強調的學科領域、學生需求、社會需求，以及考慮的學校哲學與學習理論各不相同，而且參與此課程方案人員對教育方法的看法也不一致。因此，泰勒認為美國各地情況不一，學習問題也沒有一致的性質。課程設計的工作應該由各地學校組成專案小組，找出自己的問題與當地特色，並努力達成目標。因此，最佳的方案，應該是由個別的學校來進行，由學生所在的學校，進行以學校為本位的教育改革或草根層面的課程改革。因此，泰勒提出一套基本原理，引導學校發展新課程，亦即：1.學校應達成哪些教育目標？2.要提供哪些學習經驗才能達成目標？3.如何有效地組織學習經驗？4.如何確定這些教育目標已經達成？這便是後人所稱的泰勒模式，如圖4.1與圖4.2。

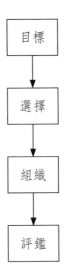

✿圖4.1　泰勒模式（引自黃光雄，1984，288）

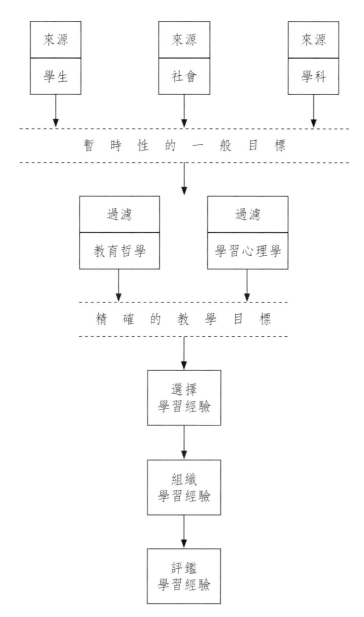

✿圖4.2　泰勒的課程設計模式（改自黃政傑，1991，147）

二、「目標模式」的原理

後來泰勒在芝加哥大學（University of Chicago）開設的課程「教育360」的課堂中，根據「八年研究」的課程發展實務經驗，介紹「課程設計的基本原理」。基於學生的要求，泰勒提供課程討論的講義大綱，1949年由芝加哥大學發行《課程與教學的基本原理》（*Basic Principles of Curriculum and Instruction*）一書單行本。由於泰勒在《課程與教學的基本原理》一書中，再度提出並再次強調課程設計的四個重要問題。第一個問題是「學校課程應達成哪些教育目標」？第二個問題是「學校課程應該要提供哪些學習經驗才能達成教育目標」？第三個問題是「學校課程如何有效地組織學習經驗」？第四個問題是「學校如何確定這些教育目標已經達成」？

這四個課程問題，似乎形成一種直線型的課程設計模式，並揭示了課程目標的選擇、學習經驗的選擇與組織、評鑑等課程設計的重要原理原則。泰勒此書是首本將課程設計予以系統化成書的第一本課程專書，因為泰勒的指導教授如巴比特與查特斯等人，僅以具體課程例子加以說明，而未如泰勒賦予課程設計系統化的實務建議。由於此書精要地探討課程設計的四個主要問題，非常具有實用價值，廣受教育界歡迎，被譽為課程設計典範的「小聖經」（mini-Bible）（McNeil, 1990, 78），被公認是課程設計的里程碑，是美國課程教授們公認自1906年以來最有影響力的課程經典（Tanner, 1982, 412）。美國出版的絕大部分的課程著作很少不採用泰勒的基本架構，而泰勒的努力也奠定課程探究的基石（Goodlad, 1979）。

這本書的理論架構被稱為「泰勒的基本理念」（The Tyler Rationale）。泰勒在1949年未針對「基本原理」（basic principle）一詞加以定義，代之以「基本理念」或「理論依據」（rationale）一字。其對「基本理念」或「理論依據」的說明是指課程設計的四個基本問題及建議程序步驟，以檢視、分析及解釋一個教育機構的課程教學方案（Tyler, 1949, 1）。後來，泰勒（Tyler, 1972, 4）說明「基本原理」或「理論依據」是指能協助不同團體發展他們自己特定課程方案的指導性觀念。因

此，理論上，「基本原理」與「基本理念」這兩個概念之間並沒有明顯的
差異存在（Schubert & Schubert, 1986, 110）。

　　泰勒這本書一百二十八頁，但是討論課程目標就占六十二頁之多，而
且泰勒主張，目標具有引導課程的選擇和組織等設計活動和評鑑工作的主
要功能，是以泰勒的模式被尊稱為「目標模式」課程設計的典範（Posner,
1988）。

　　後來其他課程學者之目標導向的課程設計，都依然以此為參考。泰
勒的「目標模式」指引著課程設計的理論與實際，迄今仍具有相當的影響
力，正如美國課程學者譚納夫婦（D. Tanner and L. Tanner）所言：泰勒的
「目標模式」，在今日仍是吾人據以處理課程發展的方式，而該模式雖受
到批評，甚至有不少對抗的模式提出，但仍不足以對其優勢構成威脅。因
此，課程設計人員在不易採用其他模式的情況下，多遵行泰勒的「目標模
式」而行（王文科，1989）。例如：泰勒之後的惠勒圓環模式（Wheeler,
1967）、柯爾綜合模式（Kerr, 1968），仍未脫目標掛帥的本質。

三、「目標模式」的本質

　　首先訂定目標，是泰勒課程設計「目標模式」的第一步驟（黃光雄，
1981，3；1984，289）。泰勒認為目標是選擇、組織、評鑑學習經驗的
最重要規準，強調目標的指導功能，直接坦率地指出以目標引導課程方案
的設計。教育目標的最後分析，是目標的選擇問題，學校有責任與義務，
考慮價值的選擇與判斷，強調建立學校的哲學，作為選擇目標的一道過濾
網。而且評鑑的焦點由學生身上轉移到目標，可以提供評鑑與決定穩當的
參照點，這種「目標模式」是合乎教育、政治、經濟的要求（黃政傑，
1991，173）。此種「目標模式」，顯然是目標導向的，首先要根據學習
者的需要、當前的社會生活、學科內容、學校的教育及社會哲學、學習心
理學等來源擬訂目標；其次，依照目標決定學習經驗，泰勒認為此步驟乃
一創造的過程，教師給予學生機會、來達成目標所敘述的行為；再次，須
將所選的學習經驗組織整合，方便學校教師教學、學生學習；最後，設計

評量工具進行評鑑，瞭解預定的目標是否已經達成。這些問題並非單向直線的觀點，這些問題可以不斷地重新檢討反省目標、重組學習經驗的組織與順序。此一基本原理建議透過實證資料的蒐集作為決定選擇目標的參考，可從研究人類複雜的學習歷程中，協助教師設計學習經驗（Tyler, 1983a, 74）。

泰勒的課程設計模式中，目標固然有許多來源，但是目標的建立是課程設計的第一步（Tyler, 1949）。根據所擬定的目標，選擇能夠達成目標的學習經驗，並將學習經驗加以組織，使其產生意義，俾便教師的教學與學生的學習；最後設計評鑑工具，以瞭解學習經驗是否達成預定的目標。泰勒強調學校是一所具有目的的教育機構，教育是一種含有意圖的活動，而課程目標則是課程發展與教學的指導因素。特別是「具體目標」（objectives）是指可欲的學生行為組型之改變，這種可欲的行為改變，是可以經由學校教師及課程計畫人員的事前預測與事先規劃，而且，教師也有能力從課程計畫人員的規劃說明中，進一步再加以細部設計學生的「學習經驗」（learning experience），以達成一套預期的學生「學習結果」（learning outcomes）。泰勒以學生將來所要表現的具體行為，作為課程設計模式的第一步，這是目標模式的本質（黃光雄，1984，289）。

四、目標的來源

泰勒的目標擬訂包括三個來源，兩道選擇目標的過濾網、兩個目標敘寫的層面。泰勒認為目標的獲得，必須先經過初步研究，以進行學生、社會與學科的需求評估，決定暫時性目標。而且在決定目標時，三項建議的來源相當有用，亦即有關學習者的研究、有關當代社會生活的研究、以及學科專家的建議。兩道選擇的過濾網，則是以教育哲學及學習理論作為過濾器，以篩選可能成為目標的來源。

(一)第一個目標來源是從研究「學習者本身」當中去尋找教育目標，並同時考慮到學生的當前興趣與未來興趣，兼顧特殊興趣與共同的普遍興趣。學生的考量是要瞭解其起點行為，再加以深化學習行為。例如：學生

必須先學會並熟悉注音符號之後，再進行注音符號的拼音練習，諸如此類。另一個部分所要評估的是學生的個人需求（individual needs），包括六個面向：第一個面向是個人在職業、社會公民、家庭與文化休閒等生活領域的興趣、生活目標與計畫。第二個面向是個人所擁有的活動、經驗、工作經歷。第三個面向是個人在其生活領域上，所感到或遭遇到的難題或困擾。第四個面向是個人的心智、身體、社會的知能與技巧。第五個面向是個人所運用的概念、所獲得的知識及個人信念等生活領域現象的認知基模。第六個面向是個人在每一種生活領域感到滿意或失望（Tyler, 1976d, 21）。

　　(二)第二個目標來源是從研究「當代校外社會生活」當中尋找教育目標，必須進行社區生活需求的工作分析，以瞭解社區人力資源的發展。社區需求包括四個領域：第一個領域是職業需求，亦即，社區中有何種職業的工作機會，這種訊息可由民意調查、就業輔導服務、商業團體與地方諮詢委員會獲得。第二個領域是社會公民的需求，亦即，教育民眾關心公共事務、避免地方政治的腐化與貪污。第三個領域是家庭需求，亦即，維護家人的健康、養育下一代，這些資訊可由各地的健康中心或衛生當局取得。第四個領域是文化與休閒的需求，亦即，有教養的人民可以提升地方文化與休閒活動，進而提升生活品質，社區學院在此方面扮演重要的角色。

　　分析這四大領域可以獲得許多社會的需求，但仍需經過轉化之後，才能成為合乎學習者能力的目標。教育目標代表教育機構所希望學生行為發生的種種改變（黃炳煌，1986，10；Tyler, 1949, 6）。教育目標是在幫助學生成為探究者，而不只是在於知識的傳授（Tyler, 1987b）。更進一步地，教育目標是幫助所有的年輕人學習態度、知識、技能與習慣，使其明智地參與民主社會的生活，成為負責的公民（Tyler, 1988b）。但是「社會需求」須考慮社會層面的問題來設計，例如：根據保守社會和激進社會的社會主義意識型態便會有不同的課程設計層面。特別是其中有關「社會重建」的課程設計，更是不可隨意嘗試的，必須審慎地加以評估、設計規劃與監督，因為稍一不慎，容易有「革命顛覆」之危險，反而容易造成社會

動盪與不安。

(三)第三個目標來源是從「學科專家的建議」中尋找教育目標。課程設計人員必須有效辨識哪些科目的知識是最新的研究成果，利用新的學科知識內容替代老舊的學科知識。學科課程目標的表達有不同的形式，以層次而言，一般可分爲四類，第一類的「系統層次目標」（system level goals），是國家層次或地方層次學區教育委員會所決定，如「學生知道並能應用基本的科學與技藝的歷程」。第二類的「學校課程方案層次目標」（program level goals）是由學科領域的課程人員所決定，如「學生能使用科學的傳統語言、工具與操作」。第三類的「科目課程層次目標」（course level goals）是由該學科或教學單元的教師小組團體所決定，如「學生能根據傳統分類標準，將有機體加以分類」。第四類的「教學層次目標」（instructional level goals）是由個別教師加以計畫，如「學生能正確地將上課所討論的樹木分類爲木麻黃、松、楓、柏扁、加州鐵杉、紅檜、雲杉、落葉松、香柏木」。但是，目標分類雖然有助於釐清原有的課程目標，但是，卻未能解決課程目標與當代社會及學生之間的關係，而且課程目標層次愈高，並不代表一定愈重要（Brandt & Tyler, 1983, 47）。

五、目標的選擇

目標選擇的兩道過濾網之一是利用「哲學」選擇目標，希望在選擇課程目標時，能同時重視職業教育與通識教育，注意到民主主義與極權主義的缺失，以追求永恆進步。另一個目標選擇的過濾網，是利用「學習心理學」選擇目標，例如：目標的選擇應該合乎相關學習心理學理論與學生年齡發展階段的組成程序，並和學生學習經驗相關。值得注意的是，泰勒指出學生興趣需要、社會需求問題、學科知識結構等皆是可能的課程目標來源，這些目標來源可以任何順序來使用，不一定如課程大綱的呈現順序；而且哲學與心理學原理，可以在系統研究目標來源之前或之後指出該包含或該刪除的領域（Tyler, 1966）。

六、目標的陳述

　　「目標模式」採取有助於選擇學習經驗及引導教學的方式，敘寫明確目標。因為課程目標的來源，必須經過學校哲學與學習心理學的過濾，經由這兩道理論基礎的篩選之後，將暫時的課程目標，轉化為可以預期的具體學習結果，才能建立精確的「具體目標」，再以具體的學習內容與具體行為，作為擬訂課程目標的具體指標。最有效的「具體目標」陳述，是指出希望改變學生的行為類型與內容，或指出應用行為的生活領域。既然「具體目標」包括行為層面與內容層面，則利用雙向分析表更能清楚精確地表達教育目標。利用雙向分析表，可以清楚地列出目標的「行為類型」（例如：說出、演示、比較等）；清楚地列出目標的「內容層面」（例如：英文單字、數學題目、游泳技巧等）；可以指出內容與行為的關係；進一步引導課程發展，選擇經驗、教材與教學程序（Tyler, 1949），可見泰勒對於「目標模式」的課程目標的建議已深含行為目標的意味。

七、目標的分類

　　一般人經常將「具體目標」（objectives）、「一般目標」（goals）、「目的」（aims）、「宗旨」（ends）、「結果」（outcomes）、「目標」（purposes）等用語交互使用，而泰勒也未嚴格區分「一般目標」（goals）、「目標」（purposes）、「具體目標」（objectives）、「目的」（aims）與「宗旨」（ends）等用語。泰勒的「目標模式」以心理學為基礎，並深受行為心理學的影響，又稱為工學模式、技術性模式、理性計畫模式、手段－目的模式等。泰勒認為「一般目標」是長期性最後到達的目標，而「具體目標」則是經過某教學歷程後學生所獲得的特定的學習行為與內容之結果。值得注意的是，「具體目標」不一定包括「行為目標」的特殊情境與學習成就標準，但應包括學生行為與行為內容兩個要項。至於表現的標準與情境則屬於特殊的練習，不是「具體目標」的要項，只是一種繁瑣的「行為目標」的特殊條件（Brandt & Tyler, 1983,

49）。換言之,「行爲目標」包括學生行爲、行爲內容、行爲表現標準與行爲情境等特殊條件。

泰勒所贊成的「具體目標」是一般反應模式的發展而非特殊習慣的養成,以學生的思考、情感、行動等外顯與內隱的行爲來敘述一般目標（Tyler, 1949, 43）,此種「具體目標」包括學生行爲與行爲內容兩個要項,不同於行爲主義的信徒只用可觀察的外顯行爲描述特定零碎的「行爲目標」。

「具體目標」的盛行,受到工商界成功地運用目標管理、軍事與職業訓練成功等兩項因素的影響（Phi-Delta-Kappan, 1973, 57）。因此,許多方案的訓練者出版了以可觀察的特殊行爲界定目標的手冊。但是,顯然地,這些訓練手冊未能釐清特殊訓練與教育兩者之間的差別。學習特殊技能,是爲了「有限的工作表現」做準備;具有思考能力的教師與教育者所要幫助學生的,是更爲一般化的普遍理解、問題解決技能與其他的行爲類型。但是,泰勒對梅澤（Robert Mager）等人把知識切割爲高度特殊化的零碎目標感到厭煩。泰勒認爲這些不是目標,只是一些基本原則或特例而已（Schubert & Schubert, 1986, 95）,如果以高度特殊的行爲及可觀察的外顯行爲來界定「具體目標」,將造成反效果（Carter, 1974, 31）。

因爲,如果以特定技能做爲「行爲目標」,並發展全國性或全州性的考試方案加以測量,可能會忽略理解、分析與問題解決等學校教學的重要領域（Brandt & Tyler, 1983, 50-51）。泰勒認爲梅澤等人的工作只是訓練技能,而教育則在於協助學生瞭解學習、自己作決定,教育的目標是較廣泛的、一般化的,教育與訓練這兩者是不同的（Schubert & Schubert, 1986, 110）。泰勒認爲最低能力素養（minimum competency）可能適用於某些技能目標的能力訓練檢定,但是,這種措施實際上對教育的幫助不大,因爲其注意的是比較狹隘的侷限焦點。學校應該努力協助學生繼續不斷的超越,而不在於設立最低的能力（Theodore & Rice, 1986, 32）。

八、目標的適用

　　泰勒所強調的是「具體目標」明確性的重要性，但是，課程設計者不應混淆明確性與特定性。一般而言，課程設計人員面臨的最大困擾，或許是陳述目標形式的特殊性或普遍性的程度問題，亦即，一般目標的適切性問題。事實上，高度特殊的「行為目標」與一般的「具體目標」是可以明顯地加以區分的，前者是特殊刺激與反應的連結；後者是處理問題能力的類化發展，一般情境反應的類化模式及特殊項目的類化。課程設計者應該透過實驗處理，來瞭解行為類化到什麼程度才能成功地達到目標。

　　當研究人員進行實證調查學生的類化能力之後經常發現，在沒有提供特殊的教學情況下，大多數學生的正確類化能力較差，就如同桑代克的研究一樣，經常被解釋為學生無法學會較為類化的行為，所以目標似乎是十分特殊的「行為目標」才能有助於學生學習。然而，根據泰勒的研究指出，一旦控制研究範圍，謹慎地界定一般「具體目標」的程度水準，大部分的7歲兒童都可以從二十個特殊例中，類化學習一位數的加法歷程，並成功地達成學習目標（Tyler, 1949）。可見課程研究發展與設計人員可以協助學生認知並學習利用一種類化的行為模式，並經由適當地處理特定項目顯示其類化能力。簡言之，學生有能力輕易地由一般類化到特定情境，由特定到一般，察覺一般中的特例，並且覺察到特例中的一般原則。因此，課程設計應該重視目標的類化程度，而且應該強調一般的「具體目標」，以明確地指出學習的行為與內容，而不必拘泥於繁瑣的「行為目標」之特定情境與學習成就標準。換言之，課程設計人員應當瞭解特殊的例子只是提供說明參考之用，不該把特例當作最終的目的，亦即，課程設計人員不應誤將明確而具體的「具體目標」窄化為特殊的「行為目標」。

九、「目標模式」的特色

　　「目標模式」具有合乎邏輯性、合乎科學精神、合乎政治的、經濟的、教育的要求等特點（黃政傑，1991，174），此一模式適用於學生學

習的結果可預先詳述，並可透過行為加以表現；學習的內容是非真假相當明確；學生學習結果十分客觀（黃光雄，1984，295），其特色如下：

(一)「目標模式」的第一個特色是折衷課程立場

「目標模式」包容「精粹主義」的學科學術傳統取向、「經驗主義」的學生取向與「社會主義」的社會取向、「科技主義」的技術取向，乃承續過去課程學者的遺緒（Ornstein & Hunkins, 1993, 79），統合二十世紀上半葉的課程設計原則，並融入個人的豐富經驗和獨到見解，加以歸納整理，組成體系。因此，如果單以社會、學生、學科專家建議作為目標的唯一來源，可能有其難以完全避免的缺點，因此不應全然依靠其中之一，如能採取折衷與調和的立場，將可以避免部分不必要的爭議，減少外來的批評（Kliebard, 1970, 262; Tyler, 1949, 16; 1986, 73）。

(二)「目標模式」的第二個特點是合理性的慎思探討架構

「目標模式」，特別是泰勒的「目標模式」指出課程目標的三大來源與兩道過濾網，包容了許多傳統觀點與不同意識型態及理論假設，迎合不同學派的論點，提出明確的架構，是以能廣受歡迎。而且，其卓越的合理架構，非常技巧地妥協於各種敵對偏激的主張與論調之間，迴避了這些偏激主張常犯的錯誤，因此，有其不朽之處（Kliebard, 1970, 257）。此外，其明確目標的建立，不僅有助於教師選擇學習經驗、安排適當的學習活動以利教學的進行，更為教育評鑑提供一個合理的基礎（黃炳煌，1984，63）。這一模式統合了當時各種教育學派和思想，其所建立的模式單純且易於瞭解，統括課程設計的重要因素，故迄今他所建立的概念架構歷久不衰，廣被利用（黃政傑，1991，146）。

(三)「目標模式」的第三個特點是系統性的課程設計步驟

泰勒的「目標模式」課程設計以邏輯、系統、理性的步驟描述課程設計的程序，避免哲學與政治偏見，而且言之有物，以簡單容易瞭解的實例說明基本歷程，精簡程度優於他人艱澀隱晦難懂的著作（Ornstein & Hunkins, 1993, 79）。這一模式內容豐富、見解獨到、組織嚴明，而且目標與手段間的連鎖非常嚴密，這種模式是合邏輯的、合科學的、合理性的活動（黃炳煌，1986；黃政傑，1991，173）。

　　此外，雖有許多學者將泰勒的「目標模式」視爲線性程序模式，其實泰勒模式是一種概念模式，他並非堅持要遵守一系列的線性步驟，如此可使其模式變得較具彈性（李子建、黃顯華，1996）。泰勒目標模式在課程方面的先驅研究是教育領域永不磨滅的里程碑，尤其是課程與評鑑等研究領域的開闢與建設，奠定了後來學者繼續努力的基礎。特別是將課程目標和課程評鑑，視爲整個課程發展過程的一部分，有助於引導學習經驗的規劃，其影響與歷史地位深值吾人加以肯定。如同課程歷史學者克利巴德（Kliebard, 1970, 267）所言：「泰勒課程理論的永垂不朽、歷久彌新，可尊奉爲課程聖殿的神龕」，這也難怪課程學者古德拉（Goodlad, 1966）推崇泰勒的貢獻，認爲由於泰勒的努力，奠定了課程探究的時代基石。

十、「目標模式」的流弊

　　從另一個角度觀之，「目標模式」簡化了課程設計的程序，易流於技術取向，形成僵化的步驟（Ornstein & Hunkins, 1993, 79），而且這種模式過於簡單，不免產生流弊（黃光雄，1981，3；黃政傑，1991，174）。特別是泰勒模式缺乏「回饋」，未能提供作爲修正的依據，在組織學習經驗與評鑑之間、亦缺少一個「實施」的步驟，加上這一模式無法適用全部學科或教學內容的課程設計，以致於受到不少的批評（黃光雄，1984，289）；尤其是「目標模式」以工廠生產隱喻學校教育觀，以及「行爲目標」的浮濫使用，受到許多批評（黃政傑，1991，174；陳伯璋，1985；楊龍立，1984；歐用生，1984）。

(一)「目標模式」第一個經常被批評之處，乃在於此模式的技術取向

　　泰勒只強調課程設計的效率，但是卻將目標的合法性與意識型態的問題避而不談（陳伯璋，1982，224），這是一種強調「預測」、「效率」及「控制」的「工學模式」及「原子論」（陳伯璋，1982，219；歐用生，1989，68）。迷信科學萬能，利用科學方法或工具進行實證調查獲得資料，解決課程設計的價值問題，使科學宰制研究，導致社會科學家利用

意識型態或知識霸權作為管理與控制的基礎，使得這種科學化課程發展的目標，淪為技術取向與冷酷無情的教育形式（Eisner, 1994, 20）。

(二)「目標模式」第二項經常遭受批判之處，主要是此一課程設計模式的價值中立

因為妥協、折衷主義並非是最有效的教育方法，一味地迴避價值判斷，雖能逃開偏激的陷阱，實際上卻未解決課程設計的實際問題，反而落入價值中立的窠臼（歐用生，1986，35；1989，72）。事實上，只是把課程設計的選擇兩難困境與難題，拋給學校教師（McNeil, 1990, 390），使課程決定淪為政治行為，這種作法規避課程工作者的責任，缺乏教育的倫理。這種價值中立的立場，以技術手段來處理價值規範的問題，不免有範疇失誤的偏差，甚至把目標放入學校哲學的黑箱，易淪為社會控制的機器。

(三)「目標模式」的第三個缺失，乃是有關於課程設計的工具理性之批評

泰勒出身自然科學學術背景，復受教育科學的薰陶，不免以自然科學實證主義典範「經驗—分析」的方式，以客觀知識來描述生活經驗，認為課程設計是一種系統化與理性化的過程。利用「科學管理」原理，借用「工作分析」方法來選擇學習經驗，使具體明確的學習目標與活動緊密串聯，最後加以組織成為課程，再評鑑結果的效能，這純粹是一種「技術性」或「功能性」的考慮。這種「目的—手段」的工具理性，往往為達目的不擇手段，缺乏反省與批判，忽視人類解放、自主、思考、判斷和創造的需要（黃政傑，1991，174）。

十一、「目標模式」的限制

泰勒課程設計的「目標模式」只是代表個人的課程觀點，並非課程設計的統一模式。這個模式固然有其特色，但絕非課程設計的萬靈丹（Kliebard, 1970, 267）。事實上，「目標模式」的課程設計，表現了美國社會的民主理念、效率精神、美國化與實用的科學方法，正反映了美國

二十世紀上半葉的政治、社會、經濟、文化等背景的時代精神，吾人必須瞭解此一模式的文化脈絡與歷史背景，才不致盲目淪為他國的課程實驗室（蔡清田，1992a）。目標模式用在課程和教學的設計優點不少，但卻有其限制，無法適用全部學科或教學內容的課程設計。

　　事實上，這一種模式強調目標的預定及達成，非常重視產出（output）或產品（product），因此「目標模式」在應用上自有其限制，它適用於三種情況（黃光雄，1984，295）。第一種情況是預定結果，學生的學習結果可以預先詳述，並可透過其行為加以表現。第二種情況是內容明確，學習的內容是非真假相當明確。第三種情況是評量客觀，學生學習結果的評量十分客觀。因此，固定答案的「資料」和明確結果的「技能」，適用目標模式來設計課程（歐用生，1986，46），文學與藝術就較不適用（黃政傑，1991，175；Stenhouse, 1975），此外，應用於軍事、職業及體育技巧等訓練，應避免零碎的目標陳述，並允許表意與問題解決目標的使用。基於上述的批評，「歷程模式」的課程設計便因應而生。

第二節　歷程模式的課程設計

　　「目標模式」的課程設計，太過於強調技術性手段目的之工具價值，忽略了教育歷程的重要性，無形中貶抑了學校教師專業判斷與教育專業成長的價值。「歷程模式」的課程設計，強調的是教育的方式與教學過程，而不是教育的內容，且重視學習者的主動學習與教師的專業思考。這種課程設計，並不是預先確定具體的教育目標，且未硬性規定學生學習的行為結果，而是經由建立明確的教育歷程原理與教學程序原則，以有效地增進教師的專業判斷。它的重點是希望透過討論的方式，讓學生探索具有價值的教育領域，而不是要達成某些預定目標或指定的學習效果（Stenhouse, 1975, 84）。

　　倡導「歷程模式」的學者認為，教育應當建立在知識學科上面，因為知識學科能夠提供該學科的效標架構、程序原則、及評鑑工具（黃光雄，1984，303）。例如：巴恩斯（Barnes, 1982, 25）認為課程設計不一

定要事先陳述預期的學習結果。相反地，卻可以從課程內容和教學活動的課程設計開始，著重教學過程和學生的學習在此過程中的經驗，賦予學生自由、創造的機會，產生各種學習結果。此種課程設計的背後應有其原則，代表課程設計人員的價值觀，以指導教師在教室情境教學過程當中的原則，這些教育歷程與教學過程的原理原則可以稱為「程序原則」（principles of procedure）。又如，瑞斯（Raths, 1971）便認為可從效標的角度，選擇課程內容，不必依賴目標的列舉，他曾提出十二項確認具有「內在價值的活動」的課程設計選擇原則（黃光雄，1984，299；黃政傑，1991，176）：

1. 允許學生明智的選擇，並反省這些選擇的後果；
2. 在學習情境中給予學生主動的角色，而非被動的角色；
3. 能要求學生獨自或與他人一起，探討觀念、當代問題、或心智過程的應用；
4. 能使學生接觸具體的事物者，如實務、材料和人工製品；
5. 能使不同能力的學生都能成功完成學習工作；
6. 能使學生在新的情境中，探討過去所學的概念、問題或心智過程的應用；
7. 能要求學生探討社會上一般人不探討的或未探討的主題；
8. 能使學生涉入成敗的危機當中；
9. 能要求學生重寫、演習和潤飾早期努力的成果；
10. 能使學生應用和熟練富有意義的規則、標準和學問；
11. 能給予學生機會，與他人共同設計、實施並分享成果；
12. 切合學生表示的目的。

「歷程模式」的源起可溯自盧梭（Rousseau）及其後的進步主義教育運動（歐用生，1984）、現代的「歷程模式」課程設計模式則受英國倫敦大學（University of London）皮特斯（Richard S. Peters）與美國哈佛大學（Harvard University）布魯納（Jerome S. Bruner）的影響。

茲以英國的「人文課程方案」（The Humanities Curriculum Project）以及美國的「人的研究」（Man：A Course of Study，簡稱MACOS）為例

加以說明。

一、「歷程模式」與英國「人文課程方案」

「人文課程方案」的發展背景、課程目標、課程領域、規劃歷程、改革原則、教育歷程、程序原理、教材教法、教師專業發展等概念皆顯示出「歷程模式」的主要特色。茲分述如次：

(一)發展背景

由於1960年代與1970年代課程發展運動受到蘇聯發射人造衛星所引起的恐慌之影響，西方社會課程設計的主要論點便是認為，學生應該提早認識有關專家學者對於認知思辨功能的理解，而且企圖經由培養教師的教學藝術能力，以增進學生探究發現的學習方式，將有助於教育知識內容的改進。例如：英國教育與科學部（Department for Education and Sciences）的「學校課程和考試委員會」（The Schools Council for Curriculum and Examinations，簡稱「學校委員會」）贊助許多的課程方案，例如：「人文課程方案」（The Humanities Curriculum Project）便引起英國教育界人士相當的矚目。

(二)課程目標

「人文課程方案」是1970年代英國中央政府主導，擬議延長國民教育年限至16歲之前置實驗課程，英國教育與科學部「學校委員會」便明確地指出政府所規劃的人文學習方案，其教育政策乃在延長英國學生離校年齡至16歲。此一教育政策之目的，乃在於提升人類相關領域的理解能力、辨識能力及判斷能力（Schools Council, 1965, 14），而「人文課程方案」的目的，則特別在於幫助青少年學生，發展人類的理解能力，以幫助學生理解社會情境與人類社會行動所引發之社會價值與道德的爭議問題（Elliott, 1983, 112；Schools Council, 1970, 1; Stenhouse, 1971, 155）。

(三)課程領域

人文學科（Humanities）是一種核心課程的要素，在課程表上可以是一門單獨設立的學習科目，也可以是融合英文、歷史、地理、宗教教育與

社會研究的一種融合課程，特別是在1960至1970年代的英國教育體系中，「人文學科」意指一種「統整的學習研究」（integrated studies），而且以人類相關議題做為學校的學習方案，經常被當成是「統整的學習研究」核心（Stenhouse, 1983, 80）。

(四)課程規劃

「人文課程方案」的課程改革規劃歷程如次：

1. 選擇一套嚴謹的教育政策說明以陳述課程的相關問題領域。
2. 找出此種政策性的陳述說明與教室教學實務的邏輯相關性，並由此明白地列出與其教育目標一致，而且具有可行性的教學策略綱要。
3. 嘗試發展一種策略，經由討論檢核其邏輯一致性，並在實驗學校中考驗其可行性。
4. 進行實驗學校的個案研究，以提出研究假設，並推演在其他的學校進行課程實施的可能相關問題及其效應。
5. 利用個案研究的經驗，以設計課程推廣的歷程，並擬妥課程推廣即將面臨的實際問題。
6. 利用個案研究以及測驗評量等評鑑，以監控課程推廣的問題與效應。（Stenhouse, 1983, 75）

(五)改革原則

「人文課程方案」的課程改革有兩大原則。第一個原則是以學校為單位，亦即，有效的課程方案必須由學生、教師、家長所在的地方學校層次，並結合校外的學生學習經驗來進行課程發展。學校教育行政人員提供必要的資源與技術協助，指出學生的需求並提供必要的建議。經由嘗試課程實驗，在大規模採行新課程方案之前，應該將預定的課程計畫先進行小規模的課程實驗與試用，教師與學生可從課程實驗中獲得許多學習經驗，經課程實驗修正後，克服一些非預期的困難，可以增加課程實施之成功機會。第二個原則是其課程改革的理論基礎乃來自於多元文化的民主社會當中教育歷程的程序性原理原則。

(六)教育歷程

　　「歷程模式」在英國的出現，乃基於倫敦大學皮特斯（Richard Peters）與英國東英格蘭大學（University of East Anglia）史點豪思（Lawrence Stenhouse）對「目標模式」理性課程規劃的批判。皮特斯強調：

　　　　「教育涉及了一種具有內在價值性的活動，其具備卓越而且可以評估的內在標準，不應該受到外在的價值標準的牽制與控制。」　　　　　　　　　　　　　　　（Peters, 1966, 15）

　　皮特斯主張教育目的即教學之「程序原理」的規劃說明，而非學習的最後產品與結果（Peters, 1959, 81）。史點豪思也認為可以從教育目的推演出與目的一致之教學歷程。史點豪思因此主張：「教育是一種成功的知識引導與智慧的啓發，因此，學生的學習行為是無法加以事前精密的預測」（Stenhouse, 1975, 84）。教學不只是可以精熟掌握控制的技術，也是一種教育藝術，教師就如同藝術家一般，必須被信任並賦予教育專業地位，透過不斷地研究以增進其教學的藝術性。換言之，教師可以透過在教室中實際教學的過程中考驗教育觀念，並經由教學行動的實際反省而考驗教育觀念的可行性。

(七)程序原理

　　史點豪思及其在東英格蘭大學「教育應用研究中心」（Centre for Applied Research in Education）研究同仁們，接受英國中央政府教育與科學部「學校委員會」之委託，進行此一課程方案，史點豪思擬議一種不同於「目標模式」的另類課程設計途徑，即「歷程模式」。他們從課程目標的規劃說明中，進一步設計出一套程序性的原理原則，以作為教師在教室情境中採取教育行動的指引（Elliott, 1991a, 27）。此種「歷程模式」課程設計的程序原則，基於五個邏輯前提：

　　1. 應該在教室課堂上，跟青少年學生一同處理「爭議」的議題；

　　2. 在進行「爭議」領域的教學情境中，教師應遵守中立之規準；換

言之，教師的責任之一，是不能運用權威鼓吹自己的觀點；

3. 「爭議」領域之探究方式，應是進行討論，而非注入式的教導；

4. 討論進行中，教師應鼓勵並保護各種歧見，而非一味企圖達成共識；

5. 教師身爲討論主持人，應承擔維護學習品質之責任。

這些程序性的原理原則，皆是協助教室情境當中的教師與學生進行教學與學習的歷程說明，因此「人文課程方案」經常被譽爲「歷程模式」的典範。此一方案主要以人類社會的矛盾問題爲核心，經由討論使學生理解社會情境和人類行爲，此間教師扮演的角色是引導者，而不是教導者，更不是灌輸者。「歷程模式」主張教師的角色轉變爲學習的引導者，採用學生探究爲依據的學習方法以及以教師研究爲依據的教學，重視開放、非正式學習環境的設計，強調教師是促進者，以學習者爲中心的教育哲學，重視非正式、相互尊重的師生關係。史點豪思指出此種課程有兩種涵義：第一，在此種課程中教師和學生都在進行學習；第二，這些問題的爭論，經常阻礙師生的理解，因此，有關「爭論」的理解，應該成爲教育目的。「歷程模式」的重點在於強調個人自主性的發展，鼓勵學生探索具有價值的教育領域或過程，而非僅達致某些預定的目標或指定的學習成果。

(八)教材教法

「人文課程方案」的教材輯而言，包括「家庭」、「戰爭與社會」、「教育」、「兩性關係」、「人民與工作」、「貧窮」、「法律與秩序」、「都市生活」與「種族」。

一方面，上述九個主題（theme）被選爲該課程方案之學習探究領域。然而，該課程方案之小組成員並未撰寫制式之教科書，而是就每一個學習主題編輯學習材料與教學指引，而且也利用影片及印刷品做爲教師與學生於課堂中進行討論的「探究證據」（evidence）。另一方面，教學法則包括教師於課堂中扮演超然中立的討論主持人，協助學生進行課堂上的討論探究；教師並引用上述九項主題證據材料以輔助課堂討論的進行；教師並承擔責任以保護討論的各種不同歧見。史點豪思根據「人文課程方案」的實際經驗撰寫一本有關英國課程研究的經典《課程研究與發展導

論》（*Introduction to Curriculum Research and Development*）（Stenhouse, 1975），並主張依據課程目標演繹而來的教學「程序性的原理原則」，應被視爲有待教師在教室情境中加以考驗的一套研究假設。此種「歷程模式」改進了「目標模式」的功能限制與缺失。換言之，「歷程模式」企圖克服「目標模式」無法彰顯教室情境中教與學歷程多重層面的多樣性與複雜性之限制。

(九)教師專業發展

英國「人文課程方案」就是一個典型的「歷程模式」課程設計實例。此方案將史點豪思的教育理念轉化爲教師在教室情境中進行教學的實務，而課程規劃說明書提供教師一種參考的課程觀點，以處理學者的教育理念與教室日常教學實務活動兩者之間動態複雜的互動關係。這就說明了「教室層次課程設計」的重要性，強調教師參與課程發展的必要性，而且教師必須在教室情境扮演研究者的角色當中，教師將「課程」視爲有待教師於教室情境中加以考驗的「研究假設」，並採取教室行動研究以考驗課程的研究假設。

另一方面，「人文課程方案」計畫小組舉辦教師研習，協助參與此一課程方案的教師獲得實施新課程的知識、技能、態度與興趣。由於英國中央政府、地方教育當局、皇家督學、師範教育人員及學校行政人員等接受到傳統課程觀念的影響，經常認定課程就是科目或教材綱要或教學目標或教學計畫，並不認爲教學是一種藝術，而且教師也不認爲自己也應該在教室中進行教學研究，以促進教師的專業發展。因此，若要促進教師的專業發展，必須透過課程的改革改變課程的觀念，以增進教師的教學藝術知能，這也說明了沒有教師專業發展，即沒有課程發展。

事實上，教師經由明智地探究課程理念以進行教學，也可以如學生一般進行學習，獲得「教學相長」之效，促成教師的專業發展。因此，課程可以幫助教師與學生接受教育，其情形就如同樂曲幫助演奏者與聽眾接受藝術一般。「人文課程方案」也如同樂曲一般邀請教師經由教學歷程去探究知識本質，並同時增進教師教學藝術表演的知能。

二、「歷程模式」與美國「人的研究」課程方案

「歷程模式」也可以美國教育心理學者布魯納（Jerome Bruner）所領導發展的「人的研究」（Man：A Course of Study，簡稱MACOS）爲例。「人的研究」是指由美國「國家科學基金會」（The National Science Foundation of the U.S.A.）所贊助進行研究發展的一套社會科課程。茲就其發展背景、課程領域、程序原理、課程特色與爭議之處，說明此一課程設計的「歷程模式」。

(一)發展背景

「人的研究」課程革新的背景，乃導源於1957年蘇俄發射人造衛星，引發美國全國各界之恐慌，並導致美國聯邦政府及民間企業與教育界人士共同推動教育改革，企圖透過課程革新，以加速教育改革步伐，並希望美國能在科學教育領域超前蘇俄。此套社會科課程主要是由美國著名教育心理學者布魯納及二位知名的人類學家狄摩兒（Irven DeVore）與巴力斯（Asen Balikci）擔任課程研究發展之顧問，並由唐烏（Peter Dow）所領導的美國麻州劍橋教育發展中心（Educational Development Center, Cambridge, Massachusetts, U.S.A）於1963至1968年間進行教材教法之發展與試教實驗。

(二)課程領域

「人的研究」是美國的社會科課程，適合10至12歲的學生使用，主要係以影片爲基礎的課程，尙包括小冊子、教學指引或教師指引、地圖、唱片等，其中詳細探討太平洋的鮭魚、青魚鷗、狒狒、愛斯基摩人等行爲，並與學生所處社會和學生本身所具的經驗比較。基本上，「人的研究」是以行爲科學和人類學爲基礎（黃光雄，1984，301；黃政傑，1991，174；Bruner, 1966）。其課程架構主要探討三個議題：1.就人類而言，人性是什麼？2.人性如何發展出來？3.如何使人性進一步發展？（Bruner, 1967）

(三)程序原理

「人的研究」背後的程序原則，是採用教育宗旨的形式出現，但以學習爲中心（Stenhouse, 1975, 92），此課程包含六個教育宗旨，作爲課程設

計的教學程序原理原則之主要概念，說明如次：

1. 引發學生發問的過程，亦即，探究的方法；
2. 教導學生研究的方法，使學生能尋找有關資料解答他們在課堂上所提出的問題，將本課程所發展的架構，應用到新的學習領域；
3. 協助學生發展運用第一手資料的能力，進而建立假設，驗證假設及獲得結論；
4. 引導教室內討論的進行，使學生能夠聆聽他人的意見，也能表達自己的觀點與意見；
5. 視探索爲正當的活動，允許並支持學生開放的討論，即使未得到肯定的答案，也沒關係；
6. 鼓勵學生反省自己的經驗；
7. 建立新的教師角色，使教師成爲學生進行學習的「資源人物」，而非「權威人物」（黃光雄，1984，301；黃政傑，1991，179）。

(四)課程特色

在「人的研究」的課程設計當中，學校教師的角色，或爲專家或爲學習者。這樣的課程設計，意含課程實施採用「發現教學法」或「探究教學法」的教學策略，而非傳統的注入教學法。教師扮演學習者的指導人員，引導學生進行探究社會科學概念與發現社會科學的學科知識架構（黃政傑，1991，179）。此套課程之主要特色包括：

1. 利用「歷程模式」進行課程設計，不受到「行爲目標」的束縛，強調教師與學生在教室情境中教與學的互動歷程。
2. 在課程改革過程中，能聘請專業的課程設計專家以開發品質優良的教材，例如教育影片、學生參考手冊、教師教學指引及幻燈片、教育玩具等其他各種教學資源。
3. 在課程設計過程當中，能根據教育心理學者布魯納所倡導的「學科結構」及「螺旋課程」的理念加以設計。此課程所探究的主要的行爲概念是：(1)生命週期概念，如鮭魚生長週期；(2)本能與習得的行爲；(3)適應的概念；(4)生物學上自然淘汰和選擇的概念；

(5)結構和功能的概念；(6)訊息傳播和溝通的概念等等。利用由
易而難、而淺而深的概念結構循序漸進，引導學生認知結構的發
展。並且經過實驗學校教師進行試教試驗，以「探究教學法」及
「發現教學法」幫助學生認知「概念」，合乎學生的認知發展，
能吸引學生的學習興趣。

4. 就其課程推廣策略的特色而言，使用此套課程者，必須在購買此
套教材之前，先接受課程推廣的訓練。換言之，教育影片及其他
手冊與教學資源不能分開銷售，只能賣給願意薦送學校教師接受
「人的研究」課程推廣訓練的學校單位。因此，可以結合課程推
廣與教師專業成長，以促進學校教育革新。

(五)爭議之處

　　然而，此套課程也具有其爭議性的問題。例如：「人的研究」課程
發展，雖能配合學生的認知發展，卻無法兼顧學生的情意發展，只重認
知，忽略情意。而且其教育影片當中的動物影片太多，真正有關「人」的
研究，只涉及了「愛斯基摩人」，不僅喪失了主要探究的對象，而且容易
誤導學生對「人」有片面之誤解。甚至，其教材中有關「愛斯基摩人」的
亂倫、拋棄祖母、屠殺海豹等皆引起衛道人士的抗爭，教會人士也大加撻
伐，並引發相關人士在美國國會中進行政治辯論。

　　儘管「歷程模式」可以彌補「目標模式」的部分缺失。然而，史點
豪思也自認此「歷程模式」的弱點，在於課程設計必須十分仰賴教師的素
質，而「歷程模式」當中，教師角色在評鑑上扮演的是學生學習歷程的
批評者，而非學生學習成績分數的評分者，但卻對學生的評量相當主觀
（Stenhouse, 1975）。特別是，「歷程模式」涉及「需要」、「興趣」、
「成長」及「發展」等概念並非與價值無關，太強調價值的相對性，反而
易激起價值體系對立的問題，因此一模式實在不易推展。因此，「歷程模
式」仍應允許有限度的運用課程設計的「目標模式」，因為課程目標在課
程設計上是不可或缺的，課程設計人員應鼓勵教師與學生自行設計或協助
其設計學習目標。

第三節　情境模式的課程設計

　　「情境模式」課程設計根源於文化分析（cultural analysis），又稱「情境分析模式」或「文化分析模式」，其基本假定是以個別的學校及其教師作爲課程發展的焦點，亦即「學校本位課程發展」（school-based curriculum development），乃是促進學校眞正改變的最有效方法（黃光雄，1984，304）。

　　一般而言，「目標模式」與行爲心理學有密切關聯，「歷程模式」與教育哲學關係緊密，而「情境模式」則與當代社會文化分析密不可分。「情境模式」的課程設計，主張從文化選擇的角度來詮釋課程，並進而從事課程的計畫。例如：英國課程學者羅通（Denis Lawton）認爲課程是具體呈現於可以傳遞到下一世代的人類知識、語言、科技、工具、價值與思考體系當中（Lawton , 1989, 17），他不僅主張課程是一種社會文化的擷取，更擬議一種課程設計的文化分析途徑。另外，英國東英格蘭大學布理吉士（David Bridges）也同樣地指出，課程設計的最主要工作乃是從事選取社會文化素材的決定，並將此種社會文化的要素傳遞給下一世代（Bridges, 1979b, 161）。但是，值得吾人注意的是，此種文化分析途徑的課程設計，也引發了相關問題的探究。例如：究竟是由誰來選擇何種社會文化要素以作爲學校課程？究竟應該如何進行文化素材的選擇？如何處理文化再製與跨越文化的理解？如何進行課程設計才能合乎多元文化社會的正義？

　　這種「情境模式」的課程設計途徑，可以提倡「情境分析模式」的課程學者史克北（Malcolm Skilbeck）與呼籲進行「文化分析模式」的羅通（Denis Lawton）等人爲主要代表人物，其模式要點說明如次：

一、史克北的「情境分析模式」

史克北的「情境分析模式」，將課程設計與發展置於社會文化架構中，學校教師藉由提供學生瞭解社會文化價值、詮釋架構和符號系統的機會，改良及轉變其經驗（Skilbeck, 1984）。此模式有五項主要構成要素。第一項是分析情境，第二項是擬訂目標，第三項是設計教與學的課程方案，第四項是詮釋及實施課程程式，第五項是評估及評鑑。

史克北的「情境分析模式」是一折衷模式，涵蓋了「目標模式」和「歷程模式」的精神，含有綜合性架構，針對學校所處的社會文化情境變遷加以分析，進行學校課程設計，此模式所設計的課程內容方法與途徑比較具有彈性與適應性，可從任一階段開始進行課程設計。

(一)分析情境

依照史克北之定義，課程的概念即經驗。亦即，課程是學校教師、學生及環境之間的互動與溝通。學校層次的課程發展，須始自學習情境的評估和分析，據此而提供不同的計畫內容。史克北的「情境分析模式」，將課程設計置於學校文化的架構中。教與學乃是產生經驗交換和改變的歷程，亦即，師生經驗的交換、學生能力的改變。

學生處在一種發現自己，並受到許多因素影響的狀態，這一狀態和這些因素稱為「情境」，這是由於若干交互作用的課程發展要素所構成，課程設計人員在設計課程時，必須瞭解課程設計過程中的學校教學情境之文化脈絡因素，以考量課程設計的可行性。情境分析乃是文化取向的課程設計的主要任務，情境分析的工作，可依探討外在及內在兩方面的因素進行，以瞭解「課程問題與需求是什麼？如何回應這些課程問題與需求？」（Skilbeck, 1984, 234）。但是內、外因素並非截然可分，其劃分的用意只在引導課程設計工作人員，將注意集中於較為寬廣的學校課程內涵問題，及留心於直接的學校環境。這些因素都是課程發展人員與學校教師所要蒐集的資料（黃光雄，1996，48；Skilbeck, 1982）。茲說明如次：

1.外在情境因素

(1)社會的變遷及其趨勢：諸如工業的發展、政府的政策與指示命令、

文化的運動及社會意識型態的轉變等。

(2)家長、雇主和工會的期望和要求：諸如家長對於識字、外語學習、家庭作業等的看法；雇主和工會對於識字、手藝、商科等課程標準的要求等。

(3)社區假定事項和價值標準：包括成人與兒童關係的型態。

(4)學科或教材性質的改變。

(5)教師支援制度的服務：諸如教師專業中心、師資培育機構及研究單位等。

(6)教育制度的要素和挑戰：諸如政策的聲明、考試、地方教育機構的期望或要求或壓力、課程方案，及教育研究。

(7)流入學校的社會資源。

2.內在情境因素

(1)學生因素：其性向、能力、動機、價值觀念及需要等。

(2)教師因素：其價值觀念、態度、技能、知識、經驗、長短處及角色等。

(3)學校屬性和政治結構：共同假定事項和期望，包括權力的分配、權威關係、培育順從規範和處理偏差行為的方法等。

(4)物質資源和財源：房舍、設備、學習資料及經費的分配等。

(5)現行課程的問題和缺點。

上面所列情境因素只是提供一種架構，說明情境分析工作的性質。

(二)擬訂目標

「目標模式」的課程設計，常以孤立的、可觀察可測量的行為，預先詳述所有目標。史克北認為這種作法，實在不切實際。當然，若干目標可用此方式加以訂定，但是教育上重要的目標，卻很少可以這樣處理。在「情境模式」當中，目標是衍生自情境分析的結果。換言之，目標導致情境的分析，表示決定要改變情境的某些方面，並且表示對於產生這些改變的主要方法的見解。儘管目標包括教師和學生的行動，但不必是明顯的行為，其方式包含可欲的學生學習與可預期的學習結果，亦即，目標包含並陳述教育活動方向的喜好、價值和判斷。「情境模式」的目標是一連續歷

程的一部分,不是終點。例如:做好一張椅子是木匠全年工作的某一特定部分的目標,但是,這並非唯一的目標,其他的目標還包含學生的成就感、審美感及滿足感等,這類目標側重學習經驗的「質」的方面。

(三)設計教與學的課程方案

教與學的課程方案設計,或稱學程方案設計,其構成要素包括五項:

1. 設計教學活動:內容、結構和方法、範圍與順序。
2. 教學工具和材料:諸如課本材料、工具清單、資源單位等。
3. 合適的學校機構教學環境的設計:如實驗室、實地工作、工廠。
4. 人員的部署和角色的界定:如視課程的改革為社會的改革等。
5. 功課表:時間表和資源的供應。

課業和學習材料的準備,提供教師種種機會,以具體和系統的方式,解決學生在學習中所將面對的文化意義和符號。例如:課程內容和教學方法,可將知識當做一種完工的成品而予以呈現,也可將其當作繼續探究的結果而加以提出;課程內容和教學方法,也可以隱藏其假定事項,模糊其特徵,或引發批判性的評價等等。其內容的選擇和學習活動的設計,有其一般規準。比如學習的工作應當:

1. 富有意義:即學生能見到學習工作的意義和價值,並能把握其可理解性。
2. 經濟:即避免重複及過多,以最簡單和最有效的方式獲得知識、技能及理解力。
3. 結構:即組成一種型式或系統,不要維持孤立的狀態。
4. 動機:即激發學生從事艱辛的工作。
5. 活動:即鼓勵學生積極參與探究及創造的歷程。

這些只是部分的規準,但卻是判斷內容和學習活動的基本規準。

(四)詮釋及實施課程方案

詮釋及實施課程方案,是指預測課程改革時,可能遭遇的種種問題。因為新課程程式的引進,可能會導致接納的問題,設計人員或需應付不確定的情況,面對混亂、抗拒或漠不關心等困難。例如:在一個機構環境中,新舊之間可能有的衝突、抵制和混淆等等。在一個設計的模式當中,

這些衝突、抵制與混淆，要透過經驗的反省和研究的分析，而加以預估和確認。這一步驟也指對於所需的資源以及組織機構的改變，都要善加規劃。

(五)評估與評鑑

　　最後階段的工作主要是設計檢查、監督和溝通系統準備評估程序、應付持續評估的問題，和保證課程設計過程的連續性。因為課程的改革具有種種效果，不限於新內容的選擇和教導，因此需要較為廣泛的評鑑形式（Skilbeck, 1982; 1984）。這些工作包括：

1. 設計檢查及溝通的系統。
2. 評估計畫的準備。
3. 提供繼續的評量，依據課堂經驗的觀點，容許進一步的改變目標及方案。
4. 評量廣泛的結果，諸如學生的態度、其他教師的反應、課程改革對於整個學校組織的影響等。
5. 保存適當的紀錄，依據各參與人員的反應加以記錄。
6. 發展一套適於各種結果的評量程序。

　　這一「情境分析模式」可用圖4.3表示（ Skilbeck, 1982 ）：

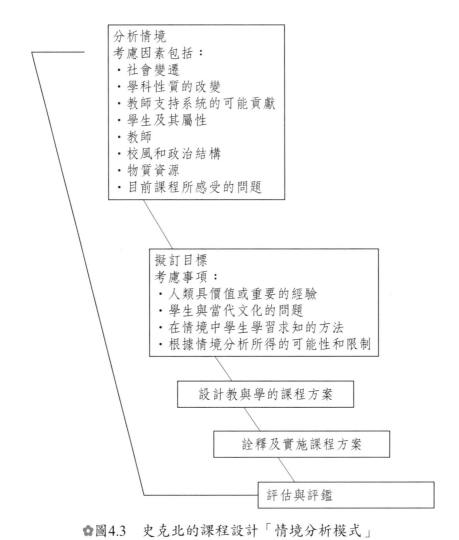

✿圖4.3 史克北的課程設計「情境分析模式」

　　「情境分析模式」的基本假定，乃是課程設計的焦點必須是個別的學校及其教師，亦即，學校本位課程設計與發展乃是促進學校真正改變的最有效方法。史克北（Skilbeck, 1982）認為學校層次的課程設計與發展，首先必須分析與評估學習情境，據此而提供不同的計畫內容。史克北將課程設計的模式置入學校的文化脈絡中，強調價值的設計過程，以說明不同壓力團體和意識型態設法影響文化傳遞的過程。

　　史克北的「情境分析模式」較富彈性，較富適應力，可依情況的改變而加以解釋。這種模式視設計爲一種手段，教師藉此手段，透過文化價值、解釋架構（interpretative frameworks）和符號系統的領悟，而改變學生的經驗（Taylor & Richards, 1979）。這一模式不像「目標模式」，事先設定一種直線進程，以貫穿其各個構成要素，亦即，學校教師可以在各個階段開始，各種活動能夠同時開展。「情境分析模式」並不事先設定手段和目的分析；只是鼓勵課程設計人員，考量課程發展過程中不同的要素和層面，視歷程爲一種有機的整體，並以一種相當系統的方式從事工作。這一模式提醒課程設計人員，系統地考慮其特殊的內涵，並且將其決定建立在較廣的文化和社會探討上面（黃光雄，1984，308；Taylor & Richards, 1979）。

二、羅通的「文化分析模式」

　　羅通（Lawton , 1983）認爲文化是一個社會的整個生活方式，應該透過教育將文化的重要部分傳遞給下一代，因此，要適當的選擇文化中的重要價值部分做爲學校的課程。他認爲文化的分析，要兼顧分類與解釋的方法、歷史與當前的過程、學校與社會的差距等。文化分析途徑的本質，乃在發展一種方法，藉著仔細的課程設計，將個別學生的生活需要與特定的社會相配對。

　　羅通的「文化分析模式」課程設計，偏向以社會文化的角度來考量三個面向：1.知識的本質；2.個別學生的本質；3.社會情境。此三個要素與泰勒「目標模式」的目標三個來源相同，但是羅通特別主張從文化的觀點出發，並強調教育的目的在傳授學生文化中最重要的部分，而學校的任務是將社會的共同文化遺產傳遞給下一世代。因此，「文化分析模式」的課程設計，不應該以臚列目標爲開始，而應該以文化分析做爲課程設計的本源，以周詳擬定最適當的學校知識和學習經驗。

　　換言之，羅通的「文化分析模式」課程設計，係依當前社會的文化分析後，而加以理性選擇，包括不同的課程設計階段與過程（黃光雄，

1984，309：Lawton, 1989, 20），茲將此圖4.4說明此一模式：

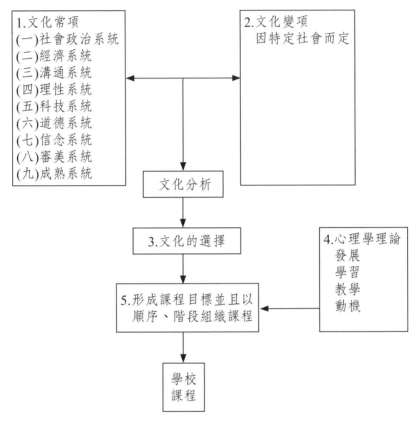

❀圖4.4　羅通的「文化分析模式」（Lawton, 1983; 1989）

(一)決定文化常項

第一個階段是決定主要的參數（parameters），亦即分析人類共同的特徵（human universials）以作爲文化的常項（cultural invariants）或是文化次級系統（cultural sub-systems），作爲文化分析的主要參考架構，例如：社會政治、經濟、溝通、理性、科技、道德、信念、審美、成熟系統等。

(二)決定文化變項

第二個階段是略述一種分析的方法，使用主要的參數或文化常項，以

描述任何特定的社會，即由文化的常項移到文化的變項。文化常項與文化變項的分析應當包括九項，亦即，社會政治、經濟、溝通、理性、科技、道德、信念、審美及成熟等制度或系統，但是文化變項的內容，則因特定社會而異。例如：每一個社會皆有信仰系統的文化常項，但是，信仰系統的文化常項之下的基督教、佛教與回教則屬於不同的文化變項。又如，每一個社會皆有其社會政治系統的文化常項，但是，共產社會政治與民主社會政治，則屬於不同的文化變項。文化常項與變項的分析結果，可以提供文化選擇的參考依據。

(三)知識和經驗分類

第三個階段是將適合教育的知識和經驗加以分類，亦即，從社會文化當中選擇不同課程的內容，規劃最適合於每一個文化的次級系統的知識與經驗類別，並將文化常項與現存學校科目內容作比較，以辨別現有課程的「差距和錯配」，以及文化衝突（李子建、黃顯華，1996，168）。

例如：羅通認為「民主」與「科技」是英國社會的兩大特徵。就「民主」而言，課程選擇應該注重社會正義及共同課程的要求。就「科技」而言，課程選擇應該強調科學與技術的價值。文化選擇的重要指標乃「重要」與「價值」，亦即，選擇重要與價值的文化，作為課程的主要內涵。例如：羅通便主張重要而有價值的知識，至少應該包括三類：第一類是豐富學生生活和有助生活的愉快經驗，例如：美術、音樂、文學、體育及其他有關的經驗。第二類是協助學生瞭解世界，並有效參與世界的知識，如科學與技術等，藉以瞭解物質世界。第三類是有助於學生發展成為社會良好成員的知識、態度和價值觀念等社會及道德教育（黃光雄，1996；Lawton, 1989）。

(四)理論參照

第四個階段是在課程內涵決定之後，再參照心理學的發展與學習理論等，從心理學理論角度考慮學生的心智發展、學習方法和動機等因素，以組織課程與教學的內容。

(五)形成目標

第五個階段是形成課程目標，將課程按照順序和階段加以組織。從第

一個階段到第五個階段，這整個課程設計的過程即「文化常項與文化變項的分析─文化選擇─參照心理學理論─形成課程目標─組織課程」（黃光雄，1984，310；Lawton, 1989）。

然而，此「文化分析模式」的缺點，在於一方面未能充分考慮知識概念在課程中的重要性，未能明確地指出如果知識、社會與學生個人興趣等課程要素衝突時，如何取捨？因此，未能為共同課程的規劃設計提供詳盡的藍圖（王文科，1988，140）。另一方面，「文化分析模式」的共同課程，多反映中產階級文化，較不利於社經背景較差的中下階層學生，而且此模式的文化選擇太重視社會需求、忽略學生個人興趣。因此，課程規劃容易受到政治人物或行政人員的特定意識型態宰制。

第四節　課程設計模式多樣化

古有明訓：「他山之石，可以攻錯」，然而，課程設計模式的借用，必須考慮區域與文化歷史背景的差異，不宜冒然全盤移植。就課程設計的模式而言，應依目標及教材的性質，採用不同的課程設計模式，如「目標模式」、「歷程模式」或「情境模式」，而且課程設計的類型，宜依學生不同教育層次，而偏重經驗取向，或偏重學科取向，或傾向社會取向。

在課程設計的歷程當中，學科專家的意見應該受到重視，但是，其角色應該加以規範，不應視為目標的唯一來源，尤應重視學生能力與社會需求，深入瞭解教科書編輯、活動分析法、學生需求、社會需求等課程編製方法的特點與缺點，相互彌補。課程設計應該是一項由政府、社會人士、家長、教師與關心教育的學者專家，共同參與的教育工作，而非技術問題。雖然各模式有不同的假設，而且不同模式的設計步驟、原則、要素亦有分歧的理念，正因課程模式如此地多采多姿，而讓從事課程設計者有更多的選擇機會，選擇最適當的課程發展模式，並加以應用。

總之，目前絕大多數的課程設計模式，都是依據泰勒的「目標模式」的精神，加以補充，或修訂而成的。但是，國人在引用「目標模式」時，首先應瞭解其乃美國文化的特殊產物，切勿盲目移植，尤應洞悉其背後工

具理性的有限性，希望課程設計模式的使用人員不致受到蒙蔽，而能「批判性」的加以利用。「目標模式」有其優點與特色，批評與攻擊，僅將「目標模式」權威性與不合時宜的部分刮垢磨光，其眞正的價值所在，不但不會損毀，反而更易彰顯，並隨時代而豐富其意義，發揮其作用。

　　對「目標模式」的批評，大部分都集中在目標的優先性與宰制性，因此，有些批評也是起因於不同模式的課程設計人員彼此間意識型態的差異。平心而論，「目標模式」不是萬能的，難免有其不足之處。因此，課程設計人員不應一味地呵護「目標模式」，而應開展眼界，認清其本質，洞悉其限制；而反對「目標模式」的教育學者與課程專家也不應片面詆毀排拒，尤應理解當代美國科技社會的歷史脈絡與背景，並深入瞭解「目標模式」的特點與貢獻，選優汰劣，取長補短，以建設未來。

　　事實上，當「目標模式」遭受嚴厲攻擊時，不但維護傳統者出而爲其辯護，從各面探討，以證明其價值；若干持中庸態度的學者，也認爲「歷程模式」的立場過於主觀。因此，例如：史克北的「情境模式」，或羅通的「文化分析模式」，皆是課程學者嘗試加以整合的一種努力。「目標模式」的信徒以爲「目標模式」最爲優越，爲其他課程設計模式所不及；反對「目標模式」者則認爲「目標模式」與「歷程模式」各有其優劣，應兼取其長，以創造新的課程設計模式。因此，「目標模式」的課程設計，不再被獨尊而壟斷權威，其他課程設計模式亦獲得重視，建立其課程領域地位。「目標模式」的擁護者認爲，「歷程模式」與「情境模式」對「目標模式」雖然造成威脅，實際上，「歷程模式」與「情境模式」並不能完全取代「目標模式」。例如：當時批評「目標模式」的「情境模式」倡導者，也有人逐漸發現「目標模式」的精髓所在，而給與「目標模式」極高的評價（Skilbeck, 1984; Lawton , 1989）。

　　因此，本書本著歷史的觀點，指出「目標模式」、「歷程模式」與「情境模式」的發展脈絡，分析其模式的特色，呈現三種課程設計模式的全貌，一方面希望學者不致誤解某一個課程設計模式，另一方面，本書希望能指出每一個課程設計模式的限制，避免其誤用，以便於課程發展人員，能夠批判地加以運用。

第五章　課程選擇

課程選擇（curriculum selection）乃是從社會文化、學科知識、基本能力、核心能力、核心素養與學生學習經驗等之課程內容當中，加以萃取精華，並根據課程選擇的規準效標，以及參考課程選擇的原理原則，以達成預期課程目標與課程理念之一種精緻化的課程設計。本章旨在說明課程選擇的重要性、課程選擇的規準效標以及課程選擇的原理原則。

第一節　課程選擇的重要

課程內容與學生學習經驗是實踐課程目標的重要手段，因此，課程內容與學生學習經驗的選擇便顯得十分重要。在課程設計的過程中，如何理性的進行課程內容與學習經驗的選擇，是一個重要的課程設計問題。

例如：班哲明（Harold Benjamin）在《劍齒虎課程》（*The Saber-tooth Curriculum*）一書（呂正雄，1992），指出史前時代的原始部落，透過類似學校課程的生活經驗，教導下一代「徒手在溪澗當中抓魚」、「以粗樹枝擊殺小毛馬」、「以火嚇唬劍齒虎」等謀生技能。但是，當小毛馬與劍齒虎在當代社會都不見蹤影時，這些變成過時而無用武之地的技能，因此，課程設計人員是否還要選擇此種課程內容，要求學生透過學校課程，學習這些落伍過時而無法謀生的技能？或是堅持透過這些技能培養學生的勇氣與智慧？這實在值得課程設計人員深思（Benjamin, 1939）。又如，英國的教育學者史賓賽（H. Spencer）便曾為文「何種知識最有價值？」（what knowledge is of most worth），從社會文化的實用觀點強調科學知識的重要，並指出個體生存、謀生、養育子女、社會政治關係與社會文化活動等對個人與社會的重要性。由此可見課程選擇的確是課程設計過程當中，不可忽略的重要一環。

學校只是整體教育中的一環，整體教育環境尚包括家庭、社區、工作場所、教會與其他社會團體機構。就課程選擇的功能而言，學校課程可以妥善安排，選擇那些在日常生活中一般社會活動所無法直接提供的學習經驗（Tyler, 1958, 45）。換言之，學校主要的任務在於善用自己獨特的資源與設備，提供基本學科、複雜、重要及純化的學習經驗，鼓勵與提升學生

個人獲得更為深層的理解。

　　學校課程可以提供學習機會，讓學生學習需要特別注意的基本原則、理念及意義，以及觀察現象所不容易掌握的基本要素。學校更可以透過課程選擇提供純化的學習經驗，及最佳的學習經驗以提升較高的生活品質（Tyler, 1956, 78）。因此，課程內容與學習經驗的理性選擇便顯得十分重要。課程選擇的來源至少包括社會文化內涵的學科知識與學生學習經驗兩種。茲分述如次：

一、社會文化內涵

　　課程研究人員探究課程設計的一種成果極為豐碩的方法，便是採用「文化選擇」的觀點，以探究課程選擇的學科知識問題。例如：英國東英格蘭大學（University of East Anglia）的布理吉士（David Bridges）便指出，課程設計主要是決定何種有關文化要素可以傳遞給下一代的規劃歷程（Bridges, 1979b, 161）。英國倫敦大學羅通（Denis Lawton）也建議一種文化分析的課程設計途徑，他並分析英國文化為社會政治、經濟、溝通、理性、科技、道德、信念、審美與成熟等系統（Lawton, 1989, 17）。羅通並主張課程必須加以規劃，以便從整體文化中選擇適切的文化材，以作為課程內容。因此，課程設計可以視為一種社會文化材選擇。由此可見，文化選擇觀點，可以提供一種有效的工具，以檢視課程選擇或課程設計途徑的參考。

　　此種文化選擇途徑也引發重要的論題，例如：究竟是由誰來選擇文化材？究竟應如何正確地選擇及組織文化材？這是一項有關文化選擇的爭議問題。特別是就「身心素質與自我精進」、「系統思考與解決問題」、「規劃執行與創新應變」、「符號運用與溝通表達」、「科技資訊與媒體素養」、「藝術涵養與美感素養」、「道德實踐與公民意識」、「人際關係與團隊合作」、「多元文化與國際理解」等核心素養的文化選擇而言（蔡清田、陳伯璋、陳延興、林永豐、盧美貴、李文富、方德隆、陳聖謨、楊俊鴻、高新建、李懿芳、范信賢，2013），一方面國際化的趨勢

與本土化的傳統兩者孰重孰輕（蔡清田，2014）？國際文化與本土文化兩者如何取得平衡？另一方面精緻文化是指文化精華的部分，由通俗文化長期發展演化的結果，也可能由高度智慧者所創造，但是精緻文化要有人欣賞，更需下一代的參與建構並欣賞文化的美，以提升文化品味。就實施方法而言，可以透過民俗體育、聯課活動與民俗音樂而在學校加以實施或推廣。就其可能的問題而言，其師資來源與教材究竟應該如何取捨？例如：精緻文化如何包含通俗文化？歌仔戲、布袋戲、扯鈴等應如何教？何時教？以避免加重學生負擔。國家社會文化與地域鄉土文化兩者之間應該如何保持平衡？鄉土文學是否會與國家民族觀念衝突，應該如何避免其負作用？這是課程設計人員在進行課程選擇時，值得深思探討的問題。

從課程知識社會學的觀點，課程內容並不是價值中立的，是經由社會建構而成的。因此，「學校課程究竟教導誰的文化」？「學校課程教導哪些社會團體的知識」？「學校課程究竟符合誰的利益」（Apple, 1979）？特別是究竟由誰來控制學校課程的選擇問題，也對課程改革的本質、教師在課程發展歷程中所扮演的角色、課程實施策略與評鑑途徑等皆有重要的影響。

例如：教師可能選擇政治時事新聞，以評鑑學生的公民與道德學科知識；校長必須列席省縣市地方議會備詢有關學校教育課程問題；而且立法委員與縣市議員等民意代表也會透過質詢教育官員有關教師教學評量內容的適當性，而影響學校課程內容的選擇。

教育應中立嗎？教育含有價值，如何傳達價值？課程免不了受到政治影響，但是政治應該影響教育到什麼程度才算合理？例如學校常規儀式當中的升旗典禮、政治領袖的照片、三民主義、國父思想等特定政黨意識型態之下的學校活動設計與有意無意的潛在課程，皆對學校教育產生某種程度的影響。因此，進行選擇課程教材如能陳述事實，鼓勵學生批評，避免教條灌輸，給予學生與教師思考空間，則課程比較不易受到政治的扭曲。

另一方面，透過課程的選擇設計可以進行民主教育，促成政治社會化，並可以透過課程培養民主社會國家的政治家。但是當「公民與社會」課程當中，德目教學與生活實際互相衝突之下，教師如何選擇適當的教材

進行教學？當「地理」課本上的地圖與中國政治的實際衝突之下，教師如何選擇適當教材，引導有關釣魚臺主權的教學討論？又如教師如何選擇適當教法，以進行有關二二八事變歷史爭議的教學？究竟課程設計人員與教師應該如何選擇教材教法，以引導學生認識臺灣的地理與歷史，以避免捲入「統獨」論戰的紛爭？又如教師在環保與經濟的社會爭議當中，如何選擇適當課程內容以進行教學？因此，在課程選擇設計的過程當中，應該強調的是各種事實的陳述，以引發師生思考空間。這些都應該是課程設計人員所應注意的課程選擇問題。

二、學習經驗

學習經驗（learning experience）並不同於學科內容，也不同於教師所作的種種活動，它通常是指學習者與其所能反應的外在環境條件之間的互動與交互作用（黃炳煌，1986，7；黃政傑，1991，146；Tyler, 1949, 41）。學習經驗蘊意著學生是主動的參與者，針對環境中有趣的特質而反應。而且教師可藉由布置教學環境、安排學習情境並引發學習者可欲的反應類型，提供教育經驗。

教育經驗（educational experience）是針對教師而言，由教師安排教學環境、設計學習情境以激發預期可欲的學生反應的行為類型。因為學生與教育環境之間的互動，是和學科內容或教師活動不同。學習是經由學生主動行為的結果，也是做中學的結果，不是因教而後學。而且，同一班的學生可能會有不同的學習經驗。專心上課的學生與心有旁鶩的學生兩者之間的「學習經驗」必定不同。因此，課程選擇的根本大法是提供可欲的學習經驗，而不只是提供學生所面對的事物而已。學校教師必須瞭解學生的興趣種類及其背景，才能事前評估，何種情境下會引發學生的何種反應。但是，學生本身的反應決定學習結果的這種學習觀點，並未減輕教師的責任。而是指出教師安排學習經驗的方法，是經由布置環境、設計刺激情境以引導學生可欲的行為型態。

把學習界定為「經由經驗獲得新的行為型態」，這裡的行為是廣義地

包括人類所有可能的行動反應，如獲得新的技能、習慣、興趣、態度、思考方式、認知複雜現象的方法等都是屬於人類的學習。「行為」一詞，包括外顯的行動與內在的思考與情感，此觀點不同於行為主義強調外顯行為的狹隘定義。學習與動機、釐清目標、信心、獎賞、回饋與鼓勵、練習機會、學習遷移等有密切關係（Tyler, 1977b, 1）。制約是一種必要而重要的學習方式，但是制約反應的不當乃起源於社會不斷的變遷，制約學習未能提供一種模式，協助人類適應環境的變遷、獲得新知、強化人類與社會的關係。這些更為普遍化與動態的目標，必須經由更為複雜的學習模式來獲得（Tyler, 1977b, 7）。

經驗是學生與環境交互作用的過程與結果，但是教師可以控制操縱環境、安排情境，以激發可欲的行為。由於教育科技的日新月異，課程設計人員在進行課程選擇時，可以借助進步的科學方法技術，將教育目標轉化為精緻的「學習經驗」。認知科學的研究者在這方面作了許多努力，他們的研究指出許多學習涉及學習者主動努力的高度個人化心理活動。學生利用現有的知識、技能、活動與興趣，以幫助自己解釋及內化新知識與發展新技能，是需要花費時間而且必須經由心理歷程的。更進一步地說，這些研究指出應用新知識於新情境的時候，牽涉到積極主動地重組知識而非單純的記憶使用。

杜威在1918年把學習界定為「經驗的重組」，並且強調教學的重要，乃在於提供學生充分的機會去反省及解釋經驗，而不在於利用教學呈現新材料。杜威這種觀點的研究論證對課程選擇實務有很大的影響。另一方面，羅威（M. B. Rowe）在1974年從小學科學上課錄音記錄中分析，發現教師等待學生回答問題的平均時間是一秒鐘，當教師接受在職進修教育，以改變待答時間為三秒鐘時，則學生參與作答的數量顯著地增加了。研究人員從1,000個錄音記錄中分析發現，當學生有足夠的時間作反應，則學生反應的長度增加了，失誤減少了，主動正確且富思辨推理的答案也增加了。學生更能基於證據推論，更能比較其他同學的資料，學生也能提出更多的問題，因此教室氣氛由教師詢問學生而轉變為師生對話。更進一步地，學習緩慢的學生其反應次數也增加了，教師同樣也可以對這些學生有

更多的期望。根據這些清楚而複雜的人類學習研究，課程設計人員發展出問題解決技能及動態調適行為的學習新觀點。

　　舉例而言，有些人認為學習是指學習者主動獲得新行為與新行動，而且學習的增強是內發的不是外塑的；換言之，學生能成功地利用所學的新行為，而且能夠利用新行為與新行動，滿意地解決日常生活所遭遇的問題。根據這個概念，課程設計人員描繪出引導學生主動追求新的理解、新的技能、新的態度與興趣的學習情境，此種研究對設計學習經驗的實務具有深遠且重要的影響。因此，課程設計者必須努力應用研究發現，並且引導設計課程方案以協助學生獲得更多動態的學習經驗。

　　學習經驗是指學習者與外在環境的交互作用，強調學習者的主動角色（Tyler, 1949），以學習獲得知識、能力與態度的素養（蔡清田，2014）。但是，1960年代美國進行的大規模課程方案中，課程目標通常是由學科專家選擇的，很少注意到學習者的需求與興趣。課程設計人員常常談及所謂的「教育的輸送系統」（educational delivery system），似乎教育是能被輸送給學生，而不是經由學生自己主動的學習。而且從教育科技主義理論取向的觀點出發，課程設計人員通常將教師視同「機器人教師」（robot teacher），要求教師必須具備操作新科技產品的能力，而不是指導教師運用那些課程工具和資源，以協助教師進行教學，改進學生學習品質。舉例而言，學校規定教師必須使用投影機呈現指定的投影片內容，或操作錄影機播放預定的內容，或使用電腦操作套裝軟體，以便進一步改進教學。甚至，有些課程方案實際上甚至發展「防範教師的教材」（teacher-proof material），進一步防止教師改變或扭曲課程設計者的原先構想。

　　「教育的輸送系統」和「防範教師的教材」這些字眼意涵暗示，有一些主要的課程設計工作人員忽略了學習者在學習的歷程中扮演著主動角色的事實。課程設計人員不該忘掉，當學習者能表現某種特定行為的一致性並成為學生日常生活中的一部分時，才是真正學到這種行為。事實上，學生是不能被迫去學習心智和情緒的行為型式，只有在利誘或壓迫下，學生個體才會進行無意義和痛苦的學習。甚至，當學生個體無法從這項工作獲得獎勵時，則他們將不會繼續學習，事實上也沒有學會這項行為，只有當

學生表現其行為一致的情況下，這項行為才成為日常生活中的一部分。這表示課程設計人員，必須協助學生瞭解學用配合的方法，而且協助學生有機會在不同的情境下，**繼續運用此種學得的行為**。這些有效的學習情境對選擇課程目標、設計學習經驗、獲得學習遷移等有非常重要的蘊義。

學習經驗必須將社會文化內涵的課程內容，轉化為最適宜於學生學習的形式。例如：選擇具體經驗或符合現代生活的經驗，讓學生藉以發現抽象概念和法則。因此，課程設計者宜針對學習步調加以規劃，使不同學習能力的學生，都能循序漸進。學習經驗是使內容變成可學、使目標變成可能的墊腳石，是以課程設計者必須選擇生動有趣的學習經驗，引導學生進行有效的學習。

學習是一個主動的歷程，學習者是個主動的個體，主動的探索生活世界，嘗試發現新的事物。課程設計人員在選擇學習經驗時，必須牢記學習者在教育過程當中扮演著主動的角色。如果學生是全心全意地投入學習，將發現他們的行為正是別人所期望的，而且他們會覺得有信心成功地達成學習任務。如果學生不能確定別人期望他們學得的行為，而且缺少信心完成學習，則他們將會受挫中止，或公然逃避。學生不會想要愚弄自己，更不想白費功夫。因此，設計良好的學習經驗，將會清楚地呈現所期望的行為給學習者，並且運用學習者現在所擁有的能力，使其完成學習任務。當學生成功地開始活動，並且從自己的努力中獲得滿足，學習任務的難度和成就水準應該愈來愈高。這說明學習經驗的選擇，應以學習者是否能成功地從事更多樣更困難的學習任務來發展，如果單獨只以社會文化的學科知識內容來進行課程選擇，是不能有效地配合學習的基本情境的。

第二節　課程選擇的規準

課程如定義為學習計畫，則課程選擇的規劃設計，應該包括社會文化的學科知識、基本能力、核心素養與學習經驗的選擇。課程選擇，是將課程規劃發展的來源，轉換成為實際有效的課程內容之一種設計。課程內容包括二部分，第一個部分是來自社會文化的學科知識，其涵蓋不同範圍的

科目、主題、概念、事實；第二個部分是指學習經驗或學習如何進行學習
內容的心理操作歷程。特別是學習經驗，可引導學生與學習環境產生交互
作用，以達成教育目標。

　　課程選擇所關心的主要問題，包括在學校的學習生活情境下，課程設
計人員要提供學生哪些學習經驗，使學生能達成所預訂的課程目標？究竟
學生應該學到什麼範圍的學習經驗特質？課程應該提供到什麼程度的個別
差異？課程選擇的設計要採用何種程度的「最低標準」？決定何種課程素
材的形式，如團體活動、閱讀、討論問題與主題等？學習方法應當標準化
到什麼程度？課程設計人員應該如何提供訓練？是經由指定特別挑選的訓
練材料？還是經由相關需要的個人練習？（Schubert, 1986, 78）

　　課程設計，常有一些課程選擇上的缺失，例如：一方面，缺乏適當的
課程選擇規準或規準不明；另一方面學科知識劇增，學習領域／科目不斷
增多，可學的比能學的還多，造成學校課程無法有效的選擇內容，造成學
習內容太累贅。由於學校課程內容太多樣，如同自助餐提供五花八門的餐
色，不易消化的大雜燴，而非有助於學生成長的學習內容。因此，應該重
新評估學校教育目標的範圍，以建立規準，選擇適當的課程內容以充實學
生的學習經驗（Taba, 1962, 263）。

　　課程內容應有其優先性，否則流於瑣碎或平庸傾向。課程的選擇必
須合乎課程目標、學校哲學與學習理論，才能據以選擇適切的學習經驗。
學者主張應該根據規準進行課程選擇，其規準包括內容的有效性與重要
性、可學習性、合乎學生興趣與需要、深度與寬度的均衡、達成寬廣的目
標，並與社會一致等六個規準條件（Bruner, 1960; Taba, 1962; Tyler, 1949;
1964; 1965; 1967; 1968），茲分述如次：

一、內容的有效性與重要性

　　就課程選擇的內容有效性與重要性而言，美國課程學者塔巴（Hilda
Taba）認為，課程內容應該反應現代科學的知識，課程內容應該代表知
識最基本的理念概念與思考方式，並且反應探究的精神與方法（Taba,

1962）。

何種知識是基本而重要的？人類所有知識來自人類的經驗。知識是動態的、不斷成長的人類產物，而非靜態的。知識是瞭解並處理生活世界問題的方法，課程中知識的整體目的，是要去協助學生成為更健全的個人（Tyler, 1964, 13）。知識由經驗的解釋中衍生，知識是努力去瞭解經驗的結果。知識不是零碎資料的大量累積，也不是孤立事實的蒐集，每一種科目（subject）的知識，都有其事實、概念與原則結構以解釋現象的意義（Tyler, 1965, 149）。知識領域的結構組織程度是其成熟的主要指標。學科（discipline）的目的，是在利用新的發現建立知識結構，以加強或修正現有的基本概念及通則，並增進心智系統的統整性（Tyler, 1968, 103）。另一方面，知識是生活的實用工具，學習者應該把知識視為可在行動中加以應用、可以透過努力加以理解、可以享受與控制情感的工具，瞭解知識的這三種功用，可以幫助學習者瞭解不同知識領域之間的差異性、相似性及其間的關係（Tyler, 1964, 21）。知識來源包括努力學習如何做事、努力去理解與解釋事物、努力去學習情意的表達等三種經驗。每一種學科都有價值，每一種材料處理不同的經驗，皆有其不同的目的。

因此，課程選擇應該提供各科目知識的基本觀念，因為基本概念、原理通則、思想模式是不同於膚淺的表面資訊知識，強調知識概念的加深而不是一味地重視加廣。換言之，以學科當中的概念為例，說明特定內容，而非以概念涵蓋所有學習內容。課程選擇也應該反應最新研究的學科知識。例如：課程內容應當反應當代的科學正確知識與新的研究發現，不是即將過時的落伍資訊或過時知識。

課程選擇也應該重視求知過程，並反應學科內容的結構（Bruner, 1960, 6），或學科之間的統整關係。課程內容的選擇應該遵守追求探究精神與探究方法，而且原理原則重於事實。學習經驗要能有助於學生獲取相關資訊，例如：選擇值得學生記憶的重要資訊，把資訊當作是解決問題的整個歷程的一部分。進行課程選擇時，必須以各種方式和相當的強度語意呈現重要而值得記憶的資訊。一方面，設計相關的學習經驗，以經常應用重要的資訊項目，並將之用於不同情境當中以增加「觀念聯想」；另一

方面，對同樣資訊，以更多的方式加以組織並有效運用「資料的重組」。換言之，學習經驗要能發展學生的思考技巧，例如：歸納、演繹、邏輯思考能力、解決問題能力。因此，數學解題應知推理原因與過程，而非一味追求死記與熟練演算技巧；歷史應重因果的理解，而非記憶人物、日期年代；人類學則重視人的整體解釋。但是，事實上，不易將上述課程選擇規準，發展爲教室的課程發展實務。例如：教師常常以教條灌輸方式探究教材；學校實驗室的教學也是嚴格的操作技巧規定，不是實驗探究的科學教育。因此，教師或學生通常不知科學認知的發展順序爲何。

　　因此，爲了協助學生瞭解學科知識之間的關係，課程內容有效性與重要性的規準，應該特別注意四個項目，第一項是知識應該與學生的好奇心及求知的問題產生關係；第二項是學生應該利用自我發現學習的歷程以獲得知識；第三項是知識內容應該處理眞實的問題，處理學生現有的或正在經驗過程當中的問題；第四項是利用在校內所學的知識，運用於今日或未來的校外生活情境，強調知識的實用性與工具性價值（Tyler, 1964, 17）。

二、可學習性

　　學習內容應該是可以學習的課程內容與學習經驗。可學習性是指學習經驗應該以學生的現有經驗爲起點，以學生的生活經驗爲基礎，學習經驗的焦點也適用於學習者的能力，亦即，課程內容具有可調適性，可以因應學生經驗加以調整調適（Taba, 1962）。學習經驗是學生進行超越其現有能力，以邁向其更高能力發展的基礎。因此，在進行課程選擇的步驟時，特別是在規劃具體學習經驗時，必須考慮學生的能力，以發展學生能力去發現一般觀念及概念，才能促成有效學習。

　　課程要能因應學生能力的調適，主要是經由修正學習內容的涵蓋範圍，或者調整學習速度，因此，課程選擇必須要能區分學生能力的高低、學習內容品質的不同與學習者學習速率的快慢。爲了使課程更具有學習價值，必須將社會文化遺產轉換爲幫助學生建立屬於自己經驗，特別是學生的背景不同時，更需提供多樣的管道橋樑，以幫助學生瞭解不同背景的學

習經驗。爲了達成各種不同目標，選擇學習經驗必須考慮兩種條件，第一個條件是不同領域的課程目標的不同行爲，必須透過不同的學習經驗的選擇與應用；第二個條件是必須提供適當的學習機會讓學生的學習經驗獲得練習。

經驗的適當性，可以從兩方面加以應用。首先在單元或主題開始時，可以選擇具體實例，以幫助學生發現並理解一般觀念，以便掌握學生經驗的潛能與課程關聯。另一方面，課程設計也要選擇適宜的生活經驗，以幫助學生將所學應用在其他熟悉的情境，以促進學習遷移。但是，應用學生生活經驗與課程關聯性的課程選擇規準，不只是一種連結學生舊經驗與新經驗的橋樑，而且，也是確保學習經驗可以遷移到新情境現象的一種保證，因此，生活經驗不只是一種橋樑，也是選擇課程內容與學習經驗的中心。有關經驗課程或生活適應課程方案的批評，主要是因爲利用經驗途徑提供學生可直接適合其應用到立即的生活問題，往往卻與學科基本知識相違背或矛盾，忽略了學術性知識的嚴謹思考。

三、適合於學生的需求及興趣

學生個人的興趣往往決定學生所注意的事物，並常決定其行爲方向，興趣也是決定學習的主導力量。因此，學習經驗要能有助於學生興趣的發展，其學習經驗的基本條件，包括第一使學生從發展興趣的該領域中獲得探索的滿足感；第二是使學生的學習經驗與其他令人滿意的經驗連結在一起，以產生情境類化遷移。

課程選擇必須考慮到學生的生理本質上對食物、活動、休息的需求。而且課程選擇設計也要注意到學生與其他人、機構組織的社會關係，如歸屬感、安全、地位等社會需求。更進一步地，課程選擇必須注意到生活經驗的特質情境，以協助個別學生的成長及發現自我、自我導向、成敗的平衡以及人格的和諧與統整。

因此，發展興趣的學習經驗有其基本條件，首先應滿足基本需求，幫助學生從興趣的經驗領域中，獲得探究機會與滿足基本的社會讚賞、生理

與安全等需求；其次應安排連結其他令人滿意的經驗，以產生情緒類化遷移；可利用學生對活動的需求，支持學生從各種不同活動的廣泛探究中獲得滿足；並採取新的途徑，或利用完全不同的資料，把學習經驗置於學生感到興趣的全新情境中，使學生感到厭煩無聊的活動，變得有趣。課程設計人員必須採取一種新的課程選擇途徑，這可能包括全然不同的資料、或把學習經驗安置在一種讓學生感到愉快的一種全新的學習情境當中。

　　教育需求是指介於個體現況與可欲目標之間的差距。課程必須滿足學生需求，學生需求意指不同類型的需求與不同程度的需求。利用學生目前可感覺的興趣，以做為學習的管道，做導入學習的工具媒介，鼓勵學生參與。興趣可以讓學習動機更強烈，學習更努力認真。但是，如果僅僅以學習者的興趣做為課程選擇設計的唯一規準，則造成過猶不及的課程選擇偏差現象，是一種軟式的教育。因此，學校必須決定學校課程，究竟滿足學生何種需求？應該滿足到何種程度？是值得課程設計人員深思熟慮的問題。

　　學生的興趣與需要的課程選擇規準，並不一定與其他規準衝突，也不一定是生活現場的立即需要。在課程選擇的設計過程當中，學生興趣與學科組織一定產生衝突嗎？事實上，社會學科或語文學科，可以將興趣作為選擇組織單元的核心，或是整個課程方案的組織中心。因此，迎合學生需求、興趣與重要學科內容，兩者可互相調適而合乎教育需求，不一定造成衝突，可以兼顧重要學習內容，但是其精熟程度可以界定為不同層次。

四、廣度與深度的平衡

　　課程選擇的第四個規準是「廣度與深度的平衡」。有關於廣度與深度有兩種不同觀點。第一種是認為，課程廣度與課程深度兩者是相互衝突的概念，課程廣度是指學科內容知識為特定事實的水平集合，而深度則是事實或核心概念間重要關係結構的深層探究。第二種觀點則認為，廣度是深度的範圍之拓展，因此，為了獲得深層理解，學生必須充分而廣泛地仔細地探究某一觀念，以完全掌握其意義，並與其他觀念作關聯，應用到新的

問題與新的情境之中。例如：呈現「衝突」概念的時間年段，不宜在低年級出現，而應該選擇在中年級或高年級出現，而且應該先介紹「和諧」概念而後說明「衝突」的現象。深度可以有效地引導知識的應用，引導新領域成為必要的關注焦點。深度是指完全清楚地理解某特定的原理原則、觀念、概念，並加以應用、深層理解、仔細探究。課程設計如能注意到課程選擇教材的深度問題，將具有省時省力的功效（Taba, 1962）。

因此，課程設計應該經由選取相當範圍廣度與深度之平衡的觀念，以具備最大的可應用能力及最大的遷移能力以進行探究。特別是利用足夠時間，針對每一概念進行深入探討，則將可獲得深度與廣度的合理平衡。如此的深層理解，將能有助於學生進行深層思考，以探究該科目的學科知識結構。

五、能達成範圍寬廣的課程目標

課程選擇必須合乎課程目標，在課程與教學的規劃、設計、發展等歷程當中，課程目標與學習經驗兩者之間應該是一種複雜的動態關係。課程目標不僅是指導學習經驗的選擇與組織的規準；課程不僅是達成目標的方法與內容，也是選擇設計評鑑方法與工具的參考。而且同一個目標可由不同的學習經驗來完成，一個經驗也可達到許多不同的目標。由此看來，學習經驗的計畫，不是將特定經驗分配在某目標之下的機械歷程，而是一項富有創意的歷程（Tyler, 1949, 81）。

特別是由於當代教育方法和工具的進步，可達成課程目標的種類及範圍的可能性愈來愈多，例如：透過沒有標準答案的開放討論，可以提供機會以鞏固事實、觀念、情感、技巧等多重課程目標。事實上，學習與思考是一體兩面，兩者密不可分，因此，獲得多重課程目標也包括增加主動的發現學習與反省思考等學習機會。

例如：語文科閱讀、寫作、說話及聽力等生活中的重要語文能力，其課程目標是增進學生的閱讀、寫作能力與興趣，協助其選擇閱讀材料，發展並增進其利用語文的技能與習慣（Tyler, 1967, 39）。數學的課程目標

是幫助學生生活中的多個層面思考與數學用語、理解數學的基本概念，並善用數學邏輯思考模式。自然科學課程目標乃在幫助學生瞭解自然現象、控制與研究問題的方法、理解自然現象的基本概念及相關因素與通則，並引發學生瞭解自然界的好奇心與興趣，協助學生獲得繼續探究科學的有用技能與習慣。社會科學或社會研究主要乃在於處理人類在政治、經濟與社會機構表現行為的一種系統探究與知識，其課程目標在發展學生的社會理想、價值、習慣與行動。近年來，政府與民間社會團體皆強調學生瞭解都市化、勞資問題、自然資源浪費、環境污染、交通阻塞、犯罪、公民權、破除政治經濟社會的迷信與誤解、發展反省與批判能力等社會實際問題的重要性。

在公民教育方面，民主生活方式的基本價值包括五部分，第一部分是尊重每一個個人的尊嚴與價值，不因種族、宗教、社會及經濟背景不同而有所差異；第二部分是分享共同生活團體的決策、計畫執行與獎賞；第三部分是容忍、欣賞個別差異；第四部分是遵守法律，理解並欣賞團體生活當中經過法定程序所制訂的規則的重要性；第五部分是尊重社會正義與公平競爭。這些價值是經由反省、閱讀與討論而加以解釋與修正，但是，重要的是讓學生從學校與社區實際生活經驗當中，真正體驗並感受團體生活。

健康教育課程目標，乃在瞭解身體機能運作的環境與方法，瞭解健康生活環境的重要性，提供令人滿意的身體活動，發展日常運動的興趣與習慣。美術教育的課程目標不僅包括發展創作者的技能與消費者的興趣，並發展表達觀念與情感，發現美感價值，探究重要而複雜的經驗，以便欣賞不同的文化與多元的社會價值。特別是，就外國語文而言，目前多元文化社會當中，許多地區內的部分學生有機會使用外語，甚至有一些社區內的多數學生皆有機會使用外語，因此，外語在學校中應有一席之地，應該是學校教育的主要教育目標之一，以培養學生的國際視野與世界觀。而職業教育目標乃在增進學生對工作世界的認識、瞭解就業機會、發展基本素養與工作習慣、發展生涯規劃的能力、發展一般的職業技能與必備的特定職業技巧，並強調個人的彈性能力與廣泛的普通教育與生涯規劃能力。

六、與社會相互一致

如果將課程視為達成未來社會理想的一種學習計畫與媒介工具內容，則課程內容與結果應與當代社會文化的實況相互配合，符合社會現實並與社會生活密切相關。此種原則顯示社會文化的重要特色。但是，反映社會情境的「立即需要」，與回應社會文化的「基本需要」兩者有別。前者比較偏向於急進的社會重建理論取向，後者傾向於保守的社會適應理論取向。課程選擇也應培養學生獲得民主社會生活的開放胸襟，發現不同而互補的知識與觀點，以免造成文化偏見與我族中心主義。

上述第一個規準是「內容的有效性與重要性」原則，指出現有學科知識的重要內容，與第六個規準「與社會相互一致」，可以拓展現有科目的領域界限，以介紹新知識領域，其內容包括價值教育、對民主價值的效忠，鼓勵學生去考驗價值。例如：文學、藝術及社會科學，皆適宜考驗社會文化的價值衝突。另外，課程也應包含足夠內容與「學習經驗」，以培養學生的變遷概念，並開展學生適應社會變遷的能力。為了因應不可預期的未來社會生活，有必要透過課程培養的認知心智歷程，以強化轉換知識遷移到新社會情境，以便能有創意地解決學生所面臨的社會生活問題，學習發現探究與創造思考，培養獨立自主的思考與獨立判斷的能力。另一方面，課程選擇也要考慮到社會團體組織與人類關係在社會生活及決策中的角色，特別是考慮到社會團體文化功能對於人的影響。

就學習經驗要能有助於社會態度的發展而言，態度的改變來自學生觀點的改變，這是指學生對於某一情境的一種新的領悟和新的認知。就態度本質而言，態度是行為傾向，但不一定發生行為，態度對個人的外顯行為、價值與滿意事物有重要影響。可以透過環境同化、情緒感染、認知歷程等三種途徑培養社會態度。

第一種途徑是改善整體環境，透過規劃社會環境，調整控制學校與社區環境，善加規劃與設計，使家庭、社區、教堂、大眾傳播媒體與學校教育密切配合，使環境具有一致性，強化社會非自私自利的態度，並檢視學校環境與修正學校人員所認為理所當然的觀點、校規與措施，發展學校

內一致的環境。因此，課程設計人員應該考慮現在存於校外的社會結構性質，不可在進行課程選擇的過程當中，利用舊式社會中產階級的價值作為唯一理想，忽略了當今多元文化社會的種族、家庭等團體的社會價值文化衝突。另一方面課程設計人員與教師所選擇的課程內容要能夠調整學生環境，提高學生認知環境的一致性，避免課程觀點與社會結構衝突。課程內容不應對不同團體的學生有歧視觀點，也不該一味接受社會陋習，不可經由非正式的社會組織強化社會階級的界線。

第二種途徑是培養良好情緒，提供機會，使學生滿足期望而後採取行動的機會，以感染愉快的情緒發展良好的態度。並讓不同文化團體的學生間分享彼此服務，互相幫助，分享滿意的機會。

第三種途徑是以理入情，提供廣泛的社會情境分析，由認知為起點。提供一手的經驗，使學生親自發現問題的嚴重性，或藉由文學作品、影片觀賞以瞭解社會情境。課程設計人員與教師瞭解自己的觀點及其意義之後，再透過課程內容的選擇，幫助學生發展良好的社會態度。另一方面，使學生定期反省他們在特定領域的行為，瞭解其達成課程目標的程度。

學生的社會態度之改變，來自學生的觀點改變，而觀點的改變則來自對新情境的新領悟與新認知，或對過去所持觀點感到滿意或不滿意等兩種歷程的結合。因此，無法強迫學生建立某種態度，但是，學校可以安排學生獲得新認知與獲得滿足機會的學習經驗。換言之，若要改變學生的社會態度，可以透過課程環境而同化學生的學習經驗，也可以透過某種學習經驗的情境影響，也可以透過直接的心智歷程而培養學生的社會態度。就社會環境而言，必須盡可能的利用學校與社區的環境，以便促進學生良好態度的發展。就情境影響而言，經由利用伴有愉快的情境經驗以發展學生的學習態度時，我們必須讓學生有機會按照所期望的方式去行動，並從該行動中獲得滿足感。就心智歷程而言，利用「心智歷程」以發展社會態度時，所提供的經驗必須足以讓學生對各種社會情境作一廣泛的分析，以先發展對社會情境的瞭解，而後再發展良好態度。因此課程選擇應該設計適當情境，以協助學生有機會獲得第一手的經驗，並定期檢討某一領域的行為與目標的符合程度。

第三節　課程選擇的原則

泰勒曾經指出（Tyler, 1949, 65），學習經驗的選擇必須依據五項原則，亦即：第一個是能使學生練習課程目標之中所要學會的行為和內容；第二個是能使學生在學習中產生滿足；第三個是在學生能力可及的範圍內；第四個是同一課程目標可由不同經驗達成；第五個是同一學習經驗可以產生不同的學習結果。

更進一步，就課程內容的選擇而言，選擇「學習經驗」的原則包括十項選擇原則與指導方法，是指「練習原則」、「效果原則」、「能力原則」、「彈性原則」、「經濟原則」、「動機原則」、「適當原則」、「應用原則」、「指導原則」、「繼續原則」（Schubert & Schubert, 1986; Taba, 1962; Tyler, 1949; 1956; 1958; 1964; 1965; 1967; 1968）。分述如次：

一、練習原則

練習原則是指為達成課程目標，學生必須獲得學習經驗，以便有機會去練習該課程目標的具體學習行為。換言之，練習原則是指學生必須有機會練習目標行為的經驗。學校應該提供學生學習機會，讓學生經由較長的時間組織，練習複雜而困難的事物。唯有提供學生練習某一行為的機會，該行為的學習才可能產生。

此一課程選擇的原則採自行為心理學派，將學習視為刺激反應的過程，課程設計則在加強刺激反應的連結，其基本假定認為學習是行為改變的過程，是針對特定刺激，產生特定反應的過程。複雜行為的學習，可由簡單行為的學習累積而獲得。因此，「熟能生巧」這個諺語，是指經過教師的指引，學生必須針對所呈現的口頭或書面資料加以重複練習，甚至為了記憶這些材料必須來回反覆數十次。以寫字技巧而言，教師示範生字與新詞的寫法，而學生就有必要重複練習許多遍。

　　桑代克的刺激反應學習論與巴夫洛夫的制約學習論，有助於課程設計人員與教師，安排學生針對明顯的刺激作出自動且固定反應的學習經驗，這是一種必要且重要的學習類型。但是，當自動且固定的反應是不適當的時候，這種學習就失效了。這種制約反應的不適當是起因於現代人類環境持續變化的事實，而且人類行為型態必須配合這些變化。

二、效果原則

　　效果原則係指所提供的學習經驗，必須使學生由於實踐該課程目標的學習行為，而獲得滿足感與成就感。換言之，效果原則是指學生要能從目標行為的學習經驗中，獲得滿足感，而且如果學生沒有發展出新的行為模式，就無法滿足其需求。因此，「發展新行為」就可以成為學習經驗來源的一個選擇原則。

　　桑代克以熟能生巧的練習原則解釋其早期的研究，後來他的研究又加上效果原則，他強調正確練習對學習結果具有增強作用。桑代克把學習視同刺激與反應的心理連結。

　　巴夫洛夫的研究把學習視同制約反應，更強化了這種學習觀，因此，這就成為許多課程設計人員設計學習經驗的指引。這意味著課程設計人員所設計的學習內容與教學單元，強調學習是經由教師刺激學生反應的活動中所學到的行為。這些活動應該是由教育目標所蘊含的行為中設計出來的；課程設計人員與教師要能確定學生可以從學習中獲得滿足，即能從學習活動中獲得增強。換言之，需求的滿足，滿足學生需求的行為型態，也是學習經驗來源的選擇原則。例如：興趣的培養主要是透過安排學習機會，使某種興趣得以獲得滿足或滿意。

三、能力原則

　　能力原則是指學習經驗所涉及的反應要合乎學生的能力範圍。而且以學生此時此地的興趣、需要、能力，或意圖、性向與發展，提供學習環

境，協助學生從事各種學習活動，促使其潛能獲得發展。換言之，課程選擇必自學生起點行為出發，因此，學習經驗應該與學生現有的成就、性向以及其他條件相當，其學習條件是學習者把目標訂在超越自我表現的行為，而且是個可以達成的目標。

　　當課程設計人員在規劃理想的課程目標之時，必須反省學生是否有能力實現此種理想，記錄各種可能的「學習經驗」，並詳盡地描繪出具體內容。例如：所選擇的學習經驗是否確實能為學生提供一種學習機會，以便實踐目標規範的行為與內容；而且，對提示的學習經驗，可以使用效果原則此一效標來檢驗是否滿足特定學生的需求？一方面可以依能力原則來檢視提示的學習經驗，是否是學生能力所及？是否與學生的意願與學習態度相衝突？

四、彈性原則

　　有許多的特殊學習經驗可以彈性地用來達成同樣的教育目標，不限於一套學習經驗。因此，學習經驗的選擇包括選擇活動與其他教材，例如：閱讀、練習、遠足、討論主題、手工藝活動、健康與休閒娛樂節目等等。換言之，彈性原則是指許多特定的經驗可以達到同一目標，特別是學校課程應該幫助所有學生學習，儘管同一班級的外在條件相同，但班上每一學生可能會有不同的學習經驗，因此，教師的主要責任是應安排多面向的各種情境，以引導學生可欲的學習經驗；教師應調整學習經驗，使其對班上每一位學生皆有重要意義。不同而多樣的學習經驗方法可以達成同一課程目標，這就是所謂的課程選擇的變通多元性。例如：以達成培養態度的課程目標，必須首先布置環境以激發可欲的學習態度；其次是提供學習經驗引發某種特定類型的情感；另一方面，更應該提供學習機會，引起某類事件或觀念的心智活動，以培養可欲的情操。

五、經濟原則

　　經濟原則是指同一學習經驗通常可以產生不同的結果。換言之，同一個學習經驗通常會產生數種結果，有好有壞，因此課程設計人員在進行課程選擇時，必須考慮到可能的附學習或潛在課程的影響，達成範圍寬廣的多個課程目標，以合乎經濟性，使同一個學習經驗可以達成多個課程目標。

　　進行課程選擇必須有一個認識，亦即，必須透過學習經驗的選擇設計與學習內容的選擇等，才能協助學生獲得認知、情意與技能等多種課程目標。學習內容的本質及選擇，能決定課程目標，也可以檢視學習經驗在操作上的經濟價值，能否讓學生同時達成多種目標。因此，課程設計者可將這些學習經驗與具體的學習特徵相互核對，而這些具體的學習特徵，則是達成各種不同目標所需的學習經驗之普遍性特徵。

六、動機原則

　　動機原則是指學生主動參與學習的推進驅力，是課程選擇的設計過程當中相當重要的原則。學習者不滿意於目前的反應方式，因此被激發嘗試新方法。此原則又稱為學習的激勵原則。學生對計畫或作業感到有興趣時，會比較努力，而且效果也比較好。這個通則等於向以往傳統的教育觀念挑戰。以前的課程內容與學習經驗的選擇原則，不但不是有趣，而且正好相反，是無趣。這種觀念認為學生必須接受無聊乏味題材的嚴格訓練，如果題材本身有趣，就會缺乏挑戰性，學生也不需要任何的努力。杜威的論點，造成相當的爭議，直到教師選擇使用有趣的教材後，產生類似杜威所稱令人滿意的結果，這種論點才被接受（Tyler, 1949, 11）。因此，學習者的興趣可作為目標來源的一項基礎，也可作為教學的起點。

七、適當原則

適當原則是指選擇學習經驗，應該考慮到學習經驗的材料適切性、方法的適切性、時間的適切性與情境的適切性等。具體言之，學習者應該有充分且適當的工作材料，利用適於不同情境的方式，讓學生有機會練習尋找資料，學習何處獲得資料，以便有效應用。而且學習者應該有時間加以練習，直到該行為成為日常生活中的一部分為止。

八、應用原則

應用原則是指學習者應該有許多連續性的練習機會，但是一再地重複練習是不適當的，而且也會很快的失效。在很少使用的情形下，技巧很快就會失去效能。如果年輕人所需要的閱讀僅由學校來指定，閱讀技巧是很難達到成熟水準。如果寫作侷限於偶發的筆記與信件，則寫作技巧是停留在非常簡陋原始的階段。如果數學無法應用於校外的工作及購物消費、傢俱組合、收支預算等家庭活動中，則數學技能與問題解決策略都是不切實際的。因此，課程選擇必須同時包含了起初的學習與後來的應用。

九、指導原則

指導原則是指學習者嘗試學習新行為時，應該受到某種指導。有關引導學生學習經驗，至少有五種相關的方法。第一種方法是教師示範。教師關於引導學習者練習可欲行為方面，學生通常會觀察教師的行為，並視其為指導模式。如果教師經常示範學生期望獲得的行為，這將是一種有用的引導。但是有些教師並沒有提供所欲學習的觀察模式，只在課堂上提供資料卻沒有讓學生知道如何解決問題。當學生無法經由觀察教師行為獲得該做什麼的清晰影像時，通常他們會依賴同學的提示或說明以便瞭解，然而，這種方式卻經常造成誤解。一般而言，教師清晰明確的課程與教學示範，是引導學生學習可欲行為的一種好方法。教師的責任乃在引導學生繼

續探究，不可公布所有的答案而封閉了學生其他可能的探究途徑（Tyler, 1964, 83）。

　　第二種方法是掌握學習的關鍵因素。為了嘗試學習新事物，學生需要特別留意可以正確控制的重要行為特徵。例如在書法技能的實例中，就需要特別注意字體的形式而不是整支手臂的移動。在游泳技能的實例中，要特別留意手臂大腿及身體井然有序地移動而不是在水中移動的距離。在問題解決的實例中，通常需要留意觀察到的因素並利用先前的知識以便成功地解決問題。因此，引導學生學習包括協助學生集中注意於整體情境中的重要層面，以便其能掌握並成功的完成學習。

　　第三種方法是利用學校刊物。由於瞭解到學校環境、同儕團體的價值與實際作為、學校內可能的人格認同類型等對學習的影響，在整體課程與教學方案方面的思想，也有所增加補充。我們知道大學有許多出版的刊物，每一種刊物有不同的目的，不同的價值觀，不同的出版量，對學生造成不同程度的影響。因此，學校的出版物也是有效獲得目標必須考慮的一件重要事項。

　　第四種方法是善用同儕團體。在同一所學校內，同儕團體對學生所學的內容、努力程度、滿意程度皆有重要的影響。同儕團體有的會增進教師的教學效果，有的會抵制教師的努力。因此，在規劃發展教學方案時，應考慮同儕團體的影響，並採取必要的步驟，以獲得重要的教育目標。

　　第五種方法是模仿認同。當學生長大時，他們發現自己會特別受到某些人的吸引，而且會竭力地加以模倣。小孩可能先以母親作為認同對象，跟前跟後地模倣她的行為。在發展過程中，其他人也可能成為認同的對象。這種歷程是年輕人學習的一種方式，由於接觸許多不同的人格，其學習結果可能是積極的正面的，包括態度、價值、興趣、技能與實際作法的獲得。然而，在有些學校裡，能讓學生模倣認同的人格類型可能範圍太狹隘了，以致學生可能無法從其中找到一個適當的認同對象，這是進行課程選擇時應有的考慮。

十、繼續原則

繼續原則是指教師不在時，學生要能繼續學習。學生必須具備判斷自己行為優劣的方法，如果缺乏這些判斷方法，則教師所訂的規準是無效用的。特別是由於科技發展與知識暴增的結果，強調終身學習的理念，學習是一個繼續不斷提升的歷程，不在獲得特定標準答案，而是繼續不斷地研究問題（Schubert & Schubert, 1986, 100）。

在實際運用時，十個原則當中的每一項原則都要發展得更為周密完整。課程選擇首先應該以目標仔細地對照這些暫時的學習經驗初步計畫，檢驗其是否合乎內容的有效性與重要性、可學習性、合乎學生興趣與需要、深度與寬度的均衡、達成寬廣的目標與社會一致等六個規準條件。

其次，課程內容與學習經驗透過課程目標與課程選擇的一般規準之後，進一步再與不同目標類型的具體特徵通則相核對，檢驗其是否合乎練習原則、效果原則、能力原則、彈性原則、經濟原則、動機原則、適當原則、應用原則、指導原則、繼續原則等一般性的原則。經過審慎考慮之後再決定三個可能的下一步驟。第一個可能步驟是發展計畫，如果暫時性的課程內容與學習經驗合乎上述原則，就是一項值得繼續發展的課程計畫。第二個可能步驟是修改計畫，如果課程內容不是完全合乎上述原則，這個初步計畫，可能要加以修改，使課程內容及學習經驗更為有效。 第三個可能步驟是重新規劃設計，如果這些課程內容與學習經驗完全與不符上述原則，就必須放棄這個初稿，重新發展有效的課程內容，不僅協助學生獲得重要的新知識，而且更能協助學生逐漸發展有效的思考方法，可欲的態度和興趣，以及適當的習慣及技能。亦即不僅協助學生認識知識的內容，更要協助學生獲得求知的方法與建立良好的學習態度與習慣。

第六章 課程組織與課程統整

「課程統整」（curriculum integration）是什麼？為何重視課程統整？如何進行課程統整？這些是課程研究的理論與實務相關教育人員所關切的問題（黃光雄、蔡清田，2009）。經過課程選擇出的課程內容，如果不透過課程組織（curriculum organization）與課程統整的努力歷程與教育成果，則課程內容將是支離破碎的、凌亂不堪的、不易學習、缺乏教育意義（蔡清田，2004b）。

課程可以是科目、計畫、目標、經驗（黃政傑，1999），也可以是學習領域、單元、主題等。若將課程窄化為科目，可能造成科目林立、壁壘分明、知識支離破碎、互不相干的獨立教學，將是令人不滿的（Ashcroft & Lee, 2000; Mallery, 2000）。課程組織是指根據課程規準（curriculum criteria），將課程要素（curriculum element）妥善加以設計，安置排列其組合關係之課程類型（curriculum category）與課程結構（curriculum structure），以增進學習效果的累積學習（cumulative learning）之功能。課程組織，就是在安排、配置與連接各種不同的教材或學習經驗，特別是指學習經驗的排列、順序和統整，使其彼此間互相增強，發揮累積的最大效果，以達成學校的教育目的。而統整（integration）是指構成整體的不同部分之間有其關聯性，而且可透過個別部分之間的連結，成為一個有意義的整體（黃炳煌，1999）。統整並不是混合拼湊，因為統整後，各部分個體組合成為新的整體形式，有其獨特性與統一性，並非只是個別部分總和而已（蔡清田，2002）。

課程組織具有兩種功能，其一是動機的引發，並且基於學生的心理發展來安排學生的學習經驗；換言之，課程組織的功能是激發學生的學習動機。課程組織的第二個功能是累積效果，亦即，課程組織的功能，是使學習經驗產生最大的累積效果，達成教育目標（Tyler, 1949, 61）。課程組織也如同課程選擇一般，包括兩個層面，亦即內容的組織與學習經驗的組織。但是，如何組織課程內容與學習經驗才能有效達成課程目標？一直都是課程設計上的一個重要問題。

特別是「課程統整」，是指將兩個或兩個以上的概念、事物、現象等學習內容或經驗，組織結合成為一個有意義的整體課程（Beane, 1997;

Drake, 1998; Jacobs, 1991），它不只是一種課程設計的組織型態，更是一種教育理念（歐用生，1999）。課程統整通常是指課程經驗「橫」的連結之水平組織，是指課程內容或學習經驗相互之間的統整關係（Tyler, 1949），或「身心素質與自我精進」、「系統思考與解決問題」、「規劃執行與創新應變」、「符號運用與溝通表達」、「科技資訊與媒體素養」、「藝術涵養與美感素養」、「道德實踐與公民意識」、「人際關係與團隊合作」、「多元文化與國際理解」等等核心素養的統整（蔡清田，2014）。例如：《國民中小學九年一貫課程綱要》的「語文」、「數學」、「社會」、「自然與生活科技」、「健康與體育」、「藝術與人文」、「綜合活動」等七大學習領域，便是一種課程統整的設計，其實施應以統整、協同教學為原則（教育部，2003；陳伯璋，1999；蔡清田，2003）。但是，這並不因為學習領域具有課程統整傾向，就能保證其內容就必然統整（蔡清田等譯，2004）。課程設計，雖然可以透過學習領域，進行課程統整。但是，當許多科目混合或拼湊成為一個學習領域時，若不能連結組織成為一個有意義的整體，則此種組合可能是一種虛有其表的假統整（蔡清田，2004b）。因此，本章課程組織與課程統整，主要在於說明課程組織規準、課程組織要素、課程組織原則、課程組織結構與課程組織類型，並特別針對近年來倍受重視的「課程統整」理念與實踐加以說明。

第一節　課程組織的規準

　　課程統整是課程設計的一種努力過程，「統整課程」則是課程設計的一種可能結果。「統整課程」是指經由課程統整的努力過程之後「被統整過的課程」或稱「統整的課程」（integrated curriculum）。上述七大學習領域，名義上是屬於「可統整的課程」，內容上卻不一定是「被統整過的課程」，必須透過學校課程統整的設計與實施，才能實際轉化成為「被統整的課程」，甚至落實成為統整的學生學習經驗（蔡清田，2001）。

　　課程統整可以充分運用有限的教學時間，傳達與生活相關的新知，幫

助學生對所學與生活之間得以融合，並讓學科間相關的主題集中在同時段教導，使學生獲得一整體架構（Jacobs, 1991）。因此「課程」之統整，應先於教師「教學」的統整與學生「學習」的統整，因為如果在課程設計上沒有先求統整，教師就不易察覺到教學統整之必要，學生就更不易察覺到學習統整的重要。可見課程統整有其重要性。

在二十世紀內，被認為是有助於引導組織課程內容與學習經驗的研究，在數量上及範圍上都相當有限。杜威（John Dewey）認為設計有效的課程方案需要經驗的繼續性（continuity）與統整性（integration）。杜威的早期研究，指出學習經驗提供繼續性與相關性的機會，對學生學習結果具有重要影響，杜威在《經驗與教育》（*Experience and Education*）這本小冊子中，進一步的闡揚學習經驗的繼續性與統整性。這些研究，指出當學習經驗組織成為有助於學生學習的單元時，只要學生隨著單元的先後順序繼續學習與進步，則學習的效率就會隨之增加。由於課程組織必須經過長期的努力累積許多學習經驗才有結果，因此，今日的課程設計人員，若能重新檢視這些早期及最近的研究成果，將能有助於其組織學習經驗。

課程的組織是建構課程理論的重要步驟。課程組織方面最重要的是組織規準，其規準包括繼續性（continuity）、順序性（sequence）、統整性（integration）與銜接性（articulation）（王文科，1989，382；李子建、黃顯華，1996，269；黃政傑，1991，290；歐用生，1986，208；Taba, 1962, 294; Tyler, 1949, 84）。

一、繼續性

繼續性是指在課程組織的「廣度」（scope）範圍之內的組織，其所包含的主要課程因素在不同的時間階段予以「直線式」的重複敘述（Tyler, 1949）。例如：小學一年級課程所出現的「民主法治」概念，可在二年級再次出現。甚至，小學所學的課程內容要素，中學也可再次出現。換言之，課程中所包含的概念、技能、價值等課程組織的重要元素，可予以直線式的重複敘述，以便學生繼續發展、繼續學習，重複練習，避免遺忘。

　　課程組織的繼續性，主要問題乃在於提供學生適當學習經驗的繼續機會，並根據學習任務本質難易不同，建立其長期的累進學習的效果。它能幫助學生獲得學習機會進行更多更難的學習表現，以處理更複雜的材料，進行更精確的分析，理解更深更廣的觀念，並進行相關推理與應用的學習，培養更為精緻敏銳的態度與感性（Taba, 1962）。

　　課程組織的繼續性或累進學習原則，可以應用於所有不同類型的學習，如思考、態度與技能，但學習經驗必須透過課程設計人員在事前加以組織規劃，才能促成課程內容材料與學習經驗的逐漸複雜化，以促進學生心智反應的逐漸成熟。因此，一方面，為了建立課程組織的繼續性與累進學習的原則，課程設計人員應該提供經由練習或應用新情境的學習經驗機會，以幫助學生獲得學習與觀念技能的繼續性與增強。另一方面，為了建立課程組織繼續性與累進學習，課程設計人員必須透過規劃清楚的組織課程元素，以建立課程組織的繼續性。

二、順序性

　　建立課程的順序性，可視為將課程內容、學習經驗及學習材料，安置成某種連接的次序（order）。順序性或稱程序性，是指課程的「深度」範圍之內的垂直組織規準，使學習的機會建立在前一個學習經驗或課程內容之上，但卻對同一課程要素作更深更廣更複雜的處理。

　　課程組織順序性主要包括三個問題：第一個問題是「應該根據什麼組織規準，以決定課程教材的連接順序」？第二個問題是「何種學習內容應該連接在何種課程內容或學習經驗之後，為什麼」？第三個問題是「什麼是最適當的時間，以進行某種程度水準的學習」？

　　課程組織的順序性，又稱為課程組織的階段性規準，每一繼起的學習經驗，固當建立在前一學習經驗之上，但卻應對同一素材作更廣泛更深一層的處理（Taba, 1962）。當課程內容是最主要的課程組織的關注點時，則通常會以學科知識來組織課程內容，因此學科的既定知識邏輯結構

將主宰課程組織的順序決定。課程內容的組織架構不僅將所要涵蓋的學科列出，也應指出學科內容主題學習的先後順序。例如：高職課程，先安排概論再教導專門科目課程，如初級會計、中級會計、高級會計等科目；又如，大學法律系課程先由「民法」再安排「刑事訴訟法」；資訊工程學系課程先安排「計算機概論」，而後開授「資料結構」，最後安排「程式設計」或「專題研究」，以協助學生由易而難、逐漸加深加廣，循序發展學習經驗。

可見，課程是一種學習的計畫，而不只是學習內容順序的呈現，因為課程應該注意到學習經驗的先後順序，學生必須先獲得先備起點行為，才能進行順序學習，因此，學習經驗也有其先後順序性（Tyler, 1949）。例如：不同行為具有不同的難度程序，這種學習經驗的順序，包括不同的內化發展步驟，但是發展順序的特定步驟，則因學習對象與學習內容之不同而異。

由此觀之，課程內容與學習經驗有必要加以組織成為適當步驟，以促成主動的理解。因此，課程設計人員有必要去進一步發現，由簡單到複雜，由具體到抽象之原則，是不是適切的指導原則；也有必要將特定觀念、歷程、概念的先後順序加以組織，並將其轉換成學生思考模式與知覺型態。就此規準而言，目前臺灣地區的國小與國中國文教科書的內容設計以「課」為組織單位，其「生字」與「新詞」的組織雖合乎課程的繼續性組織安排，但是各「課」之間卻缺乏嚴謹的邏輯關係，亦即，未能完全合乎課程論理組織的順序性規準。

三、統整性

學科知識具有獨特的邏輯結構之學術性，但是，由於教育普及，社會大眾知識水準提升，對知識統整的認知，經常引發對學科導致科目支離破碎、知識分崩離析、學習內容分離解組、課程知識窄化僵化與社會生活脫節的批評。因此，知識的專門化與統整性，一直就是課程組織設計上的兩難問題（Taba, 1962）。

統整性是把課程當中各種不同的學習經驗與課程內容之間，建立適當的關聯，以統合分科分割所造成的知識支離破碎的狀態，以企圖達到最大的學習累積效果。換言之，統整性是指課程經驗「橫」的聯繫之水平組織，包括認知、技能、情意之統整與學科科目之統整（Tyler, 1949）。一般而言，如果某一學科領域的事實原則能與其他學科領域的事實原則進行關聯與統整，特別是應用某一門學科知識到不同學科領域的事實與原則，則學習將更為有效。

統整可以促成課程的意義化、內化、類化與簡化（黃炳煌，1999），課程統整的設計，正可彌補分科課程的不足。如果某一學科領域的事實原則能與其他學科領域的事實原則進行統整，特別是將某一門學科知識應用到不同學科領域，則學習將更為有效，更可以豐富學生的學習經驗，培養社會的所需人才，更可奠定教師的專業地位重要性（蔡清田，2004b）。

四、銜接性

銜接性是指課程要素各方面的相互關係，包括水平關係與垂直關係（Oliver, 1977, 222; Ornstein & Hunkins, 1993, 170）。垂直關係，例如各課與單元之學習先後順序的安排；水平關係，指課程內容同時出現的各種要素之間的關聯。就學科知識邏輯順序與學生認知心理順序之結合而言，學科知識內容的邏輯順序並不是唯一的課程結構，因為任何一門學科知識可以從許多不同的邏輯方法組織其順序。傳統的學科知識邏輯組織，是依照學科概念的順序，呈現學術理性思考的結果，採用演繹方法，先介紹主要觀念，而後加以發展。然而此種學科專家所擇用的知識組織方式，不見得是有效學習知識的方法，可能不易進行主動理解或理性探究。因為學科論理組織結構往往不同於學生學習經驗之心理邏輯順序，兩者往往彼此衝突，因此，如何將兩者加以調和，是課程組織的一大課題。

一般而言，有關心理組織與邏輯組織的結合原則如下：第一個原則是越低年級越適合心理組織，越高年級越適合學科的邏輯組織；第二個原則是可以由容易學習的優先，再逐漸導入富有意義的課程內容與學習經驗；

第三個原則是先概述通論，再演繹分論，最後再加以歸納總結。

因此，如能以特定事物的詳細說明爲起點，進而處理一般觀念或原則的歸納方法，是獲得主動理解與理性探究方法的適當途徑。實際上，避免將課程內容的學科知識邏輯結構與學生認知心理組織對立衝突的方法，往往根據單純地選擇一套概念關係，作爲課程組織的基礎，以幫助學生獲得理解。因此，有關以課程要素作爲課程「組織的經緯線」（organizational thread）的探究，就有其重要性。

第二節　課程組織的要素

課程要素可以說是課程的深層結構（黃政傑，1991, 289），常用的課程組織要素包括知識概念（concepts）、技術能力（skills）與情意價值（values）等三種（Tyler, 1949, 63）。也有學者特別強調以知識概念所形成的通則（generalization）做爲課程組織的重要因素。因此，認爲課程組織的要素應該包括概念、通則、技能與價值（歐用生，1986，217；黃政傑，1991，289；Tyler, 1949, 86）。課程統整的要素，包括知識概念、技術能力、情意價值、通則與主題等，如同紡織品當中貫串組織架構的「經緯線」（organizational thread），把各種課程教材和教學活動銜接起來，成爲有機的整體（黃政傑，1991；Tyler, 1949）；換言之，課程組織要素就像紡織品的縱線和橫線一樣，把各種課程教材和教學活動銜接起來，成爲有機的組織。教師可以透過教育行動研究（蔡清田，2000），和課程專家與學生共同商議，選擇課程統整的要素，透過協同合作的規劃、實做表現的知識、組織並運用知識、開創學習的社群、建立良好的關係、卓越的教學方法等進行課程統整的設計（Beane, 1997; Mallery, 2000）。

(一)概念

概念是指陳述具有共同特徵之事、物或理念的名詞。某些概念例如社會、變遷、改革、革新、發展、成長、文化、對立、合作、依賴、因果關係、物理現象、化學變化、經濟資源、環境保護、政治符號等都適用於不同學術領域的概念，可藉各種學習經驗，如音樂、戲劇、閱讀、角色扮

演和發問等發展出來。概念選擇要依據目標，最好是選擇最有用的知識概念，即能組織並綜合許多特定事實和理念的概念。

　　每一概念的力量不同，其抽象程度也因年級、課目和單元而異。例如：塔巴等人編製的國小社會科課程的教科書內容，主要就以「差異」、「相互依賴」和「社會控制」等三個概念作為組織要素。各年級所處理的概念都是一樣的，只是概念的概括性、複雜性和抽象性隨年級而加深，用以驗證的例證自然也不相同。

(二)通則

　　通則是指敘述兩個或兩個以上的概念間的關係；換言之，通則是指概念之間所衍生的關係或原理原則。例如：「由於資源的稀少性，我們有必要珍惜經濟資源，並妥善分配資源」，便是經濟學領域經常見到的通則。又如「人在適應文化的過程中，感情、行為和知覺受文化的影響」，就是文化人類學上的一個通則。課程設計人員與學校教師可依據這類通則，組織課程的教材內容，並設計學習活動，如故事、閱讀、猜謎、圖片、幻燈、影片等，以協助學生探討有關的問題，以決定這個通則的正確性，或加以修正。

　　這種組織要素，不僅使學生更能瞭解世界，也能探討這些理念所示的相互關係。但是一般人往往將通則視為真理，並以真理的方式教給學生。課程設計人員與教師，應該要使學生瞭解，通則不是理所當然的，只是一種要加以證驗的敘述而已。只有個人瞭解通則所代表的相互關係，通則才有價值。

(三)技能

　　技術能力包括技巧、能力與習慣。例如：社會科的蒐集資料與文獻分析能力、團體討論的技巧等等。許多技能不僅為課程提供繼續性和順序性，也有助於課程的統整性。例如：閱讀技能在小學年級極為重要，而且隨著學生年級的晉升而愈加深入愈加廣泛。繼續強調閱讀技能，將使國語課程更為統整。同時，許多內容學科和語文學科也都強調閱讀的技能。因此其他學科教師也可用閱讀技能作為組織要素，以組織更統整的、整體的學生學習經驗。

(四)價值

情意價值是指人類信念、態度、興趣、鑑賞等。通常情意目標的課程都以價值爲組織要素。例如不分性別、種族、宗教、階級、年齡的平等價值與民主信念，皆可以作爲學校的課程組織要素，以強調「尊重個人的價值與尊嚴」這個價值。這項課程組織要素，是從幼兒園開始到國民中小學都一直強調的價值，而且不僅社會科強調情意價值，就是語文學科、其他的內容學科、甚至課外活動也都加以重視情意價值。

這些重要的課程組織要素必須加以辨明，供作課程組織的「經緯線」。知識概念、通則、技術能力和情意價值等，都可以作爲課程的組織要素。但組織要素的選擇要依據課程的目的、目標和期望的結果。如果課程目標是技術的、職業的，則以技能爲組織要素爲宜；如果課程強調道德和倫理的層面，則以價值較爲適當。由於對課程組織的不同詮釋，也引發不同的課程設計強調重點，課程組織可以概念爲主或價值爲主或是以技能、能力、習慣等作爲課程設計的要素，例如文學的人性、人文價值、尊嚴等等。例如：有的課程設計途徑強調學科之間的關係，有的課程設計途徑則重視配置課程組織的「經緯線」。課程組織的「經緯線」可在許多不同科目的共同課程目標中加以發現，必須在相關的事實、原則、理論、生活問題、統合學科知識、信仰與情意價值當中，加以推論以產生相關。

課程組織的「經緯線」是相當有效的課程設計方法，因爲課程組織「經緯線」可以隨著學習經驗的變化，而改變更新或增加組合排序。但是，如果課程組織的「經緯線」對學生毫無意義可言，而且若是無法讓學生加以利用以統整其學習經驗，則將無助於學生的有效學習。

課程組織的「經緯線」界定爲任何觀念、問題、方法或設計，可以使兩種領域或兩種領域以上分離的學習經驗，產生統整關聯的課程設計途徑。課程組織的「經緯線」可作爲課程教學組織的基礎，不管以何種方法進行組織，皆必須先選擇組織的規準。如果課程組織的「經緯線」旨在協助學生組織學科知識，以進行探究教材，則課程設計人員必須透過課程組織的「經緯線」，使許多不同學科問題與認知疑問具有繼續性、順序性、統整性與銜接性，並使許多不同問題與課程產生關聯。

　　例如：布魯納（Jerome S. Bruner）所領導規劃的「人的研究」（Man: A Course of Study，簡稱MACOS），便是以強調順序性、繼續性、統整性與銜接性等課程組織規準的螺旋式課程組織方式，將課程要素的學科知識概念，當作為課程組織的「經緯線」，並進一步加以組織設計，以促成課程組織要素的學科知識概念不斷地加深加廣與複雜化，以提升學生認知概念發展，並進行難度更高的學習（Bruner, 1966; 1967）。

　　螺旋課程（Spiral Curriculum）是指根據某一學科結構的「概念結構」，配合學生的「認知結構」以促進學生的認知能力發展為目的的一種課程發展與設計。依據布魯納教育理論而設計的「人的研究」，是「螺旋課程」組織型態的最佳代表，合乎課程組織的繼續性、順序性、統整性與銜接性等規準。其課程組織的順序，首先是學生學會探究此較單純的生命型態，如鮭魚和海鷗，再循序漸進探究更複雜的生命型態，如狒狒與愛斯基摩人。

　　螺旋課程提供了一套具有邏輯先後順序的概念組合，讓學生在一至兩年期間，學習探究一套逐漸加深加廣的複雜概念實例，例如：生命週期、先天與習得的行為、攻擊、適應、自然選擇、結構與功能、社會組織、溝通、科技、世界觀與價值。這些概念在螺旋課程組織下，難度逐漸加深，此種課程組織的設計，幫助學生在循序漸進中逐漸熟悉這些概念的意義，可以幫助學生透過學習活動進行模擬思考，推理假設與重新思考發現概念的意義，進行提升學生的認知發展能力，並理解人性特質的基本問題。

　　螺旋課程組織的主要特色包括：

1. 合乎學科結構的邏輯順序，結構嚴謹；
2. 合乎學生的認知結構與認知發展過程；
3. 合乎課程組織的繼續性與順序性的規準；
4. 提供明確的概念架構，做為教師進行「探究教學」的依據，並配合詳細的教師教學指引，可以進行精緻的教學設計，確保教學順序的流暢；
5. 能提供具體的實物或教育玩具，配合學生認知發展階段，設計能夠激發學生學習興趣的活動，滿足學生好奇探究的學習欲望，合

乎學生學習的需求。

總之，螺旋課程合乎學科結構與學生認知發展，並強調學科基本概念結構與學生認知發展之交互關係，因此，重視課程組織的基本概念之**繼續性**、順序性、統整性、銜接性與加深加廣，這是課程組織設計上的一大貢獻。然而，其爭議是每一位學科專家所擬議的學科基本概念，可能因人而異，難以取得學科專家間的共識，而且其概念結構也可能過於艱澀難懂。若未能配合課程推廣協助教師進修與專業成長，則教師不易掌握概念的意義，造成課程實施的落差。

第三節 課程組織的原則

如何進行課程組織，才能得到累積的效果以達成課程目標？如何進行課程組織，才能協助學生得到統整學習經驗的效果？課程組織是個既困難又複雜的問題，牽涉到利用學科課程知識的本質，課程要素、課程組織規準與學生學習等影響因素。

因此，如將課程組織視同一種教育科技工程，則其應用教育研究的方法是十分重要的。爲了達成課程組織的功能，課程設計人員有必要瞭解課程組織的相關原理原則。特別是課程組織原則，必須建立於學習心理學的基礎之上，例如應用學習理論的各種不同原理原則，而且經由學校的實際經驗與實驗，才能解答課程組織的問題（Tyler, 1949, 60）。

課程組織原則包括：合乎課程目標、由簡單到複雜、由具體到抽象、由近而遠、年代組織、由整體到部分或由部分到整體、先決條件的優先學習、概念相關法、探究關聯順序、提供不同的學習型式與課程組織的統整等十一個原則。前面的十個原則是屬於垂直式課程組織原則，最後一個有關統整的原則，則是有關水平式課程組織原則。

一、合乎課程目標

學校的學習不同於生活中其他領域的學習，主要是因爲學校的學習是

經過正式組織安排的。學校的特定功能乃在於安排學習經驗，以幫助學生進行學習。因此，如果將課程視同學科的學習計畫，則課程內容有必要加以組織，以合乎教育目標，以決定如何進行學習，並使學習更有效率，因為混亂無序的內容與孤立的學習經驗，並不能有效達成教育目標。

二、由簡單到複雜

　　例如：由單細胞到多細胞，由化學元素H與O到化合物H_2O。又如，數學上先教加減法後教乘除法。由簡單到複雜，這個原則必須先決定何者簡單，何者複雜的難題。這個原則很重要，但是通常很少被界定，而且也未經過學校正式的實驗（Tyler, 1949, 65）。一般而言，由簡單到複雜，指課程因素的安排，由簡單的下屬因素開始，而後及於複雜的上位因素及其中的各種交互關係。此一原則亦可指數量方面，由少到多，也可指由一般性到細節（黃政傑，1991）。

三、由具體到抽象

　　由具體到抽象，在學習的早期階段應該提供具體的學習經驗，先舉出具體的事例，然後提出更基本的原則，以說明這些事例，並由這些具體經驗中找出抽象意義，這是最佳的組織方式。換言之，由具體到抽象的課程組織原則，即指課程設計，宜先由視聽嗅味觸等可具體觀察或感覺的學習經驗開始，而後及於抽象思考的層次。例如：以蘋果、芒果、香蕉、鳳梨、龍眼、荔枝、柑橘與西瓜等具體實物說明臺灣水果的概念以及臺灣的其他物質資源，並進而引導學生認識臺灣農民的生產工作與運銷消費的經濟體系，進而培養學生愛鄉愛國的情操。

四、由近而遠

　　學習活動的安排，宜由學生已知的活動開始，向未知的活動導入，由

近而遠，擴展視野，由熟悉到不熟悉，擴展學生的生活地理領域。此一課程組織原則，是指課程組織宜由學生熟悉之處著手，逐漸導向其不熟悉的地方。如社會科學習活動的同心圓組織，或地理上由家庭、學校、鄰里、社區、鄉鎮、縣市、社會、國家、擴及世界，逐漸擴大所涵括的活動範圍。

五、年代組織

依據時間年代去組織學習經驗，如時間編年史由上古而中古而近代到現代與當代。值得注意的是年代組織，乃依事件發生的年代順序安排，讓學生知道其時間年代的連續性。此一原則又稱為由古及今的課程組織原則，此為依照時間先後來組織課程。例如：歷史事件的發生有其先後次序，代表因果關係，課程內容也應如此排列。但是，這並不是理解基本概念與訓練基本技能的最好方法，而且也容易與由近而遠的原則相互牴觸，或與由熟悉到不熟悉的原則相互衝突。

六、由整體到部分或由部分到整體

有一部分的教育心理學者支持由整體到部分的課程組織原則。他們主張課程組織應由整體開始，概觀所有的學習內容和經驗，提供學生一個整體的理解，然後再開始進行各部分的學習。例如：由宇宙、銀河、太陽系、地球、亞洲、東南亞地區、臺灣、嘉義縣、民雄鄉、三興村、中正大學、教育學院、師資培育中心、509研究室，或另一方面，由單一現象到部分因素間關係的通則、原理、原則，到整套完整的理論。因為，一般人只注意到年段的安置與主題及次主題型態的內容組織，因此，如果能指出如何使學習經驗更有秩序，將更具積極的教育意義價值。如將一些具體的「部分」先組成更大的「整體」，最後建立一個逐漸趨於包容各種部分觀點的統整「世界觀」。此一原則乍看之下似乎與「由單純到複雜」的原則相背，惟事實不然，這兩個原則若能結合起來運用，效果可能更好，那就

成為「由整體而部分而整體」了。因此，此一課程組織原則可稱為「由整體到部分或由部分到整體」。

七、先決條件的優先學習

重視先決條件的優先學習性，先學會基本而必要的技能，否則無法進行下一階段的學習。此一原則類似於「由部分而整體」的原則。因為，學習某一課程內容之前，一定要先學會基本能力，否則便無法學會。例如：要學游泳潛水，必先學口鼻閉氣與雙腿漂浮打水；必須先學會數數，才能學會加減法。

八、概念相關法

概念相關法是指界定某一概念，協助學生認識此一概念的實例，並且辨別此概念與其他概念不同之處，進而合併兩個或兩個以上已知的概念，探究概念之間關係的原理原則，合併幾個原則成為解決新問題的策略。概念關聯法的基礎在於知識的結構，其焦點在概念的交互關係。課程設計人員宜先確立知識結構，找出其中的相互關係，作為安排學習先後次序的依據。這是利用因素分析法或其他方法指出概念之間的關係，此種方法似乎預先假定概念之間原來就存在著先天關係，就如同神經系統之間的先天關係一樣，經過學習歷程也不會改變，就算改變也是很小的。

九、探究關聯順序

探究關聯的順序，是指課程安排由已知到未知，引導學生探究關聯，增加應用的廣度，促成學生主動學習、發現概念或自動探索技巧。探究關聯順序的課程組織原則，係依照學者專家從事探究的程序來設計課程。他們從事探究時，概念、原則及方法的使用程序，便是課程組織的順序。例如：倡導目標模式的巴比特與查特斯，所採用的「活動分析法」與「工作

分析法」，便是一種關聯順序的課程組織法。課程設計人員必須瞭解到：學生對測驗與刺激的反應，不僅是內在因素之間的連結，也是學生對學習環境的探究，更是學生的新舊經驗的統整。如此，課程設計人員才有可能協助學生探究學習經驗的關聯順序。

十、提供不同的學習型式

　　課程設計人員必須提供學生不同的活動、內容、方法、經驗與學習型式，並組織學習經驗，以合乎繼續性、順序性、統整性與銜接性等課程組織規準。就活動的平衡而言，每一位學生並不會經由使用同一方法、或同一類型活動、或同一媒介，達成最有效之學習。就內容的平衡而言，不同個體需要不同的學習活動內容，以促成個人的成長，如團體討論、觀察、繼續學習的方法、表達方法。就方法的平衡而言，各種不同的學習方式應該取得平衡，才不會受限於某單一方面範圍，以致剝奪學生之各種不同學習機會。而且應促成各種不同學習經驗之間的合理平衡，不只是增進個人學習能力與提升學習動機，更可因應學生個別差異，以熟悉學習內容、發展學生的思考能力與感受能力。其最有效途徑之一，乃是根據學生的不同需要、理解程度及能力而設計的學習方法，如開放學習任務等，如能採用彈性方法的途徑，也可以因應不同學生團體的需要，因材施教。

十一、課程統整的途徑

　　學校應該配合教育部公布的《十二年國民基本教育課程綱要總綱》、《國民中小學九年一貫課程綱要》，成立「課程發展委員會」，針對語文、健康與體育、社會、藝術、數學、自然、及綜合活動等學習領域課程小組，進行課程統整設計（教育部，2000：2014；蔡清田，2003）。課程統整，包括分立式、聯立式、窠巢式、並列式、共有式、張網式、串聯式、整合式、沉浸式與網路式等十種形式（Fogarty, 1991），也可分為單一科目的統整、跨科目的統整、科際融合統整、與超科目的統整（Jacobs,

1991）。因此教師可從不同角度來理解與處理此概念，可以從許多不同的角度進行課程統整：第一種途徑是「學科內容的統整」，是指科目內部的微觀統整，提綱契領並將孤立的相關課程要素加以統整，例如將事實、知識概念、通則、技術能力等學習內容的水平與垂直的統整。

第二種途徑是「學科關係的統整」；換言之，可以強調課程中不同學科領域之間水平關係的學科聯絡或科際整合，以消除學科分立的界限。例如：數學與科學的邏輯關係統整，數學觀念與歷史時期的科際關聯統整，歷史因果與社區動態生活的鄉土課程統整，或人文學科與社會學科的統整。

第三種途徑是「學生個人經驗的統整」，統整也可以界定在學生個體之內所發生的經驗層面。不管課程內容是否為此目的而加以組織，其所關心的亦是學生個人的統整歷程，希望協助學生個人努力去組織課程，使原本不相關的知識與經驗，成為相關而有意義的學習經驗，以創造知識的一致性與統一性。換言之，兼顧學生個體間與個體內不同結構面向與功能的個別差異，重視其興趣、動機、態度與目的，協助學生獲得統整的學習經驗。

第四種途徑是「學校科目與活動的統整」，依據學生的興趣將校內正式課程的科目課程與聯課活動、社團活動、分組活動加以統整，並將課程理論與教學實務加以整合。

第五種途徑是「校內與校外領域的統整」，將學校課程與校外社會生活加以統整。例如：安排學生到校外參觀訪問或表演，或參與國家慶典或擴大升旗典禮。因為學校課程只提供學生整體學習經驗的一部分，如果學生是準備要獲得興趣、態度、知識、技能、習慣，使學生能夠去建設性地參與社會生活，以充分地發展才能，以貢獻社會並達成自我實現，則今日整體教育系統需要的，是比學校範圍更寬廣的參與。學生從家庭、學校、社會活動、社區、家事、工作、參與宗教組織、閱讀、聽廣播、看電視中獲得學習經驗，這些都是包括在整體教育系統之內，學生個人經此而獲得知識、觀念、技能、習慣、態度、興趣和基本價值。

學校應該幫助學生因應校外環境的影響，學校能幫助學生發展評鑑大

眾傳播媒體的技能，特別是電視與印刷物，而且幫助他們發現並選擇有益且令人滿意的節目與出版品。學校可以正式或非正式的提供機會，給學生去反映他們現在所擁有的重要校外經驗，經由討論釐清他們行為的結果，形成有意義的標準以引導其學習互動。

第六個統整途徑是「課程組織人員的統整」。傳統上，課程是由非直接教學的特定人員加以計畫，但是，由政府課程設計小組人員所建議的由上而下的課程，很少如願的徹底實施，全國性的課程發展成品更是難達預期效果。因此，若要有效實施課程，則需要所有的重要人物，亦即，教師、學生、家長與學校行政人員，特別是職業教育的課程設計人員也應該包括雇主、社會賢達的參與，其原因是這些課程的所有權人瞭解課程設計的過程之後，將有助於課程的發展與實施（Tyler, 1980, 65）。因為學生的學習經驗包括學校內外、教室內外的經驗，有些則是學校無法掌握，也非家長、教會或社會機構所能控制的。

現代社會當中的教育系統，必須包括校外發生的社會經驗，因為學生大部分的時間是校外度過的。因此，必須強化校外課程，使學校資源獲得最大的運用，幫助學生因應校外的社會環境。學校教育領導者，特別是課程專家，應該和社區領導者通力合作，以重建社區層面有效的教育系統。幫助社會大眾認知並且擁有一個妥當的教育系統，因為學生需要一個同時包括校內外經驗的有效教育系統。社區應該有責任地加以組織，以提供學生統整的整體教育經驗。這說明有必要去評估教育需求，確認實在的與潛在的學校教育資源，發展課程方案以迎合確認的需要。

總而言之，學校課程所應注意的課程組織原則，是每天、週、月、學期、學年、小學、中學、大學、研究所學習時間的垂直組織（vertical organization），而且也應計畫學生生活領域空間與不同學科之間的水平組織（horizontal organization），統整學校經驗與校外的工作與家庭生活經驗（Tyler, 1949, 62）。課程組織包括垂直組織和水平組織，因此，組織課程時要注意到縱的排列和橫的聯繫（Connelly & Clandinin, 1988, 144）。課程設計，就是利用這些原則原理，探討學習經驗、組織要素和組織結構間的關係，以實現課程目標。以下兩節分別就課程類型的水平組織與課程

結構的垂直組織加以說明。

第四節　課程組織的類型

　　課程設計的水平組織，是指課程內容或學習經驗相互之間的關係，即其橫的統整問題。如學校內的活動和學校外的活動，學校的正式課程和課外活動之間如何統整？數學科的學習，如何增強自然科學的學習等？

　　課程的水平組織應該是什麼形式的類型？課程組織的水平類型，可能是一系列彈性分級的指導性活動，包括了可能與活動相關的學科內容，或一系列嚴密分級的活動，包括了個別活動的學科內容？或一系列分級的學科內容，包括了相關的指導性活動？或分級的預期成就說明書、指導活動表、分級目標的學科內容大綱？或學科內容和教科書的分級目標說明書？（Schubert, 1986, 78）

　　課程水平組織途徑方面，學科可以分科獨立存在，也可以建立學科之間的知識關聯，也可以合併兩個以上學科成為一個教學科目，也可以主題統合各學科的知識、技能。課程組織的水平範圍，可能包括學生思維的內容，也可能涵蓋專業課程發展人員的計畫與實驗的結果。

　　課程設計的組織類型，包括了個別科目課程（individual subject curriculum）、相關課程（correlated curriculum）、融合課程（fused curriculum）、廣域課程（ broad fields curriculum）、核心課程（core curriculum）與活動課程（activity curriculum）或經驗課程（experienced curriculum）等六種課程組織類型（林本、李祖壽，1970，134）。這六種課程類型也可歸納為科目課程（subject curriculum）、核心課程與活動課程，分別與第一章所論及課程即科目、課程即計畫、課程即經驗的課程意義相關，並與第三章所討論的精粹主義理論取向、社會主義理論取向與經驗主義理論取向的課程設計意識型態相互呼應，分述如次：

一、科目課程

事實上，個別科目課程、相關課程、融合課程、廣域課程都是屬於科目課程。個別科目課程是指各科目分化孤立的課程組織型態，也是一種常見的傳統課程組織類型。課程設計者可以聯合關係密切的科目課程領域，將其轉化為比較方便管理的相關課程或稱聯絡課程，使個別的學科內容產生一致性，增進各科目之間的關係，但各科之間的原有界線仍舊存在。相關課程是指可以進一步合併兩個或兩個以上的範圍較窄的科目，或將課程內容加以重新組織，以增強其間關係，聯合成為關係密切的合科課程或融合課程，以減少難以管理的特殊化科目。融合課程可以進一步加以組織成為廣域課程。

例如：以寬廣領域的語文科課程統整設計，取代文法、作文、文學等彼此關係密切的科目課程領域，或將地理、歷史等科目課程合併為「社會研究」的合科課程或融合課程。或以英語科及社會科作為相關科目，數學科與科學作相關統整。但是，上述各科統整不管是合科課程或相關科目之統整，實際上，往往是一種行政上的措施，將兩個科目放入同一時段，其基本假定以為負責授課的教師本身會自行建構學科間的關係。

上述科目課程的統整，甚少考慮到課程設計的統整「經緯線」，其課程統整的結果，並不十分成功，原因是每一科目皆遵循不同的組織架構，如歷史的年代順序、文學的語文型式。因此，如果沒有發展出同時適合此兩個科目的新課程組織基礎，則另一科目往往淪為另一科目的附庸。例如：以語文與歷史作相關，並以歷史年代順序教學，則語文學科技能常常只是根據歷史內容主題所發展的要求進行教學。上述這些科目課程組織類型透過融合課程與廣域課程的組織設計可以將零碎的教學時間加以統整合併為較大單位的教學時間，以防止學習時間遭到不當的分割，避免學科知識的支離破碎。為了使課程內容充分發揮一致性，廣域課程可以進一步透過最具重要價值的課程組織核心，作為組織中心，設計成為核心課程。

二、核心課程

　　學科的結合，並非統整學習的唯一方法，然而經由強調各學科間共同分享的廣泛概念，組織不同學科間一致的思考組型，可以幫助學生發展一致的概念架構，以理解這些學科中的概念。核心課程便是以某些廣泛問題或概念為中心，並將某些領域的知識概念加以組合，是目前課程組織的統整設計較成功的經驗。

　　核心課程，不僅可以使某課程單元主題或學科簡化或減少到一種可以加以管理控制的大小，而且可以根據規準，選擇適切的課程元素，作為組織焦點或組織核心。一般人常用的興趣、經驗、生活問題、內容主題等課程元素本身，並無法提供足夠的課程組織規準，以仔細選擇與詮釋所欲涵蓋的課程範圍內容，或建立課程內容之間的關係。因此，除非課程設計人員可以決定課程內容的主要觀念，否則無法確定學習內容的組織焦點。

　　一般而言，單元架構的核心焦點包括三種：第一種是「觀念架構」，有效的以大範圍的觀念為課程組織設計的焦點中心，加以組織。第二種焦點是「問題架構」，一般而言是以問題為組織的中心，此種課程組織的設計途徑在社會科與自然科學方面，較為成功。第三種是「事物中心」，課程單元是以所要完成的事物為組織中心，例如：藝術領域，在某些情境下，以系列的欣賞性經驗為組織中心，課程設計人員必須選擇組織這些事物中心的結構，以協助教師的課堂教學與學生的學習。

　　由此三種觀點可見發展高度有效的組織架構，建構不同領域的課程單元，到處充滿著發揮創造力的統合。例如：以學生關心的問題為組織核心，作為課程統整設計組織的「經緯線」，其優點是可以自然的關係來統整來自不同學科領域的知識，而且可以將彼此相關的觀念、事實與概念應用在實際生活。但是，如果缺乏仔細選擇或未經過深思熟慮的課程組織「經緯線」或組織核心，則將導致課程組織不當，或失去課程組織的嚴謹性（Taba, 1962）。

　　利用核心觀念作為課程的焦點中心，可以具備許多主要功能。第一種功能是核心觀念可以讓學科的單元或主題更為結構化，並能針對其所要

處理的內容層面，提供一種觀點，師生共同計畫，以進行明智的判斷所要涵蓋的課程內容，並基於理性基礎舉出其內容實例。第二種功能是以核心觀念作為單元的焦點，可以確保更完整充分的寬度與廣度範圍，滿足學生需求，以作為課程設計者所要組織發展的內容。第三種功能是核心觀念也可以作為學科結構，並設計成為學習的重點，打破學科界線。第四種功能是利用核心觀念作為課程組織內容中心，可以解決所欲涵蓋課程內容範圍的問題，可以詳細界定學習內容的數量界線，以涵蓋主要觀念，並使其他內容降低到最小數量，以方便進行理解這些核心觀念；是以核心觀念可以作為選擇內容的規準，以核心觀念為主，並結合少量而必要的特定內容實例，而不會造成內容的不當負擔；因為內容範圍太廣泛容易造成多而不精、廣而不夠深入的缺失。第五種功能是涵蓋主要觀念，並結合少量的具體內容實例，可以突破時間限制，避免花費時間精熟內容細部，可以節省可能的時間，享有更大空間自由，以進行透徹的完全學習以強調處理資訊，詮釋資料，發展與運用通則等目標。第六種功能是以核心觀念為焦點中心，可以作為課程組織的「經緯線」，確保課程內容的繼續性或順序性或統整性，提供完整的結構，可以和學生的學習經驗進行比較對照。第七種功能是以核心觀念組織課程，可以將學科內容轉化為教育歷程的學習方法歷程，透過教育科技可以將學科內容與學習歷程融為一體，免除學科內容與學習歷程分離對立的缺失。

三、活動課程

活動課程的課程組織型態又稱經驗課程，比廣域課程與核心課程更重視學生的直接經驗，以學生興趣與需要為課程組織的中心，依據學生興趣與需要決定學習內容，重視以學生的心理發展順序來組織課程，由學生主動地選擇組織設計學習經驗與課程知識，以解決學生生活的問題。教師與課程設計人員的工作旨在依據學生興趣，引導學生經由問題解決的探究方式，協助學生的進一步發展與成長。例如：杜威在芝加哥創立實驗學校，採用「活動方案」（activity program），主張學生是學校課程的起點，課

程旨在協助學生，使其經驗獲得繼續性與統整性的發展，使其經驗內容不斷擴展而趨於豐富與成熟。

　　活動課程的組織類型，旨在提供學生第一手經驗，採工作單元型態，而非知識分科，要學生去親身體驗課程以獲得統整的知識，非呈現零星的學科知識讓學生學習。工作單元常跨越了許多學科，學習組織由學生負責，無固定學習順序。因此，課程設計基於學生興趣或需要，給與適性選擇和最大調整彈性。其特點是活動多、科目少、學習內容涉及較廣泛的知識領域，而且與生活關係密切，適合學生的需要與興趣，並且可以充分利用自然環境與社會環境，統整學校學習與社會生活學習（黃顯華、李子建，1996，285）。

　　活動課程強調學生實作的經驗，因此，教師可以和學生共同合作設計工作學習方案，選擇學習領域、界定遭遇的問題、計畫相關的活動、實施並評鑑所從事的工作學習，讓學生從實際參與工作中獲得解決問題的經驗，並培養學生積極參與社會建設的興趣與能力。例如：杜威提倡「做中學」（learning by doing）概念，重視從經驗與相關研究中進行學習的行動學習（action learning）（Tyler, 1976e, 6）。這是一種在數月或數年中一段時期內，部分時間或全時的工作學習方案，其目的是幫助學習者從參與實際工作中獲得學習，並統整校外社會機構與學校教育功能，鼓勵學生參與社會建設、培養成人能力的一種方法。這便是一種活動課程的組織形式。

　　此種活動課程的優點為：1.統整工作經驗、學校教育的學習方案或課程學習程式，使課程理論與實際生活更能密切的配合，學生能在學習中獲得更多的意義。2.統整工作與學習可以增加學生的動機，激發更大的興趣。3.工作經驗可以培養學生的責任感，發展學生獨立判斷的能力，使學生更為成熟。4.由於學生和來自不同背景的同伴一起合作，可以幫助學生瞭解別人，並增進其人際關係。5.合作教育可以成功地將學生順利導入工作世界（Tyler, 1961, 9）。

　　然而，由於活動課程以學生興趣為課程的起點，而且學生興趣容易轉變，因此其規劃不宜僵化，必須保留彈性設計。而且在實施時也應有其他配套措施，例如：師資應有通識博雅的教育基礎，並具備課程設計基本能

力、學生身心發展與輔導的專門訓練；學校應有寬廣的活動空間，行政支
援與資源也應充裕，課程安排宜有彈性時間，課表不宜太過於僵化，儀器
材料設施也應配合學生興趣並考慮學生安全問題，如此方能依據學生興趣
與需要，順利實施活動課程（黃政傑，1991，320）。

第五節　課程組織的結構

　　垂直組織是指課程內容或學習經驗前後之間的關係，亦即課程內容或
學習經驗的縱貫排列的問題。如何利用本週或本月學過的課程內容或學習
經驗，增強上週或上個月學過的教材。如何利用本學期所學的歷史課程內
容或學習經驗，增強上學期學過的歷史課程內容或學習經驗，並且增進學
生更深入、更廣泛地瞭解歷史。

　　特別是課程究竟應該組織成為何種時間單位？是一個值得課程設計人
員深思的問題。課程組織的垂直結構是指學校時間的劃分，提供一系列的
時段安排，以組織課程內容與學習經驗（Tyler, 1949, 66）。

　　課程組織的垂直結構層次，至少可以包括學習程式或稱學習方案
（programs of study）、學習領域（field of study or learning areas）、學習
科目（subject）、學習單元（unit）、題目（topic）、日課（lesson）等課
程組織安排。茲就常見的課程結構層次分述如次：

一、學習方案

　　所謂學習方案（或稱「學習程式」，簡稱「學程」），通常是指某
一類型的學校，例如大學、學院、專科、高中、高職、國中、國小、學前
教育階段的幼兒園或成人教育的補校，為某一特定團體的學生族群進行計
畫、發展、設計的學校學習經驗與課程內容。例如：臺灣地區自1994年2
月7日公布《師資培育法》之後，師資培育進入多元化時代，中央政府的
教育部核准一般大學校院「師資培育中心」所開設的「中等學校師資教育
學程」或「國民小學師資教育學程」，便是學習方案的一種類型。

　　學習方案，可因學校類型的不同而分爲大學課程、師範學院課程、各類高級職業學校課程、高中學校課程、國中學校課程、國民小學學校課程、幼兒園學校課程等。學習方案可以包括下述幾種不同的組織分類方式：

1. 根據學生年齡作爲區分，例如高一課程、高二課程等。
2. 依據學門領域類別作爲區分，例如高工汽修課程、高商會計科課程、高農農業機械科課程。
3. 根據學生專長性向與學習類別作爲區分，例如高中美術班課程、高中音樂班課程；又如國中資優班課程、或國中資源班課程等。

　　總上所述，學習方案之下，包括了許多不同的「學習領域」範圍，而且其學習年限較長。學習方案之學習年限，通常與學校制度中每一學校類型的整體年限時間相當，如六年、三年、四年或五年爲準，進行課程規劃。然而，學習方案之下的各種不同的學習領域，則由各種不同的學習科目所組成。例如：一般大學校院提供學生修習的「中等學校師資教育學程」，其修業年限爲二至四年，而且包括「教育學基礎課程」、「教育學方法學課程」與「教育實習課程」等三大領域，領域之下則又細分爲「課程發展與設計」、「學習評量」、「班級經營」、「教學原理」、「教育導論」、「教育社會學」與「教育哲學」等不同的學習科目。

　　學習方案規劃的優點，是學校可根據學生年齡、或學習能力、或學門領域、或學業性向加以分門別類實施因材施教，以幫助學生的學習潛能得以開展。但是，學習方案的規劃在實際執行上，仍有其限制，因爲往往學校人員在進行課程的選擇組織時，會受到該校現有教師人力專長之限制，開設符合教師專長的科目，在實際上無法完全滿足學習方案規劃的理想，以開設合乎學生興趣的科目，此爲學習方案難以完全克服的難題。因此，我國《十二年國民基本教育課程綱要總綱》便指出十二年國民基本教育課程依據全人教育之理念，配合知識結構與屬性、社會變遷與知識創新及學習心理之連續發展原則，將學習範疇劃分爲八大領域，提供學生基礎、寬廣且關聯的學習內涵，獲得較爲統整的學習經驗，以培養具備現代公民所需之核心素養與終身學習的能力。部分領域依其知識內涵與屬性包含若干

科目，惟仍需重視領域學習內涵。國民小學階段，以領域教學為原則；國民中學階段，在領域課程架構下，得依學校實際條件，彈性採取分科或領域教學，並透過適當的課程設計與教學安排，強化領域課程統整與學生學習應用；高級中等學校教育階段，在領域課程架構下，以分科教學為原則，並透過跨領域／科目專題、實作／實驗課程或探索體驗等課程，強化跨領域或跨科的課程統整與應用。因此，下個段落有必要就學習科目與學習領域進一步說明。

二、學習科目

所謂學習科目係指在學校規劃的學習方案和學習領域之下，一套學校提供的學習經驗，以幫助學生在學校設計的學習領域之中，進行一學年、一學期或一學季的學習之後，用來計算學分或學習時數的科目學習單位。

學習科目是在學校規劃的學習領域之下的一種課程組織型式。所謂學習領域係指有科目組織界線之別，而且跨越連續多年的一套繼續性與連貫性學習經驗的領域。例如：國中英語科與國中國文科，跨越了三年；國小國語科與國小數學科，跨越了六年，都是屬於某一教育階段的學校機構所提供的學習領域之一部分。所謂學習科目，則是根據學科類別之不同，提供學生於一學期或一學年的每一種學習科目單位。例如：小學一年級唱遊、國一英語、高一國文、大一計算機概論等。

學習科目的組織方式，可分為下列的步驟：

1. 學校根據政府頒布的課程綱要或課程標準，規劃某一學習領域之下的學科類別，例如國中英語科、國中數學科等。

2. 學校行政部門的教務處，再進行課程時間的安置，將學科細分為一、二、三年級或上、下學期的單位，以利學生學習。例如：國中英語科，可再細分為國一英語、國二英語及國三英語等學習科目，並安排適當的教學時段，以便教師進行班級教學。

3. 擔任某一學習科目的教師，可再將此一學習科目內容加以選擇組織，並設計為持續一至二週左右學習時間的「學習單元」，並蒐

集相關教材以利教學的進行。

　　總之，學習科目之設計，可以方便學生根據不同學科，而進行循序漸進的學習，掌握學科的基本概念、理論架構及原理原則，建立學科的邏輯結構，合乎課程組織的繼續性與順序性規準。另一方面，教師也可根據學科專長進行教學，可以發揮人盡其才的功能。然而，學習科目課程設計的缺失，是容易造成學科本位主義。不同科目的教師不易相互溝通、不易互助合作。因此，學生所獲得的是各科目分立的學習經驗，造成知識的割裂與支離破碎，學生的學習經驗不易統整，導致學習與社會生活脫節，難以激發學生高度的學習興趣。

三、學科結構

　　學科結構（structure of discipline）是指進行課程設計時，根據學科內容知識的價值階層，作為課程內容組織的依據，而不是根據學生行為結果或預期的行為目標，作為課程內容組織的規準。課程組織方法包括內容中心、技能中心、問題中心、興趣中心。這些組織方法與科目性質有關，往往以某種方法為主，以其他方法為輔。但是一般課程設計人員能做到的，大多以學科結構組織為主，完全以學科知識結構為主要考量重點。

　　赫斯特（P. H. Hirst）認為教育在傳授學生有價值的知識，而有價值的知識共包含七種形式：形式邏輯與數學、物質科學、自己與他人心靈的瞭解，道德判斷與意識、審美觀念、宗教主張、哲學。上述的每一種知識型式，與其他知識型式的界線清楚明確（Hirst, 1974），其獨特性如下：

　　1. 包含核心的概念，如化學的元素、物理學的力。
　　2. 具有明確的學科邏輯結構以說明其概念之間的關係網絡。
　　3. 包括特定用語與專門術語和表達方式。
　　4. 包括特定技術方法和技巧。

　　以學科結構作為課程組織及課程設計核心的實例，應以美國1970年代研發的社會科課程「人的研究」（MACOS）最為知名。布魯納（Jerome S. Bruner）所領導的課程發展小組嘗試各種教材，特別是教育影片，指導

10到12歲的美國小學高年級學生，探討太平洋的鮭魚、青魚鷗、狒狒群以及納特斯族愛斯基摩人，並與學生所處的社會和親身生活經驗進行比較，以幫助學生瞭解人類學的基本概念與學科結構。

布魯納指出「人的研究」之課程結構大綱，包括了人類特質與人性趨力的三大問題（Bruner, 1966, 74）：

1. 人類的人性特質是什麼？
2. 人類如何發展其人性特質？
3. 如何讓人性特質更進一步發展？

課程設計人員為了嘗試解答此三大問題，便以下列五種人性特質的發展趨力作為學科結構：

1. 工具製造。
2. 語言。
3. 社會組織
4. 人類兒童時期的養育與管理。
5. 人類意圖解釋其生活世界的努力。

總之，以學科結構作為課程組織的依據，可以合乎學科的邏輯結構，此為其優點。然而，學科結構太過於重視學科邏輯的優先性，往往無法兼顧學生的認知發展與學習興趣，此為其教學上可能的限制。

四、課程組織單元

進行課程單元設計時，如果透過師生共同設計課程內的特殊活動與事項，將可帶動學生獲得更多的學習理解，提高學習動機。學生若在課程單元中發現原先沒有的其他活動，也可以建議增加。但是，值得注意的是，每一實施的個別計畫，可能不同於原先資源單元，同時也不會包括所有一切可能的材料。因此，進行課程單元設計時，應該注意下述原則：第一個原則是彈性原則，可依學生需求及情境的變化而修正計畫；第二個原則是容易原則，易於計畫水平及垂直的組織；第三個原則是動機原則，有助於引起學習動機。

　　課程組織單元的設計，包括下述的歷程：第一個步驟是決定課程組織的一般課程架構是何種課程組織型態，例如是分科課程？廣域課程？核心課程？或是經驗課程？

　　第二個步驟是決定採用何種一般性組織原則；第三個步驟是決定所要採用的低層次單元的種類是「日課」？或是「繼續連貫性題目」？或是「教學單元」？

　　第四個步驟是發展設計彈性的資源單元，內容包括：

1. 敘述學習經驗所要達成的主要目標，而且因應不同課程、單元而訂定不同的目標。

2. 描述用以達成這些目標的各種學習經驗與主要經驗。安排學習經驗時，必須注意與課程單元組織具有內在關係的各種學習經驗，同時也需注意到該年級學生的不同需要與興趣。並且爲每個學生提供不同的經驗，藉此激發其閱讀的興趣與注意力，避免其產生厭煩無聊。同時也應參考多種資料，特別是在列舉資源材料時，應該注意應用各種不同的資料，包括語文的、非語文的、實地參觀的、與社區活動的資料，進而協助學生統整課程單元當中的各種不同經驗，協助學生獲得認知、技能、態度與行爲的統整經驗。

3. 詳盡地列出總結性的最後學習經驗的結果，以便協助學生在單元結束時，進行統整從該單元所學的一切經驗。

4. 列出有助於發展該單元的資源材料，包括課本和其他參考書、幻燈片、收音廣播節目、圖片、錄音帶與錄影帶等。

5. 指出作爲此一特定課程單元組織要項的主要因素，及其預期發展階段與相關影響因素。

　　第五個步驟是師生共同設計每班所要進行的一些課程活動，進而設計彈性的資源單元，發展彈性的計畫，提供各種不同的資源，包括各種學習經驗與教材教具，以便選擇作爲教導特定學生團體的參考資料（Tyler, 1949, 101）。

　　資源單元的設計，特別強調師生合作共同設計教室活動，可以有效結

合課程設計與教學計畫。一方面，資源單元只是一種預先的計畫，在課程單元真正實施時仍有許多彈性因應計畫。另一方面，每一課程單元策略必須因應不同的興趣與需求，因此，實際的教學單元，應隨著實施的進行而彈性調整。總之，課程經驗的規劃設計，不但包括許多預先的計畫，同時也包括工作實施進行中的計畫。因此，課程經驗的規劃設計，必須包括預先計畫與實施計畫雙管齊下，從各種不同的學習課程當中，獲取最大的學習效果。

總之，課程組織類型包括科目課程、核心課程、活動課程等。而範圍和順序，是課程設計人員經常要考慮的課程組織途徑。範圍指的是課程單元的安排，而順序指的是根據時間所做的課程安排。所以簡單的說，範圍是水平向的組織，順序是垂直向的組織。因此，有一些值得課程設計人員與教師參考的課程組織通則。第一個通則是課程的範圍會隨著教學層次的增加而增加；第二個通則是課程的範圍因教學層次的改變而改變時，有些單元可能會增加，例如物理，有些課程可能會被刪除，如基礎的習字課；第三個通則是對任何課程範圍的決定，要視課程範圍的廣度和深度而定。第四個通則是課程的範圍也要考慮到一般科目所涉及到的技能（Marsh, 1992, 93）。

不同的課程類型各有優劣，也因時代社會背景而互有興衰，隨著民主開放與多元文化社會的到來，目前較強調彈性的課程結構，例如開放學校與田園小學的活動課程有漸受重視的趨勢。因此，學校教室層次的課程組織結構，主要包括學習方案、學習領域、學習科目、學習單元、題目、日課等課程組織安排，也應該愈來愈有彈性，以便教師因應學校差異與學生興趣能力需求，加以彈性調整。

第七章　課程發展

　　本章旨在說明「課程發展」（curriculum development）的意義，一方面，強調課程發展的動態歷程與影響因素，不同於靜態的課程設計概念；另一方面，闡述課程發展的進路（approach）與教師專業文化之間的互動關係。本章並進而說明「課程發展」的三種進路，亦即「教師教學本位的課程發展進路」、「國家政策本位的課程發展進路」、以及「行動研究本位的課程發展進路」（蔡清田，1997a），作為學校課程發展或「學校本位課程發展」的參考依據（王文科，1997；黃政傑，1985；蔡清田，1992b）。

　　本文並特別借鏡英國的「人文課程方案」課程發展進路的「歷程原理」（黃光雄、蔡清田，2009）與實驗設計等理念（蔡清田，2001），例如：「歷程模式」（process model）的課程規劃途徑（黃光雄，1996）、「教師即研究者」（teacher as researcher）（歐用生，1996b）的理念，或「教師即實驗的革新者」（teacher as experimental innovators）、「教室行動研究」（classroom action research）、「教師即教室行動研究者」（teacher as classroom action researcher）等相關理念；以及英國「國定課程」（The National Curriculum），企圖透過國會從事教育改革法案（Educational Reform Act）的立法途徑，決定國家教育改革的課程政策（curriculum policy），進行課程改革的整體規劃，頗為值得我國參考借鏡（蔡清田，2003）。

　　上述這些不同的「課程發展」進路策略，與本書第一章課程的意義所論及的「課程即研究假設」、「課程即目標」、「課程即計畫」等立場觀點有關，其背後的課程意識型態也與本書第三章所論及的教學「專業主義」、「科技主義」與「社會主義」的理論取向相關，也與本書第四章課程設計模式所論及的「歷程模式」、「目標模式」、與「情境模式」產生密切關連，而且皆與「教師即研究者」或「教師即行動研究者」的教師教育專業文化有著密不可分的關係，本書將在本章各節當中，加以說明。

第一節　課程發展的意義

　　課程發展是指課程經由發展的歷程與結果，強調演進、生長的課程觀念。換言之，課程發展是將教育目標轉化為學生學習的課程方案或教學方案，並強調教育理念的發展演進與實際的教育行動，以彰顯課程並非只是純粹思辯的教育理念產物，而是付諸教育行動的歷程與結果。

　　課程發展不同於強調方法技術的課程設計。課程發展除了包括了目標、內容、活動、方法、資源及媒體、環境、評鑑、時間、人員、權力、程序和參與等各種課程因素之外，尚包括各種課程設計因素之間的交互作用，特別是包含了課程決定的互動和協商。因此，課程發展的重點是強調課程目標、內容、活動、評鑑程序所發展的「歷程」。

　　許瓦伯（Joseph J. Schwab）認為課程發展，旨在盡可能忠實地呈現實際課程設計過程的現象，以彌補課程設計的目標模式偏重課程目標，無法彰顯教育歷程的複雜現象之憾（Schwab, 1971）。在課程發展歷程當中，許瓦伯主張採取非特定意識型態的立場，強調課程的決定不須受特定課程設計的意識型態理論取向的限制，更反對以預定的架構作為課程發展與設計的起點，希望能避免「精粹主義」、「進步主義」、「專業主義」、「科技主義」或「社會主義」等特定教育信念的宰制。許瓦伯強調課程發展歷程，是一個具有彈性、變化和反覆的動態發展歷程，亦即，運用實際與務實的教育慎思過程，將教育目的、教學方法有關的事實因素指認出來，並置於具體的課程發展個案中，以追求理想的課程決定（李子建、黃顯華，1996），而非以特殊程序性步驟處理課程發展的技術問題。

　　課程發展的動態歷程，包括了四個連續性的階段，此四個階段，並可經由評鑑進行不斷地回饋與改進（黃政傑，1987）。第一是研究階段：包含問題檢討、需求評估和文獻探討。第二是發展階段：包括發明、設計、試用修正、定型。第三是推廣階段：包括了傳播、示範、訓練。第四是採用階段：包括了再試用、安裝調整、實施、鞏固。由上述的動態歷程與發

展階段可見，課程發展所關注的焦點是有關課程設計或課程改革計畫的歷程、人員組織及人際互動。換言之，課程發展所關心的課程問題，主要是課程發展的歷程應該涉及哪些單位？哪些人員？這些課程發展的單位與人員之間所代表的政治利益與教育價值為何？（Tsai, 1996）特別是：

課程發展人員究竟採取何種發展進路，以規劃發展課程改革的計畫？

一、課程發展的歷程，是否透過課程計畫人員與課程研究發展人員的規劃？

二、課程發展的歷程，是否透過學校教師在教室情境中進行實驗或試用？

三、課程發展的歷程，是否包括課程研究發展人員與參與實驗的試驗教師及實驗學校彼此之間的互動？

四、在課程發展的歷程，涉及了哪些單位及人員？其參與的情形如何？

五、在課程發展的歷程當中，課程發展顧問、學科專家與學校教師所扮演的角色如何？其權力關係結構又是如何？

六、上述這些相關的課程發展問題，說明了課程發展在本質上是一種充滿政治氣氛的知識權力互動發展歷程，存在著許多觀點理念的矛盾與利益衝突，不僅牽涉到「課程即科目」、「課程即經驗」、「課程即目標」、「課程即計畫」與「課程即研究假設」的課程意義立場，並且與「經驗主義」、「科技主義」、「精粹主義」、「社會主義」與「專業主義」的課程設計意識型態理論取向，有著密切的關聯。因此，事實上，課程發展也是一種需要各級政府、學科專家、教育學者、課程教學顧問、學校行政人員、教師與家長、以及社會人士互相合作，彼此溝通協調的一種教育事業，以促進課程發展的良性演進與成長歷程。

第二節　課程發展的進路

課程方案經過規劃之後，課程發展人員就有必要進一步將寬廣而抽象的課程目標，轉換為可供學生學習的具體學習方案內容與教學方法，因

此，形成不同的課程發展進路。有趣的是，不同的課程發展人員，採取不同的課程發展進路，並對學校教師在課程發展中所扮演的角色，有著不同的期望。而且學校教師在課程發展過程中所扮演的角色問題，也和某一特定時代社會的教師專業文化有著相當之關係。

一般而言，課程發展的進路至少有三種，亦即「教師教學本位的課程發展進路」、「國家政策本位的課程發展進路」、以及「行動研究本位的課程發展進路」。這些不同的課程發展進路，也涉及了不同的課程意義立場，迴異的課程設計意識型態理論取向與相異的課程設計模式。例如：二次世界大戰之後，英國發動了兩波巨大的課程改革浪潮，形成兩種不同的課程發展進路，不同的課程意義立場，不同的課程設計意識型態與相異的課程設計模式，尤其是此兩波教育改革最大的不同之處，在於學校教師在課程發展過程當中所扮演的角色定位的不同，甚至影響不同的教師專業文化之形成（Elliott, 1994; 1998）。

第一波課程改革浪潮是1960年代至1970年代的學校教育改革，這波課程改革浪潮乃是採取「教師教學本位的課程發展」進路策略，強調「課程即研究假設」的課程意義與「專業主義」的課程設計意識型態立場，重視「歷程模式」的課程設計，這波課程改革浪潮，也是以學校教師為課程發展動力的教育改革。

第二波課程改革浪潮採取「國家政策本位的課程發展」進路，是基於1988年英國保守黨執政的中央政府所頒布的「教育改革法案」（1988 Educational Reform Act），重視「課程即目標」的課程意義與「科技主義」的課程意識型態理論取向，強調「目標模式」的課程設計。此波教育改革浪潮是起源於英國中央政府認為英國教師教學的普遍失敗，學校教育品質低落，造成國家競爭力衰退。是以英國中央政府為了提升當今學校教育的品質，頒布1988年教育改革法案及其他相關教育法令，企圖介入學校課程發展的歷程當中，以改進學校教育品質，提升國家競爭力。

從課程發展的角度觀之，第一波英國學校課程改革的進路採用「教師教學本位的課程發展」的進路策略（蔡清田，1997a）。例如：在此波改革浪潮當中的靈魂人物史點豪思（Lawrence Stenhouse），便極力鼓

吹「沒有教師專業發展，就沒有課程發展」的課程發展理念（蔡清田，
1997c），亦即，教師即教室情境當中進行教學實務與課程設計發展的重
要人物（Stenhouse, 1975）。同樣地，卡拉迪尼（D. Jean Clandinin）以及
康納萊（F. Michael Connelly）也主張套裝課程輯（curriculum package）
及教學策略就是課程的馬車，而教師就是課程馬車的駕駛（Clandinin &
Connelly, 1992, 365）。這兩個實例，皆強調教師是在教室情境中進行課程
發展的重要人物，而且說明了教師在教室情境中的教學實際，更是課程發
展所不可或缺的原動力來源之一部分。

英國東英格蘭大學艾略特（John Elliott），為文指出第二波1988年英
國教育改革法案，是由英國保守黨組成的中央政府所控制主導的教育改
革。因為英國中央政府認為1960年代以來，由學校教師自主的課程發展
未能成功，造成1990年代英國學校教育品質低落。英國中央政府認為學
校教師所扮演的課程傳遞（curriculum delivery）與課程實施（curriculum
implementation）的角色問題，特別值得加以檢討與重視。1990年代中央
政府努力推行國定課程，乃是根據國家教育政策進行課程發展的進路途
徑。依此種途徑，教師的角色已逐漸由教室情境中的課程設計發展人員，
轉變為國家教育政策的執行者（Elliott, 1994, 43）。

就「課程發展」的未來發展途徑而言，「行動研究本位的課程發展」
進路策略，可以統合了「課程即經驗」、「課程即科目」、「課程即計
畫」、「課程即目標」與「課程即研究假設」的課程意義，嘗試調和「精
粹主義」、「經驗主義」、「科技主義」、「社會主義」與「專業主義」
的課程設計意識型態理論取向，試圖融合「目標模式」、「歷程模式」與
「情境模式」的課程設計模式，似乎可以兼顧「國家政策本位的課程發
展」以及「教師教學本位的課程發展」進路策略。

「行動研究本位的課程發展」進路，一方面，可以修正「國家政策本
位的課程發展」進路策略不足之處。因為國家層面的課程發展工作的進行
需要仔細的事前規劃，不可太過匆促，必須透過課程行動研究的不斷務實
檢討與修正行動。另一方面，「行動研究本位的課程發展」進路，也可以
增強「教師教學本位的課程發展」進路策略的理論基礎與實務。

　　就學校教育的事實而言，學校教師在課程發展過程中所扮演的角色與整體社會文化脈落之下的學校教師專業文化有著密切的關聯。例如：英國教育學者霍伊（Eric Hoyle）以及約翰（Peter D. John）曾經詳盡地描述英國教育系統脈絡中的教師角色，並討論有關學校教師的專業知識、教學實務與專業責任等問題（Hoyle & John, 1995, 44）。他們一致認為，知識是協助教師建立其專業地位的條件之一。然而，雖然他們探討了有關學校教師免於受到政治控制操縱的教育專業自律自主，但是卻未能注意到能真正裝備學校教師，使其能在學術自由的條件之下，建立教育專業自律自主的行動所需要的心智能力與道德品質，而「行動研究本位的課程發展」進路策略，便可補充教師專業不足之處。

　　又如，布拉德雷（Howard Bradley）、孔納（Colin Conner）以及劭氏伍詩（Geoff Southworth）等人進一步主張：幫助學校組織成長的最有效方法，是經由教師的專業成長以促進學校的組織發展（Bradley, Conner, & Southworth, 1994, 244）。因此，「行動研究本位的課程發展」進路策略，可以透過教師在職進修途徑，結合課程發展與學校組織發展（蔡清田，1997d）。

　　可見，「行動研究本位的課程發展」進路策略，可以有效結合「教師教學本位的課程發展」的進路與「國家政策本位的課程發展」進路，統合課程發展的各種相關人員，並結合學校教師進修，幫助教師獲得新課程的知識、技能、興趣與信心，以便進行課程發展的行動研究。一方面，有效進行課程發展與學校組織發展；另一方面，也可幫助教師專業發展與成長。

第三節　教師教學本位的課程發展

　　英國1960年代「教師教學本位的課程發展」的進路，呈現出英國中央政府對學校教師的充分信任。以英國「人文課程方案」的課程發展進路為例，這是企圖突破傳統「目標模式」課程改革的規劃途徑限制，是較為先進的課程改革實驗策略（蔡清田，2001）。此項課程改革實

驗方案，將課程視爲一種教學革新的實驗（curriculum as an innovative pedagogical experiment），協助學生獲得教育機會，學習社會的多元文化資源（Elliott, 1998）。這個錯綜複雜的課程改革實驗方案，涉及了英國學校教育當中的「文化哲學本位的課程規劃」（cultural philosophy based curriculum planning）、「教改理念本位的課程變革」（educational reform ideal based curriculum change）、「教學歷程本位的課程發展」（teaching process based curriculum development）、「教師發展本位的課程推廣」（teacher development based curriculum dissemination）與「教育整體本位的課程評鑑」（educational wholeness based curriculum evaluation），以及英國學校教育改革的「研究本位的課程發展」（research based curriculum development）、英國學校教師的「討論本位的教學」（discussion based teaching）、英國學生在教室課堂當中的「探究本位的學習」（inquiry based learning）等等。

此種尊重教師教學專業自主的課程發展進路，其課程革新的層次，不僅包括教材內容的變革，也包含教師教學方法的變革，透過教師教學以檢視知識與教育、知識與學生間關係等重要的議題，並根據教師教學的反省檢討，以進行教室層次的課程發展。此種「教師教學本位的課程發展」的進路，重視課程的教學潛能，涉及了「課程即計畫」與「課程即研究假設」課程意義，強調教室即課程發展實驗室與教師教學專業主義的課程設計意識型態，肯定教師教室層次「歷程模式」的課程設計模式。

一、課程的教學潛能

「教師教學本位的課程發展」進路策略途徑之下，課程乃是一種具有教學潛能的教育資源，可以協助教師重新建構教室中師生互動關係的知識觀（Stenhouse, 1975）。課程是一種具有符號象徵意義的人工製成，不只是一種徒有外表形式的物質存在，不是靜態的座椅或桌子，它可以是一個具體可以察覺的人工教育製成，例如：課程設計人員根據布魯納（Jerome Bruner）的教育理念，研究發展出「人的研究」（Man: A Course of Study）之套裝課程輯，裡面便包括學生在教室中所用的書籍、圖片、教育遊戲、模擬活動等器具，以及教師教學使用的海報、幻燈片、投影片、錄音帶、錄影帶、投影機、放影機、教學指引及教材等等。

　　但是，課程對教師與學生有何助益呢？有時候課程對師生的實際助益不大，因為有時候課程就如同放置在儲藏室中從未被使用過的幻燈機或投影機或教育影片一般，雖然具有教育潛能，而且也是可供學習的教學資源。但是，學校教師可能不知道課程的存在，如此，這些課程或器材設備可能被閒置於貯物間，如同無用的廢物（Stenhouse, 1985, 67）。

　　因此，就更深層的教育本質而言，課程是一種具有血有肉意義深遠的文字、圖畫、聲音與激發學生心智發展的教學潛能，就如同樂曲或戲劇一般具有教學互動過程。能真正有助於教師教學的課程，一方面，應該以教材形式與教學方式來呈現教育歷程中的知識觀念，以提供一種知識與學習的概念架構，幫助教師發展新的教學技能；另一方面，教育學者的教育理念，必須以透過課程的形式才能具體說明其教育理念的內容，唯有如此才能讓教師在教室中透過教學實際，加以考驗教育理念的實際價值。因為課程是有待教師在教室情境中加以實地考驗的研究假設步驟，而且，所有的教育觀念，都應該先轉換成為課程的具體形式，才能加以實地考驗並判斷其究竟是否屬於天馬行空的白日夢，或是能真正有助於改進教學的教育實務（蔡清田，1997b）。

二、課程即計畫

　　課程發展的主要問題，乃在於必須將課程所蘊含的教育理念轉化為教室層次的教學實務。而且課程代表學校教學規劃說明書與學習計畫，一方面必須詳盡地闡述一套教育理念；另一方面必須透過具體而微的教師教學實務，實踐複雜的教育理念。並且透過教師在教室中以實際的教學歷程，考驗課程理念，根據教學的具體成效，修正課程理念與教學實務的關聯性與一致性，以逐漸落實教室層次課程發展的點滴效能。

　　是以，如果一位教育哲學家建議學校教師採用一種教育觀念，以達成

「開放教育」或「人本教育」，則教師可以向該教育哲學家要求其將教育理念轉換成為一套具體的課程內容與教學方法計畫，以明確說明究竟「人本教育」代表什麼意義？可以透過何種程序來實施？採用何種教學與學習方法？其教學時間如何安排？其教材內容如何？需要使用何種教育資源與設備？教師應該具備何種態度與知能？唯有透過具體的教學規劃說明與學習計畫，才能便於教師在教室情境中進行教學。可見，課程可以提供教師反省教學措施，而不是一種訓練教師教學合乎行政規定的要求。因此，課程發展人員必須發展適合教師專業成長與運作的課程，因為課程發展的實施品質高低與教師的專業素養有密切關係。

就此而論，如果課程是教師教學計畫的說明書，則課程的目的乃在於改進教師教學實務，因此，課程必須建立在教師教學的實務基礎之上的教學計畫與學生學習的規劃說明。而且，課程發展也賴於以教學實務的教師立場，來說明課程的教育理念與學校教師在實際教室教學的動態關係與互動歷程。

由此觀之，課程是一種計畫，要能以教學實務表達教育理念，並以教育理念引導教學實務。課程發展是實踐教育理念的最佳途徑，一方面，教育學者在課程中所提出的教室教學實務的改進建議與計畫，必須奠基在教師教學的實務基礎之上，而不能只是天馬行空的烏托邦幻想；另一方面，課程與教學實務的關係十分密切，因此，教師經由課程教學計畫的實施，可以親身體會教育理念，以落實教室層次的課程發展。

三、教室即課程發展實驗室

「教師教學本位的課程發展」進路策略途徑之下，課程發展不僅是一種不斷地重新建構的歷程，重要的是教室不只是課程實施的場所，更是進行課程發展與教學實驗的實驗室，教師在教學情境和學生一起合作處理知識問題，並反省檢討其教學問題。

例如：史點豪思便指出，「沒有教師專業發展，就沒有課程發展」（Stenhouse, 1975），其意義不是在於去訓練教師，以符合課程內容規範

的要求，而是課程發展人員必須去發展課程，以適當地促成教師專業發展。因為維持學生的教育品質，有賴教師的教育專業發展與教學品質的提升。因此，課程發展人員的主要任務，乃在不僅以富有意義的課程代表知識形式，作為教師的教學工具，藉以改進教師教學品質，課程更是代表教育學者與課程設計人員的某種教育理念，企圖改進教師教學與學生學習的品質。

學生學習是學校教育的重心，此種「教師教學本位的課程發展」進路之下的教育改革，主要採用的學習方式是探究式的學習，教師的角色是協助學生順利地進行學習（Tyler, 1959, 47）。學習不在獲得答案，而在繼續地研究問題（Schubert & Schubert, 1986, 100）。

教師的教學任務乃在提出課程問題，引起學生的探究，幫助學生自我發現答案，教師的課程發展角色是學生的激勵者與引導者，而不是標準答案的公布者。教師的重要角色，就在於鼓勵與激發學生無限潛能的發展，協助學生開展探究遠景的途徑（Schubert & Schubert, 1986, 100）。教師身為教育專業人員應該有責任感，經常反問自己「如何協助學生進行學習，而不是自己有什麼課程權力」，不該把教育當作一種壓迫學生的權威機制。

此種「教師教學本位的課程發展」進路之下的教育改革策略，教師教學必須讓學生自己發現課程問題，並由學生自己尋找課程問題的可能答案，並由學生進一步地核對自己的答案。因此，教師的教學強調知識的啟發，而不是知識的灌輸，而且知識是多元多變的，教師的教學不應教導學生尋求單一的解答。教師在課程改革中所扮演的角色是教室的課程設計與發展人員，教師是教室層次當中課程發展的主要靈魂人物。

四、教師即教室層次的課程發展者

「教師教學本位的課程發展」進路策略之下，教師必須理解課程中所蘊含的教育理念，也必須理解課程的教育理念與教學實務之間的關係。務實的課程，必須能幫助教師對課程理念的理解，以建立新的教學技能與習

慣，並培養學校教師反省與慎思的教育行動能力。

教師身為教室層次課程發展的重要人物，必須是一個瞭解教育目標與工作條件的教育藝術家，能夠有創意的激發、引導學生朝向課程目標邁進（Tyler, 1959, 49）。除非教師發現並認為現有的課程有嚴重不當之處，否則不會花時間與精神，成為新方案的有效運作者（Tyler, 1971, 36; 1979b, 40）。其次，除非能清楚地瞭解自己在課程發展過程當中所扮演的重要角色，而且相信自己能成功地扮演該課程角色，否則不會發展出所需要的課程發展知能。最後，除非教師擁有或有能力發展出所需要的教室層次的課程發展工具，否則就無法真正協助學生進行學習，成功地扮演課程發展人員的重要角色。

教師身為教室層次課程發展的主要靈魂人物，必須清楚地瞭解課程所蘊含的教育目標與學生學習的條件，不是預設硬性僵化的教學規則或建立特殊的教學技巧，就可達成課程所蘊含的教育目標，教師必須在課程發展與教學過程中適應學生的個別差異。換言之，此種「教師教學本位的課程發展」的進路與本書第三章所論述的專業主義理論取向的課程設計意識型態關係密切，強調「課程即研究假設」的重要性。

但是，值得學校教師、課程設計人員與課程研究人員注意的是，「教師教學本位的課程發展」進路所主張的「研究假設」，是指由學校以外的課程設計人員，事前設計規劃提供的外來課程理念，而交付教師透過教學歷程加以考驗。特別是教師所考驗的「研究假設」是由校外的課程設計人員所事前規劃設計的課程理念，教師如同教育學者的研究助理，或課程設計人員的助理，因為教師只是考驗別人所設計規劃的研究假設或課程理念。此種「教師教學本位的課程發展」的進路，不同於教師提出自己的研究假設，並親自加以考驗的「行動研究本位的課程發展」進路策略。

「行動研究本位的課程發展」進路策略之下，教師自己提出自己的課程理念，並將其當成在自己班級教學的教室情境中有待教師親自考驗的研究假設，教師透過「行動研究」，一方面不斷修正自己所提出的研究假設與課程理念，另一方面，不斷地改進自己的教學實務與提升學生學習品質。

回顧英國1960年代教育改革浪潮下，這種「教師教學本位的課程發展」的進路，是英國教師專業發展的表現，也是促進教師專業發展的一種課程發展的進路途徑。1960年代英國教師發動的課程改革當中，教師在當中所扮演的角色是教室層次課程設計與發展人員。教室層次的教師在課程發展與教學實務是很難加以區分的，教師的教學實務可促進教師的教育專業判斷與專業思考，並可以促成教師教育的專業發展。然而，1960年代的英國「教師教學本位的課程發展」策略的教育方法，卻被1980年代末期的英國保守黨右翼政府視為教育標準低落的主要原因，而企圖以「國家政策本位的課程發展」策略實施「國定課程」，介入英國學校課程發展，以期提升英國教育品質。

第四節　國家政策本位的課程發展

1980年代的英國保守黨中央政府認為1960年代「教師教學本位的課程發展」進路之下的教育改革策略成效不彰。因此，1980年代的英國保守黨政府採用「國家政策本位的課程發展」進路，規劃「國定課程」，企圖透過國家教育政策介入干涉學校課程，並設法掌控學校教師課程發展領域的神秘園地，期望降低教師對學校課程的控制。

英國繼1988年教育改革法案（The Educational Reform Act 1988）的「國定課程」（The National Curriculum）逐漸實施之後，雖然英國中央政府歷經政黨輪替的政治權力轉移與教育部門的數次改組，中央政府教育主管部門修正「國定課程」（Aldrich, 2002; DfES, 2002），依然強調國家在教育中的重要角色（朱敬一、戴華，1996），更進一步提出有關延續5至16歲的國定課程之接軌課程並連貫14至19歲階段的教育改革案（DfES, 2002），其目的在建立一個具有世界級水準的最佳教育服務，以發展所有年輕人成為成人時所需具備的自信心、技能與知識。這種課程發展的進路，是追求英國國家目標的重要步驟，使其課程現代化並具有更大彈性，因應當前的挑戰，以確保國家經濟的繁榮與社會正義（Morris, 2002, 4）。然而，英國教師的課程自主權與教師教育專業能力，卻因受到國家政策的

侵害而斲傷。此種「國家政策本位的課程發展」的進路，涉及了「課程即目標」的課程意義，科技主義的課程設計意識型態與「目標模式」的課程設計模式。

一、課程的國家政策意圖

1988年英國的「國定課程」（The National Curriculum）包含四個構成要素，亦即，基礎科目（Foundation Subjects）、成就目標（Attainment Targets）、學習方案（Programmes of Study）、評估安排（Assessment Arrangements）（黃光雄，1990，386）。雖然英國國定課程的實施面臨了一些問題，但是不可否認的，英國國定課程具有兩個「國家政策本位的課程發展」為進路途徑的獨特優點。第一個優點是全國所有學生接受基本的國定課程，可減少全國境內所有學校之間的差異，且當教師與學生轉學或轉校時，不致產生課程銜接的問題。第二個優點是在每個關鍵期接受「國家學習測驗考試」，而沒有通過該階段考試的學生可進行補救教學，以瞭解並克服學生的學習困難（黃光雄，1990）。

就「國家政策本位的課程發展」的進路策略而言，課程不只是存在課程學者專家的教育理想與教育計畫當中，也不只是個別教師在教室中的私人教學活動，課程也可能由中央政府公布正式的官方課程文件，特別是共同的科目與課程目標，以規範全國學校教師的教學活動。是以，課程似乎可以說是一種由中央政府透過官方政策，企圖界定的教師教學範圍的規範說明書，強調「課程即目標」的課程意義立場，重視「目標模式」的課程設計，以便於政府的管理控制，充分流露出「科技主義」課程意識型態理論取向的工具理性。此種官方規範不管是採取最低標準或最高標準，其目的皆在於規範學校教師共同遵守，以減少全國學校教室之間或學校之間的差異性。

這種「國家政策本位的課程發展」的進路策略，旨在透過政府官方的統一課程文件的書面規範，促成學校課程的相似性。另一方面，國定課程是指國家政策所指定的學科知識，要求學生去加以精熟記憶，在此種課

程發展進路之下，知識的本質已遭政府扭曲，知識被制約爲資訊。因此，國定課程的學科知識本質不是多元開放的，不容許教師與學生有其他不同的詮釋，此種課程發展進路與知識的暫時性與開放本質相互衝突。因爲國定課程的教學已被制約爲單面向的教導，教師已被制約爲灌輸者，學習已被制約爲記憶，探究歷程已被制約爲發現結果，學生已被制約爲消極接受者。而且，由英國國定課程所規定的「核心科目」與其他「基礎科目」等共同科目，可以看出，「國家政策本位的課程發展」進路，仍然堅守「課程即科目」的課程意義立場，而且，流露出「精粹主義」意識型態的保守色彩。

二、課程即目標

英國1988年教育改革法案的國定課程，是「國家政策本位的課程發展」爲進路的課程發展方案，設定預期達成的國家教育目標，並以達成國家預定的教育目標爲唯一的課程目標。此種進路策略的首要步驟，首先是確立明確的國家教育目的，再將這些國家教育目的轉化爲學校教學的科目目標，而科目內容的編排及教師的教學都是以達成預定的國家教育目的爲唯一的依據，而此種科目課程的評鑑，主要在確認學生的行爲表現，符合科目課程目標所界定的程度。

此種課程發展進路的目的，旨在建立並確認國家教育目標，並列舉達成國家教育目標的可能途徑，以制式的學校課程策略，以及學生學習階段的概念發展爲基礎，進行學校教學策略，希望能符合全國所有學校學習階段的學生需求與國家教育目標。「國家政策本位的課程發展」的進路策略，乃是基於課程設計的科技主義意識型態的工具理性，以指定明確的國家教育目標爲開始，並將其分解爲具體的課程目標，亦即陳述預期學習結果，以便進行精確的測量，特別是根據具體而明確的課程目標參照的測驗，以瞭解預期的學生學習成果的達成程度。

英國國定課程的實施就面臨一個重要的問題，亦即，國家教育政策制定者與實務工作者的教師專業信念有著本質上的衝突。而英國在國定課程

實施以前，學校課程發展乃植基於教師教育專業自主爲基本的信念，採取「教師教學本位的課程發展」進路，因此，學校課程是由各個學校教師各自進行發展，而國定課程的課程目標乃是以達到學生的學業、個人以及社會的發展爲目標。因此「國家政策本位的課程發展」進路策略之下國定課程的實施，在基本上與過去英國教師專業的信念有所牴觸。

雖然多數的學校教師支持國定課程指引學校課程目標與課程內容，以普遍提升學生學習的「成就目標」，但教師對國定課程「國家政策本位的課程發展」進路策略，卻有所不滿。例如國定課程所受到的眾多批判，主要是中央政府的教育改革者的「科技主義」理論取向的課程設計意識型態與學校教師教學的「專業主義」理論取向的課程設計意識型態相互衝突。

三、教師即國家政策的執行者

「國家政策本位的課程發展」進路之下的國定課程，旨在裝備學校教師必備能力，以實施國定課程的相關教育法令規定。中央政府規劃的國定課程計畫，與國定學習測驗評量等相關的政府規定，規範了學校教師角色，而且教師必須轉變教學實務以合乎學校以外的國家政策，遵守政府制訂的國家政策或官方的課程計畫（DES, 1989a; 1989c）。

英國中央政府企圖透過國定課程的實施，經由課程材料提供教師適當的觀念以及適當的教室學習活動，以便教師使用。更進一步地，政府不僅規範具體課程目標及教材，也規範學生學習任務活動，以監督教師呈現知識方法的基本改變。此種「國家政策本位的課程發展」進路策略，經由中央政府規定教學的最低標準的「基礎科目」、「成就目標」、「學習方案」與「評估安排」，特別是「學習程式」與國定學習測驗評量，企圖介入規範教師教學與學生學習，更邁向「防範教師的課程」（teacher-proof curriculum）。

國定課程的實施遭受許多學校教師、家長與教育學者的反對，因爲國定課程抹煞了教師的教育專業自主權，特別是國定學習測驗評量的實施，更使考試領導與宰制教學，無形中增加了學生的壓力，也影響教師的

教學。因而有許多反對國定課程的聲浪，特別是家長與教師反對政府針對7歲、11歲、14歲及16歲的學生舉行國定學習測驗評量，來監督評鑑學生的學習成就。因此政府在1992年頒布「教育白皮書」（White Paper on Education），以進一步說明國定課程的實施（Dearing, 1993a; 1993b）。

但是，「教育白皮書」對國定課程的基本結構並未更改，依舊是「國家政策本位的課程發展」進路，結合「中央資助與中央控制」的管理機制。國定課程基於所謂的「國家政策本位的課程發展」進路策略，假定學生學習成果得以客觀地評量，而整套評量方式的設計，更束縛了學校教師實際教學的進行，以達成中央政府既定的國家教育目標與課程目標的規範。

例如：「小學學習評量課程與經驗」（Primary Assessment, Curriculum and Experience）是一項由英國布里司托大學（University of Bristol）研究人員探討國定課程對教師教育專業角色的影響，以及教師對英國國定課程的「國家政策本位的課程發展」進路的反應之研究。「小學學習評量課程與經驗」曾由全英國學校教師當中抽出八十八位樣本，進行訪談，並另外就八位教師進行課堂的觀察研究與深度訪談，以瞭解「國家政策本位的課程發展」進路之下，國定課程在1990至1993年間，英國教師每年的反應與三年間的比較。

「小學學習評量課程與經驗」的研究結果顯示：國定課程實施後，因教師教學工作負荷的增加，尤其是來自於國定學習測驗評量有關的學習評量工作，使教師在教學活動上有所改變。例如：教師過去經常利用的主題工作（topic work）課堂教學，被簡化為尋求書中的資訊，學生無須用心的抄寫工作手冊。主動學習（active learning）被簡化為讓學生應用接受到的訊息，而不是評鑑此類訊息，只重資訊內容的外在興趣，誤將資訊視為知識，忽略學生內在興趣。而且，另一方面，教師與學生的教學互動、教師同仁之間的合作關係，以及教師教育專業角色的覺知都有所影響（Osborn, 1994）。

大多數的英國學校教師，認為國定課程對教師教學工作與角色具有負面的影響，因為國定課程增加了更多的學校行政工作、教學監督與考試壓

力、視導與評鑑的焦慮，因此，教師因國定課程所產生的負面情緒也逐年增加。就教師教育專業自主與個人成就感而言，將近一半接受訪問的教師認為國定課程使教師喪失了教育專業自主，而對教師的教育專業判斷也有嚴重的侵害。多數教師認為，國定課程導致教師喪失了教學中的專業自主權與教學創意。甚至，部分接受訪問的教師認為，國定課程影響教師的專業認同，因為，「國家政策本位的課程發展」進路之下的國定課程，致使學校教師愈來愈像為達成國家教育目標的教學機器（Osborn, 1994）。

例如：在「小學學習評量課程與經驗」研究中，教師指出越認為自己的教學是以學生為中心的教師，越認為自己的教學具有自主創造力的教師，對國定課程的反應越趨負面。然而，並非所有的英國教師的反應都是如此負面。相對地，也有部分教師對於「國家政策本位的課程展」進路之下國定課程所提供的課程架構與教學指引，予以高度肯定，認為它在實際的教學中，對於教師判斷自己的教學方向正確與否等方面實在有所助益。有五分之一的接受訪問教師認為國定課程不僅提升學校教育品質，也提供教師專業發展與增進教學技巧的機會。此外，多數接受訪問的教師表示國定課程增進教師同仁之間互動的關係，使教師們產生為學生努力而共同合作與彼此支持的共同感，也讓教師更覺察到其他教師同仁教學的重要性（Osborn, 1994）。

上述教師的不同反應，或多或少與教師知能的層次與素質不同有關。事實上，教師應在課程發展中扮演積極的角色，而專業的教師是課程品質的要件之一。因為教師是所有教育活動的提供與實施的靈魂人物，任何教育政策實施的成效都取決教師的教學信念、教學知能與實際面對的教室教學情境。

國定課程的課程發展途徑，明顯缺乏與學校教師的充分溝通。特別是「國家政策本位的課程發展」進路之下，國定課程背後隱藏的知識控制與行政管理觀點，包含對教師與知識，教師與學生間的關係，教師在課程發展中的角色，都有許多爭議。英國國定課程的教育工具科技主義觀點，使得教育淪為經濟發展的工具或手段（黃光雄，1990）。學校課程的政治化，易使執政黨為達其政治理想，制訂國定課程強調國家政策的需求與學

科知識本位，忽略了學生所需的經驗取向課程。英國國定課程的實施只是強調使用國家政策宣導與灌輸，而非心智啓發的教育歷程，一味地否定教師啓發學生開展人類理解知識能力的啓蒙管道，則此種僵化的教導將無法提升教育品質。

四、目標模式的課程管理控制

　　基本上國定課程是採取「國家政策本位的課程發展」進路，中央政府透過教育政策立法，以規範國家教育目標爲導向，而且，以國定「學習方案」與「成就目標」或國家教育目標，規範學生學習任務，並以累進的「成就目標」層級水準來顯示國家教育目標的達成程度。

　　此種課程發展進路，與西方社會工廠生產的科技主義意識型態的政治管理控制思想有相當的關聯，因爲在「國家政策本位的課程發展」進路策略之下，國定課程被視爲一種工廠生產製造系統的產品規格的說明規範，保證提供了一種簡單、直接且不含糊的課程產品，以便社會大眾及學生家長進行消費選擇。在此種課程發展策略之下，「國定課程」變成國家統一製造的產品與消費系統，學校課程知識被視爲由國家統一製造的商品，學生就是等待被國家代理人加工處理的課程原料，而社會大眾與家長就是消費者，消費者則根據國定學習測驗評量的測驗分數結果，作爲選擇學校教育的依據。

　　實際上，學習活動應該是經由學校教師安排的系列結構化學習任務，學習也應該有其社會性與文化性，因爲教育在本質上是一種文化的導引介紹與啓蒙，以再創造文化的新意，而不只是順應學術權威或政治霸權。教學不是灌輸價值，而是要去瞭解人類複雜生活中的行動。因此，學生不應該只是知識傳遞的消極接受者，而是知識創造的主體。但是國定課程則將學生視爲消極被動的接受學習者，最後造成學習活動與社會孤立，否定學生的主動社會參與，而且學習元素的商品化與個人化，更破壞了社會整體文化本身（Elliott, 1994）。

　　英國中央政府企圖設計一系列國家教育「成就目標」與「基礎科目」

的學科知識，以達成精確的國家教育目標，並監督學校教師的執行，增進了國家監督管理的技術控制能力。此種課程發展進路，蘊含薛龍（Donald Schon）在《超越穩定國家》（*Beyond the stable state*）一書所論及的「由中央到邊陲系統的社會改變」（Schon, 1971），忽略了人類行動與社會互動的複雜面，因此「國家政策本位的課程發展」進路策略，模糊了或逃避了教育控制的倫理與政治問題（Stenhouse, 1975, 77），更忽略了學校教師的具體教學經驗，與教師專業文化相互衝突。

　　「國家政策本位的課程發展」的進路，採取「由中央到邊陲系統」的課程發展與教育改革方式，注定是要失敗的，其失敗的主要原因是中央政府的教育部不能完全提供邊陲系統的教師所需的資源、經費、人力，以滿足其需求，而只能以數量眾多的資訊作為補償。由於「國家政策本位的課程發展」進路之下，教育部缺乏適當的回饋機制，不免造成邊陲系統的教師誤解抗拒課程革新，產生適應不良的問題。此種「由中央到邊陲系統」的課程革新失敗，是由於中央政府的能力耗盡、行政超載與管理不當。然而，英國中央政府採取由上而下的科層體制高壓措施時，要求教師與學生一味地順從政府政策，而未能真正瞭解邊陲系統的學校教師的價值、信念、文化與教學實況，更導致了地方邊陲系統學校教師的離叛與抗拒等反動。

五、教師專業文化的重要性

　　「國家政策本位的課程發展」進路之下，英國國定課程只是一味強調國家政策對學校課程內容的管理控制，低估了教師實際執行所需的時間、資源、與實際執行所需的知識能力。此種進路，未從教師的教育專業角度，分析課程發展問題的本質，結果邊陲系統的教師認為中央政府透過國家政策規劃的國定課程的內容超載，目標太多，「成就目標」水平層級繁多複雜，課程內容的選擇不適當（Dearing, 1994），造成邊陲系統的教師誤解，並抗拒國定課程的教育革新。因此，「國家政策本位的課程發展」進路的國定課程，不能提升學校教育品質，只能達成學校行政表面結構的

行爲改變，而不是教育行動的改變（Elliott, 1994, 61）。

　　教師文化是課程發展與教育改革上的實際問題，只能透過鼓勵教師反省，並檢討其教學實務，才能促成深層的教育行動改變，而且課程改革不應忽視教室教學現場工作的教師參與。由於國定課程忽略了教師在課程發展與教育改革上的實際參與與投入，導致教師專業自主性的缺乏或喪失，影響其自我概念、師生互動、工作士氣等，阻礙教師教育專業發展。

　　英國中央政府「國家政策本位的課程發展」進路的教育改革，未能尊重教師的教育專業文化，因此來自學校外部的中央政府國定課程的教育革新推力，自然地與地方學校教師抗拒改變的阻力，相互抵消，使得教育改革的理想與實際產生嚴重脫節與落差，這正是英國課程改革所面臨的基本問題（MacDonald, 1971）。因此，如何將課程改革的教師「阻力」，轉化爲課程改革的學校教學「助力」，甚至轉化爲課程改革的學校教育革新「主力」，這是規劃「國家政策本位的課程發展」的進路必須考慮的關鍵因素。

第五節　行動研究本位的課程發展

　　在1960年代英國的課程改革浪潮中，學校教師扮演課程發展歷程當中的主要角色，然而1988年之後國定課程的實施，卻造成教師的教育專業課程自主大爲降低，教師成爲國家教育政策的執行者。前者主要強調「教師教學本位的課程發展」進路策略，採用探究學習的教學原理原則，但是1980年代晚期的英國保守黨中央政府卻認爲，此種課程發展途徑乃是造成學生普遍學習成就低落的主要原因。因此1988年之後，改採以國家爲主導的課程發展方式的國定課程，企圖解決以往教育改革的問題。然而此種「國家政策本位的課程發展」進路策略之下，卻侵害了學校教師教學的教育專業，形成處處束縛教師教學過程。

　　此種「國家政策本位的課程發展」進路策略，並未能眞正對症下藥，因爲國定課程以固定不變的學科資訊材料爲主要依據，作爲主要的教學內容，限制甚或干預了教師在課程發展歷程當中的教育專業自主，使教師淪

為教學機器，灌輸學生固定的資料，這種情形有待改進。因此，學者主張「行動研究本位的課程發展」之進路，強調課程的教育行動媒介功能，重視「課程即研究假設」的課程意義立場與積極的教育意義，主張教師即教室行動研究者，統整了「教師即研究者」的教師教學專業主義的課程設計意識型態，呼籲課程學者專家與學校教師共同合作進行課程發展，並且嘗試以課程行動研究結合「目標模式」、「歷程模式」與「情境模式」的課程設計模式。

一、課程的教育行動媒介功能

「行動研究本位的課程發展」的進路策略，係結合「國家政策本位的課程發展」以及「教師教學本位的課程發展」進路策略。在此種課程發展的進路之下，課程不只是教學內容、教學目標與教學原則的說明，也是一種協助教師反省檢討課程目標原則與達成實踐的教育行動媒介。教師在「課程行動研究」過程當中，不僅進行自我教學反省檢討的歷程，也參與課程發展與教育理念的不斷發展建構的歷程當中，並逐漸建立轉變影響教師教學實務的教師教育專業文化。

依此進路策略，「課程」應是由學校教師、地方學校、地方政府與國家層級的中央政府不斷的建構於互動網路當中，不同的社會代表，如家長、教師、雇主、顧客，以及不同層級的政府代表，可以透過彼此對話溝通，分享與磋商共同追求的教育理想與目的，並將其轉換為共同理解的課程目標。例如：英國東英格蘭大學教育應用研究中心教授兼主任艾略特（John Elliott），便以其所主持的「福特教學方案」（The Ford Teaching Project）為例加以說明（Elliott, 1992），企圖透過「行動研究本位的課程發展」，結合「教師教學本位的課程發展」與「國家政策本位的課程發展」的進路。

課程內容宜富彈性，除了提供所有學生共同的基本課程之外，也要因應學生、地方及學校的不同需求。各級政府應該鼓勵學校本身發展課程計畫並實驗課程，建立自己特色。同時，課程具有彈性，教師較能發揮專

業能力和創造力。強調學校發展課程的責任，因應各地資源，發展學校特色，並在師資養成的教育階段加強教師的課程設計、選擇組織學習經驗的能力與實作經驗，落實課程發展，豐富學生的學習生活，進而融入學校教學實務中，並在教室情境當中加以實地考驗。

　　而且教師與學校當局，必須向地方及中央政府負起教育品質提升的責任，並由學生家長與社會大眾加以考核監督教師課程發展與教育改革的建議，並在此種課程發展歷程中讓教師、政府、學生家長以及社會大眾彼此接受相互教育與學習。課程發展的參與人員創造、並再創造一種鼓勵成員進行慎思熟慮的教育情境氣氛，啟蒙學生並導入社會文化當中，此種觀點的課程發展兼顧「教師教學本位的課程發展」以及「國家政策本位的課程發展」的課程改革進路策略（Elliott, 1994; 1998）。

二、課程即研究假設

　　課程發展是團體合作的產物，學校教師、課程學者、課程設計的實務工作者、學校教育行政人員、課程評鑑人員、教學輔導人員以及師資培育機構等相關人員，可以透過「行動研究本位的課程發展」進路策略，建立彼此相互溝通的管道，結合「課程基礎研究」、「課程應用研究」與「課程行動研究」，以透過務實的課程行動，修正與改進課程發展的歷程，提升其設計的品質。所以「行動研究本位的課程發展」進路，可以同時增強「國家政策本位的課程發展」與「教師教學本位的課程發展」等進路。

　　課程發展不只是決定課程目標與教科書的編寫，尚必須注意教師手冊、學生習作、教具、補充教材、視聽媒體、評鑑工具等相關教學資源。課程發展的規劃必須配合課程評鑑的實施以評估其效能，因此，課程評鑑，應妥擬課程評鑑計畫，並設立評鑑委員會統籌規劃課程評鑑制度，結合教育視導與教學輔導，由中央、省市、縣市、鄉鎮、學區到學校，統一事權，彼此協調分工合作。行動研究的重要性，乃在於強調教育人員的行動，並預留課程進一步在學校情境與教室情境推廣、調適與實施的充裕時間。因此，「行動研究本位的課程發展」進路，可與「國家政策本位的課

程發展」進路策略兩者互相配合相互為用。

依此進路，課程只是一種研究假設的說明，以協助教師在教學歷程進行當中反省思考自己的教學，協助教師在教室情境中考驗課程知識與教學行動之間的動態關係，教師不僅在教學過程中實踐課程當中的教育理念，並經由教學實務的研究過程當中，重新建構課程當中的教育理念（Elliott, 1992）。校外的課程發展顧問的主要職責，乃在鼓勵教師本身構思並研擬自己的課程教學「研究假設」，並由教師本身在教室情境當中實地考驗自己研擬的課程教學「研究假設」，以提升教師的教學品質與學生學習的品質。同時教師也是一位在課程發展過程當中的學習者，亦即「教師即學習者」。

「行動研究本位的課程發展」進路，除了與「教師教學本位的課程發展」進路相似，將課程視同有待教師在教室情境當中實地考驗的研究假設，更進一步地，鼓勵教師研擬設計自己建構的課程教學「研究假設」，並實地加以考驗這一「研究假設」。此種課程發展策略，不同於等待校外的課程設計人員提供「研究假設」的「教師教學本位的課程發展」進路。

三、教師即行動研究者

一般而言，「課程發展」可分為國家、地方、學校、教室等四個層次。教師是教室中課程的實施者，是落實國家、地方、學校等層次的課程實施者，而且教師是位居教室層次課程改革的靈魂人物，因此教師在課程發展與教育改革行動中，占了極重要的角色（歐用生，1992）。

「行動研究本位的課程發展」進路，強調「教師即行動研究者」的課程發展原則，凸顯教育專業工作內涵會因不同時空環境而有所變異，而且教師是不斷發展與成長的個體，肯定教師有能力針對自己的教室教學實務情境，予以批判或改進，因此，教師教育專業不斷的發展有其可能性與必要性。

在課程發展的過程當中，應當建立適當的教師研習中心，辦理教師研習活動，成為教師專業發展的重點機構，並且在參與課程發展的實驗學

校所在地，舉辦地區性的教師研習活動，鼓勵教師在職進修與協助教師獲得教育專業發展機會。換言之，透過課程顧問專家指導與學校教師彼此切磋琢磨的成長歷程，增進教師設計課程、教學與評鑑的能力（Tyler, 1939; 1941）。是以，如能從學校組織成長與學校文化的情境脈絡之下，來探究教師專業文化與教師在課程發展中的角色問題及其間的關係，或許更能幫助推動課程改革的相關人員與教師認識課程發展的歷程。

　　教師是課程的教育理想和教學實際之間的教育行動實踐主體。課程當中經常蘊含許多教育理念與理想，而這些教育理念與理想，必須經過教師的轉化才落實到學生身上。教師扮演主動角色，以選擇文化製成（cultural artefacts），特別是經由討論多元文化當中的社會爭議問題，作為課程內容。課程的目的在促進師生的理解，教師是居於課程的「教育理想」和「教學實際」之間的實踐媒介，教師如何明智地「詮釋」與「實施」課程當中的教育理念，是決定課程發展成敗的重要因素。

　　在「行動研究本位的課程發展」進路中，行動研究旨在協助教師，成為教育專業領域當中能夠反省思考的專業人員（Schon, 1991）。教師在課程發展過程中，不應只是一味執行外來課程顧問設計的課程，也不是一位機械的教學匠；教師應在教學歷程當中採取「教師即行動研究者」的立場，結合「國家政策本位的課程發展」以及「教師教學本位的課程發展」進路策略，將課程視為研究假設，透過教室「行動研究」，反省檢討自己的教學，考驗學校知識與教學之間互動關係，以提升學生學習品質（Stenhouse, 1985, 59）。

　　「行動研究本位的課程發展」之進路，強調教師教育專業知能，使教師得以靈活地因應課程發展的需要，採取各種教學策略、處理複雜的教育工作，幫助教師超越教學機器的譬喻。教師教育專業，意指教師在選擇課程組織教材及安排教學活動過程當中，不應受限於「國家政策本位的課程發展」進路策略之下的政府政策或教育法令規定，而應兼顧「教師教學本位的課程發展」的進路之下，更高層次的思考能力與策略，如溝通表達能力、問題解決與個案研究能力、創造思考能力、批判思考能力等專業知能，才能使教師更靈活地從事課程發展，以面對現今多元民主的社會以及

複雜多變的教育工作。因此,教師是參與課程發展歷程當中不可或缺的動力來源。重點在於政府及課程改革的推動者,應該協助教師採取「行動研究本位的課程發展」進路,以增進教師專業知能的發展,並落實課程發展的教育理念,以不斷改進學校教育品質。

四、合作的課程發展行動

就「行動研究本位的課程發展」進路而言,教師之間的孤立,極可能是阻礙教師專業發展的因素之一;而教師專業的互動與討論,在課程發展上,不僅限於課程內容的協調,還可包括相互觀摩與分享。教師更可以透過教師團體合作的專業發展過程,擴展其教育理性思考,激發其教育專業反省知能,產生教育行動的動力。這顯示了合作的課程發展行動可以達成更高層次的教師專業發展。此外,支持教師在課程發展的積極重要角色,教師本身需具備有專業自信與判斷,這可由建立教師之間相互支持,來促進教師同仁間教育專業成長。

就學校教室的行動研究而言,教師可以經由錄影或錄音方式記錄課堂上教師教學與學生學習討論實況,並分析學生的行動與互動是否合乎教育的程序原理原則,而且,校外的課程顧問經由訪問與教師進行深度晤談時,記錄其討論過程以增進教師對自己教育理念的理解,此種合作的「行動研究」策略,便是從各種角度處理證據的三角測量(triangulation)方法。 換言之,課程顧問或課程研究者與教室當中的教師進行一種合作行動研究(collaborative action research),共同指出學校當中教學行動與課程互動的課程發展問題。

課程顧問的角色不是推銷課程產品,而在協助教師依據其教育哲學發展課程,而課程行政就是促成課程發展的一種教育藝術。課程行政技術,就在於協助教師完成其所想要達成的課程發展工作,並協助教師更徹底地瞭解課程發展的前進方向,不致落入課程發展的泥淖與課程設計的意識型態紛爭當中。因此,課程顧問的角色,在於發現學校課程的問題與特點,盡力找出降低課程設計意識型態衝突的課程發展方法,並嘗試克服課程發

展的阻力，成功地促成課程發展與進步（Ryan, Johnston, & Newman, 1977, 547）。

　　在此歷程當中，校外的課程顧問鼓勵教師採取研究的態度，嘗試合乎教育歷程原理的不同行動策略，並透過不同的三角測量法以監控其教室情境當中的教學效應。例如：教師鼓勵學生提出不同意見，而不是一味追求一致的同意共識，教師並採用課程實驗的教學行動以長期考驗此一研究假設，並蒐集教室中的證據，以修正先前的研究假設，透過行動研究方法改進教學品質。

　　許多「國家政策本位的課程發展」策略之下的課程發展方案，缺乏系統地分析需求，以致無法實際解決問題。因此，首先有必要分析課程發展的需求與原因，才能對症下藥（Tyler, 1978, 241）。以美國1970年代「物理科學研究委員會」（Physics Sciences Research Committee）所發展的物理課程（PSSC）為例，因為舊的物理教材已經落伍，教師希望找到合乎時代要求的新教材，但是，卻認為沒有必要改變學生的學習經驗，也沒有必要採用新的教學策略。由於新課程無法滿足需求，未能瞭解學校的問題，遂遭失敗。因此，教師觀念的革新是課程發展中的一個重要關鍵。又如，閱讀障礙等特殊學習困擾的課程與個別化教學的課程，也必須依據個人不同的學習順序與速率加以設計。因此，分析學習上遭遇困難的學生類型，也是課程發展過程中的一個重要步驟。同時課程發展也必須分析當代的教育環境，如分析家庭、同儕團體、大型社區、學校環境等以確認影響課程的問題及其限制的動態因素，以便進行課程發展。

　　因此，課程規劃必須進行需求評估，宜廣納各方觀點，滿足學生與地方的需求，然後加以評估，再加以選擇，以配合社會變遷與新知識的發現。課程的研究，應該重視長期性的研究發展推廣。教育是一項細部的社會工程，只能點點滴滴的改善累積，而非如同烏托邦社會工程，一夜之間全面完美地飛躍進步（歐陽教，1990）。

　　以課程發展階段而言，應該將課程的發展與改革當作長期的研究與發展的教育工作來處理。鼓勵進行課程發展與實驗，不斷採用各種研究方法進行形成性評鑑以修正課程。當方案進行時，實施追蹤評鑑，一段期間

之後,並實施總結性評鑑,作為繼續發展新課程的依據。以課程推廣階段而言,課程發展應該進行正式推廣前的小規模實驗,以試用課程發展的成品;參與課程實驗表現優異的教師,可聘為課程推廣實施的教學示範教師,進行推廣工作。以課程的採用階段而言,重視問題解決途徑的課程改革,提升教師診斷問題及行動的能力與意願,並以學校作為課程發展的中心與課程改革的前進基地,以教師作為課程改革的主體,重視學校教育人員的責任與地方資源的利用,打破課程理論研究與實務工作的脫節現象,結合課程顧問專家的經驗與智慧,透過合作行動研究方式,解決學校的課程問題,提升教育品質。

在課程發展方面,「行動研究本位的課程發展」進路策略,可以提高教師與學習者的批判意識,其課程發展的第一個步驟,是由主要負責教育工作的教師與學習者,共同發展能夠確實反映學習者實際生活方式的課程主題。第二個步驟是將經過初步調查後所得的課程資料,做為課堂討論及進行提升教育文化素養的課程題目。第三個步驟是學習題目確定之後,並且在蒐集課程資料之後,教師應該組成課程會議進行討論課程內容,並接受課程參與人員不同課程觀點的反應。第四個步驟是經由心理學家、社會學家、教育學家等組成課程發展小組,擬定課程教材內容綱要。第五個步驟是以多元化的方式呈現課程教材內容,藉以提高教師與學習者的批判意識、並鼓勵教師與學習者針對現實環境提出質疑。此種課程發展途徑的教育目標,旨在協助教師與學習者能理解他們自己的世界觀及其所生活的現實社會世界,以協助教師與學生追求比較合適的社會生活。此種課程發展方法結合了程序和理性的原則,其目標在於激發教師與學生的批判意識(critical consciousness)。課程發展人員的教育工作旨在改進教師與學生的人格與態度,並培養教師與學生具備行動自由和承擔教育責任等知能(王文科,1988)。

然而,就「行動研究本位的課程發展」進路而言,學校教師是教育專業人員,並非意味著完成教師職前養成教育就能保證教師能勝任其任務。教師專業能力係指身為一位教師在知識上、心理上、能力上、態度上與信念上必須具備的各種內在知能條件(饒見維,1996),教師的教育專業

信念是個極爲複雜的概念，教師的教育專業文化與教師個人生活史、教育背景、專業經驗、教室情境，社會文化、專業傳統都有所關聯（Osborn, 1994）。特別是教師對學校教育實務工作的投入深度與廣度，以及教師在實際教室情境當中進行反省思考教學的知能與信念等，皆與教師專業成長有著密切關聯。而且「行動研究本位的課程發展」需要配合教師在職進修制度的配套措施，協助教師獲得教育專業發展。

第八章　課程實施與課程領導

「課程實施」（curriculum implementation），是將課程規劃的「築夢」願景與課程設計的「逐夢」方案，轉化成為「踏實」的實踐過程（黃光雄、蔡清田，2009）。它能連結理想願景、課程方案與教育實務，是實踐教育理想的一種具體行動，透過教育人員的愼思熟慮構想與實踐行動，縮短理想與實際之間的差距（Marsh & Willis, 1995）。更進一步地，「課程實施」不只是將「事前經過規劃設計的課程」加以傳遞，而且「課程實施」也是教育願景的轉化實踐歷程與協商交涉結果。因此，學校如何連結課程規劃設計與實施的歷程，乃是課程改革成敗的關鍵之一。

然而，課程改革需要時間進行事前規劃，課程實施更需要時間去推動（Parsons, 1987），以便進行進一步發展與調整及創新，因此，有必要培養教師因應課程改革的態度，並體認學校文化的重要性，瞭解學校情境的複雜性與教學互動歷程的重要性（Fullan, 1989）；透過課程領導（curriculum leadership）（蔡清田，2005），引導有效的課程實施之進展；創造有利於課程實施的積極條件，鼓勵教師願意積極投入課程實施，體認教師角色在課程改革中的重要性（Clandinin & Connelly, 1992），個別教師對課程實施的認同感與個人的課程教學魅力，並將課程視為有待考驗的研究假設（黃光雄、蔡清田，1999），以探究「實施教導的課程」（taught or implemented curriculum）之實際現況，並協助教師彼此合作，以建立教師專業文化，是邁向成功課程實施的主要特質（蔡清田，2008）。

本章第一節旨在說明「課程實施」的意義，第二節指出「課程實施」歷程當中「忠實的使用者」與「不忠實的使用者」的兩種教師角色。第三節根據文獻分析探討「課程實施」的「忠實觀」（fidelity perspective）與「相互調適觀」（mutual adaptation perspective）兩種研究觀點，與逐漸強調「行動落實觀」的「課程實施之落實行動」（curriculum enactment）。這些課程實施的觀點與本書所述及「課程即目標」、「課程即計畫」、「課程即研究假設」的意義相關，並與「科技主義」、「社會主義」、「專業主義」等課程設計意識型態關係密切，並且與「教師教學本位的課程發展」、「國家政策本位的課程發展」、「行動研究本位的課程發展」

等進路有著密切關連。

　　第四節將更進一步地闡明「課程實施」的四個探究主題，第五節並進而說明邁向「行動落實觀」的課程實施之四種配套措施，亦即行動研究、學校組織發展、關注本位的採用模式（concerns based adoption model）、以及課程一貫（curriculum alignment）。另外第六節也同時探究與課程實施關係甚為密切，而且近年來十分受到重視的課程領導行動策略（蔡清田，2007）。

第一節　課程實施的意義

　　一個新的課程方案往往開始於學者專家的教育理想或官方政策正式的書面計畫，但是，只有當教師在教室情境中實際的執行或實施這個課程的教育理想或官方正式文件的書面計畫之後，這個課程的教育理想或書面計畫才能轉化為學校的「知覺課程」、教師的「運作課程」與學生的「經驗課程」。審慎的計畫，是良好課程的必要條件，而非充足條件，因為如果教師沒有「知覺」到實施新課程的必要性，並且進一步在自己的教室加以「運作」實踐的話，那麼一切都只是紙上談兵（Marsh & Willis, 1995），學生無法「經驗」此一「課程」。因此，課程實施就顯得十分重要，是邁向成功的課程改革與課程設計發展的必要條件之一。本節旨在說明「課程實施」的重要性、複雜現象與其教育意義。

一、課程實施的重要性

　　課程經過設計與發展後，若沒有經過課程實施的實際行動，則無法落實課程的教育理念，更無法達到課程設計與課程發展的課程目標預期成效。因此課程如果要對學生產生影響，必須透過課程實施付諸教育行動。換言之，課程實施的探究，可以有助於課程研究與發展人員發現「課程」在經過設計與發展階段之後，實際執行「實施」階段的歷程當中產生何種改變，可以協助課程研究與發展人員瞭解課程設計與課程發展失敗的可能

原因，可以提醒教育決策人員避免忽略課程實施的重要性，更有助於課程研究與發展人員瞭解學生學習結果與各種影響因素之間的複雜關係（黃政傑，1991，399），作為改進課程設計發展、教師教學過程與學生學習品質的依據。

二、課程實施的複雜性

一般人使用「實施」（implementation）一詞的概念意義十分鬆散。例如：「實施」往往被界定為一項革新所包括的實際運作過程的一切作為與內容（Fullan & Pomfret, 1977）。此一定義，卻未詳細說明「實施」究竟包括什麼內容，也未說明究竟教育工作人員應該持有何種態度來面對課程實施的問題。再者，課程研究人員若要針對有關課程實施的情況進行詳實描述，有其諸多困難。

舉例而言，課程實施的焦點是著重在教師的課程材料使用，還是著重在教師的教學行動？或是著重在學生的學習？如果欲圖從上述三種課程實施層面加以描述，則應該根據何種實施規準來論述評析上述三種課程實施層面之歷程？因為此三種層面經常是三位一體，不易清楚地加以區分辨別，而且經常同時出現在教室生活當中。再加上往往政府並不能有充裕的研究時間，去瞭解課程實施之後的半年或一年或更長時間之後的實際效果。何況由於受到各種不同來源資料的複雜影響，有關「課程實施」程度的描述更是難上加難。究竟應該是從教室觀察、訪談、文件分析、問卷調查或是進行自我評析報告？往往造成當事人極大困擾。另一方面，由於彙集的課程實施資料，也可以用來評鑑參與該課程方案之個人及所屬單位的績效，不免涉及行政懲處之政治權威利益意涵，因此難免造成「是誰根據何種目的評鑑誰」之不安政治氣氛。

另一方面，由於課程設計與課程發展必須投入相當多的教育資源、時間與課程專家的人力，因此，課程設計人員與課程發展人員有必要從課程實施人員身上，獲得有關課程實際執行與使用情形之回饋資料。因為未來的課程改革努力成果，將有賴於建立在過去成功的課程設計與課程發展的

教育實踐基礎之上，以避免重蹈過去課程實施失敗之覆轍。因此，不管是由政府所主辦或民間財團法人以經費贊助的非營利目的的課程發展方案，相關課程研究發展的單位也應該予以重視並善加利用課程實施成敗的回饋資訊。因為課程研究發展單位必須瞭解課程實施的過去與現況利弊得失，以作為進一步發動新的課程方案之參考，而且課程研究發展的贊助單位，也應該進一步瞭解投資於課程發展方案當中的經費、時間、人力的教育績效。因此，課程實施的回饋資料，可以有助於邁向成功的課程改革與課程設計發展之實施。

　　然而，課程實施的探究有其困難存在，若要成功地進行課程實施更需要各種因素之配合。例如：帕森思（C. Parsons）便指出邁向成功的課程實施之主要因素包括（Parsons, 1987, 220）：

　　(一)課程發展需要時間，課程實施更需要時間，以便進行進一步發展與調整，因此，有必要培養教師因應改變的態度。

　　(二)課程發展需要透過技術的改變，有必要透過計畫階段以規劃課程實施的行動，促成改變。

　　(三)體認學校文化的重要性，瞭解學校情境的複雜性與教學互動的歷程的重要性。

　　(四)必須從時間、資源、教材等方面提供課程實施的誘因與獎勵。

　　(五)分擔課程實施工作的責任，協助教師彼此合作，以建立教師專業文化。

　　(六)創造有利於課程實施的積極條件，鼓勵教師願意全力投入課程實施。

　　(七)善用地方與教師的合作團體，建立課程實施的合作架構。

　　(八)透過課程領導與課程協調的教育工作者引導課程實施之進展。

　　(九)體認教育系統的文化價值之重要性，瞭解國家層面、地方層面及學校層面的教育改革政策之整體意義。

　　(十)瞭解課程發展與課程實施的政治觀點的必要性，進而與課程實施相關人員保持密切關係、建立雙向溝通管道。

　　(十一)理解並贏得課程發展與課程實施相關人員的支持之重要性，並

在地方與學校獲得社會大眾與學生家長之支持，以便建立教育改革的合法
地位。

(十二)體認教師角色的重要性，個別教師對課程實施的認同感與個人
的課程教學魅力，也是邁向成功課程實施的主要特質。

從上述邁向成功的課程實施的影響因素觀之，課程實施的意義以及
影響因素實屬複雜，涉及了課程改革的技術、政治與文化觀點。特別是課
程實施有其執行上的困難，因爲教師很少有時間去進行課程規劃，或研擬
課程實施或學習新技巧方法。而且，課程改革人員往往未能瞭解也未能考
慮到學校情境的個別差異。所以，課程改變的要求太多太難，不可能要求
教師立即達到成功的課程實施。因此，成功的課程實施經常是緩慢地伴隨
著學校組織團體的成長與日趨成熟，而逐漸達成課程改革的願景（Fullan,
1989, 24）。

三、課程實施的本質

美國的教育學者豪思（Ernest House）指出，課程實施的本質是一種
政治決定，重要的是課程設計人員與課程使用者雙方能透過面對面的互動
與交互作用，以建構課程實施的動態平衡（House, 1979）。亦即，我們可
以從課程發展的技術、政治、文化本質來理解有關課程實施的意義（蔡清
田，1997e；House, 1979）。

從技術觀點而言，「預動與互動途徑」（proactive/ interactive
Approach），強調課程實施的「忠實觀」，深信系統的課程規劃設計與課
程發展的理性途徑，可以克服教師課程實施所面臨的時間缺乏或能力不足
的課程實施問題，此種觀點與「課程即目標」的課程意義立場與科技主義
的課程設計意識型態有密切關聯。

從政治角度而言，「協商模式」（negotiation model）的基本假設認
爲，基本上課程實施的相關人員並不完全依據理性而行動，因此，此種
觀點強調課程實施的參與人員之間的權力平衡與互動調適，才是作爲判
斷某一項課程發展成敗的依據。同樣地，英國的課程學者麥唐納（Barry

MacDonald）以及歐克（Rob Walker）也主張課程實施涉及磋商協調的過程（MacDonald & Walker, 1976）。事實上，課程實施是經過課程設計人員與課程使用者的教師團體雙方彼此進行教育交易、相互調適與理念相互交換的結果，此種觀點與課程實施的「相互調適觀」關係密切。

　　從文化觀點而言，主張現有課程實施參與人員根深蒂固的深層社會文化價值與教育信念，最後終將影響教室層面的課程實施。因此，有效的課程實施，有賴於透過課程行動研究，改變課程實施參與人員的價值文化與教育信念。此種觀點與「課程即研究假設」的課程意義立場與教學專業主義的課程設計意識型態有關，而且與課程實施的「行動落實觀」關係密切。例如：英國課程學者魯達克 （Jean Rudduck）以及凱莉（P. Kelly）也認為課程實施與學校文化關係密切（Rudduck & Kelly, 1976），而且課程實施的歷程，就如同課程設計人員事前精心規劃的課程藍圖，逐漸轉變成為教師在教室教學情境當中與學生互動之後，加以調整再付諸教學行動的課程。課程的內容與方法經過學校正式組織與班級社會體系的師生需求與價值文化的過濾與詮釋之後，而不斷增加、減少、修正或創新，因而造成課程實施過程中的實際差異，就如同根據同一樂曲，在不同指揮者及不同演奏人員的互動詮釋之下，呈現多元且具特色的不同實際演出效果，顯現出課程實施的豐富面貌與生動活潑氣息。

四、課程實施的意義

　　事實上，課程實施的科技、政治與文化觀點都能用來解釋教師進行課程實施的部分實際情況，三種觀點之間關係密切，而且可能同時發生。由此可見，若從教師專業文化的觀點而言，事實上，我們可以將課程實施的意義界定為教師將事前經過規劃的課程付諸實際教學行動的實踐歷程。換言之，課程實施也就是將「書面課程」（written curriculum）轉化成為教室情境中的教學實際作為之教育實踐行動（Marsh & Willis, 1995, 205）。更進一步地，課程實施不只是將事前經過規劃的課程付諸實施傳遞行動，而且也是協商交涉與教育信念轉型的行動歷程與實踐結果。因此，由教師

的教育專業角色來探究課程實施的意義，實有其重要性與必要性。

第二節　課程實施與教師角色

　　「國家政策本位的課程發展」進路，是由中央政府規劃主導的國家層次課程發展，其目的乃在於規範或塑造教師課程實施觀念的相似性，而塑造或規範此種課程實施觀念相似性的來源之一就是學校教育的課程傳統。例如：由中央政府統一公布的「課程綱要」、「課程標準」、「教科用書」、「教學指引」、「教師手冊」、「科目教學綱要」等傳統的課程規範說明或課程行政命令規定。在臺灣的大部分中小學教師皆會遵守教育部所公布的「課程綱要」、「課程標準」，並採用經過教育部直屬機構的國家教育研究院、國立編譯館編輯或審查通過的「教學指引」、「教科用書」與「學生習作」，而進行政府所預期規劃的課程實施。

　　但是，也會有一部分具有教育改革意願或具有課程創意的教師，不一定完全遵照中央政府規定的「教科用書」等課程計畫或行政命令之規定內容，而選用合乎學生家長需求的教材教法或教育改革理念哲學。然而，這種具有改革熱忱的教師並不多見，因為中央政府規劃並正式明文公布的「課程綱要」、「課程標準」等官方的正式課程文件與行政命令規定，是具有強大的行政權威的，足以約束任何教師的教育改革觀念或企圖。因此，中央政府「依國家政策為依據」所發展的「課程綱要」、「課程標準」等課程命令或行政規定總是控制學校教育的課程，使得學校教育的課程經常具有保守的色彩與守舊的傾向。

　　由於中央政府規劃並公布的「課程綱要」、「課程標準」等課程命令或行政規定具有相當的行政權威，特別是「課程綱要」、「課程標準」、「教學指引」與「教科用書」，已經在臺灣的學校教育系統、學校正式組織及班級社會體系當中，建立制度化的課程約束角色，成為學校教育中一股強大的影響勢力與權威。一位接受師資養成教育的準教師，必須對中央政府規劃的官方正式課程有著基本的認識；一位實習教師也必須學會如何精熟地掌握中央政府規劃的官方正式課程之規範，才能通過檢定成為一位

合格教師；一位合格的正式教師也必須熟悉「課程綱要」、「課程標準」及「教科用書」之內容與「教師手冊」或「教學指引」，以便達成傳道授業解惑之教師的傳統角色。因此，一般教師常將官方規定的課程視為教學圭臬，實際上卻很少加以分析批判。

但是，值得推動課程改革的相關人士注意的是，這些「國家政策本位的課程發展」之相關課程命令與行政規定，對教師與學生的拘束究竟有多大呢？理論上這些相關的課程命令與行政規定，特別是「課程綱要」、「課程標準」、「教學指引」、「教科用書」與「學生習作」，可以如同著色畫本一樣地規範教師與學生塗色的輪廓範圍，卻不應該限制教師與學生選擇色彩的種類與自由。因此，課程的規範說明與行政命令規定可以規範課程科目知識的最小範圍與最低標準，而無法硬性限制師生的最大選擇範圍與成就最高標準，更不應限制師生對於學習方法的選擇。

一般而言，由於教育行政人員無法時時刻刻監督教師的教室實際教學，教師也會對政府正式公布或書面規定的官方課程文件進行口頭的摘述或詮釋，而不是逐字忠實地進行課程實施。事實上，教師可能心中知道「課程標準」等課程相關規定命令的存在，但是，教師在教室中實際握有部分程度的教學自主權。

一、課程實施的兩種使用者

理論上，大多數教師會歡迎新課程，因為新課程會增加提供教師眾多選擇的一種另類選擇機會。但事實上，並不是所有的教師都會主動自願地接受新課程，也不是所有接受新課程的教師皆會實際運作新課程，並將新課程實施執行在學生身上。因為，某些教師可能非常滿意於他們目前所使用的課程。在某些教育情境之下，當教師別無選擇地使用新課程時，教師可能會以熱忱接納新課程，成為順從新課程的「忠實的使用者」。也有一部分教師不願意使用新課程或加以調整，而成為所謂不順從或不歡迎新課程的「不忠實的使用者」（dissonant users）。在極端的情況之下，一位「不忠實的使用者」可能表面順從，然而，在教學技術層面的課程實施

實際上，卻採用馬基維利式（Machiavellian）的抗拒策略，背叛新課程理想或原先計畫，甚或顛覆「理念課程」與「正式課程」。因此，「課程實施」過程中，個別教師的態度是非常重要（Marsh & Willis, 1995, 207）。

二、課程實施的兩種絕對權力觀點

在課程學術著作中，有關教師的課程實施態度方面，常見到「教師絕對權力」的教學專業觀點與「行政絕對權力」的科層體制觀點，但是這兩種課程實施的政治立場對峙的絕對權力觀點，在教育實際上並不多見。因為，這兩者的權力關係常是相對的，而不是絕對不變的。

(一)課程實施的教師絕對權力觀點

第一種課程實施的觀點認為，就教學專業而言，教師擁有絕對權力，可以專業地決定是否在某班級教室當中運作或執行實施某一課程。贊成此種觀點的教育改革者主張教師應該具有教育專業知能，並肯定教師有管道獲得決定某一課程主題或單元的知識、技能或資源。他們並且相信教師能夠花費較長時間以準備教學材料，並有能力去準備或供應教材。因此，擁有此種觀念的教育改革者主張教師應該有管道獲得適當的經費來源，以進行課程教學材料的設計發展，而且教師有能力將此知識融入所欲發展的課程主題單元之中，教師也必須投入所有的學校課程設計發展活動。此種觀點與「教師教學本位的課程發展」的課程發展進路有關，而且與課程革新的政治觀點密切關聯。

例如：一些有關「學校本位課程發展」（school-based curriculum development）的課程文獻，常以此種樂觀的角度描述教師在課程規劃、發展與實施的所有階段中，皆未受到任何外力的限制。其基本假定認為教師擁有絕對權力，不會受到教育系統、家長或社區的限制，可以自由地在任何時間介紹任何新課程內容、方法或單元主題。此種描述完全以教師在參與所有階段的課程發展是積極正面的，而且是可欲的、具有教育專業價值的。然而，此種課程實施的觀點，期待任何教師去從事所有的課程設計與發展活動，是不合乎學校教育的實際情境與教室教學現場的實況。事實

上，在「學校本位課程發展」活動中，每一位教師所能從事的課程設計活動，仍受到整個教育系統上的科層體制之行政權力限制，實際上，個別的教師不可能擁有如此之大的絕對權力。因此，第一種「教師絕對權力」的教學專業極端觀點，是有瑕疵而不夠完備的課程實施偏見。

(二)課程實施的行政絕對權力觀點

　　另一種極端的課程實施觀點認為，從科層體制的行政觀點而言，有一種外來的行政權威，可以對教師的教室教學活動施展完全的監督與控制，引導教師去選擇特定方法或使用特定課程主題或單元。此種由中央政府預先加以規劃的教育行政系統的特色是權威的與傳統的。特別是由中央政府的教育行政權責單位或地方學區行政人員視導督導教師的教室教學，以確保教師根據政府的規定方式運作或執行官方預期的課程與課程實施。科層體制透過教育行政命令要求所有教師在相同的「課程標準」或「課程綱要」之下，以相同方式在相同時間運作並教導相同課程，執行政府所期望的課程實施，以達成政府事前規劃「課程綱要」、「課程標準」的課程目標預期理想。此種觀點與「國家政策本位的課程發展」的課程發展進路有關，而且與課程革新的技術觀點關係密切。

　　令人懷疑的是，教育行政人員是否能真正完全徹底地對教師教學加以規範與控制？儘管有關「課程綱要」、「課程標準」的指導綱領或課程行政命令可以規範地十分詳盡，但是教師卻有許多數不盡的專業方法與策略，可以技巧地周旋應付此種行政規範與規定的內容。舉例而言，教師可以輕易地調整課堂教學，造成課程內容與教學順序的差異；教師也可能強調特定的道德價值信念或社會矛盾的爭議議題，或省略或貶損某種特定價值議題。因此，除非督學能繼續不斷地在教室中觀察教師教學，否則教室門內的課程實施實況是很難被外界所瞭解的（Goodlad & Klein, 1970）。

　　課程是為了協助學生能學習到知識技能與情意、獲得解決問題能力、激發創造力、養成良好品格等的教育目的。課程實施的過程中，課程設計本身固然重要，但是也要注重教師的影響因素，因為有了教師參與課程發展過程，課程設計才能有生命。課程實施應該顧及到教師的專業自主與人格尊嚴，教師並不只是教書的工具而已，應該可以有機會主動參與「課

程」的創造與發展工作，畢竟教師是在教育工作第一線上的教室現場，最瞭解學校教學與教室情境實際情況的教育專業人員，教師實際的教學經驗與教育專業知識不容抹煞。不過，教師也必須能繼續充實自己的教育專業知識，多參與學校教育人員的在職進修活動，吸收新的知識，充實課程知能，不致成為課程設計的門外漢或課程發展的局外人，甚或是教育改革課程實施的陌生人。

第三節　課程實施的研究觀點

「課程實施」是課程設計規劃與課程發展當中的一個重要步驟。在課程實施的過程中也牽涉到許多議題，其中主要有兩個觀點的不同：一個是「忠實」（fidelity）的觀點，強調課程實施的過程中，教師應該遵循原來課程設計人員的理念，重要的是教師要去學習執行實施此新課程理念，此種課程實施的優點，在於容易照章實施執行運作，有利達成既定政策目標，便於評鑑考核績效，然其缺點是教師難以發揮創意，不易因應快速社會變遷，未能考量地方社區條件，不易適應學生個別差異；另一個是「相互調適」（mutual adaptation）的觀點，強調教師可以在課程實施的過程當中，根據教學環境及對象的不同，和課程設計人員溝通，修改原來的課程理想或課程計畫。甚至，應該從課程實施的「忠實觀」與「相互調適觀」，轉移到教師教室教學情境的「行動落實觀」（Snyder, Bolin, & Zumwalt, 1992），亦即所謂的「落實觀」課程實施（歐用生，1996b，210；1997，12），重視教室層面的課程發展設計的轉化與課程實施行動的落實。這些觀點與「教師教學本位的課程發展」、「國家政策本位的課程發展」、「行動研究本位的課程發展」等課程發展進路有關，而且與課程革新的技術觀、政治觀與文化觀關係密切。

例如：學校中某些科目可能被視為課程的精髓核心，而在課程指導綱領詳細地規範說明其教學內容與教學方法；因此，就課程專業領域而言，所謂的「忠實」的課程實施就有其必要。另一方面，在學校教育中某些科目可以具有彈性的教學內容與教學方法，而且在此種課程領域當中，教師

也通常被允許去發揮個人的創造能力以實施其個人觀點的課程，因此，就課程專業領域而言，所稱的「調適」（adaptation）的課程實施也有其必要性（Marsh & Willis, 1995, 208）。而傅蘭（M. Fullan）以及潘福瑞（A. Pomfret）所提出的「忠實觀」（fidelity perspective）與「歷程觀」（process perspective）的課程實施有其獨特之探究規準與方法（Fullan & Pomfret, 1977）。由於這兩個觀點的基本假設各有不同，因此發展出來的課程實施策略也不盡相同，各有優缺點與其適用的特定情境。

一、「忠實觀」的課程實施

贊成「忠實觀」的課程實施相關人員，深信強調課程設計的優先性與重要性，而且事前經過規劃的課程是具有示範作用與明確效用，將會被教師毫無疑問地接受。「忠實觀」課程實施的擁護者所持的觀點就是相似於豪思（Ernest House）所指出的對「技術歷程」深信不疑者的觀點（House, 1979, 9），而且與由上而下的「國家政策本位的課程發展」進路有密切關聯。此種「忠實觀」課程實施觀點的堅信者，主張教室中付諸實際教學行動的課程實施，應該完全符合課程設計人員原先規劃的意圖與理想，而且他們認為如果教室中的教師不能忠實地使用課程，則投資可觀的資源、時間與能力以規劃最佳的學校課程便是前功盡棄。如果教師堅持以特別經過修訂的方式來實施課程，則課程實施的效果不免受到稀釋沖淡。

一般而言，「忠實觀」課程實施的擁護者認為教師對課程的理解不足、認識不深，而且也缺乏適當的課程實施能力；換言之，也就是教師的課程知能（curriculum literacy）不夠、課程素養（curriculum competence）不足。因此，課程設計人員所規劃的課程應該是事前加以高度的結構化，而且必須給予教師明確的指導說明，以規範如何進行教學。對教師而言，似乎課程與教學是由課程設計人員事前決定規範的內容與方法，此種「忠實觀」課程實施觀點並未留下太多的彈性與自由發揮空間，並不鼓勵或允許個別教師在個別學校教室情境中因應變化而修改課程的教學內容。其基本假設認為，由中央政府進行課程規劃與課程定義是一種必要的措施，以

避免當地方學校或使用者實施某一政策或方案所產生的無效率情形。換言之，如果教師的課程實施選擇權不多，而且實施的方法愈明確，則課程實施愈「忠實」。特別是評鑑正是用來安排衡鑑課程實施與執行是否與原計畫一致符合的監控設計工具。此種觀點將教師視為課程設計的消極接受者，而且教師必須徹底地接受訓練以「忠實」地進行課程實施，如此才能確保教師以高度純熟的技法實施新課程。

「忠實觀」的課程實施適用於某些特定的課程情境，特別適用於課程內容極為複雜困難而且不容易掌握精熟的新課程方案，或是學生理解有賴於配合課程內容的特定排列，因此課程實施的順序有必要事前加以規定。許多在美國1960年代與1970年代全國性課程方案的發展都是一種傾向「忠實觀」的課程實施。例如：「生物科學課程研究方案」（Biological Sciences Curriculum Study Project，簡稱 BSCS）的教師角色就受到嚴格的規範，例如教師在播放一系列主題影片之後便安排實施討論，在討論過程中，教師必須以課程設計人員事前規劃的特定主題介入學生的討論，而且教師也必須以課程設計人員預先提供的問題解答綱要，作為處理問題討論的依據標準，以免討論中斷而阻撓學生的探究。

許多這種類型的全國課程發展方案，將「忠實觀」的課程實施發揮到極致。課程設計人員規劃「套裝課程輯」（curriculum package），甚至設計出「防範教師」（teacher proof）的「套裝課程輯」，不僅課程指引對教師教學規劃十分詳盡，甚至扮演課程與學生之間媒介的教師角色，也被貶低壓抑到最低程度，以免稀釋沖淡課程設計人員原先規劃的理想。儘管地方政府或學區內的學校公開宣稱使用這些「防範教師」的課程，但是，教師並未真正徹底實施這些課程，或實施不久即宣告放棄不用。事實上，不僅很少學校使用這些課程，教師也經常找到一些方法修改這些課程以適用於實際複雜多變的教室教學情境當中，這是課程設計人員未能事前預見的，也難以預先控制的。

二、「相互調適觀」的課程實施

「歷程觀點」（process perspective）是課程實施的另類變通途徑（Fullan & Pomfret, 1977），此種觀點又以「調適觀」或「相互調適觀」聞名於教育界。達林（P. Dalin）以及麥勞林（M. W. McLaughlin）率先使用「相互調適觀」，以解釋課程革新的實施，有必要因應學校教育之實際情境，而加以彈性調整（Dalin & McLaughlin, 1975）。此種歷程就如同存在於課程設計人員與課程使用者之間的一條雙向溝通管道。此種觀點的擁護者，認為不同教師面臨不同的教育實況現場，必須因應教室教學實際而加以彈性因應調適課程。此種觀點與豪思所指出的課程革新政治觀點相近，而且與「教師教學本位的課程發展」之進路有關。

例如：伯曼（R. Berman）以及麥勞林（M. W. McLaughlin）便主張：實際上所有事前經過規劃的課程，在實施的過程中都必須經過修正調適，才能適用在特定而快速變遷的教室教學情境，唯有如此，教師才能使學生的學習獲得最大的效能（Berman & McLaughlin, 1975）。另外，傅蘭以及潘福瑞在其研究中也似乎特別贊成此種觀點（Fullan & Pomfret, 1977），以他們分析的「藍德研究」（Rand Study）為例，該研究囊括全美不同地方學區的二百九十三個課程方案，這是當時最完整的課程實施方案之研究，他們的結論指出事前經過規劃的課程不可太嚴苛地指定過多或規範過細，而應該允許課程使用者因應特定情境之需要加以調適，才能邁向成功的課程實施。事實上，「相互調適觀」應該包括課程設計人員與課程使用者雙方同意安排進行修正調整，採用最有效的方法，確保課程實施之成功。

三、「忠實觀」與「相互調適觀」兩者之間的持續論辯

1970年代課程實施的「忠實觀」與「相互調適觀」彼此對立，爭論時起，到了1970年代末期課程領域的專業文獻則普遍推薦「相互調適觀」，特別是「藍德研究」受到極為廣泛的支持與推崇。因此以往分配到國家層

次課程方案的大筆經費，大部分都轉移到地方學區與學校當局自行規劃與實施的課程革新方案，而其他研究者則採用一種修正「忠實觀」的課程實施。例如：李思武（K. A. Leithwood）以及孟哥孟尼（D. J. Montgomery）就發展出一套「課程實施」層面的剖析表，主張每一個課程方案都是獨特的，教師的課程實施可以就其層面區分為「未使用」到「完全使用」的連續程度，此種課程實施層面剖析表，也被研究者用來辨別課程忠實的使用，以及失去課程原意的劇烈轉化改變現象（Leithwood & Montgomery, 1982）。作者將在本章第五節課程實施的配套措施，舉例加以說明。

另一方面，伊藩藍（J. D. Eveland）、羅吉士（E. Rogers）以及開勒普（C. Klepper）則從另一個角度指出「二度創作」（Re-invention）的課程實施概念，探究教師實施一套課程時，經常增加或減少或修正課程內容的轉化改變現象（Eveland Rogers & Klepper, 1977）。他們認為當教師採用「二度創作」的策略，使得課程方案更適用於特定的教室情境時，然而在此情境中，教師的「課程實施」還是保有中等程度「忠實觀」。不過，「忠實觀」與「相互調適觀」兩者之間的「二度創作」的課程實施，其界限不易明確地加以界定。

在1970年代傾向於保持「忠實觀」的課程實施，或有限度地允許少量調適。到了1980年代早期，「藍德研究」發展出來「相互調適觀」的課程實施，一方面不僅引人側目，另一方面也因此而樹大招風惹來不少批評。例如：達特（L. E. Datta）便從方法論的觀點，指出「藍德研究」的許多課程方案，根本就是由許多地方政府出資贊助的課程方案，不是由中央聯邦政府主導的課程發展，而且「相互調適觀」也不是該方案課程實施的成功條件（Datta, 1980）。另一方面，洛克（S. F. Loucks）則指出該「藍德研究」有不少彼此衝突之發現，儘管「相互調適」的情形顯著，但是中度「忠實觀」的課程實施也是相當普遍（Loucks, 1983）。在此同期，1978至1982年間美國也進行另一類型的課程實施研究。例如：「支持學校革新的推廣效用研究」（Study of Dissemination Efforts Supporting School Improvement，簡稱DESSI）調查了一百四十六個不同學校，並進行十二個地方學區的個案研究（Huberman & Crandall, 1982, 80）。此一

「支持學校革新的推廣效用研究」方案之研究人員，例如：蘇柏曼（M. Huberman）以及喀藍德（D. P. Crandall）利用豪爾（G. E. Hall）以及洛克（S. F. Loucks）所設計的檢核表，蒐集高程度水準的課程實施資料（Hall & Loucks, 1978），他們的相關研究結論指出：

(一)「忠實觀」的課程實施程度高過一般常人的預期水準。

(二)地方調適或民主作風是一種諷刺，因為當地方一開始進行新方案的課程實施時，課程革新方案的來源與焦點很快地被模糊了。

(三)由地方研究發展的課程方案實施中，地方的熱忱投入，並不一定會導致不忠實不熱忱的課程實施。

1980年代中期，「忠實觀」與「相互調適觀」的論戰稍歇，論者認為不同的課程實施觀點皆有其時代背景及政治文化因素的影響，因此，不同的課程實施途徑，可能適用於某一時期、地區、對象，卻不適用於其他時期、地區、對象。由於早期課程人員對於「忠實觀」的課程實施過分樂觀與高度期望而導致後來的失望與覺醒，因此，聯邦政府對「忠實觀」課程實施的補助經費，也逐漸轉移到由地方政府發動的「相互調適觀」的課程改革方案。

在此同時，美國部分學區開始以種種策略來抵制州政府官員的行政指揮，以逃避州政府的教育行政命令。同時，州政府的教育官員也逐漸瞭解到「忠實觀」與「相互調適觀」的雙面論證，而傾向於依據不同情境，建議採取不同的課程實施觀點，處理不同科目、不同地區及不同文化團體的課程實施問題。當時教育研究人員也注意到教師的專業生涯與個人生活會影響課程實施，需要長時間以進行課程實施。另一方面，課程方案可以提供教師許多新的專業成長機會，有些教師會尋求這些機會，而有些教師由於處在不同的生涯階段，則覺得這些機會對其造成威脅（Huberman, 1988）。例如：古德森（Ivor Goodson）的研究便指出教師生活歷史的重要性，以及教師在課程實施上的關鍵性（Goodson, 1988）。但是當時仍有許多研究十分支持修正的「忠實觀」課程實施。因此，儘管「忠實觀」與「相互調適觀」的論戰不如往昔激烈，但是兩者間的衝突依然暗潮洶湧。

1990年代的「忠實觀」及「相互調適觀」在課程實施仍各有其相當的

影響力。例如：1989年美國布希（George Bush）政府邀請各州州長召開全國教育會議，並建議「國定學校教育目標」（National Goals for Schools）以引導美國全國學校教育（DOE, 1991, 3），此六大目標如表8.1：

❀表8.1　美國六大「國定學校教育目標」

目標一： 入學準備	在西元2000年以前，所有的美國兒童都將做好就學準備。
目標二： 完成高中	在西元2000年以前，高中生畢業率將增加到至少百分之九十。
目標三： 學生成就和公民資質	在西元2000年以前，四、八、十二年級的美國學生，都能證明有能力面對英語、數學、科學、歷史及地理等方面問題的考驗；而且在美國的每一所學校，都將確使全體學生，學習充分運用其心智，準備好作一個負責的公民，能繼續學習，並在現代經濟社會中，成為一個有生產力的從業人員。
目標四： 科學和數學	在西元2000年以前，美國學生的科學與數學成就，將領先全世界。
目標五： 成人讀寫和終身學習	在西元2000年以前，每一個美國成年人都能夠具備讀寫能力，並且有能力在全球經濟中參與競爭，獲得成為負責任的公民所需的知識及技能。
目標六： 安全、有紀律及免於毒害之學校	在西元2000年以前，每一所美國學校都將免於毒害與暴力，並能提供有助於學習的紀律環境。

因為美國聯邦政府在憲法中缺乏教育權限的法律地位，未能強制要求各州及地方政府實施全國一致的課程，因此，美國「國定學校教育目標」並不是一套國定課程，但是卻很明顯地提倡統一的教育目標，鼓舞了教育人員與美國民眾「忠實觀」的課程實施。相對地，1990年代中期柯林頓（Bill Clinton）政府則提倡學校應達成的「國定表現標準」（National Performance Standards），主張學校可以不同方式達成「國定表現標準」，因此倡導了「相互調適觀」的課程實施，經由教師參與地方草根式的「學校本位課程發展」，不僅促成學校課程發展與教師成長的專業化，更促進了「相互調適觀」課程實施的推展。

在這兩種課程實施觀點的擺盪當中，具有先見之明的學者，遂呼籲課程學者與學校教育人員，也應該重視課程實施的「行動落實觀」，強調教師在教室情境當中的實際課程行動實踐。課程行動落實觀，強調課程是師生共同創造的教育經驗，主張教師要扮演課程發展者的角色。此種觀點與豪思所指出的課程革新文化觀點相近，而且與「行動研究本位的課程發展」之進路有關（歐用生，1996b，210；1997，12；Snyder, Bolin, & Zumwalt, 1992）。

第四節　課程實施的探究主題

從歷史發展的觀點而言，課程實施的探究大致可分為「採用」（adoption）、「實施」（implementation）、「標準化」（standardization）以及「再結構化」（restructuring）等四個主要議題（Fullan, Bennett, & Rolheiser-Bennett, 1990, 13）。

一、採用

在1960年代，「採用」的觀念極為盛行，教育決策人員往往認為某一個學區或學校的課程決定「採用」某一項教育改革或課程革新，便足以擔保該課程在所有學校或班級教室成功地進行課程實施。當時這是一種極為普遍卻天真而浪漫的課程實施假設。例如：美國1965年的「初等與中等教育法案」，是美國聯邦政府前所未有的積極主動投入全國性的教育改革之肇始。其後美國聯邦教育法案如「雙語教育」等隨之而來，提供地方學校適當經費以協助學生的特殊需要。當時在許多教育改革之下的課程革新方案，都普遍遭遇課程實施的實際困難，甚或造成教育改革的失敗。

到了1960年代末期，這些教育改革之下的課程革新方案的理念不只在協助個別的學生，而且在於激發由地方學校「採用」新的課程革新方案，以作為其他學校進行教育改革或課程革新之楷模。這就是所謂課程實施的「採用」階段，其基本假設是地方學校教育人員願意「採用」相同的課

程，而且可以有效地「採用」其他地區學校教育人員所設計或發展出來的課程方案，而且「採用」更可以確保一致成功地進行課程實施。

　　然而，此種課程實施的共同假設是相當天眞浪漫的，因爲不同地方學校教育的不同條件，通常才是課程方案有效實施的重要影響條件。例如：麥勞林（M. W. McLaughlin）就指出美國聯邦方案背後的共同理念，便是認爲更多金錢或更好觀念的投入，可以有效幫助地方教育人員改進學校教育措施（McLaughlin, 1989, 3）。事實上，只注意到教育改革之下課程革新方案的「採用」模式是不足夠的，應當注意到投入之外的其他地方學校情境與教師專業文化等歷程因素。

二、實施

　　在1970年代，研究者的注意焦點轉移到第二個主題「實施」，而且進行許多有關個別的課程革新方案「實施」的研究。儘管這些研究的規模相當之大，但是，其眞正有助於教師「實施」新課程的應用價值相當有限，因爲這些研究都只是以單一的課程革新方案爲研究對象。然而，學校並不是在一段時間內只進行一項課程革新方案的實施，實際上學校是在同一段時間內，也必須同時實施學校課程當中未在該項改革之列，但原先就存在的其他課程領域。

　　因此，到了1970年中期，美國聯邦政府開始提倡「推廣」的觀念。例如：一方面1970年代美國教育署（Office of Education）贊助成立「全國推廣網路」（National Diffusion Network）；另一方面，美國「國家教育研究所」（National Institute of Education）也以經費贊助許多教育推廣方案，似乎教育經費的增加或課程推廣專家的支援，將有助於某一特定課程的實施推動。特別是「全國推廣網路」採用了許多推廣策略，例如：教育行政機構便利用教師擔任課程發展者及示範者（developer-demonstrators），並聘請教師擔任州內教育推廣機構的課程改革的代理人與推動主力，以協助地方學校界定其課程改革需要，並安排訓練以協助教師「實施」其所選擇的課程改革方案。

　　由此觀之，不管課程實施的規模大小，若未得到應有的推廣支持與協助，則課程實施是不可能成功的落實與更難以實踐課程的教育理念。然而，就美國的課程實施的經驗而言，一方面多年來「推廣」與「實施」的探究主題已經愈來愈重視觀念資訊分享與經驗分享，另一方面卻忽略課程實施歷程當中整體課程方案的複雜互動歷程，更忽略了教師團體在學校組織文化脈絡當中的影響勢力。

三、標準化

　　由於美國政府對「採用」與「實施」的失望，特別是到了1980年代初期，美國聯邦政府的態度就更為重視教育績效，對課程方案就要特別經過仔細的審查與正式的評鑑，以瞭解其是否真正改善學生的學業成就。因此，課程實施的第三個探究主題，即有關教學與學生學習成就測驗的「標準化」，遂成為近來政府權責當局與教育界所共同關心的主要課程實施問題。當時有許多研究旨在回答下述兩個問題：是否能有效地運作？是否合乎成本效益？在此一時期，美國聯邦政府教育策略的背後基本假設，皆是透過一個預先規劃的評鑑策略，以評估某一課程方案是否能以最低成本改進學生學業成就。若合乎上述「績效」要求，則該課程方案就可能會被廣泛地使用。

　　此一基本假設不僅忽略了第一個時期與第二時期課程實施的失敗經驗，也高估了教育研究人員能明確地解答廣泛的教育基本問題的能力。然而根據學者的研究，儘管有許多教育資源與人力等投資與期望，大筆的金錢與人力物力卻浪費在徒勞無功的成本效益分析與稽核工作之上，未能真正致力於課程革新方案的實踐與落實。因此，此種途徑的課程實施也不免面臨失敗的命運，因為此種重視測驗途徑只是讓教育事業變得更為瑣碎化。

　　就學生活動與成就的課程實施層面而言，設計新課程的目的之一乃在於提供學生更佳的學習機會，然而，能夠精確地測量學生學習成就是不太可能的事，更何況利用測驗分數以斷定新課程實施的效果，也不易導致明

確的結論。因爲學生的測驗分數往往受到非課程本身因素的影響,而且課程也含有許多不可預期的結果與不可知的副作用,是無法透過測驗而得知的。因此,若要設法發現新課程對學生所產生的影響,則不能只限於使用容易測量的工具,來判斷學生的學習成就。必須從寬廣的角度方法與謹愼態度,來判斷學生的學習成就。然而,利用實驗組與控制組以獲得比較分析課程的效能,必須投資長久時間與較高成本,其代價是相當昂貴的。

早在1930年代美國的「八年研究」(The Eight Year Study)便利用精緻而廣泛的方法蒐集學生的成就資料。但是,值得注意的是,理論上,課程人員可以設計一套合乎其特定需要的測驗,以顯示其特定課程比其他課程更爲優越,然而,此種特定測驗的結果,應有其限制。因此,歐克爾(D. F. Walker)以及蘇菲齊克(J. Schaffarzick)分析二十六個美國主要的課程方案,比較使用新課程的高中學生與使用傳統課程的高中生客觀紙筆測驗成績,結果發現新課程並沒有實質上的優越性。他們認爲:這些結果顯示,使用新課程的學生,在根據新課程內容的測驗分數上,表現較高於其他學生;而使用傳統課程的學生,在根據傳統課程內容的測驗分數上表現優於其他學生(Walker & Schaffarzick, 1974, 421)。換言之,學生的學習效果,可能會因爲教師採用不同的測驗工具,而測量出不同的學習效果。

四、再結構化

第四種主題爲「再結構化」,是1990年代以來新興的課程實施之研究途徑,亦即由中央政府官員進行課程計畫,企圖成功地協助地方學校推動課程實施,往往有賴於「地方能力」(local capacity)、「動機與熱忱」、「內部結構條件」以及「壓力與支援的平衡」(McLaughlin, 1987)。

實施課程革新的「地方能力」可以經由長期顯著的教育經費補助與教師在職進修而加以增強。然而,教師與教育行政人員的「動機與熱忱」則是不易加以改善,除非地方教育領導者的價值觀及其對某特定的課程革

新方案賦予高度價值。但是，在某些情況之下，地方教育領導者如能參與某一課程革新方案，將可提升課程實施的熱忱承諾（Fullan, 1986）。學校「內部結構條件」穩定地支持教師的政策，將可促使教師提升課程實施的意願與熱誠。換言之，學校的「內部結構條件」對課程實施具有傳導作用，例如有些課程實施策略的研究焦點著重於改變學校組織特色，以設計課程實施的合夥關係，教師的生涯階梯，教師的教學訓練以及實習輔導教師之教學輔導。

　　「壓力與支援之平衡」對課程實施的影響，也是十分重要，因為壓力可以促使學校教育人員將其焦點專注於某一特定革新的課程實施，而且也可以提供進行某一新課程改革方案的正當合理基礎。因此，下述原則可以提供進行課程實施的相關學校教育人員作為參考的建議：

　　(一)不要讓教師工作負荷超載，不要讓教師工作過度，如果以行政手段無所不用其極地要求教師表現績效，以改進其教學工作成就，終將只是徒勞無功。

　　(二)從上級的中央政府而來的課程行政協助，應當提供教師個人教學技術的援助，而不能只是一味要求位居科層體制底層的教師與教學人員在固定期之內，限期完成上級交辦的行政命令規定事項，因為如此，只是徒增教師與相關教育人員的負擔。

　　(三)所有的計畫實施方案，皆應能注意到「課程實施」上的一些陷阱，以及避免落入可能陷阱的策略（McLaughlin, 1987）。

　　儘管不少學者對此新興的「課程實施」途徑抱著樂觀的態度，也有一部分學者對之加以懷疑。例如：哈格雷夫斯（Andy Hargreaves）就認為「再結構化」的實施，便是屬於「極為勉強的同仁情誼」的課程實施策略，這只是改變學校組織結構的一種膚淺作法（Hargreaves, 1989）。因此，如何透過相關的「配套措施」，激勵教師積極地參與課程革新的實施，成功地邁向「行動落實觀」的課程實施，便成為推動課程革新人員所關注的新主題。

第五節　課程實施的配套措施

　　政府採用「行動落實觀」的課程實施配套措施，普遍皆以課程實施的關鍵使用人員，如地方學校或教師作為主要的支援焦點對象。換言之，課程實施的配套措施，若不是經由實施課程的教師團體，就是透過教師個人，採取「行動落實觀」的課程實施策略。此種策略，傾向支持「行動研究本位的課程發展」進路，重視「教師即行動研究者」的立場，強調教室層次的課程發展與「專業主義」的課程意識型態，主張「課程即研究假設」，因此，與豪思所謂課程革新的文化觀點關係密切。

　　值得吾人注意的是，這些落實課程實施的策略，仍是衍生於課程實施「忠實觀」與「相互調適觀」的改進與轉化。例如：「行動研究」與「組織發展」的策略，通常被個別的教師或地方學區的學校所採用，而且衍生自課程實施的「相互調適觀」的理念。「關注本位的採用模式」（concerns-based adoption model）以及「課程一貫」（curriculum alignment）的策略，通常被地方學區與州政府所採用，而且與「忠實觀」課程實施理念的關係十分密切。

一、行動研究

　　「行動研究」起源於美國，此名詞是由柯立爾（J. Collier）在1945年所創用。他擔任美國聯邦政府印地安人事物局長時，鼓勵同仁採取行動研究與局外人士共同合作，以改善美國印地安原住民與非原住民之間的關係。行動研究也可追溯到1948年勒溫（K. Lewin）採用「行動訓練研究」（action-training-research）協助社區工作者，以科學方法研究自己的問題並改進自己的決定及行動。其後科雷（S. M. Corey）則開始利用行動研究，以民主方式幫助教師工作團體改變學校教育（Corey, 1953）。行動研究儘管在1960年代並未全面受到學校教育工作人員的重視，到了1970年

代，由於英國課程學者史點豪思以及艾略特等人的倡導，號召許多具有改革理想的教師投入課程改革的行列，盛況空前。例如：「人文課程方案」（The Humanities Curriculum Project）（Stenhouse, 1973）以及「福特教學方案」（The Ford Teaching Project）（Elliott, 1975）便是兩個著名的英國教育課程改革方案（蔡清田，1997c）。1980年代行動研究更風行到澳洲，如葛蘭迪（S. Grundy）、甘美思（ S. Kemmis），以及卡爾（W. F. Carr）皆熱心於推廣行動研究（Grundy & Kemmis, 1982; Carr & Kemmis, 1986）。

　　行動研究是一種特定類型的問題解決方法（陳伯璋，1988；陳惠邦，1998；黃政傑，1985；歐用生，1996b；蔡清田，1997d），學校層次的行動研究，特別是以教師為主體，教師是課程實施人員，同時教師也是課程行動研究人員。課程實施的行動研究方面，可以包括課程內容的創新、教學方法的使用、師生互動，以有利於學生的學習成效。此種研究涉及教師以系統方式分析其所關心的教育問題，並進一步規劃課程，而且將課程付諸實際行動，評鑑課程的過程內容與結果，並在必要時重複此一教育行動循環。是以部分學者認為，行動研究在二十世紀是進步主義教育學者所採用的課程規劃與課程發展主要途徑之一（Marsh & Willis, 1995, 224）。

　　一般而言，採用行動研究的教師，需要校外的課程專家顧問以協助其獲得研究諮詢。在行動研究螺旋循環中，首先指出其關注的問題，並考慮可能的解決途徑，例如：是否要實施某一項新的課程方案；下一步則具體發展行動步驟，並將該方案透過行動付諸實施（Grundy, 1987）。就程序而言，包括指出確定所要研究的問題領域與焦點，規劃解決問題的行動方案，尋求合作、採取行動實施監控與蒐集資料證據，並進行評鑑與回饋（蔡清田，1998d）。茲以圖8.1說明如次：

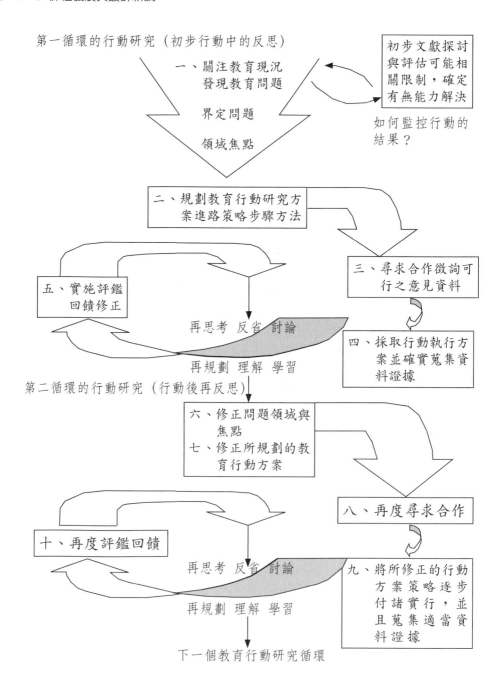

第一循環的行動研究（初步行動中的反思）

一、關注教育現況
　　發現教育問題

初步文獻探討
與評估可能相
關限制，確定
有無能力解決

界定問題

領域焦點

如何監控行動的
結果？

二、規劃教育行動研究方
案進路策略步驟方法

五、實施評鑑
回饋修正

三、尋求合作徵詢可
行之意見資料

再思考 反省 討論

四、採取行動執行方
案並確實蒐集資
料證據

再規劃 理解 學習

第二循環的行動研究（行動後再反思）

六、修正問題領域與
焦點
七、修正所規劃的教
育行動方案

八、再度尋求合作

十、再度評鑑回饋

再思考 反省 討論

九、將所修正的行動
方案策略逐步
付諸實行，並
且蒐集適當資
料證據

再規劃 理解 學習

下一個教育行動研究循環

✿圖8.1　教育行動研究循環

　　在這些發展與行動過程中，教師持續的監控自己的思考過程與實際行動，亦即，教師自己不斷地自我觀察、反省、討論、學習與再規劃，最後，教師則以正式方式，評鑑自己付諸行動的實際，並根據自己親身經驗的發現結果，作為進一步重複行動研究循環時，修改課程計畫與課程行動的依據（蔡清田，1997d；1998）。

　　行動研究是一種開放系統，而不是一種封閉系統，而且行動研究的螺旋是可以不定時地再重複，其重點乃在於教師的親自參與親身經驗，教師必須親自參與行動研究的每一個階段，特別是必須自我反省並檢討自己所規劃的教育行動計畫及其課程改進措施（Carr & Kemmis, 1986），這也是教師進行教室層次「教師教學本位的課程發展」的一種基礎。因此，行動研究的課程實施落實行動觀點，是比較傾向於贊成課程實施的「相互調適觀」，而比較不贊成「忠實觀」的課程實施，而且參與行動研究的教師通常持有一種解放的價值（emancipatory values），不是將課程視為一成不變的產品或死守著課程的內容不放。是以採用行動研究的教師傾向於打破行政慣例的限制，並且採取積極的政治立場或比較急進的教師絕對權力之課程實施觀點，以克服社會不公與不當歧視。因此，行動研究傾向於對科層體制的行政宰制進行懷疑與抗爭，並企圖加以矯治。就此而言，行動研究與課程實施的某種急進的政治觀點取向有關（Marsh & Willis, 1995, 226）。

　　行動研究只是教師可以選擇課程實施的眾多解決問題途徑之一，因此，教師個人的主觀意見可能會介入問題解決的歷程。然而，教師應該瞭解在解決問題的歷程中，結果不一定與預期理想一致。單靠討論可能無法產生交集或無法獲致結論。在有限而不足的時間限制之下，決定要作何種行動研究，並不是一項容易明智作成的決定。然而，要讓一位教師有信心與能力進行課程行動研究，可能要經過許多複雜問題解決的不斷嘗試，而且必須花費時間去學習必要的先備能力條件，這些先備條件，可能令教師中途撤退。但是，行動研究的長期努力結果，通常會被參與行動研究的教師覺得一切努力都是有價值的，是值得再接再勵繼續努力。

二、組織發展

　　「組織發展」是一種必須經過教師團體事前精心規劃，持續進行團體自我分析與反省批判，以改進學校正式組織的教育改革努力。組織發展應用社會心理學理論，嘗試創造學校組織中更多的溝通管道與溝通機會，其強調的重點在於將學校視為一種正式組織的社會體系，而不是強調組織中的個人。而組織發展所謂的社會體系則包括學校整體、學科部門系所、教師團體小組或班級體系。而團體反省批判與自我分析，則是教師團體進行評估、診斷並以轉變自己的學校組織。換言之，組織發展是運用一種特定方式發展積極的學校正式組織氣氛，此種組織發展方式已經成功地應用在學校、學院與大學等教育情境當中（Marsh & Willis, 1995）。

　　組織發展所強調的重點，乃在於解決課程實施問題的團體歷程，而不在特定的解決途徑。教師可以透過改變其所屬學校團體的功能、或改進溝通方式、或採用新角色，以改善其工作團體的效能，而且學校組織發展通常也需要校外的課程顧問專家之協助。課程顧問專家的任務，在協助教師團體共同規劃課程並執行學校組織集體決策。為達此目的，分析特定課程問題的資料，以及自我分析診斷，並擬議新的課程行動策略是相當重要的。一旦新的行動策略為學校組織同仁所一致同意，就該付諸實施行動，進而改變自己的學校團體組織。就此而論，組織發展的課程實施觀點與歐克爾（Dereck Walker）主張「慎思熟慮」（deliberation）的課程發展歷程類似，而且也與許瓦伯（Joseph Schwab）的課程發展理論十分近似。

　　根據研究指出，如果教師從學校組織發展過程中獲得愈多的支持協助，或者，教師對學校組織發展有基本的認識，並暸解學校組織發展的潛能，則課程實施就愈容易成功（Marsh & Willis, 1995）。例如：傅蘭（Michael G. Fullan）以及史提喬芭妮（Suzanne Stiegelbaner）指出學校組織是影響課程實施的互動因素之一，其因素間互動情形如圖8.2（Fullan & Stiegelbaner, 1995, 68）：

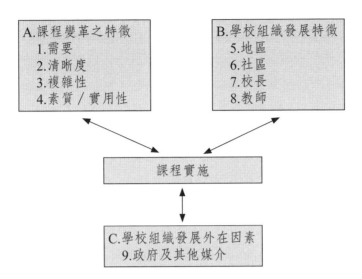

☸圖8.2　影響課程實施的互動因素（Fullan & Stiegelbaner, 1995, 68）

　　可見學校組織發展似乎是一種值得政府與地方學區提供以協助課程實施的方式，學校組織發展的階段如表8.2。

　　如果教師在組織發展過程中獲得學校同仁支援合作，並且獲得教師在職進修與專業成長機會，則會比其他學校類型的教師更容易進行成功的課程實施。但是，這並不是以強制方式要求教師，以勉強合作方式進行組織發展實施新課程，這只是建議以合作方式，解決學校組織發展的問題，將有助於課程實施。

　　然而，實際上，一方面光靠學校本身，將難以運用足夠的資源能力，定期聘請校外的顧問專家，或長期進行組織發展的教師在職教育。另一方面，則是學校組織發展仍有其可能的陷阱，是教師必須瞭解的。利用學校組織發展是建立在一種合作與和諧的基本假設，並認為衝突是破壞性的與不健康的。是以，學校組織發展可能忽略了學校組織內部的社會權力鬥爭（Marsh & Willis, 1995, 223），而且此種觀點也未能彰顯學校正式組織的完整特色，因為衝突與對立也是學校組織發展當中一種不可避免的現象。

❀表8.2　學校組織發展階段（Henderson, 1985）

階　　段	行動說明
1.進入組織	校外的課程顧問專家，鼓勵參與學校組織革新的教師建立合作指導原則，並進而培養出信任、友誼、與可靠的學校組織氣氛。
2.蒐集資料	蒐集有效的學校正式組織資料，有助於診斷與行動。因此蒐集學校課程的資料，必須包括學校組織整體、次級系統與組織歷程等方面的資訊。指導綱領，則建立在有效資料基礎之上，說明如何應用資料。
3.回饋診斷	將所蒐集的學校資料，送回學校組織成員，以便進一步分析診斷。參與者在沒有威脅的環境氣氛下，鼓勵參與者就所蒐集資料，進行自我分析，討論其對學校組織革新積極正面的蘊義。
4.規劃發展策略	根據參與者自我分析診斷的結果，指出困難與問題所在之處，並規劃研擬解決問題之道。
5.執行策略	利用彼此相互支援與增強的策略，包括參與者的再社會化歷程，參與者分擔其整體進步的共同責任。
6.評鑑	進行評鑑，提供回饋資料，作為參與者參考依據，鼓勵參與者反省其結果，並建立新的組織發展努力方向。
7.永續發展	學校組織必須發展教師主動革新的能力，透過適當的課程改革策略，進行自我革新改變。當學校組織能進行制度化的永續發展，則校外的課程顧問專家便可功成身退。

三、關注本位的採用模式

　　美國部分地方政府強調「關注本位的採用模式」之配套措施，推動「行動落實觀」的課程實施，其基本假設乃是假定某一地方學區或學校必須採用某一特定課程方案，其所關注的課程實施問題是如何協助教師採用此課程，並將此課程方案轉化為教師自己教室的課程教學行動。因此「關注本位的採用模式」是以「教師的關注」為焦點，而不是以學校或地方學區的關注為中心，教師的關注，是指某件課程實施引起教師「關注」的心理狀態。此種「關注本位的採用模式」的課程實施配套措施，企圖經由提

供資料，以協助教師實施某一新課程方案。

　　一般而言，光憑「校內的」課程改革資料本身，是不足以協助學校獲得成功的課程實施，因此有必要透過「校外的」課程變革的推動者之協助，以促成課程革新方案的達成。就關注本位的採用模式的先決條件而言，必須先存在一種教育資源系統，具有能量而且有能力供應實施新課程的需要，同時在大社會環境中也存在著具有教育需求的課程使用者系統，而且此系統因應教育需要，正在尋找所要採用的新課程。

　　「關注本位的採用模式」的主要任務，乃在於透過資源系統的成員，協助使用者系統的教師成員，發展自己的課程實施診斷資料，並在課程實施的過程中，變得更為獨立自主。當教師已經完全理解新的課程，並有能力持續新課程發展的實施，則教師便達成獨立自主的狀況，此時，校外的課程變革推動者便可以退出教師的學校教育系統，另覓其他有待協助的課程使用者。

　　關注本位的採用模式，相似於組織發展以及行動研究，因為三者皆強調教師的個別改變，以及學校組織成員間的相互關係所導致的教師集體改變結果。但是，此一模式與前兩者不同之處，在於強調教師個人的關注焦點必須配合學校組織的整體目標而改變，而不是依據自己個人的目的而改變。特別是關注本位的採用模式，具有五項課程實施的基本假設。第一項，課程變革是一種歷程，而不是一個獨立事件，課程變革需要時間、能量與資源等行政協助及組織支援。第二項，課程變革是逐漸達成的，而且使用新課程方案時常含有一種發展成長的情感。第三項，課程變革是由個人先開始的，除非學校組織內部的成員個人先改變，否則無法造成組織的制度改變。第四項，課程變革是一種高度的個人經驗。第五項，課程變革可以透過課程變革的推動者，針對個別教師提供診斷，進行以消費顧客為中心的服務支持，以加速個別教師的變革（Marsh & Willis, 1995, 226）。

　　關注本位的採用模式之概念基礎，是建立在傅樂（F. F. Fuller）的研究基礎之上（Fuller, 1969）。傅樂的研究指出，由接受職前教育的教師逐漸發展成為具有經驗的教師，其轉變期間的發展過程是有其先後的順序性，亦即，所有接受職前教育的教師都會由「關注自我」本身轉變到「關

注教學」，最後轉變到「關注學生」。

另一方面，豪爾（G. E. Hall）、瓦樂司（R. C. Wallace）以及唐賽特（W. F. Dossett）等人也提出了教師執行教育革新的程序，一部分是有關於「關注的階段」（stages of concern），另一部分是「使用的層次」（levels of use）（Hall, Wallace, & Dossett, 1973）。「關注的階段」可以用來追蹤教師在實施新課程時，教師關注的焦點態度所在之處，而「使用的層次」可以用來追蹤課程實施時，教師實際行為的執行程度。

(一)關注的階段

就教師的知覺課程而言，關注的階段焦點是集中於課程實施時，教師的教育專業情感重心與態度焦點。教師的關注在類型上與強度上互不相同。在任何特定時間，教師可能同時間關注許多事物，但是，某些關注的強度高於其他的關注。教師逐漸執行課程實施的過程中，其關注的焦點也不斷地在七個階段中轉變移動（Hall, Wallace, and Dossett, 1973）。此七個階段如表8.3說明。

就關注的階段而言，一開始，教師幾乎是完全未投入新課程革新方案，隨著不同階段的改變，教師逐漸關注自己的改變、課程實施的任務、對學生的短期立即衝擊以及普遍的優點。每一位個別的教師以自己的速率在這些階段當中不斷進步。但是，不一定每一位教師都會到達所有的階段。課程研究人員可以利用問卷、為預定答案之問題陳述以及評分表，將教師在不同關注階段的關注強度繪成一幅側面圖。

如果是較無經驗的教師，可能顯示高度關注第三階段「管理」新課程的組織與使用，對第四階段「後果」的關注仍高，但是對第五階段「合作」的關注可能就偏低。如果換成是一位有經驗的教師，則其最關注的可能是在第五階段和其他教師同仁「合作」的實施革新，其第四階段對學生的關注仍高，但是在第二階段對個人的關注可能較低。實施新課程的過程中，教師的關注階段側面圖將有助於學校、學區、或推動課程改革的代理人或外聘的改革推動者，設計適當的教師在職進修研習活動，以落實教師的主要關注對象。例如：如果教師對第三階段「管理」如何使用新課程顯示高度關注，則可以設計教師研習活動，以強調有效組織教材與時間的方

✿表8.3　關注本位採用模式的關注階段（Hall, Wallace, & Dossett, 1973）

關注的階段	主　要　的　特　徵
階段0 （低度關注）	教師顯示很少關心教育改革或投入參與學校課程革新方案。
階段1 （資訊）	對課程革新資訊表示普遍關注，並有興趣瞭解課程革新的實質特點與涵義，如一般特徵、影響、使用的要求等，但參與者尚未關注自己與課程革新的關係。
階段2 （個人）	個人尚未肯定課程革新對自己的要求，他們個人不能肯定自己是否能應付這些課程改革要求，也不確定他們自己在課程革新過程中所要扮演的角色。但是，個人已經開始焦慮必須付出的個人成本，與分析其在整個學校組織中的角色，並考慮實施新方案後，需要作出的決定和與現存結構之間可能的衝突等。
階段3 （管理）	實施課程革新方案的過程、任務與所需的新行為，成為主要的關注焦點，以瞭解如何使用資訊和資源的最佳方法，效率、組織、管理、時間表及後勤需求成為主要的關注議題。
階段4 （後果）	課程革新方案對學生的衝擊影響成為關注焦點，該課程方案對學生的適切性、學生能力及表現等成果的評鑑，以及改進學生成果所需的改變等成為關注主題。
階段5 （合作）	實施課程革新方案時，教師涉及與他人合作協調，成為關注焦點，並考慮學生利益，改進實施策略。
階段6 （再關注）	探討課程革新方案帶來的普遍優點，並關注主要改變的可能性，以及考慮由更有利的另類變通方案取代的可能性。個人並且對另類變通課程革新的方案有明確的想法與建議主張。

法技巧：如果教師對第五階段「合作」顯示高度關切，則可以設計有關加強人際溝通的技能，以促成教師團體彼此慎思研討的教師研習活動，以邁向成功的課程實施。

　　當教師知覺到現有的課程無法適當地發揮功能時，便可能會尋求另類的變通課程方案（Leithwood, 1981），因此，教師與校長在政府的授權下，可能享有機會，從各種不同但卻彼此競爭的套裝課程中加以比較選擇，因此，教師與校長對課程的態度是十分重要的。

　　然而，比較普遍存在的課程問題是，在許多地方政府的教育行政體制下，教師與校長並沒有被政府授權從不同課程中進行選擇。特別是當政府決定在所有學校同時實施一套新修訂或新發展的課程，則學校的任務乃在於確定如何盡最大能力以實施此一上級政府交辦的課程，並設法使其發揮最大功效。因此，教師常常關心下列問題：

1. 我如何進行課程實施？
2. 我如何使其平穩地運作？
3. 我可以向誰求助？
4. 我目前所做的是否與原計畫吻合？
5. 我如此做，對學生有何影響？（Marsh & Willis, 1995）

　　就教師身為一位教學技術專家而言，如何使用一套新課程是教師主要的關心問題，因為大多數的教師如果能利用某種特定的方法與課程，成功地應用在學生身上，就容易獲得教育的內在動機之滿足。然而，有效地實施任何一種新課程都是需要一段長久的時間，因為，每一位教師都必須有能力、有信心，以瞭解如何使用此套新課程。只有當教師完全接納一套新課程，而且只有當此種課程已經成為教師例行的教室教學事務，則此套新課程才真正邁入「再關注」的階段。

(二)使用的層次

　　就教師的運作課程而言，使用的層次可以用來追蹤實施新課程的過程中，教師的實際教學表現。根據研究指出，當教師逐漸熟悉某一項課程革新，則其課程使用層次也不斷提升（Marsh & Willis, 1995）。課程材料是教師與學生的活動媒介，根據學者的研究顯示，學生大約花費教室中百分之八十左右的時間，進行特定課程材料的活動（Cornbleth, 1979）。因此，完整的課程實施研究，應該蒐集有關課程材料如何使用的相關資訊。

　　1970年代的許多課程研究者提供進行課程教材的分析架構，但這些架構並未能證實真正地有用，主要是因為這些分析架構使用起來十分耗費時間，而且並不是從教師的觀點來分析課程教材的實際使用情形（Anderson & Tomkin, 1983）。

　　有的課程研究者則努力於發展課程教材使用情形的課程實施檢核

表，例如：課程使用的層次，是經由洛克（S. F. Loucks）、鈕絡夫（D. W. Newlove）以及豪爾（G. E. Hall）等人利用「焦點晤談」（focused interview）所發展出來的（Loucks, Newlove & Hall, 1975）。他們並未使用事前特別指定先後順序的問題，而是由訪談者利用分辨技術，以某些特定的「決斷點」，作為晤談過程中詢問某一套問題的起點線索。使用的層次的晤談，可以根據焦點的改變，來分析任何一種新課程的實施程度。通常每一個「使用的層次」的晤談必須加以錄音，因此，接受訪談的教師反應可以事後仔細地加以編碼，並以不同的編碼加以註記。焦點晤談所使用的為預設問題，旨在協助建立一種非正式的對話氣氛，並鼓勵不同的回答內容，以便協助訪談者可以正確的指出受訪者的課程實施層次。

後來豪爾（G. E. Hall）以及洛克（S. F. Loucks）兩人則發展出一套標準化的系統方法以蒐集課程教材特徵，以及在教室中課程教材實際使用情形的資料說明表，以提供校長、教師、家長、教育行政人員或課程實施的相關人員，進一步瞭解課程教材的實施情形，豪爾以及洛克兩人並將課程使用的層次加以列表整理如表8.4。

瞭解個別教師的課程使用層次，將有助於新課程方案的實施。舉例而言，某位教師顯示出「準備」的第三個課程使用層次，可能一步一步地表現出機械而膚淺地執行課程的表面教材教法，卻未能針對學生的需要與學習態度加以反省。如果這位教師能獲得更多的課程訊息，獲得更多的鼓勵協助，則其未來可能進行更高層次的課程實施。如果另一位教師表現出「精緻化」的第六個課程使用的層次，則其可能早就透過實驗方式，進行各種不同的教學法，以協助學生在課程方案中獲得最大的進步。

同樣地，課程使用的層次之訪談資料，也是有助於教師在職進修研習活動的設計。例如某一學校的大多數教師的課程使用層次顯示出第四層次的「例行化」，則該校教師並未發展出實施新課程的不同教學方法，如果這種方式保持不變，則此課程實施的層次是相當膚淺的。因此，有必要透過教師在職進修活動，協助教師獲得更精緻而富變化的教學法，以邁向成功的課程實施。另一方面，不同時期所蒐集的課程使用層次的訪談資料，也可以顯示出教師在課程實施過程中，課程使用層次的改變。

✿表8.4　課程實施的層次（Hall ＆ Loucks, 1977, 226）

使用層次	使用的範圍
1.使用	使用的教師，對於課程改革缺乏瞭解，或瞭解甚少，未參與課程改革工作，也未準備參與。 （決斷點：採取行動，以獲取課程改革的資料。）
2.定向	使用的教師，已經或正在獲取課程改革資料，而且已經或正在探討課程改革的價值取向，及使用教師的需求。 （決斷點：決定採用改革的課程，建立實施時間表。）
3.準備	使用的教師，正為第一次使用改革的課程而準備。 （決斷點：依使用者的需求使用課程，必要時加以改變。）
4.機械地使用	使用的教師，致力於革新，卻只重短期使用或日常使用，缺乏反省的時間。其改變旨在符合使用教師的需求，而非學生需求。基本上，使用者試圖熟練的工作，雖然合乎使用者的要求，但是結果是非常膚淺且不連貫使用。 （決斷點：建立例行式的使用形式。）
5.例行化	在使用過程中，已經成為習慣，如有改變，也是少數。很少考慮到改變課程革新方案修訂和革新效果。 （決斷點：依據正式或非正式評鑑，改進課程，以增進效果。）
6.精緻化	使用者依據短期或長期的實施結果，考慮學生利益，修訂課程革新的方案，以增進課程革新的即時效果。 （決斷點：與同事協調合作，開始合作進行改變。）
7.統整	使用者結合自己和同事在課程革新上的努力，在共同影響的範圍內，給予學生集體的影響。 （決斷點：決定採用革新的課程，建立實施時間表。）
8.更新	使用者評鑑革新方案的品質，尋找目前課程革新的另類變通方案或修正方案，以增進其對學生的影響，檢視領域內的新發展，探索自己及整個學校系統的新目標。

(三)課程革新的整體造型

　　關注的階段與使用的層次，皆是關注本位的採用模式的一部分，可以提供新課程方案在實施過程當中，個別教師的教育專業情感重心與教學行動的相關資訊。重要的是可以指出新課程本身的重要成分與主要特色，以做為評估運作的課程是否與預期使用一致之對照參考。但是，當新課程的

大部分特徵並未清楚明白地呈現時，教師也難以決定其課程實施是否與其他教師的課程實施一致。

任何一種新課程方案皆有其獨特的運作形式或課程造型，例如：教材如何加以使用，建議學生進行何種行動。這些課程革新的造型，可能被參與課程實施的所有教師所接受；但是，有些則可能部分不被接受，甚或完全不被接受。課程計畫人員的「理想造型」與教師將課程付諸行動實施之後的「實際造型」之間總是有一段差距。因此，豪爾與洛克兩人遂提出「課程革新的整體造型」（innovation's configuration）用來追蹤不同學校不同教師執行課程實施的不同形式（Hall & Loucks, 1981）。

豪爾與洛克，從課程計畫人員與教師的兩種觀點出發，設計出一套課程革新的基本特質指標，稱為「課程革新的整體造型」。建構課程革新的整體造型，包括下述的步驟：

1. 步驟一：詢問課程計畫者有關原先預期的課程內容全貌與重點。
2. 步驟二：訪談並觀察一小部分樣本的課程使用者有關其課程實施的實況。
3. 步驟三：重新訂定訪談問題，並對大樣本的多數課程使用者進行訪談及教室觀察。
4. 步驟四：建構「課程革新的整體造型」之檢核表，並試用在多數的課程使用者身上。
5. 步驟五：分析檢核表的資料，以確認指出普遍而主要的整體造型。
6. 步驟六：利用上述資料，以提供適切的教師專業成長機會或教師在職進修研習活動。

利用課程革新的整體造型的主要目的，在於透過訪問課程計畫人員與教師，以獲得課程革新在教室教學歷程當中的「實施」實際面貌及其具體資料訊息，比較能有效地獲得資訊訪談問題，舉例如下：

1. 可否請你描述規劃的課程革新之原先面貌？
2. 你的課程革新付諸行動實施之後的情形如何？
3. 教師是如何實施此一新課程？

4. 當新課程方案實施時，你會在實施此課程的教室中看到什麼？

5. 你認為此課程革新的基本內容成分是什麼？

6. 上述的主要內容中，何者最重要？

雖然，課程改革整體造型並不保證與課程有關的每一個人皆同意重要課程之內涵，但卻有助於每一個課程革新的當事人，澄清事前經過預先規劃的課程與事後付諸行動的課程兩者之間的差距。當彼此雙方產生課程實施差異的爭執時，此一課程革新的整體造型，可以提供雙方一種可以對照參考的討論基礎，以做為調整「忠實觀」與「相互調適觀」的課程實施差異之依據。茲將課程革新的整體造型舉例如表8.5。

表8.5是某一美國中小學社會科課程革新的整體造型舉隅，此一課程的整體造型是一方面從課程計畫人員的觀點指出其預期之理想，可接受的程度及不能接受的範圍。然而，另一方面從教師的角度而言，課程計畫人員可能規定太多了，因此其課程內容名稱有必要加以改變。課程計畫人員與教師所認為的「理想的」與「不可接受的」類別的認定比較沒有爭議。但是，對於「可接受的」課程特徵，特別是上表課程成分三知識、課程成分四教材、課程成分五統整、課程成分六價值意識、課程成分七評估的第（3）項，仍然有相當大的協調妥協空間。可見課程改革的整體造型，不只可以作為協調折衷的目的，也可以用來追蹤新課程方案使用過程當中的課程實施實際狀況。

由於關注的階段與使用的層次，都有固定的階段或層次，這是關注本位的採用模式主要限制之一。因為受限於這些固定的階段或層次，便無法完全徹底地區分不同學校不同教師是如何不同地實施一項新課程。關注的階段與使用的層次，低估了課程革新的實際複雜性，因此仍然無法完全描繪課程實施的整體面貌。關注的階段與使用的層次之利用，可能降低了各個課程革新方案之間的差異。例如：使用的層次無法區分教師在教學上的真正差異，而是呈現教師管理教室上的差異，忽略了課程組織的特性。課程革新的整體造型，乃在於努力嘗試彌補關注的階段與使用的層次不足之處，但是還是未能注意到課程實施歷程當中，教師實際表現與教師應該表現兩者之間的差異。因此，課程革新的整體造型有必要進一步充實，以提

✿表8.5　課程改革整體造型：社會科課程大綱（Marsh & Willis, 1995, 235）

理想的	可接受的		不可接受的
成分一：教學目標 (1)從教師手冊中選取知識、技能與價值，做為目標，透過課程加以實施並加以評鑑。	(2)從教師手冊中選取目標，但未經常加以評鑑。	(3)從教師手冊中選取目標，但未透過課程實施。	(4)未從教師手冊中選取目標。
成分二：技能 (1)從預期的年級成就水準清單中選出技能，安排課程順序，並進行評鑑。	(2)從預期的年級成就水準清單中選出技能，安排課程順序，但未加以評鑑。	(3)從預期的年級成就水準清單中選出技能，但未安排課程順序，且未加以評鑑。	(4)未從教師手冊中選取技能。
成分三：知識 (1)每一年級成就水準所要教導的主題，可以支持特定表列的理解與通則。	(2)每一年級成就水準所要教導的主題，有時和特定表列的理解與通則產生彼此關聯。	(3)每一年級成就水準所要教導的主題，並未和特定表列的理想與通則產生關聯。	
成分四：教材 (1)範圍廣泛，包括印刷品、視聽資源及教具，並實際加以使用。	(2)教師偶爾使用口述之外的其他附加資源。	(3)教師口述是主要的教學形式，很少或沒有使用指定的教材。	
成分五：統整 (1)每週有許多（四或五個）科目活動與社會科課程有密切統整。	(2)每週有些（二或三個）科目活動與社會科課程有密切統整。	(3)其他科目活動很少與社會科課程具有統整關係。	
成分六：價值意識 (1)每週有許多（四或五個）學習活動被用來鼓勵學生反省不同價值及特定價值意義。	(2)每週有一些（二或三個）學習活動被用來鼓勵學生反省不同價值及特定價值意義。	(3)很少利用學習活動鼓勵學生反省不同價值及特定價值意義。	
成分七：評估 (1)根據課程的教學目標，均衡地利用正式與非正式程序以評估學生。	(2)據課程的教學目標，選用一些非正式及一個正式的主要程序來評估學生。	(3)根據課程的教學目標，只選用正式程序來評估學生。	(4)未使用正式或非正式程序來評估學生。

供教師的過去及現在實際表現的資料。

值得注意的是，關注本位的採用模式也存在著科學的解釋與科學控制的潛在信念。例如：在關注本位的採用模式當中，關注的階段、使用的層次與課程革新的整體造型，都是作爲管理學校的一種工具，以免造成教學混亂。這是利用事先規定說明的科學管理方式，企圖達成控制秩序的目的，以合乎學校組織效率的要求。基本上，這是一種行爲主義者的學校效能管理觀點，忽略了學校組織文化特徵，因此難免有下述的限制來源：

1. 人類的行爲是被預先決定的，亦即人的經驗是可以事前加以規範描述，在改變歷程中是有其一定的發展組型。
2. 學習是一種可以觀察的、可以測量的表現。
3. 發展的側面圖是從相關與趨勢來加以界定，可以用事前決定的「階段」與「層次」加以歸類置入。

關注本位的採用模式具有診斷與評鑑的功能，就如同關注的階段所顯示的，一般養成教育階段與在職進修的教師，的確關注教師自己本身，關注教學任務，關注教學對學生的影響，此種關注本位的採用模式，可以幫助個別教師因應學校組織的改變。因此，此模式可以幫助教師理解新課程方案的課程實施運作過程。但是，教師也應瞭解此模式仍有其實際應用上的限制。例如：它強調學校組織內部教師個人的改變先於學校正式組織的改變，不僅容易忽視了學校的組織特性，而且也忽略了學校所在的社會政治文化脈絡。

四、課程一貫

「課程一貫」（curriculum alignment）一詞，又稱課程連結（黃政傑，1988，99），或稱「課程的緊密連結」，乃是二十世紀早期美國學校課程效能運動的遺緒。此一概念與「忠實觀」課程實施的嚴謹監督控制有密切的關聯，允許極小空間甚或不允許「相互調適觀」的課程實施。特別是1980年代與1990年代美國州政府與地方學區所採取的由上而下的課程實施管理監督策略，以規劃執行「學校效能」的教育管理，貫徹「行動落實

觀」之課程實施。

　　就汽車修護而言，一貫（alignment）往往是指進行汽車的前後輪調整與校正定位，確保輪胎位置與行車方向目標一致，以確保行車安全。將此名詞應用在課程實施當中，意指課程的緊密連結，形成正式的書面課程、運作施教的課程、與評鑑的課程三者之間，緊密結合的實施過程（Glatthorn, 1987）。課程一貫強調透過具體的課程實施配套措施，落實課程的理想與貫徹課程的計畫，企圖使課程實施與原訂的課程計畫相互一貫，落實課程改革的計畫理想與目標。基本上，「課程一貫」，不只是課程內容的垂直貫徹、水平連結、學習階段的銜接、學習領域統整與課程實施層次的緊密結合與前後一貫而已；更企圖經由多方面評估教學的結果，以規範課程內容，並確保事前經過細心規劃的課程與事後付諸實施行動的課程之間，達到最大的符合度與一貫性。這種規範課程內容的改革，以所有學生為對象，構成一種十分嚴格的課程方案，透過統一測驗考試以加強教育管理規範之效果。

　　1980年代與1990年代有關「學校效能」（school effectiveness）爭論的主要信念，乃起源於學生學業成就的持續衰退。為了因應這種成績衰退現象，「效能」的概念，被界定為增進學生的學業成就，特別是透過最方便、卻不一定準確的標準化測量的結果，以鑑定學校教育的實際成果。一種更深廣的信念，則是認為學生的學業成就衰退的主要原因，若不是課程品質的衰退，便是教師未盡全力進行課程實施。基於上述的信念，有關「事後付諸實施行動的課程」與「事前經過規劃的課程」兩者之間「課程一貫」的論調主張，便十分令人信服。如果課程計畫，是事前經過許多學問淵博的課程學者與受過專業訓練的課程專家所精心規劃的智慧結晶，而且也在地方學區、州政府、或國家層級普遍建立明智的共識、則所有教師便應該嚴格地遵守此種事前經過精心規劃的課程。但是，事實上，要達成這種緊密連結的「課程一貫」，有賴於許多課程實施條件的配合，特別是必須強制要求教師遵守官方正式的書面課程架構或課程指導綱領，並且成立教科用書審查委員會，以及實施緊密連結的課程一貫測驗考試。

　　美國某些州非常熱衷，而且非常徹底地採用「課程一貫」的課程實施

配套措施。例如：加州在1983年通過教育立法，開始廣泛地利用「課程一貫」的配套措施，以嘗試追求「忠實觀」的課程實施。加州教育局規劃並出版各學科的課程架構，做爲教師遵守的依據。這些課程架構以及課程標準規範了一般課程內容，特定單元作業練習、教材與活動、技能、態度及成就測驗，以做爲加州教師教學的依據或標的。加州教育當局同時也發展出一套選擇教科書的規準，強調思考、問題解決與處理矛盾爭議的倫理議題。最後加州教育局也修訂了適用於全州境內的測驗考試方案，以合乎新課程架構與課程標準化之要求，這些「課程一貫」的策略明顯地使加州學校課程更爲緊密連結與一致。然而，另一方面，加州政府仍然允許地方學區擁有部分彈性空間，進而發展課程指引及成就標準，適度規範各科的範圍與順序。

英國保守黨政府也於1990年代採用「課程一貫」的課程實施策略。英國「國定課程」的架構，是規範教學內容的官方正式書面課程文件。然而，英國「國定課程」架構的內容只是一般課程目標與教材綱要的規定，仍授與教師部分的教學專業自主權，進行學校本位課程發展。但是，臺灣地區中央政府教育部所頒布的「課程標準」則是鉅細靡遺規定得十分詳細，不僅規範了課程目標與教材綱要，甚至，規定學校教學科目與教學時數與教學進度。再者國立編譯館透過教科用書審查委員會與教科書審查辦法，進行緊密連結的「課程一貫」策略。甚至，學校教育單位通常受到巨大壓力去接受主要教科書商出版的大同小異教材內容。特別是學校當局利用聯考、學生統一月考與段考，做爲評鑑教師的獎賞依據，則統一考試也進一步迫使教師接受「課程一貫」的內容。雖然緊密連結的「課程一貫」實施策略，獲得不少教育人員支持，也有許多人詆毀此種構想，有些批評人士認爲太過於嚴苛的「課程一貫」是一種降低教師教育專業自主與創造力的束縛工具。有些人則認爲「課程一貫」的構想，賦予測驗考試太多權力，導致教師以考試領導教學。中庸之道乃在於將「課程一貫」的緊密連結策略應用於學生必須精熟學習的必修科目或核心領域，不必實施在選修科目上。

五、「行動落實觀」的課程實施策略評議

　　課程實施的「行動落實觀」，認為課程知識是情境的知識，課程知識是由教師與學生參與教室的實際課程發展與教學互動的歷程與結果，強調教師在教室情境當中的實際課程行動與實踐。此種落實觀強調課程是師生共同創造的教育經驗（歐用生，1996，210；1997, 12；Snyder, Bolin, & Zumwalt, 1992）。此種觀點，與「課程即研究假設」課程意義立場、「專業主義」的課程意識型態理論取向、「情境模式」的課程設計、「行動研究本位的課程發展」進路、課程革新的文化觀點等關係密切。

　　課程實施的「行動落實觀」，強化了「忠實觀」與「相互調適觀」。課程實施的「行動落實觀」，一方面，強調課程改革不只是政府權責當局採用「國家政策本位的課程發展」進路的課程革新技術觀點，運用「目標模式」進行事前規劃預期的課程目標，而且另一方面，兼採「歷程模式」的課程設計精神與「教師教學本位的課程發展」進路的課程革新政治觀點，透過「行動研究本位的課程發展」進路的課程革新之文化觀點，進行「情境模式」的課程行動研究，結合學校師生在課程發展與教學過程的成長與變革之努力，從專業文化的觀點落實課程革新的理念。因此，政府當局必須透過課程革新與教師進修的結合，主導規劃教育改革與課程革新的研究發展，鼓勵並支持教師扮演教室行動研究者的角色，激勵教師與校外的課程學者專家共同合作進行課程行動研究，以落實教室層次的課程發展，改進教學，提升學校教育品質。

　　從課程實施的「行動落實觀」而論，如何使事後付諸行動的課程實施與事前經過規劃的課程兩者更為緊密連結與貫徹一致，是一個極為複雜的歷程，而且各個學校之間的差異也極為不同。部分教師可能採取課程實施的「忠實觀」，扮演「忠實的課程使用者」角色，傾向於不去改變原先規劃的課程。但是，另一部分教師可能採取課程實施的「相互調適觀」，扮演「不忠實的課程使用者」角色，而贊成大幅改變原先經過規劃的課程。對所有的學校與所有的教師而言，並沒有一種最正確的課程實施方法，因為課程實施的歷程極為複雜，不僅涉及課程計畫人員的事前精心策劃，也

涉及了學校教育與教室教學的獨特情境，以及教師與學生之間交互作用的動態歷程，是值得教育工作者與課程研究人員進一步努力探討的課題。

　　課程研究上有許多不同方法，例如：訪談、教室的正式觀察、檢核表、問卷調查以及自我陳述報告，以瞭解教師如何進行課程實施。因此，課程實施相關人員，可以利用上述現成工具或自行設計適當工具。課程研究發展人員可以使用檢核表或評分量表，將教師在教室中課程實施的活動加以區分類別化。然而，有關使用檢核表或評分量表以瞭解「課程實施」情形，在方法論上仍有一些信度上的問題，而且，也可能忽略了教室中影響教師教學的複雜情境，而經常使用問卷調查，也難免有填答反應真實性的信度問題與效度爭議。

　　從比喻的觀點而言，事前經過規劃的課程就如同音樂會的樂曲，事後付諸實際行動的課程就如同音樂會的實際演出。然而，值得課程研究人員與課程設計人員注意的是：事前經過規劃的課程，往往只是一種抽象的課程文件，而事後經過付諸實際教學行動的課程，則是一種教室中栩栩如生的教育創意生活，此兩者之間關係，就如同是一首樂曲的樂譜與實際演奏實況的情形一般。換言之，課程如樂曲，教師就如同指揮家，而學生便是演奏者。儘管一首樂曲可能只有一種版本的樂譜，但是不僅指揮者擁有詮釋與發揮的空間，演奏者也可根據指揮者的詮釋再加以二度詮釋，因此，不同的指揮者，不同的演奏者，可能產生許多不同版本的音樂演奏表演。同樣的，如同音樂會因不同演奏者與不同指揮者而有不同演出，課程實施也是有不同的詮釋。因為教師付諸實際行動的不同的課程實施方式，將使得學生有著不同的課程經驗，因此，最重要的是，如何提供支援措施，協助教師落實課程實施行動，才能提升教師的教學品質。

　　很明顯地，「忠實觀」的課程實施是必要的，如果不忠於作曲家的原曲，則表演的實際演出可能與作曲家的原意不合，甚至荒腔走板。當然指揮者與演奏者可能即席演出一場新樂曲的表演會，但是此種音樂表演是完全不同的創意演出，他們並未能根據作曲家原作而直接獲益。從另一角度而言，一場音樂會的實際演出也必須有賴指揮者與演奏者對樂曲的理解與詮釋，因為樂曲不可能詳細地說明實際表演的每一個仔細步驟，因此，

「相互調適觀」乃是不可避免。

　　課程實施與音樂的演出有著相同的教育目的，亦即，兩者皆是做為個人實際生活與課程呈現外在實際世界之間的媒介與溝通橋樑。就此而言，重要的議題不在於「忠實觀」與「相互調適觀」兩者之間的對立，而在於現實環境如何使「忠實觀」與「相互調適觀」兩者同時發揮最佳教育效用（Marsh & Willis, 1995, 220）。課程實施的「忠實觀」與「相互調適觀」兩者，完全忠實或完全由教師自行編制課程的情形各有其優缺點，也有不同適合的情境。中庸之道或彈性的應用應有可取之處，例如：課程實施的架構由中央政府來建構，或政府可以提出對課程實施的官方建議，其他如教學方法或教材內容，則可視各校或各教師的學校環境或教學型態，來彈性應用，以落實課程改革理想。因此，如何成功地邁向「行動落實觀」的課程實施，實屬重要。

　　馬胥（Collin Marsh）和威利斯（George Willis）也提出一個恰當的譬喻，亦即「事前經過規劃的課程」如同一齣劇本（Marsh & Willis, 1995），但是事前經過規劃的課程，就算是莎士比亞筆下具有十分權威的劇本，不同的導演，對這齣權威劇本的詮釋也會有所不同，而且不同的演員在詮釋導演的構想時也會有所差異，最後當戲劇搬上舞臺後，登臺演出或臺下欣賞表演的觀眾，也會有不同的經驗與感想回饋。所以，教師在課程實施的過程中扮演非常關鍵的角色，教師就像是一齣戲劇的導演與指揮者，甚至是實際參與演出的演員，雖然有如同劇本的「事前經過規劃的課程」，教師仍有詮釋新課程的自由與空間。課程政策制訂者、課程改革的推動者、設計人員、行政人員、學生家長與教師，皆必須瞭解課程內容的動態性及其對學生生活影響的重要性。

　　因此，如果只為達成預定的課程目標，而一味強調「忠實觀」而忽略「相互調適觀」，則扭曲了課程發展的原意，這種「忠實觀」課程實施觀點是過於狹隘的，是以「忠實觀」的「課程實施」不只是小心翼翼確實地將教材內容告知學生，教師更應該關心學生學習某種課程之後的效應，必須顧及對學生的整體影響。另一方面「調適」也不是避免「忠實觀」的課程實施，而是基於對學生教育的關心，因此以慎重的、嚴謹的態度，詮

釋課程內容，關注如何使課程發揮最佳效用，提供學生更寬廣的實際生活世界（Nodding, 1986）。因此，重要的是政府權責單位、課程研究發展人員、教育行政人員與教師等課程革新的相關人員，應該重視課程實施的配套措施，採取具體的課程實施落實行動，邁向「行動實踐觀」的課程實施，落實教育改革與課程革新的理念。

第六節　課程領導的行動策略

　　課程領導（curriculum leadership），目的是「使學校系統與其學校，達到確保學生學習本質之目標」（Glatthorn, 2000），這個意義重視課程領導的功能，強調教育行政人員、學校校長、教師及相關人員應共同合作以推動課程發展（蔡清田，2005），尤其校長是決定課程領導的重要人物（黃政傑，1999；黃嘉雄，1999；林明地，2000；歐用生，2000）。

　　課程領導可以指學校內外具有特定身分地位人員專屬的課程發展責任，例如校長、教務主任、教學組長、課務組長、學年主任、領域召集人、班群召集人與其他如學科專家，以及學校課程發展委員會所選出的教師代表等具有特定身分地位的人員（蔡清田，2007），特別是校長要承擔主要的課程領導責任。因爲部分教師可能兼任「課程發展委員會委員」、領域召集人與教學者，此種多重角色容易混淆，特別是教師在參與研究學校課程發展方向後，尚要規劃課程架構藍圖，設計課程方案大綱與進行實施評鑑，部分教師易有避重就輕之情形。因此，校長的課程領導益顯其重要性（Doll, 1996）。

　　特別是校長透過課程領導，在上級政府的教育政策下尋求改變，領導學校課程的研發（Hord & Hall, 1983），透過課程發展委員會展現專業領導，改變以往以行政導向的領導方式，充實本身課程專業知能，掌握課程發展趨勢與教學方法革新，提高課程發展品質。

　　本節特別針對課程領導的行動策略，進一步加以闡述。因爲學校課程發展，端賴發揮有效的課程領導（單文經、高新建、高博詮、蔡清田等譯，2001；游家政，2002；Glatthorn, 2000）。但是，在實際學校

教育現場的運作上，卻常因種種現實的困難而無法貫徹執行（蔡清田，2004），根據相關研究發現（單文經等譯，2001；李新鄉，2003；彭富源，2003），負有課程領導之責的學校行政主管，特別是校長，往往不清楚「課程領導的理念」，而且也不瞭解「課程領導的角色」，甚至也不熟悉「課程領導的策略」。我國以往課程控制權集中於中央政府，學校人員長期以來養成消極被動甚至逃避參與學校課程發展的習慣（蔡清田，2003），如此造成校長投注於學校課程上的心力並不多。而且學校課程發展與實施成效需要較長時間才看得出來，而非如硬體建設或環境設施等行政事務可在短期內得到具體成果，凡此種種都是造成校長忽視學校課程發展的可能原因（Gross, 1998）。因此校長的課程專業知能之加強已是刻不容緩的課題（黃政傑，1999；歐用生，2000；陳伯璋，2001；蔡清田，2002）。

　　就課程領導的行動策略而言，Bradley（1985）依人際行為心理層面剖析，認為採取下列的課程領導策略是適當的：1.課程領導者知覺並瞭解教師個人的需求傾向；2.向教師們公開這些知覺，讓教師們知道課程領導者已經瞭解他們的感受；3.如果能夠進行實施而不會對組織期望造成困擾或負面的效應，可以嘗試滿足個人的需求傾向；4.當成員產生負面消極的行為時，課程領導者必須界定問題的來源，視情況界定問題是屬於組織的或是個人的；5.除非課程領導者已經有能力處理導致的衝突，切勿詢問教師如何扮演組織的角色，因為將會直接與個人的需求傾向產生衝突。

　　本文特別提出透過學校行政主管，特別是校長課程領導的行動策略，進行學校課程發展的具體建議（蔡清田，2005），包括情境分析的課程研究、願景規劃的課程規劃、方案設計的課程設計、執行運作的課程實施、評鑑回饋的課程評鑑等等課程發展過程中的課程領導策略，說明如次：

一、透過課程領導，進行情境分析的課程研究

　　就課程研究的情境分析而言，是研究影響學校課程發展優劣機會與威脅等內外在的動態情境因素，進行學校課程發展需求評估的行動策略，以

瞭解「學校課程發展的問題與需要是什麼？而且如何去分析情境？」

(一)SWOTA之行動策略

校長召開課程發展委員會，進行學校情境分析的課程研究，協助學校成員透過「優勢」（Strength）、「缺點」（Weakness）、「機會點」（Opportunity）、「威脅點」（Threat）、「未來行動方向」（Action）等SWOTA的分析，針對學校發展沿革、學校位置、學校規模、學校環境、學區背景與學校組織文化等層面進行學校基本資料整理，協助該校同仁重新認識學校的優點、缺點、機會點、威脅點與未來可能的行動方向。然而若只有評估內外在環境的SWOTA思維是不夠的，身為校長，尚有其他的策略考量（蔡清田，2002）。

(二)身先士卒之行動策略

如沒有任何初步研究，就進行課程發展，將耗時且費力甚至討論不出結果，故學校本位課程發展的初期，校長身為課程領導者付出較多的心力。校長在開會前做好完善的準備，如準備相關資料與腹案；在會議進行時則會引導教師表達意見，在教師表達意見之後也都會有所回饋；若討論呈膠著狀態時，校長視會議進行的狀況而調整流程，如暫時休會讓教師們享用咖啡茶點，並暫時離開，讓教師們自由討論。並透過鼓勵、引導教師發言，提供適當的回饋與彈性討論空間，營造全體參與的討論氣氛。

課程發展委員會成員的分享討論是相當重要的，因此在進行分享討論之前，校長先想出幾個值得教師討論的議題，引導教師在開會中進行討論，經過多次的討論與分享後，教師漸漸地培養主動與他人討論分享的習慣。因為分享討論的機會增加，形成一種信任、安全與開放的組織氣氛，進而讓更多教師參與分享與討論。學校往往具有保守且尋求穩定的氣氛，面對這樣的情況，若沒有領導與管理的適度運作，課程與教學的實踐將無從改變（蔡清田，2001），故為了提高課程品質，校長就有需要營造不同於過往的保守與尋求穩定的氣氛，而積極營造主動創新與支持信任的學校氣氛（Henderson & Kesson, 1999）。信任與支持的學校氣氛可以建立成員的自信心，讓他們對於課程的發展更樂觀、更具有熱忱，並提升其接受挑戰的戰鬥力（Leithwood, Jantzi, & Steinbach, 1999）。

二、透過課程領導，進行願景建構的課程規劃

就課程規劃的願景建構而言，透過課程研究的情境分析與需求評估，導出學校共同願景與整體課程目標的慎思熟慮構想與行動策略，以作為規劃學校課程計畫架構與進程之參考依據。

(一)提名小組之行動策略

校長擔任課程發展委員會召集人，親自向課程發展委員會成員說明打造學校課程願景過程的意義與重要性，並且強調未來將會使用課程願景來規劃課程計畫、設計方案，並作為評鑑課程之參考依據（蔡清田，2002）。

情境分析之後，校長可利用課程發展委員會以一人提供三個願景的「提名小組技術」，並考量適切性與可行性後，進行學校願景的票選。確定學校願景後，商請該校具備美術專長的教師根據學校願景創作學校標誌，並將學校標誌放置學校川堂、布告欄等醒目處，讓全校師生容易看到學校願景，提醒師生朝向學校願景邁進。但是，學校願景有其動態發展的可能性，因此，應該邀請學校師生持續參與學校願景的討論。在此願景規劃過程當中，應瞭解學校的共同願景是全體師生及家長所共享的未來遠景，是一種對學校教育發展的共同期望。

(二)共塑願景之行動策略

願景目標可激勵教師去激發學生學習，引導課程改進，是帶動教育革新的關鍵動力，故校長要提高課程品質就應該塑造學校願景目標，作為成員共同努力的焦點（Doll, 1996）。願景目標訂定後，課程領導者要不斷地檢視願景目標，以確保願景目標可以持續地反應出學校成員的理念（Glatthorn, 2000）。

校長可以透過課程發展委員會，共同進行學校整體課程長程規劃，重視未來願景目標，以引導課程革新的實施（Doll, 1996）。如果課程發展缺乏願景，其最後結果欠缺願景方向的指引。當校長未能建議願景，則學校人員並無法確知其教育價值的立場，不知往何處去，或不知如何評量其成果。因此，建立願景是改進課程的基本任務。包括所期望的學生成就

水準是什麼？學校所要達成的願景與目標是什麼？如何確保學校課程的整體性，而非零星的部門總和？哪些共同的信念系統是學校成員所必須共享的？

　　而且建立學校本位課程發展共同願景的過程，不只是參與課程發展人員的作文比賽而已，尚需要透過課程發展的具體行動加以實踐；學校共同願景的建構，是一個公開並且合法化的歷程；並且，學校的共同願景必須透過具體可行的目標計畫，轉化為落實執行的具體課程方案行動，才能達成理想的共同願景。值得注意的是，校長可以讀書會的方式帶領同仁詳讀課程綱要，以確定該校的課程發展方向合乎當前課程改革趨勢；並提供初步構想與處室主任、相關教師協商討論，而且在決定某項課程目標時，先考量課程目標的必要性，再考量執行實施的可行性。

三、透過課程領導，進行方案設計的課程設計

　　就課程設計而言，根據課程綱要的規定，學校在課程發展委員會之下設置成立各學習領域課程設計小組，進行課程方案設計，宜根據學校的條件：如社區情況、學校師資與設備、學校願景、家長的期望、學生的需求與興趣等，結合學校與社區資源來發展課程，如此的課程方案設計，才符合學生的需求與興趣，並能獲得社區家長的認同。

(一)教師專長之行動策略

　　校長透過課程領導，帶動學習領域課程小組，於學期上課前完成學校課程計畫、設計教學主題與教學活動，並由教師依其專長進行教學。其課程領導的具體行動策略，乃鼓勵教師扮演課程設計者的專業角色，成立課程設計小組、設計各課程方案目標、教學大綱與進度、編選教材、發展教學活動與評量工具、設計教學資源配套措施、試用其可行性並加以修正、確定學校課程的內容。學校的教務主任、課務組長、教學組長、學年主任或領域召集人是最接近教育現場，他們應該最能夠貼近教師並且瞭解師生在教學情境當中的需求，因此，他們的課程觀點是課程設計當中非常重要的參考指標。

　　在學校教科書的評選方面，如能在尊重教師專業的原則下，由各年級學習領域教師共同討論之後評選教科書，比較容易獲得學校教師的認同；其次是各學習領域與彈性學習節數，在不違反課程綱要規定的百分比例之下，透過討論後，繪製課程架構圖，有助於成員對實施九年一貫課程整體架構的瞭解。

(二)團隊整合之行動策略

　　發展學校本位課程，對教師來說是一項新工作，在教師能力不足下，以團隊方式規劃課程，是可行的辦法。因為同一學年教師上課時數相同、且對該年級的學生學習狀況有相似的瞭解，較容易找出共同討論的時間，也較瞭解該學年的學生程度，因此可將同一學年或同一學習領域的教師組成一個教學群，成為一個課程發展的團隊，共同進行課程規劃。為了讓各個學年教師設計出來的課程不會重複，兼顧縱的與橫的連貫，校長可透過課程發展委員會進行整合教師課程設計方案，連貫不同學年的課程活動，整合各學年課程規劃，避免重複與不連貫，讓學校的課程方案更具有整體性。

(三)學生中心之行動策略

　　課程是學生和教師經驗的集合（Hawthorn & McConnell, 1995），因此，師生是課程方案設計的主角，在整個課程發展中，師生都是學習者，故領導者在設計課程方案時必須要以學習為中心進行設計。設計課程方案的過程中，要蒐集可靠的資料，並加以組織成為課程方案的知識基礎。在此知識基礎下，並且考量資源與限制後，可以選擇調整現有的課程方案或重組課程方案的方式，進行課程方案設計。不管是調整或重組課程方案，都要以學習為中心。

四、透過課程領導，執行運作的課程實施

　　就課程實施而言，學校課程實施，需透過教育人員在職進修與學校組織發展等行動策略，進行專業反省與溝通，化解歧見並減少對改革的誤解與抗拒，更需充實必要的知能，以使方案順利實施。

　　就課程實施而言，有必要透過校長課程領導，協調學校整體教育人員，進行課程實施，因為「課程創新很多時候被視為失敗，其實不然，其實它們從來沒有落實實施」（Fullan, 1993）。就課程領導的具體行動而言，首先強調理念溝通，辦理教師進修研習，增進實施新課程的認知層次與使用能力層次（蔡清田，2002），使教師做好課程改革的充分準備；因此，校長所提供的支援和協助是導致真正變革的重要元素。

(一)專業發展之行動策略

　　教師在課程發展的過程中，需要在理論知識與實務技巧有所改變，故教師開始專業發展是邁向高品質課程的過程中所必要的（Doll, 1996）。多數教師並沒有專業發展的觀念，也很少願意主動進行專業發展，為了讓教師們重視專業發展，校長要主動蒐集並分享資料，讓教師對現階段教育的新訊息產生興趣，進而成為主動瞭解新訊息的學習者。校長要製造教師學習的機會，包括校內與校外兩方面。校內主要是舉辦研習、組織教師讀書會、實務經驗分享與討論，並鼓勵教師繼續進修和提供教師至校外演講與教學演示的機會。

　　校長不以強硬手段進行教師專業發展，而以循序漸進、耳濡目染的方式漸漸改變教師，先蒐集資料、安排研習活動，讓教師從接受新知的過程中，逐漸瞭解自己知識的不足，進而開始思考如何增進自己的專業知識技能，慢慢地，教師願意主動進行學習。校長召集教師組成教師讀書會，並舉辦由校內教師主講的研習，提供校內教師主動蒐集課程相關資訊與公開發表的機會，促成教師團隊研究風氣，校長也可廣開溝通的管道，讓教師發聲，分享彼此的課程教學經驗。

　　校長在教師研習進修的規劃方面，依據該校教師在不同階段的需求與關注點而規劃，教師研習課程主題從瞭解十二年國民基本教育的課程設計、教材選擇與教學方法、創新教學、多元評量，到十二年國民基本教育的課程評鑑與教育行動研究等研習進修。教師也可以將所遭遇的問題提出來，與其他教師腦力激盪找出解決之道（Hawthorne & McConnell, 1995），由許多不同思考方法的成員所組成的團體，將會產生更多創新的力量，比自己獨自思考發揮更大的效用。

(二)增強溝通之行動策略

　　校長最好是透過課程領導，進行相關行政人員之協調聯繫，使其做好足夠的行政支援準備；並向學生與家長進行課程方案之宣傳，使其充分理解課程改革的主要方向與具體措施；進行教學準備及情境布置，按課程方案之計畫實施教學與各項行政支援措施。特別是在課程實施的過程中，應繼續針對國民中小學九年一貫課程問題召開「家長座談會」，藉以雙向溝通九年一貫課程的問題，解除疑慮。

　　另外，校長可以利用正式的學校通知單、學生家長座談會與非正式的溝通機會，向家長溝通、傳達學校課程發展的訊息，讓家長明確知道學校課程發展的情況；校長尊重教師教學的自主性，在實施校內教學觀摩演示時，提供教學改進意見，以確保教師教學實施的品質。為了讓更多家長投入學校活動、關注學生學習狀況，可以贈送書籍的方式，提高家長參與率，且製造家長的學習課程改革相關理念的機會。

五、透過課程領導，進行評鑑回饋的課程評鑑

　　就課程評鑑而言，學校課程評鑑在於透過行動策略蒐集適當而充分證據，以判斷並改進課程過程與成效，結合教育行動研究，建構不斷循環的評鑑系統，以發揮評鑑與回饋的功能。校長課程領導具體行動，乃透過形成性與總結性評鑑，檢討學生學習成效、各課程方案教學成效與行政支援措施成效；總結評鑑課程之成本效益，考量正式與非正式課程等課程方案的影響；分析各項成效評鑑資料結果，修訂學校整體課程；總結課程發展成果與經驗，作為審查新年度全校各年級各領域科目活動課程計畫之依據（Henderson & Hawthorne, 2000），俾能有效進行課程發展永續經營（黃政傑，1999）。

(一)因勢利導之行動策略

　　課程評鑑的目的，乃在幫助教育政策的決策者、學校教育行政人員、教師、家長或社會人士瞭解課程發展的重要特色與特定的時空背景情境，並進而促成課程發展之合理決策，以提升學校課程之品質。但是，學校成

員可能對課程評鑑相當陌生，可能有人誤將課程評鑑與教師考核混為一談。提到評鑑，多數教師會開始抗拒並產生壓力。因此，校長要耐心地溝通宣導課程評鑑的觀念與營造有利的環境與氣氛，可舒緩學校成員的焦慮情結與反抗意識、進而提升相關成員的相關知能，爭取成員對課程評鑑的認同。

　　為了讓教師知覺評鑑的重要性，在尚未正式進行課程評鑑前，校長即不斷告訴教師有關評鑑的狀況與方式，以及評鑑的重要性。在非正式情境下的警惕，讓教師慢慢地調適對於評鑑的負面印象，也開始為課程評鑑作準備。例如：在各種會議之前數天，先提供相關會議資料與議程給參與者提早閱讀與思考，可以增進會議的討論效果。另一方面，評鑑的結果不宜作為教師考核之用，而且課程評鑑的實施應以事前規劃所訂的範圍與內容進行之，針對發現的問題加以改善，有助於學校本位課程發展的永續經營，提升教育改革的品質。

(二)行動研究之行動策略

　　評鑑不是結束，而是幫助教師改善課程教學品質的過程（Brady, 1987）。課程評鑑，是課程發展的一個重要階段，也同時是貫穿於課程發展過程中的每一個環節，與各階段的課程發展活動具有密不可分的關係，課程評鑑可以結合行動研究策略，行動研究是教師實施課程與進行研究的有利方式（蔡清田，2000），從行動研究過程中，教師可主動發現問題、進行研究、將研究結果應用在實際情境。每次學期課程活動結束後，校長召開課程發展委員會作為教師事後的反省與檢討，從反省檢討中瞭解自己的優缺點，作為下一學期規劃與實施的基礎。課程評鑑的進行，有助於發現課程發展每一個階段存在的問題與修正課程問題方案，並與其他課程進行比較，瞭解課程達成目標的程度和發現其未預期的結果，最後還可以從課程評鑑過程中所蒐集到的資料，作為選擇與決定如何發展課程之用（蔡清田，2004）。

　　總之，校長為促進學校達成課程目標的領導者，宜採多元適切之課程領導策略（蔡清田，2005），帶動課程發展委員會，將學校視同課程發展的基地，透過「情境分析」、「願景建構」、「方案設計」、「執行實

施」與「評鑑回饋」具體行動策略，提升學校課程發展能力。本文特別建議採納課程研究的SWOTA之行動策略、身先士卒之行動策略，課程規劃的提名小組之行動策略、共塑願景之行動策略，課程設計的教師專長之行動策略、團隊整合之行動策略、學生中心之行動策略，課程實施的專業發展之行動策略、增強溝通之行動策略，課程評鑑的因勢利導之行動策略、行動研究之行動策略，作為校長透過課程領導，達成學校課程發展永續經營的具體建議，並可提供教務主任、教學組長等其他學校行政主管進行課程領導之參考（蔡清田，2007）。

第九章　課程評鑑

「課程評鑑」（curriculum evaluation），係評鑑在課程領域之應用（黃光雄、蔡清田，1999），是指教育人員蒐集有關課程的資料，其主要目的旨在判斷課程理念、課程計畫、教學材料資源、課程實施運作、評量考試測驗與學習過程與結果的方法活動等等之價值，以便進一步指出課程內容和活動之改革方向（黃政傑，1987）。

「課程評鑑」是一種價值引導的構想，透過建構及分配資訊，以引導某種特定教育系統的課程教學方案內容或學習活動或教育行動（Norris, 1990），其功能可以藉此幫助教育政策的決策者、學校教育行政人員、教師、學生家長或社會人士，瞭解課程發展的重要特色與特定的時空背景情境，並進而促成課程改革之合理決策，以提升課程發展之品質（蔡清田，2002）。

由於過去一般人往往只有注意到課程評鑑的某些面向，特別是往往只強調以學生學習成果為主的課程評鑑，而忽略了其他面向的課程評鑑。其實，課程發展的評鑑活動，需要較廣泛的評鑑。課程評鑑所涉及的層面，包括廣泛的結果，如學生的態度、其他教師的反應、課程改革對整體學校組織的影響，不僅包括獲得學生成就的評量測驗分數而已，更涵蓋探究課程理念意義本質、計畫、教材教法、實施與成果品質等層面，以便協助教育人員得以繼續進行課程規劃設計實施。換言之，就評鑑研究的課程內容而言，可能包括呈現學生學習效果、教師教學成效、行政系統的支持與課程方案成效等面向，以符合檢視課程不同層面的需要，並提供豐富的回饋資訊，以提升下一個循環的課程改革品質（蔡清田，2002）。因此，本章旨在說明課程評鑑的基本概念、程序步驟、標準、類型及模式，闡明課程評鑑與課程意義的關係，課程評鑑與課程設計模式的關連，以及其與課程發展進路和課程實施策略之間的相關性，並指出「統整評鑑」（integrated evaluation）與「真實評鑑」（authentic evaluation）等課程評鑑變通途徑，進而論述課程評鑑的不同價值取向，以作為進行課程研究發展與設計之參考。

第一節　課程評鑑的基本概念

　　本節擬就課程評鑑的意義、概念發展、範圍、目的、功能等方面來探討，希望藉此探究課程評鑑的相關概念。

　　由於教育經費占政府財政支出比例的逐漸增加，以及工商業管理強調生產效能與效率的影響，社會大眾容易對學校教育結果的不滿，因此，教育的績效往往引發廣泛的討論與關注（Tyler & Lessinger, 1971, 75）。特別是學校教育也是經由納稅人之金錢所支付，所以教育政策的決策者與課程發展人員有必要向社會民眾證明學校課程價值的合理性，而且學校經營管理人員有必要使其有限的經費、時間獲得最有效的運用，學校行政人員與教師有必要決定究竟何種學習經驗，最能幫助學生獲得最大的教育價值，因此，課程評鑑有其必要性。

一、課程評鑑的意義

　　評鑑（evaluation）係指個人或團體對某一事件、人物或歷程的價值判斷歷程（Posner, 1995）。換言之，評鑑是指有系統的評估某一對象的價值或優缺點。評鑑活動是一種涉及好壞的價值判斷，並指向優點和缺點的確認，藉以提供改進的方向與積極回饋的複雜工作（黃光雄，1989，4）。因此，就教育領域而言，一方面，評鑑是判斷學習經驗是否已經達到預期教育目標的歷程，另一方面，評鑑也涉及了辨別課程設計的優劣（黃炳煌，1986，119；Tyler, 1949, 105）。所以，教育評鑑除了代表教育目標達成的程度之外，也代表教育方案的計畫或教育活動的觀念與實際結果之間比較的一種方法（Tyler, 1977, 9）。是以教育評鑑可以扮演改進教育的重要角色，而且目標導向的評鑑，也可引導教育人員反省其預期的目標意向，並釐清模糊的教育結果，這種觀念提供當代評鑑思想與實務的基礎（Wolf, 1990, 14）。

綜括來說，評鑑概念所強調的重點，有諸多方面：第一，評鑑是價值或優點的判斷；第二，評鑑可以包含對現象「質」的描述和「量」的描述；第三，評鑑是為了做決定；第四，評鑑不只是可以針對個人的特質，也可以針對課程方案或行政措施（黃政傑，1987，14）。

課程評鑑的意義，係指評鑑在課程領域之應用。換言之，課程評鑑就是指評鑑人員蒐集有關課程的資料，用以判斷課程的優劣價值。例如：柯隆巴（Lee Cronbach）便主張課程評鑑，是指蒐集和運用資料，以作成有關教育方案或課程計畫的決定，實施課程評鑑時，資料的收集與運用，必須能顯示課程方案或課程計畫的優劣，作為課程改革或課程革新的參考（Cronbach, 1963）。另外，李子建與黃顯華（1996, 354）也將課程評鑑的意義類別，歸納為下列五類：

(一)將課程評鑑視為成就表現和特定目標間的符合程度。

(二)將課程評鑑視同為教育測量和測驗。

(三)將課程評鑑視同為專業人員判斷，針對課程的優缺點或價值，加以評估。

(四)將課程評鑑視為蒐集與提供資料，讓決策人員從事有效的決策。

(五)視課程評鑑為一種政治活動，評鑑不僅檢視課程的效率及管理課程問題，也理解評鑑所涉及的道德及美學含意，並探討何人會從評鑑獲益。

二、課程評鑑意義的發展

有關評鑑概念的發展，部分學者認為評鑑雖是自古即普遍存在於教育活動中，但系統和科學的評鑑卻是二十世紀的產物（黃政傑，1987，3）。二十世紀早期的評鑑概念乃是以考試及測驗為代表，例如：課程評鑑學者泰勒（Ralph W. Tyler）就認為，考試與測驗的目的在於改進教學，這種改善必須透過改進學生的學習來達成。因此，就有必要發展出評鑑不同情境的考試，以獲得學生所學的內容或學習結果的證據（Tyler, 1934）。

後來，考試與測驗的觀念擴大爲評鑑，評鑑對象由資料的記憶，移轉爲人類認知、情意與技能的行爲。因此，評鑑的概念，也由學生行爲與目標的一致性，擴展爲預定課程計畫與實際教育結果之間的比較結果。而且評鑑的對象，也由學生學習成就，擴展爲學校的學習活動與教室外影響學習的因素評估（Tyler, 1988, 159）。例如：柯隆巴繼泰勒之後，不僅將課程評鑑的焦點由評量轉移到評鑑，並且將課程評鑑的證據範圍，由學生的學習結果，擴展到包括課程方案的各種特性資料之蒐集與評述。因爲課程教學的實施結果，是包括許多不同的層面，因此，單一的學習測驗分數不足以描述教與學歷程的複雜現象（Cronbach, 1963, 672）。

由於課程評鑑方案的不同需求，課程評鑑研究一方面產生激烈的爭辯，一方面也因新工具的出現，使課程評鑑這個領域不斷膨漲。而課程評鑑的意義，亦由「評鑑等於測驗」、「評鑑是目標和表現一致程度的確認」、「評鑑是專業的判斷」，衍生一些新概念。

三、課程評鑑的範圍

就課程評鑑的範圍而言，課程評鑑與課程的意義範圍關係密切，因此，除非課程的意義明確，課程評鑑的目的明確清淅，而且評鑑工具與方法也根據課程目標而作正確的分類，否則，對於課程評鑑工作是不會有太大的幫助的。

就評鑑規劃而言，一位課程評鑑人員要確定課程評鑑的範圍，首先需瞭解何謂「課程」。然而，由於課程的定義分歧，因此，課程評鑑的範圍也就因人因事而異。例如：

(一)如果課程指的是內容大綱、範圍順序或課程綱要等課程文件，則課程評鑑代表此種文件的價值判定。例如：此文件是否完整？敘寫妥當？深度與廣度是否適當？組織是否嚴謹？內容是否新穎眞切？內在一致性如何？

(二)課程如果是指學生的學習經驗，則課程評鑑是指針對學生所得教育經驗的價值判斷。例如：這些學習經驗是否具有教育功能？具有挑戰

性？有無鼓勵作用？是否適當？是否完整？對學生年齡而言是否適當？不同背景的學生是否獲得公平對待？這些教育經驗如何加以改善？

(三)如果課程的定義是學習的具體目標，則課程評鑑是指教育歷程的實際結果。例如：學生在某一教學單元中究竟學會何種概念與技能？此種課程結果和其他不同課程的比較情形如何？和先前的課程比較情形如何？學生實際學習的情形如何？有無任何副作用？學生能就所學加以利用嗎？哪些學生最能或最不能從此課程中獲益？如何使學生的獲益發揮到極致？

在課程設計的實務中，常被採用的課程概念，是指課程標準或課程綱要所規範的一切「科目」內容。由於課程標準包含的內容是教育目標、教學科目、教學時數、教學目標、教材大綱等項目，所謂課程也就是這些項目的總和。如果採用此概念，課程評鑑的範圍，就是針對上述項目去蒐集資料，判斷價值的高下，作爲進一步行動的依據。但是，上述之分析，則有將課程評鑑窄化之嫌（黃政傑，1991）。

事實上，除了視課程爲「科目」之外，課程尚有學習目標、學習經驗及學習計畫的定義；因此，就課程的意義而言，課程評鑑的範圍，不應限於科目和時數，而應擴大納入學習機會的規劃，學習目標的選定及實際的學生學習經驗。就課程評鑑的層次來看，除了應就「理念課程」、「正式課程」、「知覺課程」、「運作課程」與「經驗課程」等五個課程層次，指出其缺陷或困難所在，俾便作成教育行動的決定，也應指出學生因素之外的課程發展計畫和過程、課程本身、課程實施、課程效果等內容因素及範圍項目的價值優劣。

既然課程存在於不同層次，課程評鑑若只針對某一層次而完全忽略其他，則不但見不到課程的全貌，更有扭曲課程意義的危險，亦即當評鑑能周全地概括「課程」各層次意義的設計和運作時，才能對課程獲得充分的瞭解。因此，課程評鑑的地位，應被視爲整個課程設計發展過程當中每一步驟的必要工作，亦即，課程基礎研究、課程應用研究與課程行動研究等課程研究類型所包括的研究、發展、推廣、採用等步驟都是課程評鑑的對象。而且，課程評鑑工作，應該因應課程發展的不同階段，定出計畫、實施、考核與追蹤等四種評鑑的用法。

　　第一階段，在規劃一個新課程方案的時候實施。本階段的「計畫階段的評鑑」是指和以前做過的課程研究方案相核對，評鑑其目標、基本假設、學習歷程等有助於評估課程方案的適切性。特別是在計畫階段，進行選擇組織學習經驗的評鑑，是指經由試用以評鑑此課程方案之效益與可行性，這種評鑑的結果，應是教育改革與課程革新的必要基礎。

　　第二階段是「實施階段的評鑑」，必須針對採用課程方案的每一實施情境加以評鑑。因為許多教師在實施一項新課程方案時，總會遭遇許多預期不到的困難，而且大部分的課程方案，也需要花費數年的時間才能完全實施，因此，在課程方案的實施階段進行評鑑，有助於課程改革的成功。

　　第三階段是「考核階段的評鑑」，是指有必要依據課程方案的實際運作結果，進行評鑑以發現學生的學習成果。甚至，應該以接受課程方案實施後，一年或短期之內的學生學習成果，作為評鑑學習保留的對象。

　　最後，第四階段的「追蹤階段的評鑑」是有必要的，在最初的數年內方案通常是高效能的，後來時間一久之後，就失去效用了。有些課程個案是歸因於新進的教師缺乏執行方案的適當訓練，有些效能降低的課程個案是歸因於教師及學生失去興趣，或無法調適環境變遷而失去彈性，追蹤評鑑正可以提供課程方案再現活力的基礎（Tyler, 1984）。

四、課程評鑑的目的

　　由於社會情境的轉變，以及農、工、商、國防、環保、健康衛生等知識與科技的改變，導致評鑑產生極大的改變。其中一項基本的改變，是評鑑使用功能的擴大，包括學生輔導、行政、安置、頒發獎學金、診斷學生的學習與發展、評估新方案課程教材教法與設備、學校方案的管理與輔導等等。因此，評估教育的進步，以便於民眾瞭解，以及政府制訂教育政策的參考（Tyler, 1969, 2）。彭駕騂（1978, 112）指出：課程評鑑可以：

　　(一)作為課程目標與課程價值的評估之依據。

　　(二)作為評鑑課程編制，教材編選之依據。

　　(三)作為檢討課程結構與內涵之依據。

(四)作為分析教學目標，檢討教育設計之依據。

(五)作為改進教學，加強學業輔導之依據。

(六)作為檢討教師教學成果及學生學習成效之依據。

(七)作為修訂課程，擬定新課程設計之依據。

　　課程是學校教育的主要內涵，亦是達成教育目標的手段，因而課程的良窳，關乎教育至深且鉅。而欲針砭課程的好與壞，則端賴評鑑工作的進行。事實上，吾人可以從「有助個人決定」與「有助課程決定」兩個層面來探究課程評鑑的目的（Posner, 1995, 224），亦即：

(一)有助學生個人決定

1. 診斷決定（diagnosis decisions）

　　利用觀察學生的表現、或利用態度、興趣、行為量表、標準化成就測驗、性向測驗，以蒐集學生的優缺點，並決定有需要特別教學處理之處。

2. 教學回饋決定（instructional feedback decisions）

　　如教師自己編製的測驗本或小考，可以幫助學生監控自己某一學科方面的學習進步速度，以調整學習途徑方法。

3. 安置決定（placement decisions）

　　瞭解學生對特定技能的精熟程度，以便將學生安置在相等的同質團體中，以便進行教學。

4. 升級決定（promotion decisions）

　　根據標準化測驗，針對個別學生有關問題的討論會、教師教室觀察的建議，以瞭解學生在某一方面的精熟程度，作為決定升級或留級的依據。

5. 授證決定（credentialing decisions）

　　如通過國家考試或專業團體所訂定的通過標準，可以獲得某種學程畢業的證明或許可證。例如：目前臺灣地區大學校院相關科系學生修畢教育學程學分，可向主管教育行政機關提出申請實習教師資格的初檢，取得實習教師證書。

6. 選擇決定（selection decisions）

　　如英、美國各大專院校的入學許可處，利用學生的學習成績單或學術

性向測驗等標準化測驗，以決定是否讓某生入學。

(二)有助課程決定

　　大部分的課程並未能提供訊息，以顯示學生是否達成預定表現水準。事實上，大部分的課程只注意到評鑑工具是否能夠評鑑課程確實地提供學生必要的技能，以準備授證考試或全國性常模測驗或標準化測驗。因此，就評鑑的目的而言，如果是針對協助課程決定所進行的評鑑，就可以稱為課程評鑑。而且評鑑結果的利用可以指出課程方案的優劣、釐清教育目標、統整課程與教學、提供教學與學習的輔導資料、建立學校教育的公共關係（蔡清田，1992a，108）。

　　課程評鑑的目的，可以提供教育人員、學生及家長一種心理保障。教育機構的責任是非常廣泛的，而且涉及到一些觀察不到的層面。學校教育人員常懷疑是否已達成主要目標。因此，往往不自覺地透過一些不必要、甚至有害於教育工作的歷程，來增進其安全感。例如：國中或高中教師可能花許多時間精力，要求學生進行高中入學聯招模擬測驗與大學入學試題的摹擬練習，以獲得教學成就的證據。然而，這種升學考試的準備方式，只適用於一部分升學的學生，若把時間精力全部都花在升學準備上面，不免忽略了學校課程方案的其他教育功能層面。因此，對這些類型的教師而言，一種仔細檢查各學習成果層面的教育評鑑，將能提供教師的自信心與安全感，這對正在進行新課程方案的教師更是需要。由於改革結果的不確定性，使教師對課程革新產生不安全感，但是，教師如利用舊式工具評鑑自己的革新工作，會因缺乏自信而感到失望。學生與家長同樣也有這種不安全感，而且也希望獲得課程方案有效的具體證據。如果沒有提供完整的評鑑計畫，則學生與家長可能訴諸於可觀察、可測量的量化考試分數或名次等第，卻無助於改進學生學習過程與方法的其他因素。所以，應用新課程評鑑方式，來證明課程革新的效能與教學過程，可以提供學校教師與學生心理的保障。

　　評鑑的另一個目的，是強調提供一種公共關係的合理基礎。當要暸解社會大眾與家長對學校教育機構效能的看法時，與社會大眾與家長建立起合作關係是很重要的。一項審慎完整的評鑑，可以將證據公開化，並讓社

區民眾認識學校方案的價值，甚至，如能獲得關於學校成就的具體證據，則許多批評者的態度，將可以轉化為建設性的合作關係與助力。為了達成這些目標，評鑑人員在心中不斷的規劃發展評鑑方案時，應該瞭解並決定評鑑對象與技術，而且進行結果摘要與解釋時，都要考慮到這些重要目的。

五、課程評鑑的功能

　　艾斯納（Elliot W. Eisner）認為課程評鑑的功能，不外乎「診斷」、「修正」、「比較」、「預測」、「確立」等五項，期藉由評鑑促進課程設計，冀達教育目標的實現（Eisner, 1994, 117）。事實上，評鑑在課程上具有下列七個功能：

(一)需求評估

　　在課程方案設計前，先調查社會及學生的需求，以作為課程規劃的依據，並作為建立教育目標的參考。換言之，評鑑可以用來評估教育需求，以建立教育目標，指引教育革新方向。

(二)缺點診斷

　　尋找課程問題困難所在，以便施予適當處理，亦即，評鑑可以用來診斷課程、教學和學生的學習。診斷旨在尋找課程問題和困難所在，以便施予適當處置。

(三)課程修訂

　　經由評鑑反覆尋找缺失，以改進新的課程方案。換言之，評鑑可以用來修正課程，使其益加完美而具有教育效能。在此，所謂課程，是指由教師或其他人員編製給學生使用的材料，這些課程材料由計畫、發展、完成到推廣，必須不斷修正改進，評鑑便是蒐集課程資料，提供改進參考的工作。

(四)課程比較

　　比較各種課程目標內容、過程及結果。換言之，評鑑可以用來比較各種課程方案、教學，以及學校教育其他層面。

(五)課程方案的抉擇

判斷課程方案的優劣價值，以為抉擇的參考。

(六)確定目標達成的程度

比較目標和實施結果，以探討目標的達成程度，這是評鑑用在課程上最傳統的功能。教育是有目的的，評鑑乃在瞭解學生是否達成了教育目標，以便決定學生是否需要再次學習，或可以導向下一個階段的學習；評鑑結果也可用以修正課程，使課程更適合學生，甚至改變教育目標，以適應學生的學習程度。

(七)績效判斷

藉由評鑑瞭解課程設計人員、行政人員與教師績效。

總之，課程評鑑的用途不外乎改進（improve）、績效責任（accountability）及啟發（enlightment）（黃光雄，1989，8）。就改進而言，評鑑旨在提供資料，以保證或改進一種服務的品質。就績效責任而言，評鑑可以對完成的計畫、建立的方案、或完成的結果等回顧觀察，並評估其成效。就啟發而言，評鑑不只有助於導正教育方案的實施，而且有助於提出特殊的研究問題或理論問題。

由上可知，課程評鑑，不單是在學習成果的評估，而在課程發展過程中亦應予評估。由此可見，課程評鑑功能旨在判斷教學材料、教學活動或教育經驗的價值，指出課程內容和教育活動改革方向，而其所涉及的評鑑標準與評鑑方法步驟，就有其探究的重要性。

第二節　課程評鑑的步驟與標準

課程評鑑旨在蒐集和提供教育情境有關的資訊，以為決策之用。而在搜尋資料過程之中，要如何判斷其價值性，則應建立一些「步驟」與「標準」。本節旨在就課程評鑑的「步驟」與「標準」加以說明，希望經由確定課程評鑑的「步驟」與「標準」，可以協助教育政策的決定者、學校教育人員與課程評鑑人員掌握判斷課程設計的成敗關鍵因素。

一、課程評鑑的步驟

由於課程評鑑所包括的範圍極廣，而且範圍的性質，又有所不同，因此，確立若干步驟，以供進行課程評鑑的參考乃有其需要性。例如：彭駕騂（1978, 124）認為評鑑大體可分下列幾個步驟：

(一)確定評鑑之目標。

(二)確定評鑑所需之項目及其評鑑方式

1. 教學目標方面。

2. 課程編製型態方面。

3. 課程綱要方面。

4. 教材編選方面。

5. 教學設計方面。

6. 學習效果評量方面。

(三)確定評鑑人員及其不同使命。

(四)分析、調查、統計、整理之方式。

(五)評鑑效果之應用。

黃政傑（1987, 267）歸納課程評鑑為八個步驟如下：

(一)確立課程評鑑目的。

(二)依據評鑑問題，描述所需資料。

(三)進行相關文獻的探討。

(四)擬定評鑑設計。

(五)依照設計蒐集所需資料。

(六)整理、分析及解釋資料。

(七)完成評鑑報告、推廣、回饋。

(八)實施評鑑的評鑑。

陳如山與黃政傑等人（1992）又根據上述課程評鑑的步驟，擬訂課程評鑑的「原理」，說明如次：

　　(一)課程評鑑應基於課程目標，評鑑應有其依循的根據，才不致如無羅盤的船，行之大海，缺乏方向依歸。因此，課程目標既為課程設計的依據，亦應為課程評鑑的基準。

　　(二)評鑑可以指出並判斷學習經驗的有效性，也可作為修正與建議學習經驗的依據，評鑑也可以顯示是否達成目標及其達成的程度。這些複雜的歷程應該包括課程計畫、課程實施、課程評鑑與課程改革的回饋歷程。課程發展為統整一貫的過程，則課程評鑑應為延續、綜合的過程，因此，課程評鑑更應注意其過程中，縱、橫的整個結構。

　　(三)課程評鑑的過程，應有更多人士參與，課程評鑑人員，不應限於課程發展小組之外的學者專家、教育行政人員、教師、家長等，也應包含小組內部人員的參與。換言之，發展課程評鑑方案是一項學校人員與課程評鑑人員合作的方案，評鑑工作是許多學校教育人員與評鑑人員共同努力的結果，沒有一項發展的工具是由一個人單獨完成的。

　　泰勒也明確地指出評鑑學習經驗歷程的八個「程序步驟」（Tyler, 1949, 101），分別是：

(一)界定目標

　　通常進行課程評鑑的第一個步驟是每一位學校教育人員要求擬訂學校教育目標。這不只是一項評鑑活動，通常也是課程發展的一項重要步驟。有效的教育目標並非經由學校人員個人好惡的妥協結果，而是基於社會需要、學生特性、學科領域的可能貢獻、學校的教育哲學或社會哲學、與學習心理學各種考量因素，形成目標。因此，許多學校花費了許多時間在此一步驟，並且經常週期性地重新檢視目標的妥當性。

　　課程目標包括一般與特定的不同層面，而且數量多，不易實際運用，因此有必要將這些目標列成一張總表，並歸為若干類別，以引導課程發展與評鑑，詳加設計以間接說明有效達成目標的學習經驗類型。擬訂目標是評鑑歷程的起點，因此計畫學習經驗的雙向分析表是提供評鑑歷程的一項基礎，包括指出行為與內容層面。而且應該以學生行為界定目標，明白地定義行為目標。

(二)指出情境

指出學生學習的機會、引導學生表現目標行為的情境，以便觀察目標的達成程度。情境範圍包括問答情境、遊戲與工作情境、選擇的情境與演說的情境。而且評鑑的情境，也正是學生表現該目標行為的情境。如果情境難以控制，則評鑑專家應試圖發現其他較簡單的情境，直接引發所要評鑑的行為的情境。

(三)檢查現成的評鑑工具

將擬進行評鑑的工具，拿來和行為達成的目標相核對，瞭解此工具是否可利用到引發目標行為的各種情境。檢查項目包括： 檢視特定評鑑工具當中所涵蓋的行為類型，並檢視評鑑的工具的情境。不應貿然地採用廣泛使用的測驗，應有必要檢視測驗內容與目標及其評鑑情境。

(四)選擇或編製評鑑工具

檢視現成的工具可能產生三種結果： 第一種是發現可靠、適用、適合某目標，且令人滿意的工具，並且加以採用。第二種是修訂，亦即發現可修訂某些現有的工具，以適合某教育目標。第三種是重新編製，亦即缺乏適當工具，則需重編工具，以測量目標。

(五)試用評鑑情境

實際試用能讓學生有機會表現行為的情境，瞭解此情境是否為獲得證據的便利途徑，以便將評鑑工具發展為令人滿意的方式。

(六)記錄情境行為

記錄學生在情境中的行為，除了紙筆測驗外尚有「觀察行為」，由觀察者對學生的反應作詳盡的描述。「錄音錄影」利用錄音機錄影機加以紀錄。「檢核行為」利用檢核表核對經常出現的某種特殊類型行為。「其他方法」應考慮個別測驗情境，不只在引發行為，而且要能獲得評鑑結果的紀錄。

(七)決定評鑑用語與單位

第七個步驟是決定總結或評定行為紀錄的用語或單位，並指出涵蓋不同範圍的廣度，與不同層次的深度。因為行為評鑑是分析性的， 不是單一分數的概述，因此，每一目標的評鑑結果，應有許多分數或評語，適切

地描述解釋目標達成的程度。此種指出特殊優劣點的分析性摘要，對利用評鑑結果以改進課程而言，非常有用。而且必須在實際計分、評定等第之前，先行發展出評鑑方案，而評定的參照點是發展評鑑方案時所必須做的決定。

(八)決定三規準

第八個步驟是決定評定等第或總結摘要敘述方法的客觀性、信度與效度。客觀性是指同樣有能力的兩個人在行為紀錄上獲得同樣的分數或總結性摘要敘述。提升客觀性的方法，有時可透過記分時對特殊細節的澄清，有時可經由更完善精確的紀錄方式加以改進。

就信度而言，所需獲得的行為樣本的大小，是端視行為的變異量而定。如果樣本一致性很高又不大，便可獲得可靠的指標。如果變異量大，必須選取較大的樣本，才能較正確地推論母群體。因此，我們在試測一種評鑑工具，必須找出工具中各項目間的變異量。

就效度而言，學科測驗不一定要涵蓋學科的所有內容，但可以測量學生在某種特定目標上的成就。學校可利用完全不同的測驗來評鑑某些特定的目標，不一定要採用統一的考試。甚至，各校可利用同一測驗，強調不同的重點（Tyler, 1934）。因此，不必以學生的測驗分數作為效標，可以學生在某種情境下的行為反應，代表目標情境中行為反應的效標。同時也應容許誤差，測驗若未能直接評鑑學生的目標行為，則必須利用標準差的計算，以容許其適當誤差，並推估其效度的變異範圍。而且只要評定學生在某種情境下的反應，便可能推斷其典型的反應。通常沒有必要去發現每一位學生發生改變的反應，只須透過適當的抽取樣本，可在極小的錯誤範圍內，代表所有學生的評定結果。因此，不必浪費時間安排每一位學生接受冗長的訪問。同樣地，追蹤研究也只需抽取具有代表性的樣本，徹底研究樣本的行為，便可獲得有關畢業生學習的持久性之結論。

這八大步驟是一個引導教育評鑑的程序與工具。亦即，指出教育方案的教育目標、以行為及內容的術語界定每一個目標、指出目標的應用情境、設計呈現情境的方法、設計獲得記錄的方法、試用該建議的程序與工具、檢驗工具的信度、效度、客觀性及可行性，並加以修正。這是個重複

循環不已的歷程，特別是擬訂目標、釐清定義、確定學生學習的目標行為，將有助於解釋課程改革方案及個別學生的評鑑結果。可見評鑑的研究可以引導目標的再修正與改進，評鑑結果與目標的修訂，可以促進教學及課程方案的改善，目標與課程方案的修訂，也可以帶動評鑑方案革新，如此循環不已。

總之，課程評鑑應有精確、客觀的方法。評鑑的方法包括晤談、觀察、調查研究、個案研究、檢核表、測驗、統計分析、內容分析、成本分析等等。如未能就上述評鑑方法加以區分，則不免造成蒐集昂貴卻不必要的資訊，或遺漏低成本卻重要的資訊。例如：如果課程評鑑目的在確認課程的疑難之處，以便加以修正，則沒有必要從每一位學生或部分特定學生身上獲得相同資訊，因為從學生的部分抽樣樣本進行資料蒐集，可以得到不同學生不同的蒐集資料。可見，課程評鑑人員應視課程設計的層次以及評鑑對象的內容範圍，妥善選擇適切的方法。

評鑑人員應該允許教師利用不同的學習經驗，引導學生達成目標，並利用不同的評鑑工具，來考驗目標達成與否，而不只是以單一的工具來評鑑所有的目標，而且評鑑的資料也不只包括一般程度水準學生的資料，也包括學習速度緩慢學生的學習進步情形。各種不同的評鑑方法，不受限於紙筆測驗，如問卷、晤談、檢核表、活動記錄、課程材料的內容分析、使用不同課程的團體間成就測驗分數的比較、課程修畢同學的追蹤訪談、學校教室的個案研究等等，都是有關課程決定的評鑑方法。

課程評鑑結果的分析，應基於其所在社區與學生的類型；亦即，評鑑結果的報導，應與受評單位或對象所處背景環境及學習者的特性相配合。換言之，往往大多數的評鑑報告不易為外行人所瞭解，以致產生許多誤解。甚至，教師與行政人員也不知道如何從評鑑報告中，獲得改進課程的資訊與方法（Tyler, 1990, 735）。因此，評鑑報告有三項原則。第一個是清楚地定義學生的學習目標。第二個是指標清晰與明確。第三個是評鑑報告內容，應因評鑑報告的聽讀者對象不同，而有所差異。而且課程評鑑，應以促使受評單位或個人的改進發展為規準。例如：史塔佛賓（Daniel L. Stufflebeam）也認為評鑑的主要功能在於「改進」（improve），而不在

「證明」（prove）（Stufflebeam, 1983, 117）。因此，當課程評鑑人員開展其工作時，課程評鑑方案顯然也是一種有效的教師在職進修方式，幫助教師不斷地進行課程目標的修訂與釐清，持續地研究學生的目標行為，使教師的興趣與努力集中於教育歷程中的最重要部分。因此，課程評鑑的結果，可以不斷改進課程方案，更加瞭解學生，並且增進學校效能。

二、課程評鑑的標準

　　不同評鑑「標準」意含不同的評鑑問題與方法。例如：評鑑某一事物對象時，應該注意三個主要的價值基礎來源，亦即，具有利害關係的專業服務對象之不同期望，服務的優點或卓越程度，以及服務的需求程度與潛在價值（黃光雄，1989，5）。課程評鑑大約有三項經常受到國內學者專家重視的「標準」。第一項是實施的可能性，不能使用的課程就沒有發展的必要。第二項是課程方案的成效，如課程是否包括課程設計發展人員認為重要的部分，是否包括比其他課程方案更有效的技巧等。第三項是發展的課程，是否對學生具有教育的價值（歐用生，1986，227）。

　　另外，美國「教育評鑑標準聯合委員會」（the Joint Committee on Standards for Educational Evaluation）也曾建議四組評鑑的「標準」，亦即，「效用的標準」（utility standards）、「可行的標準」（feasibility standards）、「正當的標準」（propriety standards）與「精確的標準」（accuracy standards），這四組「標準」總共包括三十個項目的評鑑標準建議（Joint Committee on Standards for Educational Evaluation, 1994）。

　　(一)「效用的規準」是指有益於評鑑使用對象的實際需要，不只要提供優缺點的回饋，還要提供改進的方向。這一組「效用的標準」包括評鑑對象的確認（stakeholder identification）、評鑑人員的信賴性（evaluator credibility）、資料的範圍和選擇（information scope and selection）、價值的確認（values identification）、報告的清晰（report clarity）、報告的時限與推廣（report timeliness and dissemination）、評鑑的影響（evaluation impact）等七項。

1. 評鑑對象的確認。是指應該確認指出那些與評鑑有關的人員或會受到評鑑影響的相關人員，以便這些相關人員的需要受到關注。

2. 評鑑人員的信賴性。是指評鑑人員應當有能力完成評鑑工作，而且應當受到信賴，以便使其評鑑的發現結果可以能夠獲得最大的信賴與接納。

3. 資料的範圍和選擇。是指所蒐集資料的範圍與選擇方式應當能涵蓋有關評鑑對象或相關人員的需要及其所關切的問題。

4. 價值的確認。是指用來解釋評鑑發現結果的觀點、程序與基本原理應該仔細地加以敘述，以便清楚地說明價值判斷的理論依據。

5. 報告的清晰。是指評鑑報告應當清楚地敘述評鑑方案的背景脈絡、目的、程序、評鑑發現結果，俾便清楚地提供重要資訊，以促進聽讀者之理解。

6. 報告的時限與推廣。是指重要的研究發現或評鑑報告，應當適時快速地傳播給受評的對象以及其他有權知道的對象，俾便這些相關人員得以及時加以利用。

7. 評鑑的影響。是指評鑑應以適當方法途徑加以規劃、執行與報告，以便評鑑的相關人員得以受到鼓勵，進行下一階段的工作，增加評鑑報告被使用的可能性。

（二）「可行的標準」是指包括評鑑要實際、審慎、富於策略、考量政治因素和合乎成本效益的經濟節省。此組「標準」包括實際的程序（practical procedures）、政治的可行性（political viability）、成本的效益（cost effectiveness）等三項。

1. 實際的程序。評鑑程序應是實際的，俾便獲得必備的重要資料，並使中斷的機率降低到最低程度。

2. 政治的可行性。評鑑應該就各種利益團體不同的立場與期望，加以規劃並執行，俾便取得其合作；同時可以預防這些不同團體阻撓評鑑工作的順利進行，或避免利益團體以偏見誤導誤用或惡用評鑑結果的企圖。

3. 成本的效益。是指評鑑應當有效地運用充分必要的資料，以證明

其所花費的資源是正當合理的。

(三)「正當的標準」是指評鑑要合法地、合倫理地實施，而且要適當地尊重受評對象的福祉，以及受評鑑結果影響者的福祉。這組「標準」包括服務取向（service orientation）、正式的同意書（formal agreements）、人類主體的權利（rights of human subjects）、人際的互動（human interactions）、完整與公平的衡鑑（complete and fair assessment）、評鑑發現的揭露（disclosure of findings）、利害的衝突（conflict of interest）與會計的責任（fiscal responsibility）等八項。

1. 服務取向。是指評鑑應當加以設計規劃，以便能夠有效地組織，並滿足所要服務對象的需求範圍。

2. 正式的同意書。是指正式團體對於要評鑑什麼內容、如何執行、由誰執行、何時完成的種種評鑑義務，應作成書面的同意書，俾使這些團體有義務遵守協議的所有條件或據此進行重新磋商。

3. 人類主體的權利。是評鑑的規劃和實施，均應尊重和保護人類主體的權利與福祉。

4. 人際的互動。是指評鑑人員應當本著尊重人類的尊嚴與價值，與評鑑的相關人員交往而產生相互作用。

5. 完整與公平的衡鑑。是指評鑑在指出方案的優缺點時，應當完整而公正地加以檢查記錄，俾使優點得以繼續保存，並發覺問題所在，進而提出解決問題之道。

6. 評鑑發現的揭露。是指辦理評鑑的團體，應當保證受到評鑑影響的相關人員與依法有權可以知道實情的人士，能獲得適當管道，瞭解評鑑的所有發現結果以及其他相關限制。

7. 利害的衝突。是指應當以公開而坦誠的方式處理利益衝突的問題，如此才不致危及評鑑的過程與結果。

8. 會計的責任。是指評鑑人員對於資源的分配與支出，應當反應健全的績效責任程序，而且應當審慎其事，承擔道德義務與責任。

(四)「精確的標準」是指評鑑要能顯現和傳達有關受評對象的特徵等這類專門的資料，以確定其價值或優點。這組「標準」包括方案的文件

記錄（program documentation）、背景脈絡的分析（context analysis）、目的與程序的描述（described purposes and procedure）、可靠的資料來源（defensible information sources）、有效的資料（valid information）、可信的資料（reliable information）、系統的資料（systematic information）、量化資料的分析（analysis of quantitative information）、質性資料的分析（analysis of qualitative information）、證明正當的結論（justified conclusions）、公正的報告（impartial reporting）與後設評鑑（metaevaluation）等十二項。

1. 方案的文件記錄。是指評鑑方案應當清楚而精確地加以描述記錄，以便明確地加以確認。

2. 背景脈絡的分析。是指評鑑方案所在的背景環境脈絡，應加以仔細探究，俾能確認其對受評對象的可能影響。

3. 目的與程序的描述。是指評鑑的目的與程序應該加以仔細的監控與描述，俾能確認和衡鑑這些目的和程序。

4. 可靠的資料來源。是指評鑑的資料來源應加以仔細描述，俾能衡鑑該項資料的妥當性。

5. 有效的資料。是指蒐集資料的程序應妥善地加以選擇或發展，並進而執行實施，以確保其所得的資料詮釋，能有效地協助特定的用途。

6. 可信的資料。是指蒐集資料的程序應妥善地加以選擇或發展，並進而執行實施，以確保其所得的資料詮釋，能協助特定的用途，並且是值得信賴的。

7. 系統的資料。是指評鑑資料的蒐集、處理與報告應當有系統地檢討以校正錯誤，俾使評鑑的結果沒有瑕疵。

8. 量化資料的分析。是指評鑑的量化資料，應當適當地加以系統地分析，以有效地回答評鑑的問題。

9. 質性資料的分析。是指評鑑的質性資料，應當適當地加以系統地分析，以有效地回答評鑑的問題。

10.證明正當的結論。是指評鑑所得的結論，應該清晰明確地證明，

以便評鑑的相關人員據以衡鑑其結果。

11.公正的報告。是指評鑑的報告程序，應當提供預防措施，以保護評鑑的發現和評鑑報告，不致受到任何個人的情感或團體的偏見所扭曲，確保評鑑報告公正地反應評鑑的發現結果。

12.後設評鑑。是指評鑑本身應該根據上述這些以及其相關的標準進行形成性與總結性的評鑑，以適當地引導評鑑的過程行動，而且當評鑑完成時，評鑑的相關人員也可據此加以仔細地檢查其優點與缺失。

歸納本節所述，課程評鑑應針對評鑑的問題，以使結果能夠應用。是以建立明確的課程評鑑指標，不僅可以幫助教育決策人員獲得必要的資訊，而且，可以幫助課程發展人員進行精緻的課程設計，更可協助教師提升教室層次的課程教學品質，進而提升學生的學習品質。有趣的是，評鑑人員根據不同的原理原則與評鑑規準，建構不同的課程評鑑類型模式與途徑，呈現出不同的價值取向與課程設計意識型態理論取向，本書將在以下三節中加以闡述說明。

第三節　課程評鑑的類型

一般而言，評鑑的類型除了包括「目標本位的評鑑」、「不受目標約束的評鑑」、「形成性評鑑」與「總結性評鑑」之外，尚有「結果本位的評鑑」與「歷程本位的評鑑」、「測驗本位的評鑑」、「統整評鑑」、「批判本位的評鑑」、「真實評鑑」、「交流評鑑」、「科層體制式的評鑑」、「專業自律式的評鑑」、「民主多元式的評鑑」。茲將比較常見的課程評鑑類型，說明如次：

一、目標本位的評鑑

美國評鑑學者泰勒（Ralph Tyler）將「評鑑」定義，由測驗評量擴大為「目標達成的程度」，並且強調目標在課程評鑑上的重要性，此種途徑以達成課程的學習目標程度，作為判斷學校效能的規準，並且具體地指出某一層面的學校課程方案，可以進一步改善以改變可欲的學生行為組型（Tyler, 1949, 104）。此種評鑑觀點，與社會主義理論取向與科技主義理論取向的課程設計意識型態相關。

「目標本位的評鑑」（goal-based evaluation），與教育評鑑領域的「目標獲得模式」（goal-attainment model）有雷同之處。就其基本觀念而言，其評鑑的歷程是一種「測定教育目標在課程與教學的方案中究竟被實現了多少」的歷程。教育目標是指學生行為的改變，因此，評鑑乃是評定這些行為改變，究竟實際發生到什麼程度的一種歷程。這種目標本位的評鑑概念，具有兩個重要的涵義，亦即，首先必須評估學生的行為，因為教育的目標，便是指這些學生行為的改變；其次，必須包括兩次以上的評估之間發生的種種變化，第一次於課程方案的前期，第二次則行之於課程實施較後時期，如此，方能評鑑學生行為改變的程度。而且，就學習的持久性作某種評估，課程評鑑人員有必要在教學完成後的某一段時間，再作另一次評鑑。例如：年度評估往往可以獲得學生在教育目標上進步情形的繼續性紀錄。

評鑑是探究課程發展的學習經驗，到底實際上產生了多少預期效果的一種衡鑑歷程，而評鑑的歷程，將包括認明各種計畫的優缺點。因此，評鑑的目的應該包括（Tyler, 1949, 105）：

(一)評鑑個別學生，以決定其進行下一個學習進度的準備程度。 例如：利用考試激勵學生繼續學習，便是一種強而有力的誘因。

(二)診斷學生的學習困難，並設法加以克服，如同醫學界的找出病因，對症下藥，幫助學生學習，也能有助於日後的教學計畫。

(三)進行個別輔導，利用充分的學生個人資料及學生的未來計畫，幫助其未來的發展。

　　(四)評估課程發展的革新，仔細檢查整體課程的每一部分，是否與目標一致，是否依據原先計畫的程序方向執行，並確定學習發生的範圍與程度，評鑑學習經驗的效能。

　　(五)評估不同學習材料與教法的實際效能，教育的整體目的不僅限於學校內的行為改變，重要的是在於發展個人獲得思考、感情與行動等有關人類經驗，協助學生的家庭、遊戲、社區及工作等方面的生活。

　　(六)評鑑的目的是發現問題，以便及時加以處理。這類的評鑑，不僅要去評鑑學習遷移的效能，並進一步建立基本資料。

　　(七)評鑑也可以作為大學入學申請許可分發與學生安置的依據。

　　(八)評鑑的目的是幫助民眾對一般問題與情境的認識與理解，作為建立民主教育政策的參考。

　　除此之外，課程評鑑尚可協助教師的學校日常工作、提供教育行政與課程發展人員監督方案與材料，幫助學生釐清自己的學習計畫。

　　評鑑的歷程始自課程方案的目標，以學生行為與內容的「雙向分析表」界定目標。其次，找出學生獲取學習經驗的機會，以表現教育目標所含的行為的一些問題情境或活動情境，此程序的重點在於給予學生表現機會，以允許行為表現，並鼓勵其行為，或引起此類行為的種種情境。而蒐集學生行為改變的證據，其評鑑方法包括筆試、習慣技能的觀察、態度興趣及欣賞的晤談、興趣態度的問卷調察、蒐集學生的實際作品等等。

　　評鑑工具的選用，目標本位的評鑑可以一方面檢查現成工具，拿來和所要達成的目標相核對，以瞭解這些測驗對於種種有待評鑑的目標，這些評鑑對於那些可以直接引起所要評鑑的行為之種種情境，究竟利用到什麼程度？

　　另一方面，也可以自行編製評鑑工具，實際去試驗被認為是能夠讓學生有機會去表現所期盼行為的一些情境。把可能的評鑑工具，發展成能令人滿意的形式之一種有效步驟，並進一步決定用來概述所獲之行為紀錄的「名稱」或「單位」。依目標而評鑑行為，亦即，評鑑行為的方法必須與目標一致，而且最好是每一目標皆有幾個分數或摘要描述，才能適當的描述此一特定目標之達成程度。進而，若能指出特定目標之特殊優劣點的分

析性摘要,則對於利用評鑑結果以改進課程非常有價值。而且在決定評定
等第或概述的方法,究竟應客觀到什麼程度的問題上,應該透過更精細的
行為紀錄,以考慮到評鑑的客觀性、信度、效度等等。

由於評鑑包括結果與目標的內在比較,因而,這種評鑑不必提供實驗
組與控制組之間高費用和造成不當的比較。此一研究途徑集中在直接評鑑
成就,這與間接的評鑑教學品質、圖書館藏量、資料範圍、社區參與等途
徑不同。而且評鑑不需涉入個別學生分數差異的信度,同時,評鑑涵蓋的
結果變項比常模參照測驗所涵蓋的範圍更廣。評鑑人員可以利用評鑑的程
序以發現課程方案的優缺點。評鑑乃是一種澄清教育目標的有利工具,而
且評鑑成為向家長或社會大眾提供有關學校辦學成就的一種重要方法。

課程評鑑可以促進教育的良性循環,是課程與教學中不可或缺的一
環。目標本位的課程評鑑,雖然明確,合乎教育績效,但是,可能窄化學
習內容,忽略教室生活的豐富意義,壓抑教學自主性,而且以目標為樊籠
也是一種狹隘的評鑑觀。因此,不受目標約束的課程評鑑,正可以克服這
種有限性,明白的指出不是為了評鑑而評鑑,評鑑具有革新與進步的功
能,可以促進良性的循環,充分發揮其動態的生機,因此,應該特別受到
重視。

二、形成性評鑑與總結性評鑑

史克立芬(Michael Scriven)認為目標本位的評鑑會將整個學習結
果窄化,忽視學生的潛在課程,因此主張評鑑人員不應受到課程目標的
控制(黃政傑,1987,50)。史克立芬主張「形成性評鑑」(formative
evaluation)和「總結性評鑑」(summative evaluation)(Scriven ,1967)。
「形成性評鑑」發生於課程「形成」的過程當中,它可包含需求評估、方
案設計、課程實施和推廣規劃、師資進修等項目。其最主要的目的在蒐集
課程草案或原型中,各成分的缺點、不當或成功之處,提供課程設計人員
改進的方向。形成性評鑑不單發生在課程草案或原型完成的階段,也發生
在草案或原型的孕育及設計過程中。但比較有系統的形成性評鑑,是將草

案或原型安置在學校中試用，再依照試用結果修正之。

　　至於總結性評則發生於課程草案或原型定稿或定型以後，而且課程設計人員決定將課程方案付諸實施或全面推廣，這種總結性評鑑發生在課程設計和發展過程的終點。而且總結性評鑑常以課程整體為對象，旨在確定課程的效果、價值，做為選擇、採用及判定績效的依據。

　　上述兩種評鑑方法，若由評鑑人員、資料蒐集方法以及資料蒐集時間加以區分，則只是表面的，真正的區別應在於功能或功用。如果是為了「改進」課程，使其趨於完美，此種評鑑即為形成性評鑑；如果是為了「判斷」效果與價值，以便抉擇、採用、推廣，即為總結性評鑑。在某時間所蒐集到的形成性評鑑課程資料，可當作較短時間的總結性評鑑課程資料；而較短時間的總結性評鑑資料，可當做較長時間內的形成性評鑑課程資料。兩者應是連續、循環不已的，不可截然予以劃分。

　　歸納言之，形成性評鑑和總結性評鑑的分析，對課程設計和發展，有其作用。課程評鑑不單是等到成品完成後，判定其效果與價值，更重要的是在成品發展過程中，不斷尋找缺點加以改進。就評鑑的角色而言，形成性評鑑是指評鑑在課程發展的繼續進行過程中，扮演形成性角色，以改進課程。例如：學生是否準備妥當，教師是否裝備妥當，以完成新課程之要求？時間是否足夠以進行課程的實際教學？教材是否太艱難？甚至在課程發展過程當中實地測試課程也是一種形成性評鑑。而總結性評鑑則是旨在幫助行政人員判定該課程是否優良？是否值得該機構的支持或繼續使用該課程？例如：學校是否正式採用某一套課程？或某一基金會是否應該繼續贊助某項課程？

　　可見形成性評鑑與總結性評鑑的區分，主要乃是由於內在評鑑者與外來評鑑者的不同目的，而不是就蒐集的資料加以區分。形成性評鑑，乃是由評鑑人員為課程計畫人員提供的一項回饋服務，評鑑人員將課程方案的目標視為理所當然，並將課程發展相關人員的執行過程表現等訊息，提供課程決策人員作為改進課程設計歷程的參考依據。總結性評鑑，則是特別為課程方案的設計人員之外的聽讀者，所進行的一種課程評鑑途徑。採用此種課程評鑑的途徑的原因，往往是因為教育系統內負責教育決策的主管

人員需要相關資訊，以判斷課程的價值，但因缺乏足夠的知識訊息，以致無法瞭解課程方案執行結果的成敗。因此，在課程方案執行到某一個階段之後，教育決策人員委託課程方案之外的評鑑專家進行課程評鑑，以評定課程方案的整體成效，並賦予價值判斷。

換言之，形成性評鑑與總結性評鑑的重要差別，乃在於決策者與評鑑的所在地位。在形成性評鑑當中，決策者乃在課程發展中的一員，因此評鑑是一種內部歷程。例如：課程方案主持人可能邀請歷史學者檢驗教材草稿的眞實性、作者的偏見、與內容的完整性，但是，方案主持人利用此資訊的目的，乃在作爲課程方案人員修訂教材的建議基礎。在總結性評鑑當中，決策者乃置身於課程發展之外，因此，評鑑乃是一種外來增加的作業。例如：國家基金會聘請評鑑人員，利用上述歷史學者的檢驗發現結果，作爲該基金會是否未來繼續贊助該課程的建議。

不管是形成性評鑑或是總結性評鑑，此兩種評鑑皆利用課程評鑑的歷程或結果，以控制課程設計發展的品質。就此觀點而言，課程評鑑是一種教育的構思設計，建構及分配課程資訊以引導某種特定課程方案或教育系統的教育行動（Norris, 1990, 102）。而且，課程評鑑的目的，乃在幫助課程政策的決策者、學校教育的行政人員、教師及家長或社會人士，瞭解某一課程方案在特定的時空背景之下如何被實施，以幫助相關人員瞭解此一課程方案的重要特色，並進而促成課程設計、課程發展、課程實施與課程改革的合理決策，以提升課程與教學之教育品質。

三、結果本位的評鑑

「結果本位的評鑑」（outcomes-based evaluation）是一種最低底線或清算結帳式（pay-off）的評鑑（Posner, 1995, 228）。狹義的「結果本位的評鑑」，是指大部分的評鑑只著重在學科課程目的，或學科知識目標的結果。但是不同的學科課程，有不同的課程目標與不同的學科知識內容，各個學科只問自己學科課程是否達成預定的學科知識目標與學科知識內容，因此，比較不同學科課程之間的狹義結果是有問題而不當的。廣義的「結

果本位的評鑑」是指評鑑的觀點遠超越正式課程目的或學科教育目標，以提供學科課程的主要作用與副作用的訊息（Posner & Rudnitsky, 1994）。主要作用是指學科課程的主要預期結果，副作用則是包括過分強調某一學科知識內容取向、或某一組織原則、或某一學科教學方法、或某一評鑑途徑之偏見或扭曲變形。有時因為擔心發生副作用的可能性太高、或副作用太嚴重、或太危險，因此不去執行某一課程。然而，若能指出可能的副作用，可以警告教師或行政人員應該努力避免掉入陷阱。

　　就短期的結果而言，包括在學科課程選習之後的短時間內，學生記憶的學科知識內容與表現能力。就長期的結果而言，包括在學科課程修畢後，學生雖早已忘記學科課程的知識內容細節，但卻能清楚地記住其學科知識，或對學科材料有良好態度，也對學校的學科課程產生支持贊同的行為表現，甚至，產生擁護學科知識的情意態度，這才是學科課程的終極目標與價值。

四、歷程本位的評鑑

　　「歷程本位的評鑑」（process-based evaluation）又稱為「內在評鑑」（intrinsic evaluation），此種評鑑是以課程評鑑為工具，用來說明課程目標、內容、教師訓練的要求，而與經驗主義理論取向與教學專業理論取向的課程設計意識型態相關，是不同於目標本位的評鑑，更不同於以課程最後結果之結果本位的評鑑。例如美國評鑑學者史鐵克（Robert Stake）以先在因素（antecedents）與交流因素（transactions）來說明以教育歷程為依據的「內在評鑑」（Stake, 1967）。

(一)先在因素

　　是指學生與教師及學科材料課程互動之前，先前存在的情境條件。例如：學生特性、教師特性、政府命令、社區期望、以及可用的資源皆屬之。特別是先在因素的資料，有助於判斷某項課程的宣稱是否具有實證支持。例如：某項課程可能對外宣稱其適用於不同能力的廣泛學生對象，若要評鑑此種宣稱，除了比較學生學習成就結果資料之外，也需利用學生能

力或性向等學生學習經驗的先在因素。從經驗主義理論取向的課程設計意識型態而言，這是一種重視學生學習經驗的課程評鑑觀點。

(二)交流因素

當學生和教師、輔導諮商人員、教練、圖書館員、其他學生、或教材發生互動時，便會產生交流因素。從教學專業主義的課程設計意識型態立場而言，交流因素係指教育歷程的學校教學互動因素。交流因素之間不如先在因素與結果因素之間容易加以辨別，交流因素由於流動順暢，彼此之間的界線不清，例如：教室討論、個別會議、家庭作業問題等皆是。交流因素的資料，也提供評鑑者有關課程發揮功能的方法，因此，在課程評鑑中相當重要，可以用來解釋為何某種特定結果發生或不發生之原因。

在「歷程本位的評鑑」當中，各種不同教室活動時間的分配，所提問題與回答的種類與數量，學生參與活動的範圍與程度，課程實施的各種不同方法，課程運作時的可能問題，教師進行教學時所可能面臨的陷阱等等？如何加以因應調整，使課程更有功能價值？課程是否如預期的被實施？這些也都是形成性與總結性評鑑所需要的資料。此種「歷程本位的評鑑」可以補充「目標本位的評鑑」與「結果本位的評鑑」不足之處，然而此種評鑑，未能適切地描述結果因素。

五、測驗本位的評鑑

「測驗本位的評鑑」（test-based evaluation）途徑，與科技主義的課程設計意識型態的課程理論取向觀點關係密切，十分關心學生學習的具體行為結果。測驗是監控學生學習進步並診斷學生需要的基本科學工具，而且測驗結果則是學習結果的代表。換言之，測驗是一種科學工具，可以提供學生學習結果的訊息，作為繼續調整學生學習活動的依據，並使學生更具學習效能。

測驗是指一套具有預定正確答案的問題，此設計乃在於蒐集個人特質的資訊，例如成就，並且根據答對題數給予計分（Posner, 1995）。而量表（scale）是指一套未具有預測正確答案的問題，此設計工具旨在測量態

度、興趣、價值、信念與行為等特徵，因此，量表常被建構成為一系列具有不同答案的問題組合，以涵蓋某一主題的各種不同層面。例如：美國課程學者艾斯納（Elliot Eisner）所設計的課程理論取向量表便是一例。而標準化（standardized）則是指測驗或量表若在一致標準的情境中或步驟程序加以實施並計分，不受到施測情境的影響，則稱為標準化的測驗或標準化量表，但一般人往往以未經過標準化的測驗來測量學生表現，並據以比較不同學生之間的差異，評鑑人員必須謹慎地解釋此種結果的差異，以免產生誤解。

「測驗本位的評鑑」特別強調下列測驗編製的步驟：第一是擬訂課程目標，第二是以學生行為界定目標，第三是蒐集情境資料，指出學生表現或缺乏該種目標行為，第四是把情境呈現給學生，第五是以每一個目標來評鑑學生的反應，第六是決定評鑑的客觀性，第七是必要時改進客觀性，第八是決定信度，第九是必要時改進信度，第十是必要時發展出更實用的評鑑方法（Tyler, 1949）。可見，「測驗本位的評鑑」的特徵是科學的、心理專家建構的、有效度的、有信度的、客觀的、可靠的、無偏見的，目標為導向的，技術生產模式的。

「測驗本位的評鑑」可分為兩個一般原則。第一個是合作原則，學校教師應建立課程目標、蒐集情境資料、評鑑學生反應；測驗專家負責協助蒐集情境資料、安排評鑑學生反應、決定並改進評鑑的客觀性與測驗的信度。第二個是編製技術，首先以目標分析替代內容分析，以便進行更寬廣而普遍地測量目標；其次，不用現成的測驗，而是直接利用學生表現目標行為的情境，作為判斷是否達成課程目標的測驗情境。其特色不僅是測量學生的事實記憶能力，而是以各種不同的目標來評鑑學生的成就。

特別是測驗本位的評鑑與強調學習結果的科技主義理論取向課程設計意識型態有著密切關連。例如：安置測驗（placement tests），乃根據學生的學習結果指出學生進步的情形，以便進行教學的連續安排；診斷測驗（diagnostic tests），基於學習經驗結果的取樣，利用不同的呈現方式、問題解決方法及作法，採用不同的方式，協助學生選擇有效的學習方法。又如，常模參照或效標參照測驗資料，也是根據學生的學習結果，以確認學

生個人之優缺點、問題及關注點的典型評鑑方法。

常模參照（norm-referenced）是指將個人測驗分數與外在的參照團體分數作比較。例如：個人的大學聯考成績總分與往年大學聯考分數比較，以找出今年選填志願的落點。但是，利用常模參照測驗，只能瞭解學生之間相互比較的相對地位，並無法真正瞭解學生實際學會什麼。效標參照（criterion-referenced）是將個人測驗分數與預定標準比較，如同汽車駕照考試一般，以學生表現是否精熟決定是否及格。效標參照測驗可以用來瞭解學生的學習成就，但是這種措施，實際上對教育的幫助不大，因為其注意的焦點是最低能力，而不是能學多少。學校應該努力協助學生繼續不斷的超越，而不在於設立最低的能力標準。

測驗本位的評鑑和研究發展推廣的課程改革有一致關聯，其任務在界定目標並確保目標的達成，其蒐集資料的評鑑方法是經事先規定。因此，就技術層面而言，提供測驗題目以測量學生是否精熟某一課程單元是可行的，是以仰賴測驗以決定某一學生是否精熟某一課程是合理的。但是，測驗本位的評鑑，混淆了評鑑與心理測量之間的界線，而且，通常以行為術語界定目標，而測驗乃在確定目標的達成，而且教材與教師活動皆以獲得可觀察測量的測驗表現為導向。由於測驗通常都會依據或偏好某類課程而加以設計，但是沒有任何一種測驗可以檢驗評鑑課程的價值，只是考驗學生的部分學習結果。因此測驗本位的評鑑是一種十分技術性的工作，評鑑焦點十分狹隘。其所受批評則是此評鑑太瑣碎，而且測驗未能真正考驗學生在實際生活當中利用知識的能力。

六、統整評鑑

「統整評鑑」（integrated evaluation）是一種經驗取向的評鑑方法，與經驗主義與教學專業主義理論取向的課程設計意識型態相關。特別是統整評鑑，借用的方法來自人類學、心理治療、認知心理學、社會語言學的理念與觀點，而不受限於行為心理學或心理測量的技術（Posner, 1995, 232）。

(一)從人類學借用俗民誌方法（ethnography），是一種蒐集現場記錄的方法，評鑑者置身於參與觀察的角色，從圈內人的觀點來理解分析教室環境的意義。

(二)從心理治療借用會議方法（conference methods），以鼓勵自我評鑑，其基本假定認為如果個人沒有一種欲圖改變的信念，就不可能達成個人改變。

(三)從認知心理學借用晤談法，包括臨床診斷晤談，以瞭解學生思考歷程的深層理解。

(四)借用社會語言學與社會認知的研究方法，蒐集行為的自然樣本，其基本假定認為任何歷程的情境脈絡皆會影響到目標及其評鑑。

統整評鑑強調觀察、會議及晤談，由於注意到情境脈絡會影響到教育任務，因此，統整評鑑利用情境當中的任何機會，隨時獲得評鑑資料。此種課程評鑑理論與現象學、詮釋學、日常語言分析、符號互動論的概念關係密切。其基本假定認為社會實體是多元的、研究主體與客體是交互影響的、知識是個殊化（idiographic）的結果、同時性的建構、價值牽連的。其實施步驟則包括問題界定、進入研究情境、資料的蒐集與記錄、資料分析、結果的呈現（陳伯璋，1990）。

評鑑人員為了觀察教師，必須獲得新技能，探究能力發展的歷程，並瞭解不同情境的影響。例如寫作會議（writing conference）可以提供不同的方法，使教師置身於學生支持者的立場，而非扮演學生敵人的角色。學生的關注焦點則是值得教師注意的，此種師生關係就如同專業人員與其顧客之間的關係一般，強調機密性、信任與相互控制，如此，學生在情境中所給予的資訊，不同於與教師在正式測驗情境中所獲得的資訊。特別是臨床診斷晤談（clinical interview）是一種評鑑方法，晤談者利用問題或情境或疑難等工具，以探究學生的概念、推理形式、信念與態度。晤談者並不以預先安排的問題要求學生回答，而且也沒有預定的標準答案，而是利用問題，幫助學生將思考內容轉化成為語言文字，鼓勵學生自由談話，多表達內心的想法，並根據學生的回答，以進一步探究學生的思想。此種統整評鑑具有下述特徵（歐用生，1996a，93；Posner, 1995, 240）：

(一)成長導向（growth oriented）

經驗觀點與統整評鑑的前提是認為所有的教育努力，應增進學生的成長與發展。因此，統整評鑑乃在促進學生的成長與發展，以協助學生自我實現。統整評鑑旨在瞭解課程設計的教學內容與方法是否能協助學生成為更開放、更獨立的學習者。

(二)學生控制（student controlled）

統整評鑑應該是能讓學生掌握與控制的，以增進學生的主體性，尊重學生的個人風格、自信、自控，協助學生同時以能被社會接受及對個人有意義的方式行動，並讓學生承擔相當的責任義務。例如：讓學生承擔責任去決定評鑑什麼內容，以及如何評鑑，以鼓勵學生利用評鑑做為自我改進之基礎。

(三)合作實施（collaboration）

合作實施是指參與統整評鑑的師生從頭到尾皆能分享資訊。評鑑目的乃在回答師生與評鑑者所要瞭解的問題。因此，在統整評鑑中，評鑑與學習的界線不清，評鑑者與學習者的分野不明顯，因此，統整評鑑需要鼓勵師生進行反省，思考與自我評鑑，特別重視學生，認為學生是需要資訊以瞭解自己表現的明智決策者。

(四)動態過程（dynamic）

統整評鑑旨在衡鑑學生的學習進步，尋求學生成長的資訊與發展的繼續歷程，而不是一套孤立靜態的學生片段成就，其評鑑焦點不是如同快速急促時間內所拍下的單張照相，而是如同一部長時間的電影紀錄片。

(五)脈絡情境（contextised）

統整評鑑與經驗觀點皆重視學生的情境脈絡，學校環境的細節皆有助於學校整體與學生經驗的累積。而且，課程的每一部分應該皆能應用到實際生活世界，以合乎學生及社會的利益。統整評鑑認知到情境的重要性，特別是正式測驗情境，不同於有效學習的情境，而且，評鑑的情境會影響到所獲結果的本質與程序。因此，課程評鑑必須由教室教師本身具備教育改革的意願，並進而檢討自己教學的優劣，才能促成教室現場的改革。校外的評鑑專家在短時間所進行的評鑑結果，往往忽略學校教育實際的文化

脈絡，無法讓教師心服口服，也難以促成真正的改革。

(六)非正式的（informal）

統整評鑑比起測驗本位的評鑑較不正式，因情境而異而且較具彈性，其評鑑與學習的區分不明，評鑑與教學的劃分也不清，其結果是一種較為統整的多面向。而且，教師比較常用的評鑑是有管道可立即獲得的、與教師目的一致、與教學內容相似的、並與個別學生相關的。此種評鑑往往出現於非正式、個別獨特的相關學習活動。統整評鑑強調教師觀察的重要性，以瞭解學生學習問題。

(七)彈性與行動導向（flexible and action-oriented）

同時考慮短期與長期的動態目標，而非固定不變的目標。這些目標，也經常因教師或學生合作，促成不斷的成長與發展。因此，蒐集的資訊，可以作為判斷教學行動是否適當的依據。統整評鑑相似於為了決定而作的評鑑，也是偏向於行動導向的評鑑，而不同於「測驗本位的評鑑」。

「評鑑」一詞，不管是界定為個人、方案或機構價值確認的歷程，或是計畫概念與其實際結果比較的歷程，評鑑的觀念是一種定性或定質的描述（Tyler, 1981, 2）。「測驗本位的評鑑」，透過量化處理，給人的第一印象是可以簡化問題的難度、具有客觀性與準確性。然而，實際上，評鑑的工作是複雜的、艱鉅的。評鑑工作包括找出所要評鑑的適當規準並加以界定，選擇適用每一個規準的相關證據，根據蒐集相關規準的證據作綜合判斷。根據所用的單位與數值，將特殊的規準轉化為量化的等第，經常會扭曲其判斷結果。評鑑本質上是一種質的描述，利用數字並無法根本解決問題，現在應該著手重新檢討量化的評鑑，並設法加以改善。因此，統整評鑑便應運而生。茲將兩者比較如表9.1，以供參考。

✿表9.1　測驗本位的評鑑與統整評鑑之比較

測驗本位的評鑑	統整評鑑
科技主義理論取向	經驗取向與教學專業取向
具體目標導向	學生成長導向
團體或個人的施測	教師與學生皆能參與
常模參照或效標參照	比較非正式
標準化	彈性與動態
學生個別行為導向	整體環境情境脈絡的行動導向

七、批判本位的評鑑

　　測驗本位的評鑑與統整評鑑兩者，對於評鑑的觀點有若干衝突之處，這些衝突是否能調和？在實際運用上如何能兼顧兩種評鑑，而不會失之偏頗，深值探究。不管是測驗本位的評鑑或是統整評鑑，在有些方面是相似的，此兩者皆是一種保守的意識型態（Posner, 1995）。

　　所謂保守的（conservative）或急進的（radical），是指對團體組織或制度所採取的社會立場。保守的理論往往將團體組織或制度視同理所當然，雖然同意透過小幅度修正改善，可以改進使其運作更為順暢，但是，卻不願重新設計另類變通途徑，更不易改變其既有傳統。他們相信就算進行未來的變革，其改變結果也不見得會比現在情形更好。因此，傾向於接受或忍受目前的情況，而不是與之對立或抗爭。

　　保守的評鑑只注意個人問題，而忽略學生分班分級等團體組織或制度結構的問題，因此，絲毫未加批判地接受社會結構及其所衍生的問題。例如：利用大量的測驗以判斷學生能力不足，以合乎評鑑者所預設的行為表現類別，不僅以標準化的表現類別如資賦優異者、低成就者、學習速率緩慢者、問題學生等，將學生做不同的標記，並貼上不同的標籤，以便安排不同的學習程式，以處理或應付這些不同的標記與分類。

　　評鑑不應只是一項技術活動，也是一項政治批判活動。「批判本位的評鑑」認為評鑑並非課程建構過程的獨立部分，參與者應有絕對的控制和發言權。例如：甘美思（Stephen Kemmis）認為批判取向的課程評鑑，可

依照三階段進行。第一階段是提出問題。第二階段是以一架構整理不同而衝突的理論觀點。第三階段是行動階段，經過討論和達成共識後，團體成員會確定行動的方向和步驟（李子建、黃顯華，1996；Kemmis, 1986）。

另外，艾波（Michael Apple）也認為評鑑隱藏著一套社會所接受的意識型態與政治道德規則假設，以判斷教育與學校課程之優劣（Apple, 1979）。艾波認為，意識型態是指某一特定的社會團體所視同理所當然的觀點，而且也是不完整的觀點，同時也是一種有限的觀點（Apple, 1979）。例如：美國學校愈來愈多的閱讀計畫、防止中途輟學方案、防範學生自殺、避免青少年未婚懷孕、避免藥物濫用等等學習程式，皆傾向保守觀點。又如「偏差」（deviance）此一臨床診斷的概念，便明顯地顯示出評鑑的保守意識型態。其所呈現的主要意識型態是評鑑者接受並強調個人被標記為「偏差」的現象，評鑑者接受社會系統，判斷個人為「偏差」，並確信這是一種有效的診斷與判斷方法，未加以審慎的質疑。評鑑者也傾向於將個人的「偏差」歸於個人的屬性問題，並且以醫療診斷為參照解釋的架構，將個人的「偏差」視同有待醫學治療的病因，其目的在於作為決定處理適當程序與可能症狀的預斷，而且也促成了「診斷」的專業發展與診斷工具之創生，並加速「診斷」的企業化與專業化。

事實上，許多美國學校針對「文化不利兒童」或「經濟不利學生」所進行的特殊教育程式，都是建立在「診斷」的基本假設之上。這些學校延聘測驗專家與處置特定「偏差」的專家人員，嘗試改變學生個人，以解決教育問題，而不是去改變社會制度的基本結構。在此種案例中，政府的科層體制官員界定教育問題，並對不同學生貼上不同問題標籤，聘請校外的專家並應用科學方法技術，引用科學研究以支持其實際措施，事實上這些措施，只是頭痛治頭、腳痛醫腳的治標技巧，未能治本。

八、真實評鑑

一種「另類」的變通評鑑稱為「真實評鑑」（authentic evaluation）（Posner, 1995），包塞納（George Posner）認為這是一種用來評鑑影響教

師安排學生學習特定學習任務的方法，其評鑑焦點著重在實務生活世界的「真實任務工作」等學習目標與任務，引導教師協助學生思考與解決實際生活問題，並協助學生在實際生活世界中統整所學到的知識技能，確保學生獲得真正理解。

「真實評鑑」並不是一項新觀念，事實上，這是建立在比較非學術化科目的學習成就標準的基礎之上。例如：演奏會、戲劇表演、藝術表演、體育競賽等等，都是學生渴望參加的真實評鑑，這些事件的準備過程往往成為整個學習的焦點，而不是為了考試而教學。整個評鑑事件，便是一種為學生提供學習機會，更可幫助學生向他人展現其所完成的成就。評鑑的時刻，也同時是值得學生本身與家長慶賀之時，並且，也是學校與社區建立教育情感的時刻，這種評鑑與測驗的氣氛及方式大為不同。

「真實評鑑」主要包括三種主要的形式類別，如紙筆工作（paper-and-pencil task）、表演（performance）與作品集（folios）。紙筆工作與傳統評鑑方法十分相似，包括書面問題與書面作業回答。但是，其成為真實評鑑原因，乃是因為提供真實機會讓學生利用知識技能，重視實際生活世界的真實學習任務。這三種不同形式類別的界線並不十分明確，雖然不相似，但是可能彼此重疊。例如：表演可能包括各種不同媒體與書面文字的呈現或表演，因此，紙筆工作也可以算是一種特別的表演或是特殊的作品成果展現。表演除了書面寫作之外，尚包括視覺與動作展現。事實上，此種方法特別強調學習內容與技能的統整，而且此種方法需要不斷練習與不斷改進，更需要長期間不斷地努力，甚至需要學生群體合作。

作品集則是學生的各種媒體作品的創作歷程與工作成果集，包括學生的成就紀錄。但是作品集與一般作業不同之處乃在於作品集富有反省檢討的成分。學生選擇自己所要蒐集的工作作品，並主動地評估與記錄自己的進步情形，教師可能經由適當規準，以引導學生的選擇歷程。作品集包括兩種類型，亦即「作品歷程集」（process folios）與「作品成果集」（porfolios），兩者之間的差異乃在於兩者分別呈現的內容不同。作品歷程集紀錄了學習與創作的歷程，包含了早期構思的草稿、過程的反省與檢討，以及其所遭遇的困難及失敗原因的檢討。而作品成果集的焦點則著重

於所完成的作品，其目的乃在於紀錄並反省作品的品質及所完成的範圍，以說明作品完成的過程。

九、交流評鑑

「交流評鑑」（transaction evaluation）係指教育評鑑人員將課程方案或實驗試用過程當中的資料，提供課程設計人員，做為回饋的改進依據之一種評鑑途徑。

此一評鑑途徑旨在強調教育評鑑人員與課程設計人員之間不斷的交互作用與回饋互補的歷程，而且，採用此一評鑑途徑的教育評鑑人員重視課程設計人員需求的滿足，所以評鑑人員會特別關注某些特定的課程設計情境以及特定情境中的問題。

交流評鑑的評鑑方法，主要是經由課程設計人員和教育評鑑人員不斷互動的歷程，教育評鑑人員依照課程設計人員的需要蒐集資料，採用教室觀察、個案研究、訪談等各種方法。

交流評鑑的主要參與人員，主要包括教室中進行課程實施的教師、學校中的其他相關教師或行政人員、以及地方或中央的教育行政與教育視導人員，或政府委託的教育評鑑專家。值得注意的是，在交流評鑑之中，教師本身也可以是課程設計人員，而且教師也可以擔任課程評鑑人員之角色。

此種評鑑途徑最大的特色乃在於能夠符合課程設計人員對於資料的需要，而且可以不斷提供回饋，以為修正及再試用的參考，同時也能就課程設計人員的資料需求立即反應。然而，此一評鑑途徑仍有其不易克服的缺失，例如：過分強調特殊情況下課程設計人員的特定需求，因此，可能限定了課程方案普遍應用的可能性。

此外，英國的評鑑學者麥唐納（Barry MacDonald）從政治的觀點出發，指出「科層體制式的評鑑」（bureaucratic evaluation）、「專業自律式的評鑑」（autocratic evaluation）與「民主多元式的評鑑」（democratic evaluation）等三種課程評鑑的途徑分類，以釐清課程評鑑人員的角色，說

明評鑑者與其贊助者之間的關係及影響（MacDonald, 1974）。在科層體制式的評鑑當中，課程評鑑者擔任教育管理顧問，接受政策決定者的既定目標，為執政者提供所需的資料，課程評鑑者的主要任務，在於提供服務以滿足政策決定者的需求。專業自律式的評鑑，則是指課程評鑑人員根據倫理道德與科層體制分工的專業制度規章，作成獨立的客觀判斷，並強調評鑑專業人員的原理原則或執業標準與信條。民主多元式的評鑑當中，課程評鑑人員扮演資訊的仲介者，特別強調雙向溝通的重要性，並且課程評鑑人員在民主社會當中該當特別重視聽讀者對資訊的需求，確認社會價值與利益的多元化，以幫助聽讀者獲得必要的資訊以進行判斷。

第四節　課程評鑑的模式

常見的課程評鑑模式有下列五種，亦即，泰勒評鑑模式、差距模式、外貌模式、「背景─投入─過程─產出」模式、對辯式模式，這些不同的課程評鑑模式，與課程設計的模式關係密切，流露出不同的價值取向與課程意識型態理論取向。

一、泰勒評鑑模式

所謂「泰勒評鑑模式」（Tyler's evaluation model），係指由美國評鑑學者泰勒（Ralph W.Tyler）根據其在1930年代及1940年代早期在俄亥俄州立大學（Ohio State University）所參與的「八年研究」（The Eight Year Study）的評鑑方案中，所設計發展出來第一套系統的課程評鑑方法，是「目標本位的評鑑」（goal-based evaluation）或「目標獲得模式」（goal-attainment model）的課程評鑑之典型代表。泰勒評鑑模式的評鑑程序包括如下的步驟：

(一)擬定一般目標（goals）或具體目標（objectives）。

(二)將目標加以分類。

(三)用行為術語界定目標。

(四)尋找並建立能顯示具體目標達成程度的情境。

(五)在某種情境下，向參與課程方案的有關人員解釋評鑑策略的目的。

(六)選擇或發展適當的評量技術和方法。

(七)蒐集學生的行為表現資料。

(八)將蒐集到的資料與行為目標進行比較。

泰勒在《課程與教學的基本原理》（Tyler, 1949）一書中指出，其課程評鑑要點乃在於確定課程目標透過課程教學方案實施之後的達成程度。本書曾於第四章課程設計模式的目標模式，介紹泰勒的有關課程目標、選擇、組織等基本原理步驟，利用教育心理學、學校哲學與經驗的組織規準，來過濾學習經驗，這些步驟可算是一種對學習經驗的初步評鑑（preliminary evaluation），屬於一種預備性評鑑階段，可以藉此瞭解學習經驗與目標及心理學原理的相關性（Tyler, 1949, 104）。然而，這仍非課程與教學方案的正式評鑑計畫，因為上述程序只能作為檢查學習經驗的通則，只是學習經驗特性的一般原則。但是，每一組學習經驗皆有許多規準，且每一種規準只能大約估計，因此，只能以某種程度，推論學生對這些項目樣本問題的反應。

課程目標的擬定，不只是做為課程選擇及組織的規準，也是評鑑課程方案的依據。為了確切地評估課程目標的達成程度，評鑑人員必須描述、追蹤、評量預期目標，特別是必須能夠清楚地陳述課程的具體目標，而且最好是以行為目標來撰寫課程目標，如此方能協助課程評鑑人員的觀察與評量。

泰勒有系統地說明評鑑的基本概念、建議實施評鑑的歷程，並闡明評鑑結果的利用與價值，凸顯課程評鑑的重要性。因此，泰勒通常被尊奉為教育評鑑之父，因為泰勒是第一個提出並應用一套教育評鑑系統的開山祖師，建立評鑑概念，並透過多種途徑評鑑課程目標，其評鑑方法論不但普遍而且影響深遠。

在泰勒之前，評鑑工作是雜亂無章的，由於泰勒的努力，指出評鑑的目的、評鑑的步驟、評鑑的利用與價值，並鼓勵利用多元的評鑑工具與

方法，建立評鑑系統與合理歷程，這是一項重要的課程評鑑貢獻。這些觀點甚受美國教育界的肯定（黃光雄，1989，19）。例如：哈蒙德（R. L. Hammond）；梅費瑟（N. S. Metfessel）；麥克爾（W. B. Michael）；普羅佛斯（M. M. Provus）等評鑑專家也都保留泰勒評鑑模式的基本精神，就連美國著名的評鑑學者柯隆巴（Lee Cronbach）也深受泰勒之影響。甚至，布魯姆（Beniamin S. Bloom）不只認同泰勒的四個課程問題架構，並且利用相同的過程擬訂教育目標（黃光雄，1983，6）。例如：布魯姆在《學生學習的形成性與總結性評鑑手冊》（*Handbook on Formative and Summative Evaluation of Student Learning*）第一部分前兩章，幾乎重述泰勒課程評鑑的基本原理，就連該書第二部分也是泰勒的評鑑要點（Bloom, Hasting, & Madaus, 1971）。布魯姆甚至承認，形成性評鑑與精熟學習的觀念，也源自泰勒的啟發（Bloom, 1986, 46）。

　　泰勒評鑑模式的優點，在於將評鑑的焦點從學生的評量轉移到課程方案的目標達成程度，擴大了課程評鑑的對象與內容範圍；然其缺失乃在於受到預訂目標的束縛，忽略了未預期的目標，更忽略了隱含不明的學習歷程與教室情境中師生互動的教學歷程；而且，此模式也不適用於「欣賞」、「沉思」等不易用具體目標界定的認知領域與情意領域的學習。特別是評鑑的歷程，基本上在確定教育目標透過課程和教學方案實施後的達成程度，這種評鑑方式著重事前規劃的與可預期的教學目標，這種觀念和巴比特（Frank Bobbitt）提倡的「產品控制」有著相同的意義（黃政傑，1991，35；Kliebard, 1970, 265）。泰勒評鑑模式只重明顯的功能的評鑑，而忽視潛在功能的發現，亦即，只重評鑑明確的目標與結果，忽略了許多重要而隱含的結果，簡化教育歷程的價值，忽略未預期的層面，這種以目標為樊籠，限制評鑑的觀點，是一種窄化的評鑑觀（蔡清田，1992a）。

二、差距模式

　　所謂「差距模式」（discrepancy model）係指由普羅佛斯（M. M. Provus）所提倡的課程評鑑模式（黃政傑，1987）。此模式旨在比較「標

準」和「表現」，以便分析兩者的差距，做爲課程改進方案的依據。差距模式的「標準」類型包括三部分：第一部分「預期結果」，係指課程方案的目標。第二部分「先在因素」，是指實現課程目標所需要的人員、媒體與設備。第三部分「過程」，係指爲達成課程目標，師生需要從事的活動。差距模式的課程評鑑方式，包括下列程序：

(一)界定課程方案的標準，亦即課程評鑑人員詳細描述預期結果，先在因素與過程等課程方案的要素，便是界定該課程方案的「標準」。

(二)確定課程方案各層面和有關「標準」之間是否有差距。

(三)使用此一差距資料，改變表現或課程方案的「標準」。

差距模式的評鑑包括五個階段：

(一)設計階段：係指界定該課程方案的「標準」。

(二)裝設階段：旨在瞭解所裝設的方案和原先計畫的符合程度，所以必須蒐集已裝設方案的資料，含目標、先在因素和過程，再進一步與「標準」進行比較。

(三)過程評鑑：評鑑人員須瞭解中間目標是否達成，判斷是否須調整相關因素。

(四)產出評鑑：旨在探討該課程方案的最終目標是否達成，產出評鑑乃在於找出「裝設」和「設計」及「過程」等要素的實際造成結果，和課程方案的最終目標進行比較。

(五)比較階段：此階段又稱爲「成本效益分析」階段。旨在探討哪一個課程方案最爲經濟有效的問題。這需要比較目前完成的課程方案和其他的課程方案。

「差距模式」的優點乃在於強調「標準」，矯正了以往評鑑人員只重視課程方案之間的比較，而忽略該課程方案內容，避免了比較不夠明確的缺失；換言之，其主要特色乃在於明確地建立「標準」、精確地指出「差距」，以改變表現或修正方案的「標準」（黃政傑，1987）。再者，此模式的課程評鑑結果可以幫助課程評鑑人員作成決定，以進行下一階段的工作，或重複原先階段工作，或回到設計階段，或終止整個課程方案工作。然而差距模式的缺失乃在於方案的比較階段，不易找到其他相當的課程方

案進行兩者的成本效益之比較，此乃差距模式課程評鑑的限制之一。

三、外貌模式

「外貌模式」（countenance model）係指由美國評鑑學者史鐵克（Robert Stake）所倡導的課程評鑑模式（Stake, 1967）。史鐵克主張課程評鑑應該兼具描述和判斷的成分，而且不論是描述或判斷，都要蒐集課程方案的「先在因素」（antecedents）、「過程因素」或「交流因素」（transactions）以及「結果因素」（outcomes）等三類變項因素，此一模式乃是結合「歷程本位的評鑑」與「結果本位的評鑑」特色，加以綜合而成。

史鐵克所指的「外貌」（countenance）一詞，是指評鑑的外貌，是評鑑的整體面貌，是一種評鑑的外貌輪廓。外貌模式課程評鑑的資料蒐集種類，主要包括下述三項：

(一)先在因素：係指一些相關的背景資料，包括存在於教學活動之前的任何可能影響結果的條件。

(二)交流因素：是指教學的過程因素，包括教師、家長、諮商人員和學生互動或談話的情境，例如參觀訪問與討論。

(三)結果因素：是指課程方案透過教學實施之後所達成的影響，例如學生習得的能力、成就、態度或抱負。

詳如圖9.1 所示：

外貌模式課程評鑑的基本假定為：

(一)評鑑方案的描述與判斷，應能幫助課程設計發展人員瞭解課程問題，以改進種種課程行動的參考。

(二)課程評鑑人員應該能夠就評鑑的「先在因素」、「交流因素」及「結果因素」等種種不同的資料來源，作清晰的描述。

(三)關聯性和一致性的分析，評鑑人員應該就某一課程方案的邊際效應、意外收穫與預期結果等項目加以詳細探討。

(四)課程評鑑人員應該蒐集分析，並反映影響評鑑的種種判斷因素，

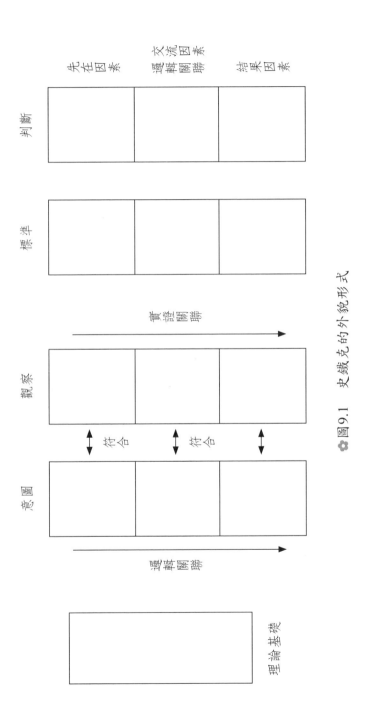

❀圖 9.1 史鐵克的外貌形式

而且對互相衝突的標準作適當的界定。

(五)標準化的測驗往往不能充分達到評鑑的目標，因此，評鑑需要運用各種不同的方法以收互補之效。

史鐵克主張課程評鑑人員，一方面，要蒐集描述計畫者所欲實施「意圖」的資料，另一方面，要蒐集實際發生現象的「觀察」資料，比較確定二者之一致性與符合性。再者，評鑑者要分析「意圖」中的「先在因素」、「交流因素」和「結果因素」三者之間的邏輯關聯性與實證關聯性。課程評鑑人員在建立判斷標準之後，再進行判斷；課程評鑑者可利用描述性資料和其他課程方案進行相對比較，也可利用優良標準進行絕對比較。

另外，英國的賽蒙（Helen Simons）提出一種以學校爲個案研究焦點的課程評鑑（Simons, 1971），以及麥唐納（Barry MacDonald）所倡導的「人文課程方案」的「統觀評鑑」（holistic evaluation）（MacDonald, 1971）途徑，此兩者皆與史鐵克的「外貌模式」相互呼應。此種途徑的課程評鑑，主要是診斷課程的症狀，不只是判斷課程目標的達成程度，而且，也嘗試透過課程評鑑人員的專業知識，以發現並診斷課程發展問題之所在，以偵測課程發展失敗或其負作用的原因所在（Schwab, 1971, 324）。

外貌模式的優點，乃在於利用描述和判斷的資料，可以瞭解課程方案的理論基礎，並瞭解其背景及目的，以評鑑其教育理想意圖與實際現象的一致性與關聯性。然而，整體評鑑是難以達成的，因爲要協調教育科技專家、測驗專家、心理學者、教師及人類學者進行協同研究與評鑑，有其實際困難，此爲其限制之一。

四、「背景–投入–過程–產出」模式

「背景─投入─過程─產出模式」（Context–Input–Process–Product Model）又稱CIPP模式，係指由美國評鑑學者史特佛賓（D. L. Stufflebeam）所提倡的教育評鑑模式。「背景─投入─過程─產出

模式」的課程評鑑旨在描述、取得及提供資料，以判斷各種課程方案
（Stufflebeam, 1983）。

　　史特佛賓提出一個與泰勒不同的評鑑定義，亦即，課程評鑑是一種過
程，旨在描述、取得及提供有用資料，做為判斷各種課程方案之用。史特
佛賓認為此一模式的最大目的，在於對學校行政人員、課程方案領導人，
以及學校教師們提供訊息，以便修正教育方案。換言之，課程評鑑是為了
作課程決定，進行選擇，進而改變課程行動，促成課程革新。

　　「背景─投入─過程─產出模式」的要素，主要是包括下述四種評
鑑，以進行四種課程決定（黃政傑，1987，100）：

　　(一)背景評鑑：旨在提供確定課程目標的依據，是屬於最基本的評
鑑，以促成計畫的決定。

　　(二)投入評鑑：旨在確定如何運用資源以達成課程目標，包括了課程
資源的選擇、設計與發展，資源則涵蓋了材料、設備、程序、方法、人
員、環境等，可以用來協助設計教學程序的決定。

　　(三)過程評鑑：旨在課程資源設計完成，付諸實施時即可開始，目的
在於提供定期回饋給予負責課程方案實施工作人員，可以協助使用、追
蹤、改進程序的決定。

　　(四)產出評鑑：旨在於瞭解教育系統所獲得的課程結果是什麼，以協
助課程決策人員決定課程方案是否應該告一段落停止、修正、或繼續運
作。此種課程評鑑是用來判斷教學效果並予以反應的決定。

　　此模式的運作程序是首先實施背景評鑑，以確定教育系統是否需要改
變，或是維持不變，或平衡穩定，或持續增進或更新動員的改變。如平衡
穩定，則調整背景評鑑的策略；如持續增進或更新動員的改變，則實施投
入評鑑；或進而作成教學策略有關決定，以進行過程評鑑和產出評鑑。

　　總之，「背景─投入─過程─產出模式」的重點，不在引導一項個
別研究的進行，而在提供資訊以為決策人員的參考，其目的不在證明而在
改良課程方案。其優點乃在於能提供課程訊息，以便於指導如何作課程決
定，符合績效的需求，並增進對課程方案的理解。但是，由於此模式太過
於重視過程的「改良」與「改進」，幾乎完全忽略了總結性評鑑的角色功

能，此爲其限制之一。

五、對辯式模式

「對辯式模式」（adversary model）係指由歐文斯（T. R. Owens）與伍爾夫（R. L. Wolf）所倡導的課程評鑑途徑（黃光雄，1989）。此模式的性質，黃政傑教授在《課程評鑑》一書中指出，係由司法審判的啓示衍生，因此，又稱爲「司法式評鑑」（judicial evaluation），將司法審判的組織和程序，應用到課程評鑑上。在課程評鑑中，可以成立彼此相互對立的原告與被告的正反方辯論團體，令其對同一課程問題，呈現不同的課程主張。基本假設乃是本諸眞理愈辯愈明的假定，對辯式的課程評鑑將能提供決策者所需的資訊。

對辯式模式的設計，課程事件替代了訴訟事件；兩個對立、但勢均力敵的課程辯論小組，分別對某一課程方案採取正反兩面的立場，替代了原告和被告律師；有利和不利於該課程事件的人事物，替代了證人證物；課程協調人員替代了聽證官，課程評鑑人員替代了法官，課程審查小組替代了陪審團，課程評鑑代替了審判，贊成與反對替代了有罪與無罪。

對辯式模式的課程評鑑實施程序，包括了計畫和聽證兩大階段。計畫階段旨在產生課程爭論問題，並進而選擇課程爭論問題，以準備辯論。對辯雙方分頭去蒐集課程方案的有利和不利資料，雙方探討所有蒐集到的課程相關資料，以完成對辯的準備。聽證階段乃在開課程聽證會議之前，由每一課程評鑑小組彼此審閱主要的論點，並在課程聽證官協調下，建立課程聽證規則和程序。由課程聽證官宣布聽證會開始，由正反兩方輪流報告，舉證、反駁、盤問、兩方各作結論，並由課程審查委員報告，或與旁聽者公開討論聽證過程，其過程可公開利用電視傳播，以提供課程決策人員或課程設計人員依對辯雙方提出的各種課程證據，作成相關課程決定。

對辯式模式的課程評鑑，可以適用在許多課程決策上，例如：探究新舊課程的價值、選擇新教科書、評估課程革新方案與現行課程制度的相合性、揭示同一課程資料的不同解釋，以告知學校教師、家長、督學與教育

行政人員等。其優點包括了促成課程政策的公開討論、採取獨特的口頭報告型式、提供各種可用資料、促進課程設計與發展工作的評鑑。

　　對辯式的課程評鑑雖然可以分析複雜的課程問題，呈現正反兩方的觀點，促進課程問題的廣泛而深入的瞭解。然而，事實上要找到勢均力敵的對辯雙方實屬不易；而且課程決策人員難免有偏見，而做成錯誤判決。對辯雙方的求勝心態會阻礙彼此對此問題的理解；對辯雙方言辭犀利與否常會影響裁決；對辯雙方的花費由於人員組織和資料蒐集工作加倍，其費用也相對提高，因此，有其執行上的實際困難。這些都是「對辯式」課程評鑑的限制。

第五節　課程評鑑的價值取向

　　課程評鑑是一種複雜的概念，涉及價值判斷的歷程與結果，並且受到不同價值取向的影響，而呈現出不同的評鑑類型、評鑑途徑、評鑑模式。就本章所述的評鑑類型、途徑與模式而言，至少有五種相關的課程評鑑價值取向，與課程意義、課程設計模式、課程發展進路與課程實施策略，皆有相當關聯，茲歸納說明如次：

一、社會傳統取向

　　社會傳統取向的課程評鑑，強調傳統社會文化價值與倫理道德的涵化。例如：透過「公民與道德」或「生活與倫理」的考試成績，作為評鑑學生德育成績的參考依據；以量化的操行分數代表學生的德育成績。或透過考試要求學生不求理解地背誦課文古文，教導古文，以傳遞傳統倫理道德。例如：測驗本位的評鑑，從傳統與成人的觀點出發，測量學生是否獲得成人規定的資訊，精熟傳統社會的基本知能，要求學生將接受的價值內化，無顧學生的興趣。其評鑑方法往往透過社會傳統的總結性評鑑以比較測驗分數或考試成績，核對記憶背誦的答案，完成規定作業是否正確簡潔，尊重教師指導的意願與能力。評鑑的目旨在瞭解課程中的成人所認定

的社會事實、技能與文化價值是否被有效地傳遞。此種課程評鑑的社會傳統價值取向，重視「國家政策本位的課程發展」進路，採取課程實施的忠實觀點，與本書第三章所論述「課程即計畫」的社會主義理論取向課程設計意識型態理念一致，而且與強調「課程即科目」的傳統「精粹主義」理論取向課程設計意識型態具有相似的立場傾向。

二、學生經驗取向

經驗主義的主要論點，乃透過教育經驗以促進學生的發展，引發學生好奇心，加強學生主動學習能力。學生經驗取向的課程評鑑旨在衡鑑學生學習經驗的長短期效應，評鑑方法包括形成性評鑑、歷程本位的評鑑、真實評鑑，以瞭解學生之認知、技能、情意與人格的改變，並判定該學習程式的效能，也包括「統整評鑑」以瞭解學生經驗的品質。此種課程評鑑的學生經驗取向價值，重視教師教學本位的課程發展進路，傾向支持歷程模式的課程設計與相互調適觀的課程實施，顯示出與「課程即經驗」的「經驗主義」理論取向課程設計意識型態關係密切。

三、行為科技理論取向

行為取向的課程評鑑，主張以學生行為技能表現作為評鑑的依據，以瞭解學生是否達成預定的課程目標。特別是主要的評鑑問題，乃在透過目標本位的評鑑，來瞭解學生是否獲得課程目標所要求的行為。例如：紙筆測驗、觀察檢核表、寫作考試等任何客觀且可量化的行為衡鑑，都是行為取向課程評鑑的適當方法。特別是當測驗專家宰制課程評鑑方法的設計時，往往會要求所有的評鑑方法都要有足夠的信度與效度，而且必須嚴謹地加以評鑑。測驗專家偏好學生表現的效標參照測驗，此種測驗本位的評鑑，往往訴諸總結性評鑑的方式，強調以絕對標準來測量學生的具體成就，而不是作學生之間的比較。此種行為科技主義理論取向的課程評鑑觀點，採取課程實施的忠實觀點與課程革新的技術觀點，傾向於支持國家政

策本位的課程發展進路，重視「課程即目標」的意義與目標模式的課程設計，流露出「科技主義」理論取向的課程設計意識型態本色。

四、學科知識取向

學科知識取向的課程評鑑，強調學科結構的學術重要性。例如：臺灣地區的大學聯考與高中聯考，其課程評鑑乃在測量學生所獲得的學科知識，重視學生所進行的學術知識探究本質，以及教材內容的知識概念結構，以學科標準衡鑑學生是否獲得學科專家制訂的知識，做爲學校選擇學生入學就讀的選擇標準。學科知識取向的課程評鑑，一方面，透過「結果本位的評鑑」途徑，以預懸的學科知識爲目標或標準爲參照。其評鑑方法，包括設計待答問題讓學生回答或解決，提出資料讓學生加以記憶、背誦、理解，其課程評鑑的底線則是與學科知識相互一致。其他如觀察檢核表、論文評鑑規準、研究報告與學科課程學習方案的建議、課程材料當中的學生家庭作業、書面寫作功課、課堂工作內容、討論問題、學生訪談與會議的建議，也可用來改進教學與評鑑。

另一方面，傳遞學科知識內容的教科書之評鑑，是根據「差距模式」的途徑，特別重視物理屬性、內容屬性、理論基礎的目標、均衡、範圍、順序，使用屬性的可讀性、可理解性、分量、評量，發行屬性如發行者、作者、意識型態、發行日期、服務、研究發展與價值等等評鑑教科書的規準。一方面可以從評鑑的觀點分析課程，指出課程材料或研究文獻當中的任何評鑑資料，如測驗分數，或建議問題、或工具量表；另一方面，也可從明顯資料如課程單元結束之後的測驗，尋求評鑑的建議與工具。此種學科知識取向的課程評鑑觀點，採取課程實施的忠實觀點，重視「課程即科目」的意義與國家政策本位的課程發展進路，強調學科知識與教科用書的重要性，與「精粹主義」理論取向的學科傳統價值取向關係密切。

五、教育歷程取向

　　教育歷程取向的課程評鑑，強調學校教師學生與課程發展人員對教育基本概念的理解。如採用歷程本位的評鑑、統整評鑑、眞實評鑑、交流評鑑、批判本位的評鑑等方法或外貌評鑑、對辯式評鑑等模式。其評鑑問題，乃在評鑑學校師生與課程發展人員是否有意義地獲得教育基本概念，學會解決非例常性的問題。其教育歷程取向的課程評鑑方法，包括臨床診斷晤談，分析學校師生與課程發展人員解決問題的努力結果。其評鑑目的乃在瞭解學校師生與課程發展人員進行何種思考，並如何獲得理解，以改進課程發展設計與評鑑的品質。此種教育歷程取向的課程評鑑觀點，採取課程革新的文化觀點，合乎課程實施的落實觀，重視學校教師教學歷程的重要性，強調「課程即研究假設」的意義與行動研究本位的課程發展進路，與「專業主義」理論取向的課程設計意識型態理論取向相互呼應。

第十章 課程研究的回顧與展望——
邁向課程學的建立

本章課程研究的回顧與展望——邁向課程學的建立，包括第一節課程研究的回顧與展望，第二節課程研究的再研究——邁向課程學的建立，透過慎思熟慮構想「理念建議的課程」、研議「正式規劃的課程」、提出「資源支持的課程」、設計「實施教導的課程」、引導「學習獲得的課程」、重視「評量考試的課程」、落實「評鑑研究的課程」（蔡清田，2008），透過課程的連貫以填補其缺口與橋接其間的落差，以免墜入課程研究發展的各種迷宮關卡（蔡清田，2010），甚至透過課程研究的再研究，如同我國教育部繼國民中小學九年一貫課程改革與高中職課程改革之後（國家教育研究院，2014），進行十二年國民基本教育課程改革以國民所需核心素養為課程改革的核心（蔡清田、陳伯璋、陳延興、林永豐、盧美貴、李文富、方德隆、陳聖謨、楊俊鴻、高新建、李懿芳、范信賢，2013），也如同「經濟合作與發展組織」（Organization for Economic Cooperation and Development，簡稱OECD）進行「素養的界定與選擇：理論與概念的基礎」（Definition and Selection of Competencies: Theoretical and Conceptual Foundations，簡稱DeSeCo）之大規模專案研究計畫（蔡清田，2014），提出核心素養取向的課程改革理念，鼓勵課程研究者超越自己的先前理解，進而烺鍊出前瞻的課程理念願景；更鼓勵課程研究者持續開拓前人所未知、所未發現、更為寬廣、更為深邃之課程學術研究領域，進而建構課程學，促成課程改革的永續發展與進步。

第一節　課程研究的回顧與展望

本文的主題是課程研究的回顧與展望，就作者原先發表於2005年6月1日國立臺灣師範大學教育系主辦的「教育名家論教育」講座之講稿，後來加以修改並轉載於教育資料研究雙月刊，第67期，2005年12月，頁151-168。目前加以改寫並充實為本文，本文主要回顧的是從十九世紀後期到1970年代的美國課程研究；而展望的是臺灣未來課程研究的可能走向。希望能夠藉由「他山之石」—美國課程研究的經驗，有助於臺灣課程研究的發展，並期許課程學者為建立課程學而努力。

一、美國課程研究的回顧

　　美國早期的課程是承續歐陸傳統，強調古典課程。在十九世紀的年代，官能心理學的發展，提供了古典課程的立論基礎。官能心理學的假定是古典課程有助於兒童的心智訓練。例如：拉丁語文的學習有助於心智官能的開發，特別是心智訓練。心智訓練的觀點在這一時期佔據了課程領域的主宰地位，尤其是1860到1890年（Pinar et al., 1995, 73）。

(一)史賓塞（H. Spencer）和赫爾巴特（J. F. Herbart）

　　在十九世紀的後期，歐陸有兩種學說深刻的影響美國的課程理論：一是史賓塞（H. Spencer, 1820-1903）的課程理論；一是赫爾巴特（J. F. Herbart, 1776-1841）及其學派的課程理論。前者側重的是人類生活活動分類的觀點；後者則是課程統整的觀點。

1.史賓塞的課程研究

　　史賓塞影響課程研究最大的，是一篇在1859年發表的論文〈什麼知識最具價值？〉（What knowledge is of most worth？）史賓塞認為教育的目的是為未來完整的生活做預備，因此是成人中心的。他將人類生活的活動依其重要性分為五類（Spencer, 1911, 124-125）：

(1)直接有助於自我保全的活動；

(2)生活必需品的獲得，而間接有助於自我保全的活動；

(3)養育子女的活動；

(4)維持正常的社會和政治關係的活動；

(5)在生活的閒暇時間用以滿足愛好和感情的各種活動。

　　史賓塞認為這些活動的學習必須仰賴科學，所以，科學是最具價值的知識。

　　漢彌爾頓（D. Hamilton）認為史賓塞有三項影響：一是史賓塞之後產生一種觀念，即課程代表著現有知識的選擇；二是課程是依現世的目的，而非由超乎世俗的目的所決定；三是透過課程的建構和傳遞，能夠促進社會的進步（Hamilton, 1990, 38）。

　　事實上，史賓塞的課程理論深刻影響了二十世紀初葉巴比特（F.

Bobbitt）和查特斯（W. W. Charters）的課程研究。

2.赫爾巴特的課程觀點

(1)統覺（apperception）：赫爾巴特認為統覺係通過與舊觀念建立關係，而吸收新觀念的過程，亦即心靈在已有的知識基礎上，理解新知識。因此，他強調教師的教學須善用兒童的統覺團（apperceptive mass），讓兒童學習新材料。

(2)統合（concentration）和關聯（correlation）：統合的原則指將某一學科，如歷史或文學，置於課程的中心地位。關聯的原則指各個科目之間應該有所連結。赫爾巴特認為統合和關聯的作用在於促進課程的聯合（Pinar et al., 1995, 79）。

(3)四個教學步驟：赫爾巴特認為教學要遵守四個步驟（Herbart, 1892, 126）：

①清楚（clearness）：這是靜止狀態的專心（concentration）活動，只要是純正而明確的話，即能夠看「清楚」各個事物。

②聯合（association）：這是運動狀態的專心活動。其呈現方式是從一個專心活動進展到另一個專心活動，而「聯合」起來。

③系統（system）：這是靜止狀態的反思（reflection）活動。這種活動能看見許多事物的關係；能看見每個特定事物在關係中的正確位置。豐富的反思活動產生的最佳事物秩序稱為「系統」。

④方法（method）：這是運動狀態的反思活動。反思的進展是「方法」。方法貫穿系統之中，產生系統的新成分，並在其應用中注意著結果。

赫爾巴特1841年去世，其學生齊勒（Tuiskon Ziller, 1812-1882）在耶拿（Jena）大學設立一所學校，研究和應用赫爾巴特的學說，並做出三項貢獻，而成為赫爾巴特運動的三項特徵（Dunkel, 1970, 212）：五段教學法（即分析、綜合、聯合、系統、方法）、中心統合法（concentration centers）和文化史階段論（cultural epochs）。中心統合法指課程環繞著一個主題而組織；文化史階段論指兒童的個體發展乃是人類發展基本階段的

複演，亦即個體的發展重複了整個物種的進化史。

赫爾巴特的四個教學步驟，齊勒將赫爾巴特「清楚」分為「分析」和「綜合」，而形成五段教學法。萊茵（Wilheim Rein, 1847-1929）再將這五個步驟改稱為：準備、呈現、聯合、綜合、應用（DeGarmo, 1895, 130）。

　　①準備（preparation）：教師喚起學生注意先前習得的經驗。

　　②呈現（presentation）：概述新的材料。

　　③聯合（association）：新材料與已學的知識進行比較。

　　④綜合（generalization）：從新的材料中導出規則或原理。

　　⑤應用（application）：學得的規則或原理應用於具體的事例。

十九世紀後期，許多美國教師前往德國研習赫爾巴特的學說，而耶拿大學裡的學校乃是他們嚮往的主要場所。他們返回美國後，成了赫爾巴特－齊勒－萊茵學說的忠實實踐者。當中，迪加摩（C. DeGarmo, 1849-1934）最具影響力。迪加摩透過發表著作，尤其是《赫爾巴特與赫爾巴特主義者》（*Herbart and Herbartians*, 1895），將赫爾巴特等人的學說引進美國的教育專業領域。尤其將教育專業人士的注意力集中在課程設計的技術或方法（Squel, 1966, 40）。

派那等人 （Pinar et al, 1995, 83），認為赫爾巴特學派對於當代課程研究的意義，在於他們在教育理論中提升了課程的概念。他們提出的中心統合法及關聯原則，仍然維持在跨學科或課程統整的觀念中。而文化史階段論的觀點提示了一種主題關聯的理念。

(二)邁向兒童中心教育－派克（Francis Wayland Parker）

派克（Francis Wayland Parker, 1837-1902）是美國兒童中心教育的先驅。他在小學任教獲得實務經驗之後，毅然前往德國，在柏林的威廉王（King William）大學研究教育理論。在德國兩年半期間，除了在大學修習心理學、哲學、歷史和教育學，亦訪問多所進步學校。

派克1875年返抵美國，被任命為波士頓（Boston）近郊坤西（Quincy）地區的學校督學。他要求學校放棄成套的課程；要求師生學習思考和觀察；強調引發學生興趣且具體的事物，以及具有價值的經驗；鼓

勵兒童查考雜誌、補充讀物及報紙。坤西（Quincy）的學校在革新之後，減少了人為的生活，而增添了真實的生活。派克將坤西（Quincy）的學校從知識的工廠改成為教育的社區。

派克（Parker, 1894, 450）認為每個學校應當構成一個理想的社區，學生能在其中，以其最佳及最充分的能力，鼓勵其發揮自由公民的功能。因此，他說：「一所學校應該是一個模範的家庭，完美的社區，以及雛形的民主政體。」

派克（Parker, 1883, 20-21）通常以下列方式闡述他的哲學：

> ……坤西（Quincy）的制度並非細節固定的方法，而是將教學藝術表現成世界上最偉大的藝術；因為它是最偉大的藝術，所以要求兩件事情：首先是真誠的研究在學生心靈中及所教的科目中，去發現真理；第二是勇敢的應用所發現的真理。

派克有兩本重要的著作，即《教學談話的筆記》（*Notes of Talks on Teaching*, 1883）及《有關教育學的談話》（*Talks on Pedagogics*, 1894）。這兩本著作即是派克在坤西實驗的理論總結。

1883年，派克接任芝加哥考克郡（Cook County）師範學校校長的職務。這所師範學校有實習小學及幼兒園，以供教育實習之用。派克在這段期間的教育理念更為成熟，其以演說及寫作倡導一個理念，即兒童在具有豐富經驗的非正式學習情境中，成長得最好。

在芝加哥。派克與其同事形成了「統合」（concentration）和「教材統一」（unification of subject matters）。派克（Parker, 1894, iii）自認其課程理論中，強調「統合」，乃得益於赫爾巴特的「關聯」和「統合」的原理。

派克統合理論的圖解如下：

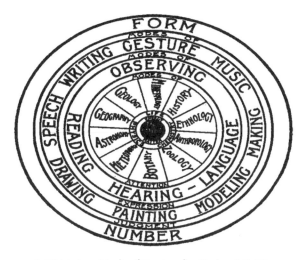

✿圖10.1　派克（Parker）統合理論圖

　　圖10.1的中心是兒童的生活，含「身、心、靈」三種本質。第二圈是兒童生活的環境，由十個中心科目——歷史學、人種學、人類學、動物學、植物學、氣象學、天文學、地理學、地質學及礦物學一一圍繞而成。第三圈是確認兒童所具有且學校所要訓練的專注模式，由觀察、閱讀及傾聽語言組成。第四圈是確認八種表達模式，即姿態、音樂、製作、模型製作、繪畫、製圖、說話、書寫等，這些是自然及習得的行為。最外圈是確認判斷的模式，形與數，這兩項遍布兒童的生活（Stone, 2001, 6）。

　　史東（Stone, 2001, 7）依據派克的著作，將其新的學習理論歸納為五項：

①兒童透過經驗或行動而學習；

②整個兒童「身、心、靈」的三種本質都須加以教育；

③在學習過程中，情意表達是重要因素；

④學習數目、語言和閱讀需要一種整體的過程；

⑤兒童透過專注和觀察而學習。

　　由於派克的教育貢獻，杜威（J. Dewey）在1930年的一篇文章〈新學校有多少自由〉（How much freedom in new school）中，尊稱派克為「進

步教育運動之父」。

康奈爾（Connell, 1980, 122）認為派克的貢獻有四：

1. 兒童應是學校工作的中心，學校工作圍繞此一中心而規劃；
2. 兒童應在溫馨的社區氛圍中發展，兒童在此中培養民主素養，並經常且共同努力；
3. 學校課程應盡可能源自實際活動；
4. 透過藝術、文學及體育運動等，以鼓勵功兒童的情意表達和工作。

(三)芝加哥大學實驗學校－杜威（John Dewey）

杜威（John Dewey, 1859-1952）1894年應芝加哥大學校長哈波（William R. Harper）之邀，擔任哲學、心理學及教育學系主任。1896年創設芝加哥大學實驗學校，1904年因為學校管理問題而停辦，杜威離開芝加哥大學，而赴哥倫比亞大學任教。杜威1952年去世，《紐約時報》（The New YorK Times）刊載消息，宣稱「進步教育之父」逝世。

杜威在一份〈大學初等學校組織的規劃〉（Plan of organization of the university primary school,1985）中，一開始就提出：「一切教育的最終問題是心理和社會因素的協調……這種協調要求兒童能表現自己，但須以現實社會目的的方式表現」。

1896年10月31日，杜威在「教育學俱樂部」（the Pedagogical Club）發表〈大學裡的小學〉（The university school）的講話，說明實驗學校其有兩項目的：一是提出、試驗、驗證及批判理論的陳述和原理；一是在其特別的專業領域中，增加事實和原理的總量。這是杜威的哲學重點轉向人類實際事務的體現。他曾宣稱：哲學是教育的一般理論，而教育是各種哲學觀點具體化並受到檢驗的實驗室。

杜威認為課程規劃的理想背景，需要注意兩個重要原則：第一，在所有的教育關係中，出發點是兒童行動的衝動，他渴望回應周遭刺激，並以具體的形式尋求其表達。第二，教育的過程在於提供各種材料，以及各種積極和消極的條件，俾使他受到理智控制的表達方式採取一種正常的方向，亦即在形式和感情方面都具有社會性質（王承緒等譯，1991, 17；

Mayhew & Edwards, 1936, 23）。

　　杜威認爲兒童個體的傾向和活動，只有透過它們在合作生活的實際過程中，才能加以組織和發揮作用。因此，問題在於如何利用兒童的傾向、原始衝動，以其成長中的能力和技能表現他自已，俾協助他以其正在增進的效能，貢獻其團體的生活（Mayhew & Edwards, 1936, 39-40）。爲了方便起見，杜威將這些天生的衝動粗分爲四種（Dewey, 1900, 41; Mayhew & Edward, 1936, 40-41）：

　　1. 社會的衝動（social impulse）─談話或溝通的興趣；
　　2. 建構的衝動（constructive impulse）─製造的興趣；
　　3. 探究和實驗的衝動（the impulse to investigate and experiment）─質疑或探究事物的興趣；
　　4. 表達情意的衝動（expressive impulse）─藝術表達的興趣。

　　在杜威的學校裡面，「作業」（occupations）是一個核心概念，係指兒童的一種活動形式，而三種活動是最常被提及的：烹飪、縫紉及木工等作業。

　　烹飪探討簡單而基本的化學事實和原理，以及研究植物製品的自然課程。同樣地，材料和過程的研究要與縫紉一同進行，並且包括研究發明史、地理（生產與製造的地方，以及分布的路線），以及植物的生長和栽培（諸如提供原料的棉花和亞麻）。木工經常需要計算，兒童在相關的方式掌握了數字的過程或方法，因而培養了眞正的數字意識（Mayhew & Edwards, 1936, 27-28）。

　　爾斯（Wirth, 1966, 131-133）在其著作《杜威即教育家：其教育工作的設》（*John Dewey as educator : His design for work in education*, 1894-1904）中，闡述了杜威「作業」的教學角色：

　　1. 作業提供機會，將學校的學習活動連結到兒童的校外經驗；
　　2. 兒童發展的第一階段主要是「動作─表現活動」，作業是提供兒童運用四種衝動的課程；
　　3. 作業影響兒童對學校學習活動的態度；
　　4. 作業只有當其成爲獲得一種深刻的教育經驗的手段時，才具有教

育的正當理由。

杜威學校的課程中，作業提供了維持理論與具體事物間互動的手段；不過，全部的課程乃須由與各種作業相平行的三方面的理智活動而組成，即歷史或間接社會學的研究；自然科學；溝通及表現（諸如語文、數學、藝術）。

杜威的教育觀點，一方面是兒童中心的，另一方面是社會中心的。雖然杜威（1900, 32）曾說過：「我們在教育上引起的改變是重心的轉移，在這裡兒童是太陽……兒童是中心」。不過，杜威的實驗學校終究還是將「教育的社會層面」放在第一位（Mayhew & Edwards, 1936, 467）。

1904年初期，芝加哥大學當局告知杜威，其夫人的杜威學校校長職位到年底終止。不久，杜威即辭職。依據杜威女兒的說法，真正的理由是芝加哥大學校長哈波（Harper）對杜威學校的冷淡與鄙視。杜威的辭職在1905年1月日生效，但是杜威與學校的聯繫在1904年春季結束時即告終止（DePencier,1967, 49; Dewey, 1939, 34）

(四)進步教育協會

在1890年代景氣蕭條結束和第一次世界大戰終結之間，美國經歷了「進步年代」（progressive era），一個社會變遷與政治動亂的時期。為了回應工業化、都市化、種族緊張及移民潮等種種壓力，美國社會開始眾多方面的改革運動，這些改革運動綜合起來，為其後半世紀公共政策的論辯定了條件（Gould,1974, 1）。

1. 進步教育協會的成立

雖然「進步教育協會」（Progressive Educational Association）在1919年成立，但是派那（1995: 103）認為，進步教育早在1870年代派克在麻州的坤西就已經開始了。而參與協會創立的考伯（Stanwood Cobb, 1881-1919）也說，1919年進步教育協會設立時，新教育已經誕生二十年了（Graham, 1967, 21）。

1919年強生（Marietta Johnson, 1864-1938）和考伯等人共同創立「進步教育協會」，當時擔任俄亥俄州達仁（Dayton）的摩仁園學校（Morrain Park School）校長摩根（Arthur E. Morgan）擔任第一任會長，並邀請愛略

特（Charles W. Eliot, 1834-1926）擔任榮譽會長（Kliebard, 2004, 159）。

1920年，麻州栗子坡（Chestnut Hill）的畢佛學校（Beaver Day School）校長史密斯（Eugene Randolph Smith）負責領導爲協會草擬一份宣言，作爲該協會的中心信念。進步教育協會的宣言包括七項原則（Graham, 1967, 29-30）：

(1)自然地發展的自由；

(2)興趣，一切工作的動機；

(3)教師是嚮導，而不是監工；

(4)學生身心發展的科學研究；

(5)所有影響兒童身體發展的因素，須加強注意；

(6)學校與家庭合作，以迎合兒童生活的需求；

(7)進步學校應承擔教育運動的領導者。

「進步教育」的界定眾說紛云，不過，在1920年代及1930年代，對於進步學校的定義，仍有某種程度的一致看法（Zilversmit, 1993, 18）：

(1)一所進步學校係遵從兒童中心課程，而非教材中心課程，係一所促動兒童天生欲望而學習的學校。

(2)一所關注「整個兒童」需求的學校；一所促進兒童情緒及身體需求，並且促進其心智發展的學校。

(3)一所進步學校乃是一所兒童在決定其教育內容方面，扮演積極角色的學校。

2. 「八年研究」

進步教育協會往1933年設立「學校與學院關係委員會」（the Commission on the Relation of School and College），由艾金（Wilford Aikin, 1882-1965）領導，進行有關中學課程改革的「八年研究」。

美國的中學課程深受學院入學規定的制約，而顯得相當的一致性。「八年研究」希望透過學院的同意，中學可以不按學院通常的入學要求，自行決定學科的開設和學習的分量，以探討這類學生在學院學習的表現。

該委員會的指導委員會挑選三十所（實際上，當中一所學校退出實驗，計爲二十九所）具有代表性的中學，從1933年秋季開始進行新的教學

計畫。每個中學制訂自己的計畫，決定自己的課程、組織及程序。指導委員會必須謹慎地防衛每所中學的獨立和自主（Aikin, 1942, 15）。

此項研究進行八年，「大學追蹤研究人員」（the College Follow-up Staff）在比較實驗組與比較組一千四百七十五對學生的過程中，發現這三十（二十九）所中學畢業生的表現，在十八項研究結果中，不論在認知或情意上，實驗組（三十所中學畢業生）除在四個項目外，均較比較組有較佳的表現（Aikin, 1942, 111-112）。

整體而言，這三十（二十九）所中學畢業生，無論是用大學標準、學生同年者、個別學生等來評判，均較比較組表現稍佳。

「大學追蹤研究單位」對於這些事實做了如下評論：

> ……如果大學想要招收具有健全的學識且充滿活力的興趣，發展有效且客觀的思維習慣，對其同學維持健康有益的方向等，則大學要鼓勵中學已經證明明顯的趨向，擺脫傾向於禁止從傳統課程模式違反或背離的大限制（Aikin, 1942, 113）。

整個研究完成後，在1942年發表《美國教育的冒險》（*Adventure in American education*）五冊。因逢大戰期間，未能引起注目。

雷德夫（Frederick L. Redefer）在進行「八年研究」時，擔任進步教育協會執行委員會的主管，他在1950年《進步教育》期刊（Progressive Education）上發表〈八年研究－八年之後〉（The Eight Years Study-After eight years）一文。文中提到參加「八年研究」的成員在1950年的會議中同意：「八年研究」最重要的遺產是合作的工作方法（Brown & Finn, 1988, 297）；「八年研究」是具有價值的；今日仍然需要某種類似全國性的嘗試。但是，與會人士沒人建議，在第二次「八年研究」時，該朝什麼方向或依據什麼原理；也沒人試圖回答怎樣的教育實驗適於這種混亂的複雜世界（Brown & Finn, 1988, 299）。

　　總的來說，「八年研究」是很值得探討的，是研究的一個豐富寶庫。雷德夫建議在基金會、委員會或個人投入大量時間，以改進教育之前；在機構宣揚其新實驗之前；教師在原子時代，組織一個新的全國性委員會，以鼓勵規劃教育之前，如果嘗試的努力要有持久的效果，則探究這種嘗試須考慮哪些因素，顯然是需要的。最好面對反對的原因，理解有什麼障礙，以及克服這些障礙的方式（Brown & Finn, 1988, 300）。

　　「八年研究」對於這類研究的開始，能夠提供某些極好的材料。

3. 社會重建的教育觀點—孔茲（George S. Counts）

　　進步教育雖以杜威的教育哲學作爲其理論指導，但大多數的進步學校在兒童中心的教育理論方面積極發展，而相對忽略了社會中心的層面。

　　孔茲（George S. Counts, 1889-1974）是社會重建主義（social reconstructionism）的倡導者。他1932年在全國性的教育會議發表了三篇論文，分別是〈進步教育敢於進步？〉（Dare progressive education be progressive？）〈透過灌輸的教育〉（Education through indoctrination）、〈自由、文化、社會規劃與領導〉（Freedom, culture, social planning, and leadership）。第一篇是在巴爾的摩（Baltimore）的進步教育協會上發表的。這三篇論文合成一本小冊子，在1932年出版，定名爲《學校敢於建構一個新的社會秩序嗎？》（*Dare the school build a new social order*？）。

　　孔茲在進步教育協會發表的文章中，首先認爲進步學校將焦點放在兒童身上。他們認爲學習者的興趣是最爲重要的；他們認爲活動擺在一切眞正教育的根本；他們從生活情境及品格發展去理解學習；他們維護兒童的權利，視其爲一種自由的人格（Counts, 1932, 5-6）。孔茲認爲這些理念是相當卓越的。不過，根據他的判斷，這樣的理念還是不夠的，窄化了教育意義的概念，如同只是將一半的景致繪入一幅畫中。

　　他主張一種教育運動稱其自己爲進步的，則這種運動必須要有定向，它必須具有方向。「進步的」（progressive）這個字本身含有「向前移動」的意思，而「向前移動」如果缺乏清楚界定的目的，則少具意義（Counts, 1932, 6）。

　　孔茲（Counts, 1932, 7）指出：「進步教育最大的弱點在於沒有詳細

闡述社會幸福理論這一事實」。其認爲進步教育如果要成爲眞正進步的，
必須從中上階層的影響中解放出來，公正並勇敢地面對每一個社會議題，
認眞處理生活中一切眞正的實在事物，與社區建立有機的關係，發展一種
現實與廣泛的福利理論，改變一種對於人類命運的令人信服且有挑戰性的
看法，並且對於令人困惑的「強迫接受或強施」（imposition）及「灌輸」
（indoctrination），感到較少驚恐（Counts, 1932, 9-10）。

他分析美國教育制度之後，建議一種教育方案，以促進集體的民主主
義。這一方案包括五項重點（Gutek, 1970, 185）：

(1)依據文化傳統的教育方案；
(2)依據正在浮現的民主集體主義，重建傳統；
(3)將民主的集體主義審愼的強施在學校之中；
(4)強調社會知識的課程設計；
(5)一種開闊和豐富的師資培育及組織的方案。

孔茲認爲要維護及發展民主價值，知識的選擇和組織必須依照民主集
體主義的規準。他建議的社會知識的教育方案，其主要領域有七（Gutek,
1970, 186-187）：

(1)人類本性和歷史；
(2)美國民主制度的歷史；
(3)工業社會的興起；
(4)當前美國社會的結構；
(5)社會觀念、哲學及方案；
(6)傳播的機構和方法；
(7)美國民主制度的目的和潛能。

孔茲相信普通教育的方案，基本上是在維護自由制度和民主過程。因
此普通教育要提供學生在社會態度、素質及能力等基本訓練，俾促進正在
浮現的集權主義。

4. 進步教育協會的解散

葛拉漢（Graham, 1967, 149-163）認爲導致進步教育協會的結束，是
因爲內、外因素所造成的。他在其著作的結論中指出七點造成協會衰退的

原因：反對並攻擊傳統課程、重要問題的冷淡、領導者的孤立、哲學觀點的不一、應用的問題、社會階級的偏見及其他教育機構的競爭。

1955年6月25日，進步教育協會在伊利諾州烏邦那（Urbana）會議上正式宣布解散。一個月後，會員簽署會議的決議時，僅有六名投下反對票（Graham, 1967, 143）。

(五)追求社會效率的課程設計

1. 鐵依勒（Frederick Winslow Taylor）的科學管理

鐵依勒（Frederick Winslow Taylor, 1856-1915）在1911年發表《科學管理的原理》（*The principles of scientific management*），書中認為整個國家的人民，每日的作為都因缺乏效率而受害，而補救這種無效率的關鍵在於科學管理。他認為最佳的管理是真正的科學，係建立在明確界定的法則、規則及原則的基礎上。只要這些原理正確地應用，即能產生效果。他尤其建議工廠採用他的科學管理方法，必能符合經濟原則，創造雇主與工人之間的雙贏。

鐵依勒（Taylor, 1998, 61）提出科學管理的五個步驟：

(1)比如找出十或十五位不同背景的工人（不同機關、不同地區），他們對於所要分析的特殊工作特別靈巧。

(2)研究每位靈巧工人從事其工作的基本操作或動作的精確系列，以及每人所使用的工具。

(3)使用碼錶，研究完成這些基本動作所需時間，然後選擇完成每個工作要素的最快方法。

(4)去除所有錯誤的動作、緩慢的動作，以及無用的動作。

(5)除去所有不需要的動作之後，將最快及最好的動作，以及最好的工具聚集起來，成為一個系列。

鐵依勒講求精確、效率及經濟的科學管理方式，相當程度的影響巴比特（Franklin Bobbitt, 1876-1959）及查特斯（W. W. Chartes, 1875-1952）的課程研究。

2. 巴比特（Franklin Bobbitt）的科學的課程編製

巴比特在二十世紀初期發表兩本重要著作：一本是1918年的《課程》

（*The curriculum*），另一本是1924年的《課程的編製方法》（*How to make a curriculum*）。前者是教育史上第一本以「課程」（curriculum）為名的專門著作。

巴比特（Franklin, 1918, 41）認為科學時代要求精確與詳細的特點。目前，為了每個重要的教育層面，已經發展了科學方法的技術。實驗室及實驗學校刻在發現正確的方法，以測量及評估不同類型的教育歷程。

課程的中心理論實屬簡單。人類生活儘管如何不同，都包括特定活動的完成。未來生活的教育乃是明確地、適當地為這些特定活動而預備的教育。對於任何社會階級而言，不管這些特定活動的數量多大及差異多大，它們仍然可以發現的。這只需要進入人類事務的世界，並發現這些事務所含的細節即可。這些細節細目將指出人們所需要的能力、態度、習慣、欣賞及知識形式。這些細節細目亦將成為課程的具體目標。它們將是眾多的、明確的及詳細的。因此，課程將是兒童和青年藉由達成這些具體目標而學得的系列經驗（Bobbitt, 1918, 42）。

巴比特堅持效能、效率及經濟乃是課程設計的重要概念。他的中心原則乃是直接並明確地預備學生學習成人世界的各種任務。課程編製者的工作即在研究成人世界，以確定其所包含的重要任務或活動（Pinar et al., 1995, 97）。

在《課程的編製方法》中，巴比特（Bobbitt, 1924）指出他運用「活動分析」（activity-analysis），將人類廣泛的經驗分成若干主要的領域。這些主要的領域即是他所分類的目標：

(1)語言活動：社會的相互溝通；

(2)健康活動：維持身體的效率；

(3)公民活動：效率的公民；

(4)一般社會活動（集會、交際）：一般的社會接觸與關係；

(5)餘暇活動、娛樂、消遣：休閒消遣；

(6)保持本身心理健康的活動：一般心理效率；

(7)宗教活動：宗教態度與活動；

(8)親職活動、養育子女，維持正常的家庭生活：親職責任；

(9)非專門的或非職業的活動：非專門的實際活動；

(10)職業工作：職業活動。

以上十種，左邊為活動的主要領域（Bobbitt, 1924, 8-9），右邊為具體目標，這十項目標又細分成八百二十一項細目（第十項目標未分析）（Bobbitt, 1924, 11-29）。

巴比特（Bobbitt, 1924）認為課程設計包括五個步驟：

(1)分析人類經驗：將廣泛的人類經驗分成若干主要領域。

(2)工作分析：將這些領域分解成更具體的活動。

(3)導出目標：從陳述完成這些活動所需要的能力，導出具體的教育目標。

(4)選擇目標：從目標細目中，選擇在規劃學生活動時可做為基礎的目標。

(5)詳細計畫：安排包含在達成目標的各種活動、經驗及時機。安排每一年齡或年級的兒童逐日活動的細目。這些細目的活動即構成課程。

3. 泰勒（Ralph W. Tyler）的課程目標模式

目標模式的課程設計雖由泰勒創立，但在他以前，巴比特已有依據目標發展課程的觀念。巴比特 （Bobbitt, 1918）認為人類的生活包含各種特定活動的實行，教育的功能即在預備個人未來的生活，亦即適當地準備個人的各種特定活動。他採用活動分析的方法，劃分人類生活的主要領域為十類活動。事實上，這些活動內容的詳敘即是教育目標的內涵。查特斯響應巴比特的理念，在1924年企圖以工作分析（job analysis）的方法，建構課程。他首先決定教育的理想，其次確認達成理想的活動，最後分析活動成為工作的單元（Charters, 1923, 102）。這些工作單元即是教育的目標。巴比特和查特斯的課程建構一開始即帶有科學的、行為的，及工作分析的性質。

1949年泰勒發表《課程與教學的基本原理》（*Basic principles of curriculum and instruction*）一書，主張學校是一所其有目的的機構，教育是一種含有意圖的活動。他在書中提出四個問題，以作為設計課程和教學

的理論基礎。這四個問題是：

(1)學校應當尋求達成哪些教育目的或目標？

(2)我們要提供哪些教育經驗，始能達成所訂的目的成目標？

(3)這些教育經驗如何才能有效地加以組織？

(4)我們如何能夠確定這些目的或目標業已達成？

顯然，這是一種目標導向的模式。首先訂定目標，泰勒認為目標要依據學習者（其發展、需要、興趣等）、當前的社會生活、學科的性質、學習心理學，及哲學或一套價值體系等來源而擬訂；其次，根據所訂目標，選擇能夠達成目標的學習經驗；再次，這些所選的學習經驗相當零碎和片段，需要加以組織，使其產生意義，俾教師方便教學，學生容易學習；最後，設計評量工具加以評鑑，以瞭解所選的學習經驗是否達到預先所訂的目標。在泰勒的理念中，課程乃是朝向教育目的的一種手段，這一模式因此也稱為「手段—目的模式」（means-end model）（見圖10.2）。

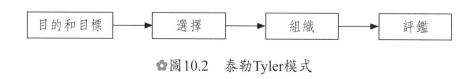

| 目的和目標 | → | 選擇 | → | 組織 | → | 評鑑 |

✿圖10.2　泰勒Tyler模式

泰勒視「目的」（purposes）與「目標」（goals, objectives）同義。其認為目標的內涵應當包括學生所要發展的行為，和這一行為所要操作的內容，亦即包括「行為」和各層面的「內容」。泰勒的目標已深含「行為目標」（behavioral objectives）的意味。課程和教學的設計，是以學生將來所要表現的具體行為為第一步驟，這是目標模式的本質。

(六)學科或知識結構的課程理論取向－布魯納（Jerome Bruner）

1957年，蘇俄發射人造衛星（Sputnik）成功，引發美國的恐慌，蘇俄在太空競賽中搶先一步。

1959年9月，美國包括心理學家、科學家及數學家等三十五位學者，在麻州鱈魚角（Cape Cod）的伍茲霍爾（Woods Hole）召開十天的會議，布魯納（Jerome Bruner）擔任會議主席。這次會議的結論，布魯納執筆，

以《教育的過程》（*The process of education*）為名，於1960年出版。布魯納希望藉由此書，透過一個十分不同種類的透鏡觀察課程－將複雜的知識綜合成可以遷移的大量東西。這本著作成為1960年代一項課程的宣言，因而標示著一個轉折點。

布魯納強調認知的背景及知識的應用。他將課程的焦點放在一門學科主要概念的要素，並以激發學生討論的方式，提供知識的統整，促進思考能力（Marshall, Sears, & Schubert, 2000, 46）。

在《教育的過程》一書中，布魯納（Bruner, 1960, 17）提到學習行為的主要目的，在它將來能為我們服務。學習服務未來的方式有兩種：第一種是訓練的特定遷移，大致用在技能方面；第二種透過非特定的遷移，或稱原理和態度的遷移。學生一開始學習一個一般觀念，然後這個一般觀念可以用作認識後繼問題的基礎。學生學到的觀念愈是基本，則其對新問題的應用性就愈寬廣。這種類型的遷移乃是教育過程的核心。

課程編製的問題是雙重的：一是重新編寫基礎科目及改進其教學材料，並將其中普遍及重要的觀念和態度，放在中心的角色；二是將不同層次的材料與學校裡不同年級、能力的學生相配合（Bruner, 1960, 18）。

布魯納（Bruner, 1960, 23-26）認為至少有四項一般性的主張，可用來作為教學一個科目的基本結構：

(1)瞭解科目基本原理，俾易理解一個科目。

(2)將複雜的教材放進一個有結構的模式裡，則容易記憶。詳細的材料藉由簡的表達方式，容易保存在記憶中。這可稱為「再生的」（regenerative）性狀。

(3)理解基本原理和觀念，顯然是通向適當的「訓練的遷移」的主要進路。將某種東西作為更一般性情況的特定事例去理解，不僅學到該特定事例，也學到理解其他類似事物的模式。

(4)主張教學時強調結構和原理，意即藉由經常複查中小學教材的基本特性，即能縮小「高級」知識與「初級」知識之間的差距。

布魯納的課程理論深刻地影響了其後的美國課程，尤其是科學相關課程的發展。

二、當代課程論述

(一)課程的概念重建

1971年，麥唐納（J. B. MacDonald）發表〈課程理論〉（Curriculum theory）一文。他在文中確認三個主要陣營，闡述課程理論化的見解：

1. 第一陣營視理論爲應用的課程發展與研究的指導架構，爲評鑑課程發展的工具。因此，理論成爲指示及指導與課程相關的實踐活動的一個開端。

2. 第二陣營是較爲年輕的理論化學者，他們致力於較爲傳統的社會理論概念。他們企圖確認及描述課程中變項及變項間的關係。此一理論的目的在性質上主要是概念的，研究是要用來作爲課程變項及變項間關係的實徵測定，而不是作爲檢驗課程處方的效率及效能。

3. 第三陣營將理論的工作視爲一種創造的心智工作。他們認爲這種工作不應當用來作爲處方的基礎，也不應該用來作爲原理和變項間關係的實徵檢驗。這類學者的目的在發展及批判概念模式，希望以新的方式討論課程，認爲這傾向不久的將來會到來，並且更具成果。

派那1975年在其所編的《課程理論化：概念重建主義者》（Curriculum theorizing: The reconceptualists）的前言中，延續麥唐納的觀點，將課程理論學者分爲三類：

1. 傳統主義課程學者（traditionalists）：這一領域的特色是「實用的」，是課程發展、設計、實施及評鑑的具體工作。他們大部分著作的根本要點是想要作爲學校工作者的指導。這類著作大部分是缺乏理論的；指導那些想要知道「方法」的學校人員；它是實用的。這類著作是想要指導實務工作者。以泰勒爲主要代表人物。

2. 概念及經驗主義課程學者（conceptual-empiricist）：這類學者滲透著當前社會科學的理論和實踐。他們如同當代社會及行爲科學的

大部分工作一樣，以實徵的方式探討「現象」，著眼於預測和行為控制的目標。以許瓦伯（J. Schwab）為代表。

3. 概念重建主義課程學者（reconceptualists）：他們探討課程的主要方式是人文學科的，而人文學科領域則涉及歷史、哲學及文學。他們的研究傾向於關注共同世界中內部與存在的經驗，而不在「行為的改變」或「課堂中的決定」。他們的研究是有關暫時性、超越性、意識及政治等的問題。簡言之，這類學者企圖要理解教育經驗的本質。以派那（W. Pinar）為代表。

派那在1988年發表〈課程研究的概念重建〉（Curriculum theorizing: The reconceptualists）一文，認為課程傳統領域的特色在行為目標、規劃及評鑑。概念重建學者挑戰此一傳統，認為課程研究的功能不在發展及管理，而在踏實地理解教育經驗，尤其是其政治的、文化的、性別的及歷史的層面。過去二十年來（即1960年代），課程已從單一的實務取向的領域，重新建構其概念為更多理論的、歷史的研究取向的領域（Pinar,1999, 484）。派那在此時澄清，認為根本沒有所謂「概念重建主義」的觀點，更沒有「概念重建主義」的多樣觀點（Pinar, 1999, 489-490）。至此，「概念重建主義學者」（Reconceptualists）或「概念重建主義」（Reconceptualism）大致很少出現在派那的文獻中。

泰勒在課程領域研究的統治優勢業已過去。然而，如同一顆在其他銀河系正在消失的星星，每人依其位置，需要花費若干年去觀察。這一事實說明，課程的概念重建明顯已經來臨（Pinar, 1999, 490）。

米勒（Janet L. Miller）在1998年寫了〈重建課程概念：一種個人及部分的經歷〉（Curriculum reconceptualized: A personal and partial history）一文，文中指出課程概念重建學者努力了二十多年，目的在將課程的研究，從傳統的管理、專家技術及實證的取向，移到多重意義、多種觀點的課程理論化（Pinar, 1999, 498-499）。概念重建乃是發展不同觀點的工作。他們需要不斷地挑戰管理式的課程觀點，以及專家技術的、非政治的及非歷史的課程建構（Pinar, 1999, 505）。傳統課程概念採用的是教育的技術方法，將內容、教學及學習分開成分立的、可測量的及可觀察的行為

及產出單位。這是一種靜態的課程定義，將課程視爲一種預先決定的、直線式的、失去個性的及分立的知識體。這種定義完全無法預測或控制複雜生活的重要性。這種定義乃是課程概念重建學者所要揭露及挑戰的（Pinar, 1999, 506）。

1981年，派那在季胡（H. A. Giroux）等人所編的《課程與教學》（*Curriculum and instruction*）中，發表了一篇〈課程研究的概念重建〉（The reconceptualization of curriculum studies），他在結論中說到，我們並非面對一項唯一而排他的選擇：是選課程領域的傳統智慧，或選概念－經驗主義，或是概念重建觀點，它們每一個依賴另一個。爲使課程成爲美國教育富有生命力及重要的領域，必須每一時刻都要提供營養；它必須努力於綜合；對於課程提供一系列的觀點——同時是經驗的、解釋的、批判的及解放的（Giroux, Penna, & Pinar, 1981, 98）。派那此觀點預示了課程研究未來的走向。

(二)當代的課程論述

派那在1970年代開始倡導的課程概念重建理念，藉由伯加摩（Bergamo）年會的召開及期刊雜誌《課程理論化》（*Journal of Curriculum Theorizing*，現改名爲JCT：Journal of Curriculum Theorizing）的發行，影響層面相當廣泛及深刻。這種理念的傳播逐漸形成當前的課程論述。

1988年，派那主編一本《當代課程論述》（*Contemporary curriculum discourses*），書中主要分成五部分，探討當前課程的論述：歷史研究、政治分析、美學評論、現象學研究及女性主義研究。

隨著學術的進步，百家爭鳴，當代課程論述的範圍愈來愈廣，愈來愈深入派那等人在1995年出版《理解課程》（*Understanding discourses*）一書，書中除了「理解課程爲歷史文本」之外，尚介紹了「理解課程爲政治文本」、「理解課程爲後結構、解構及後現代文本」、「理解課程爲自傳／傳記文本」、「理解課程爲美學文本」、「理解課程爲神學文本」、「理解課程爲制度化文本」及「理解課程爲國際文本」。這些論述並不是各自分立，互不相關的，而是互相滲透的，不但單一論述之間跨出邊界，

相互滲透，而且常是一個論述跨出若干論述，而形成多重滲透。

　　派那等人《理解課程》的貢獻大概可歸爲兩項：一是將課程的論述分爲十一種（含歷史論述），並相當詳細的介紹每一論述，只是稍欠以一個中心思維貫穿整個論述；另外，這麼多的文獻歸納之後，成爲十一種論述，其分類的理據似未充分說明，且是否足夠周延，有待深入探究。二是將1995年之前的文獻蒐集了三千五百筆左右，這樣豐富的資料，對於有志課程理解研究者助益甚大。

三、展望

(一)臺灣課程研究與發展的簡略回顧

1. 臺灣從過去到現在，課程的研究與發展幾乎是在泰勒（R. Tyler）目標模式的統治之下。課程標準的制訂、教科書的編寫等，都採用目標導向的課程發展，甚至早期的學位論文也是如此。事實上，美國課程的研究與發展，泰勒的影子始終沒有離開過，尤其是課程設計和教科書的編寫。泰勒模式是一種合理的課程模式，但是非唯一可以自立而排他的模式。

2. 約在1980年代，臺灣有一個由政府支持的小學社會科的研究及發展，主持人是黃炳煌教授。這一小組的學者及課程實務工作者，認眞的借用布魯納的知識結構課程發展，邀請社會科學各領域的學者（Bruner的伍茲霍爾Woods Holes會議的成員獨缺課程學者），從事各學門基本概念的分析及通則的建立。這個小組經過長時間研究與合作，完成了以知識結構爲導向的國小社會科教學設計。但是，這一套課程設計似未轉化成教科書。

3. 最近幾年，一些年輕學者試圖以許瓦伯（J. Schwab）及雷德（W. Reid）的「愼思熟慮」（deliberation）的理念，切入課程的研究，得到不錯的成果，這是屬於派那Pinar所說的「概念─經驗主義」的課程觀點。另外一些年輕學者從事課程意識的研究，建立較綜合式的課程理論，希望與課程實踐相結合。

4. 多年來有一些中年及資深學者，以某一個學術領域，如後現代、
　現象學、批判理論、知識社會學等作為依據，發展他們的課程理
　論。

(二)臺灣課程研究的去向

探討課程史，課程總是不斷地在探討三項課題：學習者、社會及教
材。

就學習者而言，多年來臺灣課程的設計及教科書的編寫，大致是社
會主義理論取向、精粹主義理論取向、科技主義理論取向，重視成人決
定、政策決定，幾乎少關心到學習者的心理發展、能力、興趣等等。現在
的課程研究應是兼顧學習者的時候。心理的發展常是受到成長環境，諸如
社會、歷史、文化等的影響，而不是在真空中，一片空白的環境發展。因
此，本土的學習者心理研究，是研究及規劃課程的重要基礎。

就社會而言，到底學校教育是要適應社會的需求，或引導社會發展，
進而改造社會？雖然教育學者的雄心是引領社會未來發展，但是衡諸事
實，學校教育、學校課程適應社會的需求，恐已不及，根本無法致力社會
的改造。適應社會與改造社會，並非「非此即彼」，而今後應在較能適應
社會需求的基礎上，兼顧社會發展的引領。社會往哪些方向發展，則有待
相關學術領域及政府相關部會的規劃。

就教材而言，這部分涉及經驗與課程。布魯納寄望學科專家投入課程
的發展，用意在他們較能認識其專門領域的學術進展，並反映在課程中，
學校教材所含的各科知識能及時反映出來。如果學科專家能具備課程領域
的專業知能，課程學者能具備某一專門學科的素養，則臺灣課程研究將更
上一層樓。再者，臺灣的小學課程常是與兒童生活經驗脫節的，這部分的
連結，有待更多的研究。

學習者、社會與教材間不是相互孤立、各自為政的，課程研究需要不
斷的研究它們彼此的關係。比如，兒童中心與社會中心的關係，兒童認知
結構與教材組織的關係等等，這樣發展的課程應是較為理想的。

臺灣的課程研究，尤其是課程設計，常被批評為缺乏理論依據。課程
理論的建立是十分艱鉅的工程。美國發展多種課程論述，百花爭豔，百家

爭鳴。若它們最後建立各自的理論，彼此無關，且相互攻訐，則課程實務工作者將何去何從？可能迷失在課程理論的叢林中，無法突破困境，安然返回。

　　目前臺灣課程的論述，僅在介紹美國若干不同派別的觀點。我們要衡量臺灣的文化、歷史及社會等環境，參照外國的不同派別觀點，建立自己的課程理論，也讓臺灣課程的研究蓬勃發展。但建立多種課程理論派別後，它們之間如何建立關係，彼此自立、滲透或攻訐？如何與課程實務建立關係，形成理論與實踐的辯證循環，豐富彼此的內涵？我們從美國的經驗得到的教訓，當可作為臺灣課程理論研究的方向。

第二節　課程研究的再研究─邁向課程學的建立

　　從「課程研究」（curriculum research）的觀點而言，課程研究是課程學的研究過程，課程研究也是課程改革的推動器，課程研究是課程發展與設計的入門，更是課程發展與設計的催化劑。透過課程研究的再研究，可以課程理念與課程現象做為基礎，理解前輩的課程理念與課程經驗智慧，進而設法站在巨人的肩膀上，登高遠眺並深入研究課程的各種可能來源與發展軌跡，而且透過課程理念與課程現象相互激盪轉化，研究課程理念與課程現象之間的落差與缺口，理解課程改革成敗的前因、過程與後果（Pinar, 2004），以建構課程學術研究的專門領域與學術造型，以邁向課程學的建立。

　　課程發展與設計活動過程當中，存在於許多不同意義類型的課程層次（Glatthorn, 1987）。從課程學的研究觀點而言，不同層次的課程意義與來源，可能代表不同人員對課程的不同觀點視野與詮釋意義，也可能代表不同課程之間的區別，更可能代表不同課程之間存在著某種不能被忽視的落差（Brophy, 1982）。從課程學術的研究觀點而言，不同類型的課程意義與來源，是課程發展與設計相關活動所產生的實質成果，更是課程研究與再研究的對象。但是，特別是值得留意的是，在不同課程意義層次當中，存在著許多不同的影響型態與落差。換言之，在不同層次課程意義的

理解、詮釋、轉化過程當中是存在著落差，可能造成不同課程意義層次在理解、詮釋、轉化過程當中理念的減損與內容的不斷遞減，甚至形成難以彌補的課程缺口、落差、斷層，而造成課程改革通道的中斷與不暢通。就一般而言，「建議的課程」往往是尊重學者專家的理念學說之建議，但是「建議的課程」經過正式轉化成為「正式的課程」之程度，可能會受到特定學習領域科目性質之不同而有異（Kendall & Marzano, 1997）。例如：美國全國英語教師國際閱讀學會所倡導建議的標準（National Council of Teachers of English and International Reading Association, 1996），就是因為課程革新方向與理念太過於模糊不清，而且只是關心發展過程，以致遭受美國英語教師廣泛的批評，因此其所建議倡導的理念課程，似乎對課程發展與設計者實際幫助不大（Glatthorn, 2000）。

上述學者所提出之「建議的課程」、「書面的課程」、「支援的課程」、「施教的課程」、「施測的課程」以及「習得的課程」等等不同課程意義與來源之間的落差（Goodlad, 1979; Brophy, 1982; Glatthorn, 1987），已經引起學者專家提出有關課程連貫（curriculum alignment）或課程一貫連結的建議與呼籲（蔡清田，2008; English, 1992; Glatthorn, 2000）。課程連貫的重要倡導者，例如English（1992）強調課程與評量測驗考試之間必須緊密加以連結配合。此種一貫連結可以經由「前置」（frontloading）與「後置」（backloading）來達成連結；「前置」是指先發展課程，再尋求可以配合課程的評量；「後置」則是指先發展評量，再發展可以配合的課程，此種課程連貫的歷程，最好是能夠獲得政府主管育部門相關人員與學校教師的關注，並設法加以落實課程、教學、學習、評量的連貫（Glatthorn, 2000），不僅可以讓學校教師獲得課程發展所有權的隸屬感，而且更能夠讓學校教師對新課程的理念內容，能有更深層而細膩的認識與課程實施的能力與意願。

值得注意的是，美國的「人的研究」（Man: a course of study，簡稱為MACOS）也具有課程連貫的現象（蔡清田，2006），美國聯邦政府為了加速科學教育，透過學界推動「學科運動」（discipline movement），這種由美國聯邦政府透過聘請世界一流大學優秀學者專家進行研究規劃設

計（Bruner, 1967），將其「理念的課程」轉化成爲教材教具等「支援的課程」，並進而經由指定的教材教法與教師在職進修培訓，以推廣其「理念的課程」與「支援的課程」並連貫到學校課程內容；其規劃途徑，包括從布魯納（Jerome S. Bruner）「理論觀念」（theoretic ideas）到「教育理念」（educational ideals），以及從「課程宗旨」（course goals）到「教學目的」（pedagogical aims）等等「理念的課程」，轉化爲一般社會大眾所「知覺的課程」（perceived curriculum）與「支援的課程」以及「運作的課程」（operational curriculum），提供學校教師作爲進行教學依據的「學習科目」（course of study）與學習經驗（learning experience）之「經驗的課程」（experiential curriculum）。其課程變革本質具有課程的連貫性，包含了「教材的變革」（change of material）、「知識的變革」（change of knowledge）、「學習的變革」（change of learning）和「教學的變革」（change of teaching）的一致性；其課程發展歷程也具有課程的連貫性，包括從「課程結構」（curriculum structure）到「學科結構」（structure of discipline）到「螺旋課程」（spiral curriculum）到「學習科目」（course of study）、在學校中試用、「防範教師」（teacher-proof）的課程等面向；課程發展過程中之「教師即媒介者」角色、學校教師研習進修訓練與課程推廣的性質與學校教師專業發展策略，均強調課程的連貫性（蔡清田，2006），可資我國課程研究人員進一步探究課程連貫之參考。

同樣地，英國1988年「國定課程」（The National Curriculum）與國定課程評量（The National Assessment），透過課程一貫連結，合理連貫各層次的課程，使其一貫連結，有助於縮短各課程層次之間的落差（蔡清田，2003）。英國教育與科學部（Department of Education and Sciences）的一項政府官方文件《從政策到實務》（From Policy to Practice），極力強調官方正式規劃「國定課程」的重要性（DES, 1989a），教育與科學部的課程政策指定，「國定課程」包括其「基礎科目」（Foundation Subjects）、「成就目標」（Attainment Targets）、「學習方案」（Programmes of Study）；而且「國定課程」的政策推動，基本上是奠基於一種「由中央到邊陲系統」，透過科層體制式「訓練受訓種仔」方法之「分段垂降模式」

（Cascade Model）的行政推廣實施策略，而且國定課程評量考試以及英國教育標準局（the Office for Standards in Education，簡稱OFSTED）的學校視導評鑑，均強調課程的連貫性（蔡清田，2003），可資我國課程研究發展人員進一步探究中小學課程連貫之參考。

又如，英國「人文課程方案」（Humanities Curriculum Project，簡稱HCP）課程規劃小組成員，接受英國中央政府教育與科學部（Department of Education and Sciences）與「課程和考試的學校審議委員會」（Schools council for curriculum and examination）之專案委託，研議規劃如何因應國民教育年限往上延長至16歲的國家教育改革政策之配套措施，進行中等學校教育課程改革實驗之規劃（Stenhouse, 1975），從延長國民教育到規劃方案、從教育政策到教育目的、從教育目的到教育原理，期間歷經從「教育政策」（educational policy）轉化爲「教育目的」（educational aim），並從「教育目的」轉化爲教育歷程的「邏輯前提」（premises）或「程序原理」（procedural principle）與「歷程原則」（principles of procedure）之「歷程模式」（process model）的課程規劃，從「教師即研究者」到「教室即課程實驗室」、從教育的「實驗規則」到課程的「研究假設」、從課程的「研究假設」到教學的「待答問題」等層面，從生物自然擴散到人爲教育推廣、從訓練種籽教師到分段垂降模式、由在職進修訓練到在職進修教育、由教師在職進修到教育專業發展、由教師研習中心到專業社區網路、由學校行政管理到學校課程領導等方面來進行課程推廣，均強調課程連貫的重要性（蔡清田，2001），可作爲我國推動中小學十二年一貫課程改革之借鏡。

然而，上述課程層面的探究，是英、美等國學者根據其特定教育情境的課程層次分類，而較適用於英美等國的學校教育，不一定完全適用於臺灣教育情境脈絡。但是，話雖如此，有趣的是，臺灣的學校課程改革也有著類似的現象。過去臺灣地區中小學課程標準與課程綱要的教育目的、課程目標、教學目標、單元目標、具體目標、課程內容、教學歷程、學習結果、評量內容之間往往出現彼此不連貫的缺口與落差（蔡清田，2002），甚至產生彼此矛盾衝突之處，更形成課程、教學、學習、評量之間斷裂

脫節的缺口與落差，有逐漸加寬加廣之惡化現象，令人憂心（蔡清田，2003）；殊不知如果課程不連貫，就會導致教學與學習之道不連貫，更會造成教學不連貫與學習不連貫，影響學習品質（蔡清田，2005），不利於學習的進步開展，值得重視與進一步深入研究探討，應該可以透過課程學術研究來再研究此一複雜課程現象（Halpin, 2006），以建構課程學術研究的專門領域與學術造型，可以作為課程學的研究重點（蔡清田，2008）。

　　特別是臺灣的「十二年國民基本教育課程改革」的「國民核心素養」是後現代社會的動態課程改革，整合了「核心素養」的理論依據之臺灣本土研究與國際全球研究的雙重視野，是經過社會賢達所精心挑選出來（蔡清田、洪若烈、陳延興、盧美貴、陳聖謨、方德隆、林永豐、李懿芳，2012），可爭取在地認同與國際理解，具有「自主行動」、「溝通互動」、「社會參與」等三維面向多樣型態，並展現出「國民核心素養」具有「終身學習者」的三面九項之多樣學習面向，可建構以國民為終身學習者的主體，並建立嚴謹結構而巧妙精美的課程連貫體系，特別是「自主行動」、「溝通互動」、「社會參與」三維面向之下的「身心素質與自我精進」、「系統思考與解決問題」、「規劃執行與創新應變」、「符號運用與溝通表達」、「科技資訊與媒體素養」、「藝術涵養與美感素養」、「道德實踐與公民意識」、「人際關係與團隊合作」、「多元文化與國際理解」等多樣型態範疇的豐富內涵（蔡清田、陳伯璋、陳延興、林永豐、盧美貴、李文富、方德隆、陳聖謨、楊俊鴻、高新建、李懿芳、范信賢，2013）；更展現出「國民核心素養」具有終身學習者在幼兒園、國小、國中、高中職等四個教育階段之垂直連貫性，進一步彰顯了「國民核心素養」的多樣性與多層次性的嚴謹結構與精緻巧妙的課程連貫體系，不僅可以展現「國民核心素養」垂直連貫之姿，更可以融入國民生活情境並跨越各種社會領域及學習領域/科目之中，不僅有助於國民個人獲得成功的人生，更可以有助於建立功能健全的社會。頗能記取「國民中小學九年一貫課程改革」的理論與實務經驗，透過課程綱要取代課程標準，並下放課程決定權，鼓勵學校進行校本課程發展，促進教師教學專業自主，減少授課科目，透過(一)瞭解自我與發展潛能、(二)欣賞表現與創新、(三)生涯規劃

與終身學習、(四)表達溝通與分享、(五)尊重、關懷與團隊合作、(六)文化學習與國際瞭解、(七)規劃、組織與實踐、(八)運用科技與資訊、(九)主動探索與研究、(十)獨立思考與解決問題等十項基本能力，落實人本情懷、統整能力、民主素養、本土與國際意識、終身學習等五項課程改革的基本理念，但是，整個課程改革的起草研議、規劃設計、推動實施，卻沒有完全遵行課程研究發展的正常程序，以致在急進之下，倉促公布課程綱要，並沒有經過嚴謹的課程研究發展實驗教材、試教的測試過程及普遍的課程推廣與適當的教師研習新教材教法，便在全國各地快速地全面進行課程實施，由於前置作業不夠周延，這個變革幅度大、牽連廣泛的課程改革，從課程理念轉變成為課程綱要的正式課程，再轉化到教科書等支援的課程與師資培訓推廣的配套措施都環環不相扣，產生課程的缺口與落差。

　　關心此種教育改革現象的課程學者指出，國民中小學九年一貫課程改革的主要問題包括：時間延宕，準備倉促；配套措施，未能突破；由上而下，缺乏參與；概念模糊，影響品質；實施策略，偏於技術；提供命令，缺乏菜單；措施零散，缺乏整體；政策搖擺，加深疑慮（歐用生，2002）。國民中小學九年一貫課程改革的理論與實務之間存有種種落差，諸如宿命式的落差、能量的落差、結構的落差、表象與實質的落差（吳麗君，2002）。政策轉化的宿命式落差，主要是政策不清楚，以及政策與手段未能配合有關；能量的落差是指能力不足，尤其可能是相關人員的體能、時間和專業知能不足，專業能力如課程領導能力、學校本位課程發展能力、課程慎思能力、統整課程設計能力等有待開發；結構的落差與組織結構因素有關，例如課程發展委員會及教科書編審及選用等因素；表象與實質的落差，與課程層次由政府機構、到學校組織、到學年班級、到任課教師、到教室班級、到個別學生的層層傳遞轉化有關，因不同層次之間的溝通和協商不足所致，而導致理念的課程、知覺的課程、運作的課程與經驗的課程之間的落差。上述宿命的落差及結構的落差，可說是課程政策目的本身的上游決策問題，不易克服，除非廣邀相關人員參與課程決策；能量的落差及表象與實質的落差，應該是在地方教育主管單位及學校與教師執行課程政策的問題及配套措施，或可努力補強（方德隆，2003）。

　　目前臺灣已經由國民中小學九年一貫課程改革，進入到十二年國民基本教育課程改革行動，努力建構連貫的課程與無縫隙的課程，而不是過去脫鉤不連貫的課程。因此，積極因應時代變遷的未來課程革新，不能再以過去的教材、教導現在的學生、適應未來的生活。是以教育部積極推動並透過評鑑研究九年一貫課程改革，將國民小學一年級到國民中學三年級，這九年的課程加以連貫，甚至銜接後期中等教育課程改革，建置中小學十二年一貫課程體系行動綱領，希望建立一個更為緊密連貫與垂直銜接，而且沒有漏接漏洞的課程系統。在此過程中，教育人員與學校教師應該在課程研究、規劃、設計、實施、評鑑等課程改革歷程中，強調連貫的課程，如同接力賽跑的選手一樣要有交棒與接棒的連貫過程與結果，面對目前中小學課程的缺口、斷層與落差，進行課程銜接與緊密聯結，重視課程的繼續性、順序性、統整性與銜接性，彌補各教育階段的課程落差，努力建構連貫的課程。

　　但是，臺灣地區由於過去多年來受到升學考試、統一命題、統一分發與國立編譯館統一編輯教科書的制度影響，大多數學校教師往往認為課程，是教育部等官方政府頒布課程標準的規定或國立編譯館編輯發行的教科書，或是民間出版社根據政府頒布課程標準而編輯設計且經政府審查通過的教科用書。此種觀點認為課程是政府官方規定的書面內容或教科書商編輯的物質產品，甚至認為教科書就是課程的全部，容易忽略了學校的課程計畫（黃政傑，1991），而且往往認為教師的角色只在於將別人所設計的課程產品內容加以照本宣科，進行忠實的課程實施（歐用生，1996），更漠視教師教學實施運作的課程可能涉及教育實務反省批判的歷程與學生學習經驗獲得等層面的課程意義。

　　課程從哪裡來？這個課程研究的問題是課程學研究的重要問題，這個課程研究的問題與課程的意義與來源有著十分密切的關聯。為了回答此一課程學研究的重要問題，而且也因應臺灣當前學校教育現況，本書作者將上述英、美、紐、澳等國學者有關課程落差與課程轉化的種種觀點加以融合，採取課程連貫的視野，考量臺灣目前學校教育現況與未來課程發展趨勢，慎思課程意義的七種可能來源，並嘗試從課程學的研究觀點，區分為

如下可加以連貫的課程意義與課程來源，研究課程學的可能圖像，包括：
「理念建議的課程」（ideal or recommended curriculum）、「正式規劃的
課程」（formally planned curriculum）、「資源支持的課程」（resources
supported curriculum）、「實施教導的課程」（taught or implemented
curriculum）、「學習獲得的課程」（learned or achieved curriculum）、
「評量考試的課程」（assessed or tested curriculum）與「評鑑研究的課
程」（evaluated or researched curriculum），摘要如圖10-3。

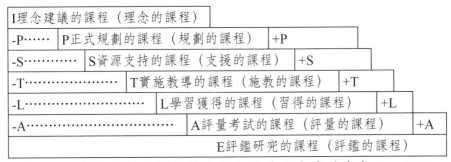

✿圖10-3　課程學的各課程層次間之落差與連貫（蔡清田，2008，
14）

　　整體而言，由上圖可知，課程是動態發展與不斷生成開展的
（becoming），每一個課程來源，各自代表課程研究發展的不同階段之
不同意義，似乎如同蘇東坡〈題西林壁〉所云：「橫看成嶺側成峰，遠近
高低各不同」，又如同張三豐的太極劍法，千變萬化、令人目不暇給；然
而，如果我們用課程學研究的視野觀點加以研究分析，就會發現每一個課
程意義與來源都不是分開獨立的，而應該是代表課程研究發展階段的連續
發展與彼此連貫成為一體的不同面向，如同從不同角度立場觀看廬山的不
同面向。

　　然而，個別而言，上述課程意義與來源的層次區別與課程研究發展階
段的生成與開展，有可能代表不同層級觀點的課程研究發展相關人員，對
課程意義與來源的不同理解（understanding）、詮釋、修改、補充、調整

轉化過程當中，所產生距離間隔的缺口與落差，例如「理念建議的課程」（ideal or recommended curriculum，簡稱I）轉化成為「正式規劃的課程」（formally planned curriculum，簡稱P），可能減損（-P）或增加（+P）；在轉化成為「資源支持的課程」（resources supported curriculum，簡稱S），可能減損（-S）或增加（+S）；在轉化成為「實施教導的課程」（taught or implemented curriculum，簡稱T），可能減損（-T）或增加（+T）；在轉化成為「學習獲得的課程」（learned or achieved curriculum，簡稱L），可能減損（-L）或增加（+L）；在轉化成為「評量考試的課程」（assessed or tested curriculum，簡稱A），可能減損（- A）或增加（+A）。從課程學的研究觀點而言，各課程層次之間可能產生落差，如果各課程層次之間的溝通、解釋、協商不夠充分，其間落差必然加劇，應該可以透過課程學的研究之努力，蒐集課程研究發展資料情報以探究評鑑研究的課程（evaluated curriculum，簡稱E），並透過經過評鑑研究之後進行課程改革並加以連貫，以縮短各個課程層次之間的落差。

　　本書作者深切期望課程學者、政府官員、出版社、學校教育人員、學生家長與社會大眾等教育相關人員，從不同角度立場理解「課程」的意義，可收「橫看成嶺側成峰，遠近高低各不同」的整體視野交融之效；但應避免「盲人摸象」或各持己見或以偏概全，宜從課程學術研究的整體觀點，理解課程現象的動態性與意義的多樣性，探索發現課程研究發展的缺口與落差之處，並且發揮團隊分工與密切合作的同舟共濟精神，透過大隊接力的分工合作與緊密連結等具體行動，以進行課程連貫。

一、理念建議的課程

　　「理念建議的課程」（ideal or recommended curriculum），簡稱「理念的課程」（ideal curriculum）或「理念學說建議的課程」，又稱「理念研究建議的課程」或稱為「意識型態的課程」（ideological curriculum），是指由學者、專業組織、基金會和特定利益團體成立委員會或個別的學者專家，進行課程問題探討與理念的倡導。例如：在全球化的浪潮之下，我

國行政院教育改革審議委員會總諮議報告書所提出強調培育優質人才的能力取向課程理念建議與課程改革方向，便是屬於「理念建議的課程」（ideal recommended curriculum）。

又如中華民國課程與教學學會的年刊、黃光雄、黃炳煌、黃政傑、歐用生、陳伯璋等知名課程學者的傳記或其所提出的課程理念學說與課程革新方向，都是屬於理念學說建議的課程，諸如「全人教育」、「整體課程」、「統整課程」、「學校課程發展」、「潛在課程」、「懸缺課程」等等理念學說，另外如「經濟合作與發展組織」（Organization for Economic Co-operation and Development，簡稱OECD）於1998至2005年進行之大規模專案研究計畫，稱之為「素養的界定與選擇：理論與概念的基礎」（Definition and Selection of Competencies: Theoretical and Conceptual Foundations，簡稱 DeSeCo）研擬「素養的三維論」理念，便提出核心素養取向的課程改革理念，作為「經濟合作與發展組織」各會員國進行課程改革的理念建議（蔡清田，2008）。「經濟合作與發展組織」的「素養的界定與選擇：理論與概念的基礎」專案研究者，藉由「核心素養」之大規模研究計畫，試圖凝聚「經濟合作與發展組織」多數國家之共同理念，形成面對二十一世紀各項挑戰的行動準則，並體認到個人素養培養與團體社會福祉之間的密切關聯。「素養的界定與選擇：理論與概念的基礎」所探討的「核心素養」屬於較新興之教育研究概念，具有課程研究及教學實驗價值，但其精神為科際整合的團隊合作，從各個專業面向深入追究「核心素養」的本質，因此「素養的界定與選擇：理論與概念的基礎」共整合了「經濟合作與發展組織」當中的十二個會員國之研究團隊，一反過去傳統國際評量研究較著重實用價值的現實取向，轉而採取相當謹慎的基礎研究（basic research）途徑，企圖建立較為堅實而穩固的課程改革理論基礎及願景共識，此一「素養的三維論」理念，也有待進一步發展與設計，始可發揮其功能（蔡清田，2011）。

相似地在課程改革與教學創新的建議上，我國前行政院教育改革審議會便有其重視生活中心的特定理念與強調基本能力取向的意識型態立場，前行政院教育改革審議會總諮議報告書的課程改革理念建議，指出國民中

小學課程應該以生活為中心，整體規劃，並以強健體魄，促進個體充分發展與增進群己關係為目標，培養生活基本能力，建立生活的基本態度與習慣，奠定其終身學習的基礎；甚至明確建議政府應速建立基本學力指標，從事有關課程發展的基本問題研究，並建立課程綱要的最低規範，以取代課程標準，使地方、學校及教師能有彈性的空間，因材施教或發展特色（行政院教育改革審議會，1996，38），這也可說是一種強調生活中心基本能力取向的意識形態之「理念建議的課程」。

　　有趣的是，由於學者專家或專業組織、基金會和特定利益團體所提出的「理念建議的課程」，是一種「理念研究建議的課程」或「理念學說建議的課程」，也是一種烏托邦的公共願景與希望（Doll & Gough, 2002; Halpin, 2006），或許都有其倡導的理想色彩或特定利益與習焉而不察之立場（Scott, 2006），因此又被稱為「意識型態的課程」（ideological curriculum）（Goodlad, 1979）。值得注意的是，此種理念建議的課程，應該是一種經過課程研究（curriculum research）之後所提出的課程理念或理論構念，以作為課程改革理念之建議，並避免受限於特定課程理論流派立場（Scott, 2006），或陷於習焉而不察之意識型態泥淖而不自覺。特別是課程研究不只是在蒐尋課程現象，更是以新的視野重新蒐尋課程現象，以便進行課程改革情境分析的需求評估，或需要研究影響課程改革的優劣機會與威脅等內外在的動態情境因素，進行課程改革的需求評估，以瞭解課程改革的問題與需要是什麼？進而建構教育願景與課程目標，規劃設計適當課程方案，並進行實施與評鑑回饋。「課程研究」是指一種對課程現象追求更寬廣更深層的理解之努力行動，根據過去經驗，分析研究實際情境與相關理論，對於可能遭遇的困難如衝突抗拒等，加以預測與防範，因此，可以作為課程改革的建議之參考（蔡清田，2002）。

　　換言之，教育相關人員應該可以透過課程研究的需求評估（Taba, 1962; Tanner & Tanner, 1995）、情境分析（Price & Stradley, 1981; Skilbeck, 1984）與課程探究（Short, 1991a; 1991b; 1991c），瞭解目標的來源（Tyler, 1949），探索描述分析課程、檢視課程綱要與學校教育計畫（Henderson & Hawthorne, 2000），配合整體社會發展的需要（Oliva,

1992），進行課程學術研究，指出影響課程改革的因素，以便瞭解並說明課程發展現象，而且根據課程研究發現，繼續進行規劃設計與實施評鑑（蔡清田，2000）。課程研究是課程發展與設計的入門，課程發展與設計是在特定的教育情境條件之下，發展出一套課程系統，以達成教育目標的一種課程行動。課程研究的貢獻，可以解釋課程發展的相關現象，其貢獻不僅限於解答特殊的課程問題，而在於提供課程理念、模式與通則等等建議，以協助課程研究發展人員理解課程發展的動態歷程，並進而充實課程規劃設計、實施與評鑑之實踐能力（蔡清田，2002）。

二、正式規劃的課程

「正式規劃的課程」（formally planned curriculum），或簡稱為「規劃的課程」（planned curriculum），又稱「正式課程」（formal curriculum）或「政府官方規劃的課程」，是指政府所正式規劃或官方文件所規定公布的課程綱要（curriculum guidelines）、課程標準（curriculum standards）、學校課程發展委員會正式規劃且經政府官方明文核備的學校課程計畫（school curriculum plans），以及甚至包括學校課程發展委員會正式審查通過教師規劃設計的課程方案教學進度教材範圍順序（scope and sequence）與單元設計等書面文件（document）等計畫（蔡清田，2003）。

就其特點而言，「正式規劃的課程」，是政府透過扮演國定課程代理人的角色，進行文化選擇與傳遞（Lawton, 1983; Ross, 2000），將教育知識國家化（Young, 2006），特別是指由政府官方所正式認可公布的課程綱要或課程標準或核准的學校課程計畫與課程方案等政府官方正式核定的書面文件課程，例如政府所公布的國民中小學九年一貫課程綱要、學校課程計畫以及教師所設計的課程單元主題計畫，所以又稱「官方形式的課程」（official curriculum）（蔡清田，2003；Apple, 1993）。這些「正式規劃的課程」往往以書面文件的正式型式出現，因此，在歐美等國往往又稱此種課程為官方正式公布的「書面的課程」或「書面計畫課程」（written curriculum）（Glatthorn, 1987）。

　　此種課程觀點，合乎「課程即計畫」的課程意義（黃光雄、蔡清田，2009），重視事前預先規劃與未雨綢繆，以便於規劃與管理等優點，強調課程是一種事先規劃設計安排的學校教育內容與教學實施程序的學習計畫，可以經過周密的課程計畫，規劃優良的學習內容與方法，達成預期的學習結果。課程計畫，就是指從事課程規劃（curriculum planning）的相關教育人員，根據社會文化價值、學科知識與學生興趣等等，針對課程目標、內容、方法、活動與評鑑等因素，所進行的一系列選擇、組織、安排之規劃設計（蔡清田，2001；Lawton, 1983；Skilbeck, 1984；Pratt, 1994）。課程可以是政府官方規劃的「課程綱要」、或學校審查通過的「學校課程發展計畫」、或教師正式規劃設計的「教學計畫」（Marsh, Day, Hannay, & McCutcheon, 1990）等等的正式書面文件。

　　「正式規劃的課程」可能和「理念建議的課程」完全一樣，完全接受「理念建議的課程」，但是，「正式規劃的課程」也可能是各種理念學說課程之綜合或修正。由於「正式規劃的課程」的品質良窳，攸關課程發展成效。因此，從「正式規劃的課程」的研究規劃制定、實施執行到評鑑回饋，都要相當謹慎，以利課程政策的順利推動，促進課程發展。值得注意的是，此種「正式規劃的課程」之課程規劃，宜先透過課程研究的情境分析與需求評估，導出課程改革計畫與架構的慎思熟慮構想，引導課程目標的前進方向。

三、資源支持的課程

　　「資源支持的課程」（resources supported curriculum），或簡稱為「支援的課程」（supported curriculum），又稱「資源支援的課程」「資源材料支持的課程」或材料支持的課程，包含所有可以協助教學的學習材料與可以支援課程的資源或網路資源 （蔡清田，2002），例如一般常見的教科書（textbook）、教學軟體、資訊網站與其他媒體等材料與相關資源，可以提供教師種種教學機會，以具體和系統的方式，呈現所要教導的

知識技能，也可引導學生學習探究的媒介，或引發進一步的批判評價等等（蔡清田，2002）。

政府官方「正式規劃的課程」可能受限於政府有限經費或不願與民爭利，因此，不一定由政府官方出版「資源支持的課程」，而是由民間出版業者根據政府官方「正式規劃的課程」，而進一步衍生出「資源支持的課程」，以便學校教師、家長與學生運用的教材或學習資源，特別是教科書往往是學校教育人員與社會大眾容易知覺，而且也比較熟悉的重要教學材料與媒介，教科書往往主宰了教師的教學內容與學生的學習內容，也是一般學校師生、學生家長與社會大眾比較熟悉的「知覺的課程」（perceived curriculum）（Goodlad, 1979），不過在當今複雜多變的後現代社會，美國哈佛大學（Harvard University）與麻省理工學院（MIT）將教材上網，我國中央研究院等相關機構也有「數位典藏國家型科技計畫—拓展臺灣數位典藏計畫」，可讓世人分享最尖端的課程與知識，更可支援教師與學生進行教學與學習，教學材料與知識等課程來源變得多元與多源；因此學校教育人員不應該只是使用傳統制式的教科書來進行教學，而應該擴展學習內容來源，留意教科書之外的其他「資源支持的課程」，以協助學生獲得更豐富來源與更多元的學習。

學校師生雖然根據教科書等「資源支持的課程」的內容知覺而進行教學實施運作，但是卻不一定能完全落實政府官方「正式規劃的課程」或學者倡導「理念建議的課程」。值得注意的是，此種「資源支持的課程」之課程設計，最好也同時考慮到包含成立學習領域與活動課程的方案設計小組，進行教材的編選設計、教學活動的設計、教學內容的範圍、順序與組織，以及空間、資源與設備的配置等等（蔡清田，2002），此種課程也是有待進一步研究。

四、實施教導的課程

「實施教導的課程」（taught or implemented curriculum），又稱「教師實施教導的課程」（teacher implemented taught curriculum）或簡稱為

「施教的課程」或「教導的課程」（taught curriculum）或「實施的課程」（implemented curriculum）或「運作的課程」（operated curriculum），係指教師在學校與教室所實際教導運作的課程內容，也是指教師在教學時實際執行運作而發生的課程，因此又稱為「運作的課程」。

　　國民中小學九年一貫課程改革實施之後，將「課程標準」鬆綁，改為「課程綱要」，同時賦予學校課程發展的空間，並強調教師專業發展的重要性（陳伯璋，2001a）。然而，由於國內課程改革的教育行政配套措施不夠完備，加上過去的師資培訓過程並未特別強調課程發展與設計的專業能力，特別是由於過去臺灣地區的教育首長與行政人員，往往訴諸由上而下的個人 育理念與政府教育政策與行政計畫，強調官方一致的課程行政命令規定，經常要求學校教師和學生必須依上級預定計畫的「正式規劃的課程」進行課程實施工作，因此容易形成「由上而下」的課程改革之教育行政監督管理與控制手段 （Tanner & Tanner, 1995）。甚至，教育行政人員經常誤認為教師的教學歷程必須忠實地進行課程實施（curriculum implementation），忽略課程實施的師生與課程互動之複雜歷程與教學結果，漠視教師在教室課堂隨機應變出現的變通計畫或另類思考 （Portelli, 1987），未能適切理解並深入探究學校教室內「實施運作的課程」之實際複雜情境。

　　然而，這種由教師日復一日實際傳遞的課程，不一定和教師所知覺的「資源支持的課程」一致，當然也不一定和相同於「資源支持的課程」或政府官方「正式規劃的課程」或學者倡導「理念建議的課程」之內容，因為教師在教室中是有某種程度的專業自主性，教師往往透過自己的教育信念來詮釋課程並與學生進行互動，可能與知覺到的課程或政府原先正式規劃的課程之間存有差距（Brophy, 1982），但是由於教師很少自行觀察檢視自己實施教導的課程，因此，可以透過受過訓練的觀察者去觀察和紀錄課程實施的歷程，以進一步瞭解實施教導的課程。值得注意的是，此種「實施教導的課程」之課程實施，為減少對課程改革的誤解與抗拒，在此階段需透過教育人員在職進修與學校組織發展，進行教育專業反省與溝通，化解歧見，充實課程實施必要的知能，以順利進行實施教導的課程

（蔡清田，2002）。

　　課程改革需要時間進行事前規劃，課程實施更需要時間去推動
（Parsons, 1987），以便進行進一步發展與調整及創新，因此，有必要培
養教師因應課程改革的態度，並體認學校文化的重要性，瞭解學校情境的
複雜性與教學互動歷程的重要性；透過課程領導與課程協調的教育工作者
引導有效的課程實施之進展；創造有利於課程實施的積極條件，鼓勵教師
願意積極投入課程實施，體認教師角色在課程改革中的重要性（Clandinin
& Connelly, 1992），個別教師對課程實施的認同感與個人的課程教學魅
力，並將課程視爲有待考驗的研究假設（黃光雄、蔡清田，1999），以探
究「實施教導的課程」之實際現況，並協助教師彼此合作，以建立教師專
業文化，是邁向成功課程實施的主要特質（Fullan, 1989）。

五、學習獲得的課程

　　「學習獲得的課程」（learned or achieved curriculum），或簡稱爲
「習得的課程」（learned curriculum）（Glatthorn, 1987），又稱「學生
學習獲得的課程」，是指學生實際學習或經驗的課程，重視學生從教師
「實施教導的課程」之後所實際獲得的學習經驗，因此又稱爲「經驗的課
程」（experienced curriculum or experiential curriculum）（Goodlad, 1979,
63）。

　　這也是Glatthorn所指底線的課程（bottom-line curriculum），係指學
生根據自己的特質、興趣、需要、問題、機會等所選擇的實際學習或「經
驗的課程」，亦即學生眞正學會的課程。特別是教學者、學習者、學習內
容與教學環境之間的交互作用（Schwab, 1983），以及交互作用之後所產
生的經驗歷程與實際結果（黃光雄、蔡清田，1999）。

　　一般人往往特別重視市場上出版業者提供的教科書等「資源支持的課
程」、學校教師運作「實施教導的課程」、學者呼籲主張「理念建議的課
程」、或政府公布「正式規劃的課程」，卻可能忽略了學生實際眞實經驗
的「學習獲得的課程」。依前行政院教育改革審議委員會在《教育改革總

諮議報告書》所言，教育改革的目標在於提供國民更好的教育機會，其核心的教育改革理念思想之一，是希望能從過去由上而下的威權教育方式，轉變爲「以學生爲中心」的民主教育之學習方式（行政院教育改革審議會，1996）。

　　事實上，學生會經由種種活動中主動或被動地建構或獲得自己的學習經驗，因此，學生「學習獲得的課程」不一定等於教師「實施教導的課程」或「資源支持的課程」，不一定能完全落實政府官方「正式規劃的課程」或學者倡導「理念建議的課程」，而且教育人員也可以透過評量、問卷調查、晤談或觀察以瞭解學生學習獲得的課程。

六、評量考試的課程

　　「評量考試的課程」（assessed or tested curriculum），或簡稱爲「評量的課程」（assessed curriculum）或「考試的課程」或「測驗的課程」或「施測的課程」，是「測得的課程」（tested curriculum）（Glatthorn, 1987），或稱爲「考試施測的課程」、「評量考試測得的課程」，是指出現於考試測驗和表現測驗當中的課程。例如美國美國標準化的測驗、各州的測驗、標準化的測驗、地方學區的測驗與教師自編的測驗試題等等，這些也是泛指出現於各種評量測驗考試當中所涵蓋的課程內容，這也往往通稱爲評量考試測量得到的課程，或通稱爲「評量考試的課程」，係指透過考試測驗等評量考試所測量得到的課程內容。又如我國大學入學考試的測驗、國中基本學力測驗與教師自編的測量試題，這也稱「評量考試測得的課程」，係指透過測驗考試等評鑑的課程內容，具有許多型式與包括許多目的。

　　一般人往往只重視「理念建議的課程」、「正式規劃的課程」、學校教師「實施教導的課程」或學生的「學習獲得的課程」，往往忽略了「評量考試的課程」。然而，此種評量考試的課程，有助於進一步瞭解上一章所謂「學習獲得的課程」（learned or achieved curriculum）。特別是教師所發展出來並用來評量學生學習成就，且給予學生學習成績的評量測驗或

考試，是最需要謹慎細心的課程評鑑。值得注意的是，此種「評量考試的課程」之課程評鑑，在於蒐集適當而充分的證據，以判斷並改進課程過程與成效，可結合教育行動研究建構不斷循環的評鑑系統，以發揮評鑑與回饋的功能（蔡清田，2002）。

七、評鑑研究的課程

就「評鑑研究的課程」（evaluated or researched curriculum）而言，上述「理念建議的課程」、「正式規劃的課程」、「資源支持的課程」、「實施教導的課程」、「學習獲得的課程」、「評量考試的課程」等等，上述這些課程都是有待研究考驗的課程，也是有待「評鑑研究的課程」，簡稱「評鑑的課程」（evaluated curriculum）或「研究的課程」（researched curriculum）。

「課程評鑑」（curriculum evaluation），係評鑑在課程領域之應用（黃光雄、蔡清田，1999），是指教育人員蒐集有關課程的資料，其主要目的旨在判斷課程理念、課程計畫、教學材料資源、課程實施運作、評量考試測驗與學習過程與結果的方法活動等等之價值，以便進一步指出教育內容和活動之改革方向（黃政傑，1987）。就此而言，「課程評鑑」是一種價值引導的構想，透過建構及分配資訊，以引導某種特定教育系統的課程教學方案內容或學習活動或教育行動 （Norris, 1990），其功能可以藉此幫助教育政策的決策者、學校教育行政人員、教師、學生家長或社會人士，瞭解課程發展的重要特色與特定的時空背景情境，並進而促成課程改革之合理決策，以提升課程發展之品質（蔡清田，2005）。

由於過去一般人往往只有注意到課程評鑑的某些面向，特別是往往只強調以學生學習成果為主的課程評鑑，而忽略了其他面向的課程評鑑。其實，課程發展的評鑑活動，需要較廣泛的評鑑。課程評鑑所涉及的層面，包括廣泛的結果，如學生的態度、其他教師的反應、課程改革對整體學校組織的影響，不僅包括獲得學生成就的評量測驗分數而已，更涵蓋探究課程理念意義本質、計畫、教材教法、實施與成果品質等層面，以便協

助教育人員得以繼續進行課程規劃設計實施。換言之，就評鑑研究的課程內容而言，可能包括呈現學生學習效果、教師教學成效、行政系統的支持與課程方案成效等面向，以符合檢視課程不同層面的需要，並提供豐富的回饋資訊，以提升下一個循環的課程改革品質（蔡清田，2006）。是以教育人員應該採取一種更為周延充分而更為完整的課程評鑑，以探究評鑑研究的課程，透過課程評鑑研究，可以有助於教育人員探究「評鑑研究的課程」，這種經過評鑑研究的課程，可以有助於教育人員與社會大眾發現並理解本書所指出「理念建議的課程、「正式規劃的課程」、「資源支持的課程」、「施教教導的課程」、「學習獲得的課程」、「評量考試的課程」等等的「缺口」、「落差」與不連貫之處，有助於評鑑研究並前瞻未來，以因應課程改革的永續經營（蔡清田，2007）。

　　綜上所述，本書作者嘗試透過針對「理念建議的課程」、「正式規劃的課程」、「資源支持的課程」、「施教教導的課程」、「學習獲得的課程」、「評量考試的課程」、「評鑑研究的課程」等等層面的課程意義來源及其可能的連貫之道，進行其課程研究的再研究，希望能激勵自己與課程界的同好，共同致力邁向課程學的建立（蔡清田，2008）。特別是進一步透過慎思熟慮構想「理念建議的課程」、研議「正式規劃的課程」、提出「資源支持的課程」、設計「實施教導的課程」、引導「學習獲得的課程」、重視「評量考試的課程」、落實「評鑑研究的課程」，研究課程之間的落差與缺口，並透過課程的連貫以填補其缺口與橋接其間的落差，促成課程改革的永續發展與進步；甚至透過課程研究的再研究，可以鼓勵課程研究者超越自己的先前理解，進而焠鍊出前瞻而務實的課程理念願景（Scott, 2006），更鼓勵課程研究者持續開拓前人所未知、所未發現、更為寬廣、更為深邃之課程學術研究領域（Moore, 2006），進而建構課程學。

參 考 書 目

方德隆（2001）。學校本位課程發展的理論基礎。**課程與教學季刊**，4（2），1-24。

方德隆（2003）。「基本能力、統整課程」：課程改革政策的理想與實際。教育部編印：**國民中小學九年一貫課程理論基礎**。

中國教育學會（1994）（編）。**教育改革**。臺北：師大書苑。

王文科（1989）。**課程論**。臺北：五南。

王文科（1998）。**課程與教學**。臺北：五南。

王承緒等（譯）（1991）。Mayhew & Edwards原著。**杜威學校**。上海市：華東師範大學。

朱敬一、戴華（1996）。**國家在教育中的角色**。臺北：行政院教育改革審議委員會。

呂正雄（1992）（譯）。**虎牙課程**。花蓮：國立花蓮師範學院人文教育研究中心。

呂松林（2003）。國中鄉土藝術課程發展行動研究。國立中正大學教育學研究所碩士論文，未出版。

李子建與黃顯華（1996）。**課程：範式、取向和設計**。臺北：五南。

李新鄉（2003）。國小校長轉型中的課程領導。**教育研究月刊**，2003（9），30-44。

李旭民（2006）。教務組長課程領導之行動研究。國立中正大學教育學研究所碩士論文，未出版。

行政院教育改革審議委員會（1996）。**教育改革總諮議報告書**。臺北：作者。

林本（1970）。**教育思想與問題**。臺北：臺灣書店。中華叢書。

林本、李祖壽（1970）課程類型。王雲五主編雲五**社會科學大辭典**（pp. 134-9）。臺北：商務。

林玉体（1980）（譯）。**西洋教育史**。臺北：教育文物。

林玉体（1983）。**西洋教育史**。臺北：文景。

高新建（1997）。美國學科標準的訂定與推廣及其對我國課程修訂與推廣的啓示。中華民國課程與教學學會主編，**邁向未來的課程與教學**。臺北：師大書苑。

郭生玉（1992）。國民中小學教師工作心厭之研究。**教育心理學報**，25，67-79。

邵瑞珍（譯）（1982）。Bruner原著。**教育過程**。北京市：文化教育。

單中惠、馬曉斌（譯）（1994）。Cremin原著。**學校的變革**。上海市：上海教育。

單文經（1992）。**課程與教學研究**。臺北：遠流。

單文經（2004）。論革新課程實驗之難成。**教育研究集刊**，50卷，1期，1-32。

單文經、高新建、高博詮、蔡清田等譯（2001）。**校長的課程領導**。臺北：學富。

游家政（2002）。國民中學的課程領導。**課程與教學季刊**，5（2），1-20。

趙祥麟等（譯）（1994）。Dewey原著。**學校與社會‧明日之學校**。北京市：人民教育。

彭駕騂（1978）。**課程的設計與評鑑**。臺北：臺灣書店。

林清江、蔡清田（1997）。**國民中小學課程發展共同原則之研究**。國立中正大學教育學程中心。教育部委託專案。

林明地（2000）。校長課程領導與學校本位課程發展。載於臺南師院主編：**九年一貫課程：從理論、政策到執行**。高雄：復文。

林吟徽（2009）。國小四年級環境教育課程設計之行動研究。國立中正大學教育學研究所碩士論文，未出版。

吳清山（2011）。發展學生核心素養，提升學生未來適應力。**研習資訊**，**28**（4），1-3。

吳麗君（2002）九年一貫課程的首演：改革理念與實務面向的落差。載於中華民國課程與教學學會主編**創世紀教育工程：九年一貫課程再造**。臺北：揚智。

洪英（2002）。鄉土教學學校本位課程發展之行動研究。國立中正大學教育學研究所碩士論文，未出版。

洪裕宏（2008）。**界定與選擇國民核心素養：概念參考架構與理論基礎研究**。（行政院國家科學委員會專題研究計畫成果報告：NSC 95－2511－S－010－001）。臺北市: 國立陽明大學。

胡志偉、郭建志、程景琳、陳修元（2008）。**能教學之適文化國民核心素養研究**。（行政院國家科學委員會專題研究計畫成果報告：NSC95-2511-S-002-003）。臺北市：國立臺灣大學。

高涌泉、王道還、陳竹亭、翁秉仁、黃榮棋（2008）。**國民自然科學素養研究**。（行政院國家科學委員會專題研究計畫成果報告：NSC 95－2511－S－005－001）。臺北市：國立臺灣大學。

教育部（1998）。**國民教育階段九年一貫課程總綱綱要**。臺北：作者。

教育部（1999）。**國民中小學暫行課程綱要與現行國民中小學課程標準之比較**。教育部網站：*http://teach.eje.edu.tw/data/*國民中小學暫行課程綱要與現行國民中小學課程標準之比較**890103.ht**。

教育部（2000）**國民中小學九年一貫課程暫行綱要**。臺北：作者。

教育部（2003）。**國民中小學九年一貫課程綱要**。臺北：作者。

教育部（2008a）。**普通高級中學課程綱要**（97年1月24日臺中（一）字第0970011604B號）。臺北市：作者。

教育部（2008b）。**職業學校群科課程綱要**（97年3月31日臺技（三）字第970027618C號）。臺北市：作者。

教育部（2008c）。**國民中小學九年一貫課程綱要**。臺北市：教育部國教司。2010年11月15日，取自*http://teach.eje.edu.tw/9CC2/9cc_97.php*。

教育部（2009）。**綜合高級中學課程綱要**（98年3月31日臺技（一）字第980048261B號）。臺北市：作者。

教育部（2010）。教育部十二年國民基本教育實施計畫──配套措施2-中小學課程連貫與統整─方案2-1建置十二年一貫課程體系方案。臺北市：作者。

教育部（2011a）。中華民國教育報告書：黃金十年 百年樹人。臺北市：作

者。

教育部（2011b）。十二年國民基本教育實施計畫。臺北市：作者。

教育部（2012a）。十二年國民基本教育: 開啟孩子的無限可能。臺北市：作者。

教育部（2012b）。幼兒園教保活動課程暫行大綱。臺北市：作者。

教育部提升國民素養專案辦公室（2013）。十二年國民基本教育實施計畫—提升國民素養實施方案102年期中成果報告。臺北市：作者。

教育部（2014）。十二年國民基本教育課程總綱綱要。臺北市：作者。

國家教育研究院（2014）。十二年國民基本教育課程發展指引。臺北市：作者。教育部103年2月17日臺教授國部字第1030007735號函1030107。

彭富源（2003）。國內「課程領導」學位論文之分析。教育研究月刊，2003(9)，45-60。

黃光雄（1980）（編）。課程的理論與實際。高雄：復文。

黃光雄（1981）。課程的界說與模式，國教世紀，16（7-8），3-11。

黃光雄等（1983）（譯）。教育目標的分類方法。高雄：復文。

黃光雄（1984）。課程設計的模式。中國教育學會編輯小組中國教育的展望（p9. 287-314）中國教育的展望。臺北：五南。

黃光雄（1987）。教育的歷史研究方法。中國教育學會主編。教育研究方法論（pp. 195-213）。臺北：師大書苑。

黃光雄（1988）（主編）。教學原理。臺北：師大書苑。

黃光雄（1989）（編譯）。教育評鑑的模式。臺北：師大書苑。

黃光雄（1990）。英國國定課程評析。各國中小學課程比較研究。臺北：師大書苑。

黃光雄（1996）。課程與教學。臺北：師大書苑。

黃光雄（1997）。教師教育學程的課程與教學 師資培育多元化之理論與實務 研討會專題講演稿，發表於東海大學。1997年4月26日。

黃光雄（2005）。課程研究的回顧到展望。教育資料研究雙月刊，第67期，2005年12月，頁151-168。

黃光雄（2007）。潛在課程的概念。發表於致遠管理學院世紀講座專題講演

稿。2007年5月23日。

黃光雄、楊龍立（1999）。**課程設計**。臺北：師大書苑。

黃光雄、蔡清田（1999）。**課程設計：理論與實際**。臺北：五南。

黃光雄、蔡清田（2002）。課程研究與課程發展理念的實踐。**中正教育研究**。1（1）1-20。

黃炳煌（1984）。**課程理論的基礎**。臺北：文景。

黃炳煌（1986）（譯）（R. W. Tyler原著）。**課程與教學的基本原理**。臺北：桂冠。

黃炳煌（1987）**教育問題透視**。臺北：文景。

黃炳煌（1988）**技職教育課程發展模式之研究**。教育部技職司委託專題研究。臺北：國立政治大學教育系。

黃炳煌（1996）。**教育改革—理念、策略與措施**。臺北：心理。

黃炳煌（1999）。談「課程統整」:以國民教育九年一貫課程為例。發表於國立中正大學教育學院主辦 新世紀的教育展望國際學術研討會。1999年11月1-3日。嘉義民雄。

黃政傑（1985）。**課程改革**。臺北：漢文。

黃政傑（1987）。**課程評鑑**。臺北：師大書苑。

黃政傑（1988）。**教育理想的追求**。臺北：心理。

黃政傑（1991）。**課程設計**。臺北：東華。

黃政傑（1993）。**課程教學之變革**。臺北：師大書苑。

黃政傑（1995）。**多元社會課程取向**。臺北：師大書苑。

黃政傑（1996）。**教育改革的理論與實際**。臺北：師大書苑。

黃政傑（1997）。**課程改革的理念與實踐**。臺北：漢文書店。

黃政傑（1999）。永續的課程改革經營。發表於國立高雄師範大學教育系主辦「迎向千禧年—新世紀中小學課程改革與創新教學」學術研討會。1999年12月18日。屏東悠活飯店。

黃政傑（2001）。課程行動研究的問題與展望。中華民國課程與教學學會主編 行動研究與課程教學革新（pp. 223-239）。臺北：揚智。

黃娟娟（2003）。幼兒多元智能課程發展之行動研究。國立中正大學教育學

研究所碩士論文，未出版。

黃嘉雄（1999）。落實學校本位課程發展的行政領導策略。國民教育，44（1），29-34。

黃旭鈞（2002）。**國民小學校長課程領導模式建構之研究**。國立臺灣師範大學教育學系博士論文，未出版。

張美慧（2004）。國小四年級國語文課程統整之行動研究。國立中正大學教育學研究所碩士論文，未出版。

陳如山（1992）。**空中大學課程評鑑制度之研究**。臺北：空中大學研究處。

陳伯璋（1982）。**中等教育**。高雄：復文。

陳伯璋（1985）。**潛在課程之研究**。臺北：五南。

陳伯璋（1987）。**課程研究與教育革新**。臺北：師大書苑。

陳伯璋（1988）。**教育研究方法的新取向：質的研究方法**。臺北：南宏圖書。

陳伯璋（1990）。課程評鑑的新典範。**現代教育**，五卷三期，75-98。

陳伯璋（1999）。九年一貫新課程綱要修訂的背景及內涵。**教育研究資訊**，7(1)，1- 13。

陳伯璋（2001a）。**新世紀課程改革的挑戰與省思**。臺北：師大書苑。

陳伯璋（2001b）。學校本位課程發展與行動研究。中華民國課程與教學學會主編行動研究與課程教學革新（pp. 33-48）。臺北：揚智。

陳伯璋、張新仁、蔡清田、潘慧玲（2007）。**全方位的國民核心素養之教育研究**。（行政院國家科學委員會專題研究計畫成果報告：NSC 95－2511－S－003－001）。臺南市：致理管理學院教育研究所。

陳惠邦（1998）。**教育行動研究**。臺北：師大書苑。

陳美玉（1996）。教師專業實踐理論及其應用之研究。教育研究資訊。4(3)，120-142。

陳樹叢（2003）。國民中學校長課程領導之行動研究。國立中正大學教育學研究所碩士論文，未出版。

彭小妍、王瓊、戴景賢（2008）。**人文素養研究**。（行政院國家科學委員會專題研究計畫成果報告：NSC 95-2511-S-001-001）。臺北市：中央研

究院。

雲大維（2006）。教導主任鄉土自編教材課程發展行動研究。國立中正大學教育學研究所碩士論文，未出版。

賈馥茗（1985）。**教育哲學**。臺北：三民。

劉安祝（2008）。國小五年級教師生命教育課程發展之行動研究。國立中正大學教育學研究所碩士論文，未出版。

劉明琇（2007）。國小級任班級讀書會課程發展之行動研究。國立中正大學教育學研究所碩士論文，未出版。

歐用生（1984）。**課程研究方法論**。高雄：復文。

歐用生（1986）。**課程發展的基本原理**。高雄：復文。

歐用生（1989）。**課程與教學：概念理論與實際**。臺北：文景。

歐用生（1992）。**開放社會的教育改革**。臺北：心理出版社。

歐用生（1996a）。**課程與教學革新**。臺北：師大書苑。

歐用生（1996b）。**教師專業成長**。臺北：師大書苑。

歐用生（1999）。落實學校本位的課程發展。發表於國立高雄師範大學教育系主辦「迎向千禧年—新世紀中小學課程改革與創新教學」學術研討會。1999年12月18日。屏東悠活飯店。

歐用生（2000）。**課程改革**。臺北：師大書苑。

歐用生（2002）。披著羊皮的狼？九年一貫課程改革的深度思考。載於中華民國課程與教學學會主編**創世紀教育工程：九年一貫課程再造**。臺北：揚智。

歐用生（2003）。課程統整再概念。歐用生與陳伯璋主編**課程與教學的饗宴**（3-20）。高雄：復文。

歐用生（2007）。課程理論與實際的「辯證」——一條漫長的課程改革之路。載於中華民國教材研究發展學會主編**課程理論與課程改革**。臺北：中華民國 材研究發展學會。又載於周淑卿與陳麗華主編**課程改革的挑戰與省思**（**1-26**）。黃光雄教授七十大壽祝壽論文集。高雄：麗文。

歐陽教（1988）。教學的觀念分析。黃光雄主編（1988）**教學原理**（pp. 1-28）。臺北：師大書苑。

歐陽教（1990）教師的情理觀。**教育研究雙月刊**，13期，20。

閻自安（1999）。**臺灣地區國民小學學校本位決策與校長領導方式、教師工作滿意度之關係研究**。政治大學教育研究所博士論文，未出版。

楊國賜（1974）。**當代美國進步主義與經粹主義教育思想之比較研究**。臺北：嘉新水泥公司文化基金會。

楊龍立（1984）。**行爲目標的研究**。國立臺灣師大教育研究所碩士論文，未出版。

鍾啓泉（1991）。**現代課程論**。臺北：五南。

廖春文（1990）。英國1988年教育改革法案對我國中小學課程發展的啓示。各國中小學課程比較研究。臺北：師大書苑。

蔡清田（1992a）。**泰勒的課程理論發展之研究**。臺灣師範大學教育研究所碩士論文。未出版。

蔡清田（1992b）。從課程革新的觀點論教師的專業角色，載於中華民國師範教育學會主編 **教育專業**（pp. 129-154）。臺北：師大書苑。

蔡清田（1995）。教育歷程中之教師專業自律：「教師即研究者」對課程發展與教師專業成長之蘊義。本文發表於國立臺灣師範大學主辦之「**教育改革：理論與實際**」國際學術研討會。臺北。1995年3月14-16日。

蔡清田（1997a）。由「以教師教學爲依據的課程發展」論「教師即研究者」對課程發展與教師專業成長的教育啓示，**公教資訊**1 (1)，32-41。

蔡清田（1997b）。由「課程即研究假設」論教師專業成長，**教學輔導**，3，17-26 國立中山大學、中正大學、成功大學、屏東技術學院、高雄師範大學 南區地方教育輔導委員會編印。

蔡清田（1997c）。課程改革之另類思考：從「教師即研究者」論歷程模式之課程設計。載於歐用生主編**新世紀的教育發展**（pp.89-108）。臺北：師大書苑。

蔡清田（1997d）。以行動研究爲依據的教師在職進修與專業成長。載於中華民國師範教育學會主編 **教育專業與師資培育**（pp. 129-154）。臺北：師大書苑。

蔡清田（1997e）。教育改革的革新觀點與策略，載於高雄市政府公教人力

發展中心主編教育學術叢書2 **教育改革**（pp. 139-165）。高雄：高雄市
政府公教人力發展中心。

蔡清田（1998）。教師如何透過行動研究成為研究者：「教師即研究者」的
理想與實踐。**教育科技與研究：教學專業研討會暨工作坊**。教育部指
導。國立中正大學教育學程中心主辦。嘉義民雄。1998年12月29日至
30日。

蔡清田（1999）。推動學校本位課程發展，進行學校課程總體營造。發表於
國立高雄師範大學教育系主辦「**迎向千禧年—新世紀中小學課程改革
與創新教學**」學術研討會。1999年12月17日。屏東悠活飯店。

蔡清田（2000a）。**教育行動研究**。臺北：五南。

蔡清田（2000b）。學校整體課程之設計。載於中華民國課程與教學學會主
編**課程統整與教學**（pp. 289-313）。臺北：揚智。

蔡清田（2001）。**課程改革實驗**。臺北：五南。

蔡清田（2002）。**學校整體課程經營**。臺北：五南。

蔡清田（2002主譯）。**學習領域的課程設計**。臺北：五南。

蔡清田（2003）。**課程政策決定**。臺北：五南。

蔡清田（2004a）。**課程發展行動研究**。臺北：五南。

蔡清田（2004b）。**課程統整與行動研究**。臺北：五南。

蔡清田（2005）。**課程領導與學校本位課程發展**。臺北：五南。

蔡清田（2006）。**課程創新**。臺北：五南。

蔡清田（2007）。**學校本位課程發展的新猷與 務課程領導**。臺北：五南。

蔡清田（2008）。**課程學**。臺北：五南。

蔡清田（2009）。「八年研究」課程實驗及其重要啟示，**教育研究月刊179**
期2009(3)，94-105。

蔡清田（2010）。**論文寫作的通關密碼：想畢業，看這本**。臺北：高等教
育。

蔡清田（2011）。**素養：課程改革的DNA**。臺北：高等教育。

蔡清田（2012）。**課程發展與設計的關鍵DNA：核心素養**。臺北市：五
南。

蔡清田（2014）。**國民核心素養：十二年國教課程改革的DNA**。臺北市：高等教育。

蔡清田、王霄燕（2001）。國小校長課程領導實際行動之探究，**課程與教學季刊**，5（2），21-36。

蔡清田、童正德（2002）。國民中學學校本位課程發展的問題之研究，**教育研究月刊**, 2002(11)，119-131。

蔡清田、陳美伶（2003）。教務主任課程領導理論與實際。教育部編印**國民中小學九年一貫課程理論基礎**，pp. 340-357。

蔡清田等譯（2004）。**課程行動研究**。高雄：麗文。

蔡清田、陳延興、李奉儒、洪志成、曾玉村、鄭勝耀、林永豐（2009）。中小學課程相關之課程、教學、認知發展等學理基礎與理論趨向(國家教育研究院籌備處委託研究報告)。嘉義縣：國立中正大學課程研究所。

蔡清田、陳延興、吳明烈、盧美貴、陳聖謨、方德隆、林永豐（2011）。**K-12中小學一貫課程綱要核心素養與各領域連貫體系研究**（國家教育研究院委託研究報告）。嘉義縣：國立中正大學課程研究所。

蔡清田、洪若烈、陳延興、盧美貴、陳聖謨、方德隆、林永豐、李懿芳（2012）。K-12各教育階段核心素養與各領域課程統整研究（國家教育研究院委託研究報告）。嘉義縣:國立中正大學課程研究所。

蔡清田、陳伯璋、陳延興、林永豐、盧美貴、李文富、方德隆、陳聖謨、楊俊鴻、高新建、李懿芳、范信賢（2013）。**十二年國民基本教育課程發展指引草案擬議研究**（國家教育研究院委託研究報告）。嘉義縣：國立中正大學課程研究所。

蔡麗華（2004）。課程規劃的行動研究：以生命學園為例。國立中正大學教育學研究所碩士論文，未出版。

蔡慧琦（2004）。國小三年級人權教育課程設計行動研究。國立中正大學教育學研究所碩士論文，未出版。

蔡擎淦（2003）。社會領域課程統整之行動研究。國立中正大學教育學研究所碩士論文，未出版。

顧忠華、吳密察、黃東益（2008）。**我國國民歷史、文化及社會核心素養**

之研究。（行政院國家科學委員會專題研究計畫成果報告:NSC 95－2511－S－004－001）。臺北市：國立政治大學。

饒見維（1996）。**教師專業發展：理論與實際**。臺北：五南。

薛曉華（1995）。**臺灣民間教育改革運動**。國立臺灣師範大學教育研究所碩士論文。未出版。

瞿海源（1993）。評論臺灣教育問題，收錄於全國民間教育改革會議論文。

Aikin, W. M. (1942). *The story of the eight-year study, with conclusions and recommendations*. NY & London: Harper & Brothers.

Aldrich, R. (2002). Reflections on the recent innovation of the National Curriculum in England. 中正教育研究，（1, 創刊號），65-90.

Aldrich R. and Green A. (1995). Education and Cultural Identity in the United Kingdom. In Hildebrand B. and Sting S (eds) *Erziehung und kulturelle Identität* (1995) Münster: Waxmann.

Anderson, R. M. & Tomkins, C. S. (1983). *Understanding materials: Their role in curriculum development*. Vancouver: University of British Columbia.

Apple, M. (1979). *Ideology and curriculum*. London: Routledge.

Apple, M.(1988). *Teachers and Text*. New York: Routledge.

Apple, M.(1993). *Official knowledge: Democratic education in a conservative age*. London: Routledge.

Barnes, D. R. (1982). *Practical curriculum study*. London: Routledge & Kegan Paul.

Beane, J. A. (1997). *Curriculum integration: designing the core of democratic education*. New York: Teachers College Press.

Beane, J. A., Toepfer, C. F. Jr., & Alessi, S. J. Jr. (1986) *Curriculum planning and development*. Boston: Allyn and Bacon.

Beauchamp, G. (1975). *Curriculum theory*. (3rd ed.) Wilmette, Ill: The Kagg Press.

Berman, R., & McLaughlin, M. W. (1975). *Federal programs supporting educational change: Vol. IV. The findings in review*. Santa Monica, CA: rand Corporation.

Benjamin, H. (1939). The Saber-tooth curriculum. in Golby, M., Greenwald, J. & West, R. (eds.) *Curriculum design.* (pp. 7-14.) London: Croom Helm in association with The Open University.

Beyer, L. E. & Apple, M. W. (1998)(eds.). *The curriculum : Problems, politics, and possibilities* (2nd ed.). Albany: SUNY.

Bloom, B. S., Hastings, J. T. & Madaus, G. F. (1971). *Handbook on formative and summative evaluation of student learning.* N.K.: McCraw-Hill Book Co.

Bloom, B. (1986). Ralph Tyler's impact on evaluation theory and practice. *Journal of Thought.* 21(1), pp. 36-46.

Blumberg, A. and Blumberg, P.(1994). *The unwritten curriculum：Things learned but not taught in school.* Thousand Oaks, Cal.: Corwin Press, Inc.

Bobbitt, F. (1918). *The curriculum.* Boston: Houghton Mifflin Company.

Bobbitt, F. (1924). *How to make a curriculum.* Boston: Houghton Mifflin Company.

Bode, B. H.(1937). *Modern educational theories.* New York: The Macmillan.

Bode, B. H.(1938). *Progressive education at the crossroads.* New York: Newson.

Boomer, G. et. al. (1992)(eds.). *Negotiating the curriculum: educating for the 21st century.* London: Falmer.

Bradley, L. H. (1985). *Curriculum leadership and development handbook.* Englewood Cliffs, N.J.: Prentice-Hall, Inc.

Brady, L. (1987). The supportiveness of the principal in school-based curriculum development. *Journal of Curriculum Studies*, 17 (1), 95-97.

Bradley, H.; Conner, C.; and Southworth. G. (1994). *Developing teachers developing schools: Making INSET effective for the school.* London: David Fulton.

Brandt, R. S. & Tyler, R. W. (1983). Goals and objectives. In English, F. W. (ed.) *Fundamental curriculum decisions.* (pp. 40-52).VA: ASCD. ED 225 948.

Bridges, D. (1979a). *Education, democracy and discussion.* Oxford: NFER Publisher.

Bridges, D. (1979b). Some reasons why curriculum planning should not be left to the Experts. *Journal of Philosophy of Education* 13, 159-164.

Brophy, J. E. (1982). How teachers influence what is taught and learned in classroom. *The Elementary School Journal*, 83(1),1-13.

Brown, S. I., & Finn, M. E.(Eds.)(1988). *Readings from progressive education: A movement and its professional journal*, Vol. I. Lanham: University Press of America.

Bruner, J. (1966). *Toward a theory of instruction*. Cambridge: Harvard University Press.

Bruner, J. (1967). Man: A Course of Study. In Bruner, J. & Dow, P. *Man: A Course of Study. A description of an elementary social studies curriculum*. (pp.3-37). Cambridge: Education.

Carr, W. & Kemmis, S. (1986). *Becoming critical: Education, knowledge and action research*. London: Falmer.

Carter, G. L. (1974) (ed.). *Facilitating learning with adults: What Ralph W. Tyler says*. ED 133 289.

Charters, W. W. (1923). *Curriculum construction*. N.Y.: Macmillian.

Cherryhomes, C.H. (2002). Curriculum ghost and visions-and what to do？. In W.E. Doll & Gough, N. (Eds.). Curriculum visions . New York：Peter Lang.

Clandinin, D. J. & Connelly, F. M. (1992). Teachers as curriculum makers. In Jackson, P. (ed.) *Handbook of research on curriculum*. (pp. 363-401). N. Y. : Macmillan.

Connell, W. F.(1980). *A history of education in the twentieth century world*. New York: Teachers College Press.

Connelly, F. M. & .D. J Clandinin. (1988). *Teachers as curriculum planners :Narratives of experience* . N.Y.: Teachers College Press .

Corey, S. (1953). Action research to improve school practices. New York: Teachers College Press.

Cornbleth, C. (1979). Curriculum materials and pupil involvement in learning activity. Paper presented at the Annual Meeting of the American research Association, San Francisco.

Costello, Carrie Yang (2001). Schooled by the classroom ：The (re) production of social stratification in professional school settings. In Eric Margolis，*The hidden curriculum in higher education.* New York：Routledge.

Counts,G..S. (1932). *Dare the school build a new social order?* New York: The John Day.

Cremin,L.A.(1964). *The transformation of the school: Progressivism in American education,1876-1957.*New York: Vintage Book.

Cronbach, L. (1963). Course improvement through evaluation. *Teachers' College Record.* 64 (8), 672-83.

Dagget, W. (1995). Keynote address. OSSTF Grass Roots Conference, Toronto, ON.

Daignault, J. (1995). Understanding curriculum as poststructuralist, deconstructed, postmodern text. In Pinar, W.F., Reynold, W.M., Slattery, P., & Taubman, P.M. (1995). *Understanding curriculum :an introduction to the study of historical and contemporary curriculum discourses.* New York : Peter Lang.

Dalin, P. & McLaughlin, M. W. (1975). *Strategies for innovation in higher education.* Educational Research Symposium on Strategies for Research and Development in Higher Education. Stockholm, Sweden.

Davis,Jr.O.L.(Ed.)(1976). *Perspectives on curriculum development, 1776-1976.* Washington D.C.: ASCD.

Dearing, R. (1993a). *The National Curriculum and its Assessment: Interim report.* London: SCAA. July.

Dearing, R. (1993b). *The National Curriculum and its Assessment: Final Report.* London: SCAA. July.

DeGarmo,C.(1895). Herbart and Herbartians. New York: Charles Scribner's Sons.

Department for Education and Skills (2002). *14-19: extending opportunities, raising standards (consultation document).* London: DfES.

Department of Education (1991). *America 2000: An education strategy*. Washington, DC: Department of Education.

Department of Education and Science (1989a). N*ational curriculum: From policy to practice*. London: DES.

Department of Education and Science (1989b). *Aspects of primary education: The teaching and learning of History and Geography*. London: HMSO.

Department of Education and Science (1989c). *The Education Reform Act 1988: The school curriculum and assessment*. London: DES. Circular No 5/89. 22 February 1989.

Depencier, I. B.(1967). *The history of the laboratory schools: The university of Chicago, 1896-1965*.Chicago:Quadrangle.

Dewey, J. (1895). Plan of organization of the university primary school. In J. A. Boydston (Ed.)(1972). *John Dewey: The early works 1882-1898*. Vol.5: 1895-1898. Carbondale and Edwardsvill, IL: The Southern Illionis University Press.

Dewey, J. (1896a). The need for a laboratory school. In J. A. Boydston (Ed.)(1972), *John Dewey: The early works 1882-1898*. Vol.5:1895-1898. Carbondale and Edwardsvill. IL: The Southern Illionis University Press.

Dewey, J. (1896b).A pedagogical experiment. In J. A. Boydston (Ed.)(1972). *John Dewey: The early works 1882-1898*. Vol.5:1895-1898. Carbondale and Edwardsvill. IL: The Southern Illionis University Press.

Dewey, J. (1896c). The university school. In J. A. Boydston (Ed.)(1972). *John Dewey: The early works 1882-1898*. Vol.5:.1895-1898. Carbondale and Edwardsvill. IL: The Southern Illionis University Press.

Dewey, J. (1900/1990). *The school and society*. Chicago & London: The University of Chicago Press.

Dewey, J. (1902/1990). *The child and the curriculum*. Chicago & London: The University of Chicago Press.

Dewey, J (1928). Progressive education and science of education. In J. A.

Boydston (Ed.)(1984). *John Dewey: The later works,1925-1953*. Vol. 3: 1927-1928. Carbondale and Edwardsvill, IL: The Southern Illinois University Press.

Dewey, J. (1930). How much freedom in new schools. In J. A. Boydston (Ed.) (1984), *John Dewey: The later works, 1925-1953*. Vol. 5 : 1929-1930. Carbondale and Edwardsvill. IL: The Southern Illinois University Press.

Dewey, Jane M. (1939). Biography of John Dewey. In Paul A. Schilpp (Ed.) *The philosophy of John Dewey*. New York: Tudor Publishing Co.

Dewey, J. (1975). *Moral principles in education*. London: Feffer and Simons.

Doll, R. C. (1992)(Eds.). *Curriculum improving: decision making and process.(8th ed)* Boston: Allyn and Bacon.

Doll, R. C. (1996). Curriculum leadership: Its nature and strategies. In Doll. R. C. *Curriculum improvement: Decision making and process* (489-544). Boston: Allyn and Bacon.

Doll, W. E. & Gough, N. (2002). *Curriculum visions*. New York : Peter Lang.

Dow, P.(1991). *Schoolhouse Politics: Lessons from the Sputnik Era*. Cambridge, MA: Harvard University Press.

Drake ,S.M. (1993).*Planning Integrated Curriculum: The Call to Adventure. Virginia: Association for supervision and Curriculum Development*. (ERIC Document Reproduction Service No. ED 355660).

Drake,S. M. (1998) .*Creating Integrated Curriculum：Proven Ways to Increase Student Learning*. Thousand Oaks, California: Corwin Press.

Dunkel, H. B. (1970). *Herbart and Herbartianism: An educational ghost story*. Chicago : The University of Chicago Press.

Eisner, E.W. (1994). (3 rd ed.) *The Educational Imagination: On the Design and Education of School Program* New York: Macmillan.

Elliott, J. (1975). Initiation into classroom discussion. In Elliott, J. & MacDonald, B. (eds.) *People in Classrooms: Teacher Evaluations of the Humanities Curriculum Project*. Norwich, UK: University of East Anglia, School of

Education, Centre for Applied Research in Education. No.2.

Elliott, J. (1983). A curriculum for the study of human affairs: The contribution of Lawrence Stenhouse. *Journal of Curriculum Studies*, 15(2), 105-123.

Elliott, J. (1991). Disconnecting knowledge and understanding from human values: a critique of National Curriculum development. *Curriculum Journal*, 2(1) 9-31.

Elliott, J. (1992). *Action research for educational change*. Milton Keynes: Open University Books.

Elliott, J. (1994). The Teacher's Role in Curriculum Development: an unresolved issue in English attempts at curriculum reform. *Curriculum Studies*, 2(1), 43-69.

Elliott, J. (1998). *The curriculum experiment: Meeting the challenge of social change*. Buckingham: Open University Press.

English, F. W. (1992). *Deciding what to teach and test: Developing, aligning, and auditing the curriculum*. Newbury Park, CA: Corwin.

Erickson, H. L. (1998). *Concept-based curriculum and instruction*. London: Corwin.

European Commission (2005). On key competences for lifelong learning. Proposal for a recommendation of the European parliament and of the council. Brussels: Author.

Eveland, J. D., Rogers, E., & Klepper, C. (1977). *The innovation process in public organizations: Some elements of a preliminary model*. Springfield, VA: American Society for Public Education.

Flinders, D. J., Noddings, N. and Thornton, S. J. (1986). The Null Curriculum: Its Theoretical Basis and Practical Implication. Curriculum Inquiry, 16(1).

Fliss, M. (1988). *The pilgrim's progress: The Progressivism of Francis Wayland Parker (1837-1902)*. Unpublished doctoral dissertation. The University of Pennsylvania.

Fogarty. R. (1991) Ten ways to integrate curriculum. *Educational Leadership*,

49(2), 61-66.

Fullan, M. (1986). *School improvement efforts in Canada*. Toronto: Council of

Fullan, M. (1989). *Implementing educational change: what we know*. Ottawa: Education and Employment Division, Population and Human Resources Department, World Bank.

Fullan, M. (1990). Beyond implementation. *Curriculum Inquiry*, 20 (2), 137-139.

Fullan, M. (1993). *Change forces : Probing the depths of educational reform*. London : Falmer.

Fullan, M., Bennett, B., & Rolheiser- Bennett, C. (1990). Linking classroom and school improvement. *Educational Leadership*, 47(8) 13-19.

Fullan, M. & Pomfret, A. (1977). Research on curriculum and instruction implementation. *Review of Educational Research*, 47 (1) 355-397.

Fullan, M. (with Stiegelbauer, S.) (1995). *The new meaning of educational change*. London: Cassell.

Fuller, F. F. (1969). Concerns of teachers: A developmental conceptualization. *American Educational Research Journal*, 6(2), 207-226.

Gatto, John Taylor (2005). *Dumbing us down：The hidden curriculum of compulsory schooling*，2nd ed. Gabriola Island, Canada：New Society Publishers.

Getzels, J.W. (1974). Image of classroom and visions of the learner. *School Review*，82(4).

Giroux, H. A., Penna, A. N., & Pinar, W. (Eds.) (1981). *Curriculum and instruction*. Berkeley: McCutchan.

Glatthorn, A. A. (1987). *Curriculum leadership*. Glenview, Ill.: Scott, Foresman & Co.

Glatthorn, A. A. (2000). *The principal as curriculum leader: Shaping what is taught and tested*. Thousand Oaks, California: Corwin.

Goodlad, J. I. (1979). The scope of curriculum field. In Goodlad, J. I. et al., *Curriculum inquiry: The study of curriculum practice*. N. Y. McGraw-Hill.

Goodlad,J. I. & Klein, M. F. (1970). *Behind the classroom door*. Worthington, OH: Jones.

Goodson, I. (1988). *The making of curriculum*. London: Falmer Press.

Goodson, I. (1994). *Studying curriculum*. Milton Keynes: Open University Books.

Gordon，David (1982). The concept of the hidden Curriculum. Journal of Philosophy of Education, 16(2).

Gordon，David (1983). Rules and the effectiveness of the hidden curriculum . *Journal of Philosophy of Education*，17(2).

Gould, L. L. (Ed.) (1974). *The progressive era. Syracuse*. N. Y. Syracuse University Press.

Graham, P. A. (1967). *Progressive education from arcade to academe: A history of the progressive education association, 1919-1955*. New York: Teachers College Press.

Gress, J. R. & Purpel, D. E. (1988) (eds.). *Curriculum: an introduction to the field* . Berkeley, Calif: McCutchan.

Gross, S. J. (1998). *Staying centered: curriculum leadership in a turbulent era*. Washington. D.C.: ASCD.

Grundy, S. (1987). *Curriculum: product or praxis?* London: Falmer.

Grundy, S. & Kemmis, S. (1982). *Three modes of action research*. Geelong, Australia: Deakin University.

Gutek, G. L. (1970). *The educational theory of George S. Counts*. Columbus, O. H.: Ohio State University Press.

Hall, G. E., & Loucks, S. F. (1977). A developmental model for determining whether the treatment is actually implemented. *American Educational Research Journal*, 14(3), 263-276.

Hall, G. E., & Loucks, S. F. (1978). Innovation configurations: Analyzing the adaptations of innovations. *In Procedures for adopting educational innovations program*. Austin: University of Texas, Research and Development Center.

Hall, G. E., & Loucks, S. F. (1981). Program definition and adaptation: Implementation for inservice. *Journal of Research and development in Education*, 14(2), 46-58.

Hall, G. E., Wallace, R. C. & Dossett, W. F. (1973). A developmental conceptualization of the adoption process within educational institutions. Unpublished paper. Austin: University of Texas, Research and Development Center for Teacher Education.

Halpin, D. (2006). Understanding curriculum as utopian text. In Moore, A. (2006) (Ed.).*Schooling , society and curriculum(147-157). London*: Routledge.

Hamilton, D. (1990). Curriculum history. Geelong: Deakin University Press.

Hargreaves, A. (1989). *Curriculum and assessment reform*. Milton Keynes, UK: Open University Press.

Hass, G. & Parkay, F. W. (1993). *Curriculum planning: a new approach*. Boston: Allyn and Bacon.

Hawthorne, R. D. & McConnell, J. R. (1995). The principal and curriculum leadership, *People & Educational*, 3(1),111-121.

Herderson, J. C. (1985). *Organisation development and the implementation of planned change*. Unpublished doctoral dissertation. Murdoch University, Perth, Western Australia.

Henderson, J.G. & Hawthorne, R.D. (2000). *Transformative curriculum leadership*. N.J.: Prentice Hall.

Henderson, J. G. & Kesson, K. R. (1999). *Understanding Democratic Curriculum Leadership*. New York: Teachers College Press.

Herbart, J.F. (1892). *The science of education: The general principles deduced from its aim and the aesthetic revelation of the world*. Trans. by Henry M. and Emmie Felkin. London: Swan Sonnenschein.

Hirst, P. H. (1974). *Knowledge and the curriculum*. London: Routledge.

Hord, S. M., & Hall, G. E. (1983). *Three images: what principals do in curriculum implementation*. Austin: University of Texas, Research and Development

Center for Teacher Education.

House, E. (1979). Technology versus Craft: a Ten Year Perspective on Innovation. *Journal of Curriculum Studies*, 11(1), 1-15.

House, E. (1981). The perspectives on innovation. In Lehming, R. & Kane, M. (eds.) *Improving schools: Using what we know.* (pp.17-41). London: SAGE.

Hoyle, E. & John, P. D. (1995). *Professional knowledge and professional practice.* London: Cassell.

Huberman, M. (1988). Teacher careers and school improvement. *Journal of Curriculum Studies*, 20(2) 119-132.

Huberman, A. M., & Crandall, D. P. (1982). *A study of dissemination efforts supporting school improvement (DESSI): Vol IX. People, politics, and practices: Examining the chain of school improvement,.* Andover, MA: The Network.

Jackson, P. (1990, reissued) *.Life in the classroom.* New York：Teachers College Press

Jackson，P. (1992). *Untaught curriculum.* New York：Teachers College Press.

Jackson, P. (1992)(ed.). *Handbook of research on curriculum: a project of the American Educational Research Association.* New York: Macmillan

Jacobs, H. (1991). Planning for Curriculum Integration. *Educational Leadership*, 49(2), 50-60.

Joint Committee on Standards for Educational Evaluation with Sanders, J. R. (1994). *The Program evaluation standards: how to assess evaluations ofeducational programs.* Thousand Oaks, California: Sage.

Kemmis, S. (1986). *Curriculum theorizing: Beyond reproduction theory.*Geelong, Deakin University Press.

Kendall, J. S. & Marzano, R. J. (1997). *Content knowledge* (2nd ed.). Aurora, CO: Mid-continent Regional Education Laboratory.

Kerr, J. F. (1968). *Changing the curriculum.* London: University of London Press.

Kliebard, H. M. (1970). The Tyler Rationale. *School Review.* 78(2), 259-72.

Kliebard, H. M. (1986). *The struggle of American curriculum*. Boston: Routledge & Kegan.

Kliebard, H. M. (2004). *The struggle for the American curriculum, 1893-1958*(3rd Ed.). New York: Routledge/Falmer.

Lawton, D., Gordon, P., Ing, M., Gibby, B., Pring, R., and Moore, T. (1978). *Theory and practice of curriculum studies*. London: RKP.

Lawton, D. (1983). *Curriculum studies and educational planning*. London: Hodder and Stoughton.

Lawton, D. (1989). *Education, culture and the National Curriculum*. London: Hodder and Stoughton.

Leithwood, K. A. (1981). Managing the implementation of curriculum innovations. *Knowledge: Creation, Diffusion, Utilization*, 2(3), 341-360.

Leithwood, K., Jantzi, D. & Steinbach, R. (1999). *Changing Leadership for Changing Times*. Philadelphia: Open University Press.

Leithwood, K. A. & Montgomery, D. J. (1982). A framework for planned educational change: Application to the assessment of program implementation. *Educational Evaluation and Policy Analysis*, 4(2), 157-167.

Lewy, A. (1991)(ed.). *The international encyclopedia of curriculum*. Oxford: Pergamon.

Loucks, S. F. (1983). *Defining fidelity: A cross-study analysis*. Paper presented at the Annual Meeting of the American Educational Research Association, Montreal.

Loucks, S. F., Newlove, D. W., & Hall, G. E. (1975). *Measuring levels of use of the innovation: A manual for trainers, interviewers, and raters*. Austin: University of Texas, research and Development Center for Teacher Education.

Lynch, Kathleen (1989). *The hidden curriculum in higher education*. London：The Falmer Press.

MacDonald, B. (1971). The evaluation of the Humanities Curriculum Project: A holistic approach. *Theory into Practice*. June, 163-167.

MacDonald, B. (1974). Evaluation and the control of education. in MacDonald, B & Walker, R. (eds.) *SAFARI: Innovation, evaluation, research and the problem of control.* (pp.9-22). Norwich: Centre for Applied Research in Education, University of East Anglia.

MacDonald, B. & Walker, R. (1976). *Changing the Curriculum*. London: Open Books.

Madaus, G. F. & Stufflebeam, D. L. (1989). *Education evaluation : Classic works of Ralph W. Tyler*. Boston : Kluwer Academic Publishers.

Mallery, A. L. (2000). *Creating a catalyst for thinking: The integrated curriculum*. Boston: Allyn and Bacon.

Margolis，Eric (ed.) (2001). *The hidden curriculum in higher education*. New York: Routledge.

Marsh, C. (1992). *Key concepts for understanding curriculum*. London: Falmer.

Marsh, C. (1997a). *Perspectives: Key concepts for understanding curriculum 1*. London: Falmer.

Marsh, C. (1997b). *Perspectives: Key concepts for understanding curriculum 2*. London: Falmer.

Marsh, C.J., Day, C., Hannay, L . & McCutcheon, G. (1990). *Reconceptualizing School-based curriculum development*. London: Falmer.

Marsh, C. & Willis, G. (1995). *Curriculum: alternative approaches, ongoing issues*. Englewood Cliffs, N. J.: Merrill.

Marshall, D., Sears, J.T. & Schubert, W.H. (2000). *Turning points in curriculum: A contemporary American memoir*. Upper Saddle River, N. J.: Prentice-Hall.

Mathews, J. (1989). *Curriculum exposed*. London: David Fulton.

Mayhew, K. C., & Edwards, A. C. (1936). The Dewey school: The laboratory school of the university of Chicago, 1896-1903. New York: Alherton Press.

McKernan, J. (1996). *Curriculum action research: a handbook of methods and resources for the reflective practitioner*. London: Kogan Paul.

McLaughlin, M. W. (1987). Learning from experience: Lessons from policy implementation. *Educational Evaluation and Policy Analysis, 9*(2), 171-178.

McLaughlin, M. W. (1989). *The Rand change agent study ten years later: Macro perspectives and micro realities.* Unpublished paper. Stanford University: Center for Research on the Context of Secondary Teaching.

McNeil, J. D. (1984). *Curriculum: A compressive introduction.* Boston: Little, Brown and company.

McNeil, J. D. (1990). *Curriculum: A compressive introduction (4ᵗʰ ed.).* New York: Harper Collins.

McNeil, J. D. (1995). *Curriculum: the teacher's initiative.* New York: Merrill.

Moore, A. (2006)(Ed.). *Schooling , society and curriculum.* London: Routledge.

National Council of Teachers of Teachers of English and International Reading Association. (1996). Standards for the English language arts. Urbana, IL: National of Teachers of English..

National Council of Teachers Mathematics. (1989). *Curriculum and evaluation standards for school mathematics.* Reston, VA: Author.

Noddings, N. (1986). Fidelity in teaching, teacher education, and research for teaching. *Harvard Educational Review, 56*(4), 496-510.

Norris, N. (1990). *Understanding educational evaluation.* London: Kogan Page.

Nunan, T. (1983). *Countering educational design.* N. Y.: Nichols Pub. Co.

Obsorn, M. (1994). Teachers and their ideologies as mediators of change. (ERIC Document Reproduction Service No. 375 084)

Oliva, P. F. (1992). *Developing the curriculum (3ʳᵈ ed.).* New York: Harper Collins.

Oliver, A. I. (1977). *Curriculum improvement: A guide to problems, principles, and process (2ⁿᵈ ed.).* New York: Harper & Row.

Organisation for Economic Co-operation and Development & Statistics Canada (2005). Learning a living: First results of the adult literacy and life skills survey. Paris: OECD Publications Service.

Ornstein, A. C. & Behar, L. S. (1995)(eds.). *Contemporary issues in curriculum.*

Boston: Allyn and Bacon.

Ornstein, A. C. & Hunkins, F. P. (1993). *Curriculum: foundations, principles, and issues (2ⁿᵈ ed)*. Boston: Allyn and Bacon.

Osborn, M. and Others (1994). Teachers and their ideologies as mediators of change. Primary Assessment, Curriculum and Experience: A Study of educational change under the National Curriculum. Bristol University. April 1994. ED 375084.

Overly, Norman V. (ed.) (1970). *The unstudied curriculum: Its Impact on children*. Washington, D.C.: ASCD, NEA.

Parker, F. W. (1883). *Notes of talks on teaching*. New York: E. L. Kellogg.

Parker, F. W. (1894/1969). *Talks on pedagogies：An outline of the theory of concentration*. NY: Arno Press & The New York Times.

Parker, F. W. (1937). Talks on pedagogies. Ed. Elsie A. Wygant and Flora J. Cook. New York: The John Day Company.

Parsons, C. (1987). *The curriculum change game*. London: Falmer.

Peters, R. S. (1959). Must an educator have an aim? In Peters, R. S. *Authority, responsibility and education*. (pp. 83-95). London: George Allen and Unwin.

Peters, R. S. (1966). *Ethics and education*. London: George Allen and Unwin.

Phi-Delta-Kappan (Ed.) (1977). Ralph Tyler: Education's Mr. Fix-It. *Phi-Delta-Kappan*, 58(7), 540-543.

Pinar, W. F. (1975) (Ed.). *Curriculum theorizing: The reconceptualists*. Berkeley, CA: McCutchan.

Pinar, W. F. (1988) (Ed.). *Contemporary curriculum discourse*. Scottsdale: Gorsuch Scarisbrick.

Pinar, W. F. (1999). (Ed.). *Contemporary curriculum discourses: Twenty years of JCT*. New York: Peter Lang.

Pinar, W.F., Reynold, W.M., Slattery, P., & Taubman, P.M.(1995). *Understanding curriculum :an introduction to the study of historical and contemporary curriculum discourses*. New York : Peter Lang.

Pinar, W.F.(2004). *What is curriculum theory?*. New Jersey : Lawrence Erlbaum Associates Publishers.

Pollard, A. (1994). Changing the classroom curriculum: the acid test of policy intervention. (ERIC Document Reproduction Service No. 377 179)

Portelli, J. P. (1987). Making sense of diversity: The current state of curriculum research. *Journal of Curriculum and Supervision*, 4(4), 340-361.

Posner, G. J. (1998). Models of curriculum planning. in Beyer, L. E. & Apple, M. W. (eds.) *The curriculum: problems, politics, and possibilities*. Albany:Sunny.

Posner, G. J. & Rudnitsky, A. N. (1997). *Course design: A guide to curriculum development for teachers (5ᵗʰ ed)* . New York: Longman.

Posner, G. J. (1995). *Analyzing the curriculum*. London: McGraw-Hill.

Pratt, D. (1994). *Curriculum planning: A handbook for professionals*. Orlando, FL: Harcourt Brace College Publishers.

Price, D. & Stradley, A. (1981). The grassroots level of caring: An evaluation of school-based curriculum development. *Curriculum Perspectives*, 2(1), 33-37.

QCA, (2000). The School Curriculum and National Curriculum.Http:/www.nc.uk. net/about-ks1-ks2.html

Raths, J. H. (1971). Teaching without specific objectives. *Educational Leadership*. 28(7) (April 1971), 715.

Reid, W. A. (1994). *The pursuit of curriculum: schooling and the public interest*. Norwood, N. J.: Ablex.

Rogers, E. M. (1982). *Diffusion of innovation*. (3ʳᵈ)) New York: Free Press.

Rosenthal, Robert and Jacobson, Lenore (1968). *Pygmalion in the classroom*: *Teacher expectation and pupils' intellectual development*. New York: Holt, Rinehart and Winston.

Ross, A. (2000). *Curriculum: construction and critique*. London: Falmer Press.

Rudduck, J. & Hopkins, D. (eds.) (1985) *Research as a basis for teaching:*

Readings from the work of Lawrence Stenhouse. London: Heinemann Educational Books.

Rudduck, J. & Kelly, P. (1976). *The dissemination of curriculum development : Current trends* . Windsor: National Foundation for Educational Research.

Rugg, H. O. & Others (1969a). *Curriculum making: Past and present*. The twenty-sixth Yearbook of the National Society for the Study of Education. Part :1 New York: Arno Press Inc.

Rugg, H. O. & Others (1969b). *The foundation of curriculum making*. The twenty-sixth Yearbook of the National Society for the Study of Education. Part 2. New York: Arno Press Inc.

Rugg, H. & Schumaker, A. (1928). *The child-centered school: An appraisal of the new education*. Yonkers-on-Hudson, N. Y.: World Book.

Russell，Bertrand (1917).*Principles of social reconstruction*. London：George Allen and Unwin.

Ryan, K.; Johnston, J.; and Newman, K. (1977) (eds.) An interview with Ralph Tyler. *Phi-Delta-Kappan*, 58(7), 544-547.

Rychen, D. S. & Salganik, L. H. (2003) (Eds.). Key competencies for a successful life and a well-functioning society. Göttingen, Germany: Hogrefe & Huber Publishers.

Schon, D. A. (1971). *Beyond the stable state: public and private learning in a changing society*. London: Maurice Temple Smith Ltd.

Schon, D. A. (1995). *The reflective practitioner: how professionals think in action*. Hampshire, U.K: Arena Avebury Ashgate Publishing Limited.

Schools Council (1965). *Raising the school leaving age* (Working Paper No.2). London: Her Majesty's Stationary Office.

Schools Council (1967). *Society and the school leaver* (Working Paper No.11). London: Her Majesty's Stationery Office.

Schools Council (1970). *The Humanities Curriculum Project: An Introduction*. London：Heinemann Educational Books.

Schubert, W. H. (1986). *Curriculum: Perspective, paradigm, and possibility*. N. Y. Macmillan.

Schubert, W. H. & Schubert, A. L. (1986). A dialogue with Ralph W. Tyler. *Journal of thought*. 21(1), (spring), 91-118.

Schwab, J. J. (1971). The practical: A language for curriculum. in Levit, M. (1971) (ed.) *Curriculum*.(pp. 307-330). Chicago: University of Illinois Press.

Schwab, J. (1983) The Practice 4: Something for curriculum professors to do. *Curriculum Inquiry*, 13(3), 239-265.

Scott, D.(2006). Six curriculum discourses: contestation and edification. In Moore, A. (2006)(Ed.). *Schooling , society and curriculum (31-42)*. London: Routledge.

Scriven, M. (1967). The methodology of evaluation. in Tyler, R. W., Gagne, & R. M. Scriben, M. (eds.) *Perspectives of curriculum evaluation*. (pp. 39-83) Chicago: Rand & Mcnally..

Sequel, M. L. (1966). *The curriculum field: Its formative years*. New York: Teacher College Press.

Short, E. (1991a). Introduction: Understanding curriculum inquiry. In Short, E. C. (ed.) *Forms of curriculum inquiry*. (pp.1-25). Albany: SUNY.

Short, E. (1991b). A perspective on understanding the nature of curriculum inquiry. *Curriculum and Teaching*, 6(2), 1-14.

Short, E. (1991c). Inquiry methods in curriculum studies: An overview. *Curriculum Perspectives* 11(2), 15-26.

Simons, H. (1971). Innovation and the case-study of schools. *Cambridge Journal of Education* 3, 118-23.

Skilbeck, M. (1982). School-based curriculum development. In Victor Lee and David Zedin (eds.) *Planning in the curriculum* (pp. 18-34). London: Hodder and Stoughton.

Skilbeck, M. (1984). *School-based curriculum development*. London: Harper & Row.

Snyder, B.R. (1970). The hidden curriculum .New York：Knopt.

Snyder, J., Bolin, F. Zumwalt, K. (1992). Curriculum implementation. In Jackson, P. W. (eds.) *Handbook of research on curriculum* (pp.402-435). N.Y.: Macmillan.

Spencer, H. (1911). Essays on Education and kindred subject. London. J. M. Dent & Sons. Ltds.

Squire, J. R. (Ed.) (1972). *A new look at progressive education*. Washington, D.C.: ASCD.

Stake, R. (1967). The countenance of educational evaluation. *Teachers College Record*, 68 (7), 523-540.

Stenhouse, L. (1971). Humanities Curriculum Project: The Rationale. *Theory into Practice* 10 (3), 154-162.

Stenhouse, L. (1973). The Humanities Curriculum Project. In Butcher, H. J. & Pont, H. B. (eds.). *Educational Research in Britain*, 3. London: University of London Press.

Stenhouse, L. (1975). *An introduction to curriculum research and development.* London: Heinemann.

Stenhouse, L. (1983). *Authority, education and emancipation*. London: Heinemann Educational Books.

Stenhouse, L. (1985). Action research and the teacher's responsibility. In Rudduck, J. & Hopkins, D. (eds.) (1985) *Research as a basis for teaching: Readings from the work of Lawrence Stenhouse*. (pp. 56-59) London: Heinemann Educational Books.

Stone, M. (2001). *The progressive legacy*: *Chicago's Francis W. Parker school (1901-2001)*. New York: Peter Lang.

Stufflebeam, D. L. (1983). The CIPP Model for program evaluation. In Madaus, G., Scriven, M. & Stufflebeam, D. L. (Eds.) *Evaluation models: Viewpoints on educational and human services evaluation* (pp. 94-106) Boston: Kluwer-Nijhoff.

Taba, H. (1962). *Curriculum development: theory and practice*. N.Y.: Harcourt Brace Jovanovich.

Tanner, D. (1982). Curriculum history. In .Mitzel, H. E. (ed.) *Encyclopedia for educational research* (5th ed.). N.Y.: The Free Press.

Tanner, L. N. (1988)(ed.). *Critical issues in curriculum*. Chicago, Ill: NSSE: Distributed by University of Chicago Press.

Tanner, L.(1997). *Dewey's laboratory school: Lessons for today* . New York: Teacher College Press.

Tanner, D. & Tanner, L. (1990). *History of the school curriculum*. New York: Macmillan.

Tanner, D. & Tanner, L. (1995). *Curriculum development: theory into practice* (3rd ed) New York: Merrill.

Taylor, F. W. (1998). *The principles of scientific management*. Mineola, N.Y: Dover.

Taylor, P. H. & Richards, C. M. (1979). *An introduction to curriculum studies*. Windsor: NFER.

Theodore & Chandos Rice, (1986). The Eight-Year Study at the East High School, Denver, Colorado. *Journal of Thought*, 21(1), (spring), 24-32.

Thorton, S. (1994). The social studies near century's end: Reconsidering patterns of curriculum and instruction. In L. Darling-Harmmond (Ed.), *Review of research in education*, Vol. 20(pp. 223-254). Washington, DC: American Educational Research Association.

Tsai, C. T. (1996). *Approaches to curriculum development: Case studies of innovation in the social studies curriculum in the UK and Taiwan*. Unpublished Ph.D. thesis. Centre for Applied Research in Education, University of East Anglia, Norwich, UK.

Tyler, R. W. (1934). *Constructing achievement tests*. Columbus: Ohio State University.

Tyler, R. W. (1939). Cooperation in the study of institutional problems. In Russell,

J. D. (ed.) *The outlook for higher education*. Chicago: University of Chicago Press.

Tyler, R. W. (1941). Workshops at the university of Chicago. *The Bulletin of the National Association of Secondary School Principles*, 25 (January).

Tyler, R. W. (1942). *Adventures in American education Vol.3：Appraising and recording student progress*. N.Y.：Harper ＆Brothers.

Tyler, R. W. (1949). *Basic principles of curriculum and instruction*. Chicago: University of Chicago Press.

Tyler, R. W. (1955). Human behavior. *NEA Journal* XLIV (October), 426-29.

Tyler, R. W. (1956a). Clarifying the role of the elementary school. *The Elementary School Journal*, 57 (November), pp.74-82.

Tyler, R. W. (1958). Six kinds of tasks for high schools. *The School Review*, 66 (March).

Tyler, R. W. (1959). Conditions for effective learning. *NEA Journal*, 48 (September), 47-49.

Tyler, R. W. (1960). The behavioral scientist look at the purpose of science-teaching. In Nelson, B. H. (ed.) *Rethinking science education*. (pp. 31-33) 1960 NSSE. Chicago: University of Chicago Press. ED 012 233.

Tyler, R. W. & Mills, A. L. (1961). *Report on cooperative education: Summary of the National Study*. N. Y.: Thomas Alva Edison Foundation.

Tyler, R. W. (1963). Programming of science and technology within the educational structure. In *Science, technology, and development. Volume 11: Human resources： Training of scientific and technical personnel*. United states papers prepared for the United Nations conference on the application of science and technology for the benefit of the less developed areas. (Geneva, February 4-20, 1963) Washington, D. C. : Government Printing Office. ED 011 863.

Tyler, R. W. (1964). The interrelationship of knowledge. *The National Elementary Principal*, 43 (February), 13-21.

Tyler, R. W. (1965). The knowledge explosion: Implications for secondary education. *Educational Forum*, 29, January, 145-153.

Tyler, R. W. (1966). Resources, model, and theory in the improvement of research in science education. In Richardson, J. S. & Howe, R.W. *The role of centers for science education in the production, demonstration, and research.* (pp. 31-40).Ohio: Ohio State University. ED 013 220.

Tyler, R. W. (1967). Purpose, scope and organization of education. A paper prepared for the area conference (2D, Salt Lake city, October 22-24, 1966). ED 013 479.

Tyler, R. W. (1968). Critique of the issue on the educational and psychological testing. *Review of Educational Research*, 38(1), 102-107.

Tyler, R. W. (1969). The purpose of the assessment. in Peatty, W. H. (ed.) *Improving educational assessment & an inventory of measures of affective behavior* (pp. 2-13). Washington, D. C.: ASCD. ED 034 730.

Tyler, R. W. (1971). Curriculum development in the Twenties and Thirties. In McClure, R. M. (ed.) *The curriculum: Retrospect and prospect.* pp. 26-44) Seventieth Yearbook of the National Society for the Study of Education, Part 1. Chicago: University of Chicago Press.

Tyler, R. W. (1972). The right student, the right time, and the right place. In McCaffrey K. J. & King, E. (eds.) *College/career choice: Right student, right time; right place.* (pp. 1-14). Monograph 9. ED 089 598.

Tyler, R. W. (1976a)(ed.). *Prospects for research and development in education.* Berkeley, Calif.: McCutchan Publishing Corp.

Tyler, R. W. (1976b). *Perspectives on American education: reflections on the past...Challenges for the future.* Edited by Dorothy Neubauer. Chicago: Science Research Associates.

Tyler, R. W. (1976c). Two new emphases in curriculum development. *Educational Leadership*, 34 (October), 61-71.

Tyler, R. W. (1976d). Assessing needs and determining goals. In McCullough, K.

O. (eds.) *Proceedings: Conference on the community/junior college*. (pp. 19-26). ED 203 889.

Tyler, R. W. (1976e). The American schools can meet the new demands they are facing. A paper presented at the annual convention of the American Association of School Administrators (108th, Atlantic city, NJ, February 20-23) ED 119 305.

Tyler, R. W. (1977a). Educational evaluation: A retrospective view. ED 193 275.

Tyler, R. W. (1977b) What have we learned about learning？ Overview and update. In Nassen, K. H. (Ed.) *Learning: An overview & update*. A report of the chief State School Officers 1976 Summer Institute. ED 137 211.

Tyler, R. W. (1978). Specific approaches to curriculum development. In Gress, J. R. (ed.) *Curriculum: An introduction to the field*. N.Y.: McCutchan Pub.Co.

Tyler, R. W. (1979a). Educational improvements best served by curriculum development. In Schaffarzick, J.& Sykes, G. (eds.) *Value conflicts and curriculum issues*. (pp. 237-162) California：McCutchan Pub. Co.

Tyler, R. W. (1979b). Teacher education and the improvement of instruction. In Leavitt, H. B. & Klassen, F. H. (eds.) *Teacher education and national development*. ED 185 033.

Tyler, R. W. (1980a).Parent involvement in Curriculum decision-making: Critique and comment. ED 191 596.

Tyler, R. W. (1980b). Curriculum planning in vocational education. In Cross, A. A. (ed.). *Vocational instruction*. ED 1881 333.

Tyler, R. W. (1981). How we got where we are? in Stone, J. C. (ed.) *Qualitative evaluation*. (pp. 1-14). ED 207 991.

Tyler, R. W. (1982). Education for participation: Implications for school curriculum and instruction. *Child and Youth Services*, 4, 3/4, 21-29.

Tyler, R. W. (1983). A rationale for program evaluation. In Madaus, G. F. ,Scriven, M. & Stufflebeam, D. (eds.) *Evaluation models: Viewpoints on educational and human service education*. Boston : Kluwer-Nijhoff Publishing.

Tyler, R. W. (1984). Curriculum development and research. in Hosford, Philip, L. (ed.) *Using what we know about teaching.* (pp.29-41.)1984 ASCD, ED 240088.

Tyler, R. W. (1986). Reflections of fifty years of work in curriculum. *Journal of thought*, 21(1),74-74.

Tyler, R. W. (1987a). The five most significant curriculum events in the twentieth century. *Educational Leadership*, 1987, 44(4), 36-38.

Tyler, R. W. (1987b). Education: Curriculum development evaluation. Oral History Conducted by Malca Chall. Berkeley: University of California, Bancroft Library.

Tyler, R. W. (1987c). Book review: Curriculum and Aims; Curriculum: Perspective,paradigm, and possibility. *Teachers College Record*, 88(4), Summer, 604-609.

Tyler , R. W. (1988a). Evaluation for utilization. in Keeves, J. P. (ed.) *Educational research, methodology, and measurement: An international handbook.* (pp. 155-164). N.Y：Pergamon Press.

Tyler, R. W. (1988b). Progress in dealing with curriculum problem. In Tanner, L. N. (ed.) *Critical issues in curriculum.* (pp. 267-276). 1988NSSE. Illinois: Chicago.

Tyler, R. W. (1990). Reporting evaluations of learning outcomes. in Walborg, H. J. & Haertel, G. D. (eds.)(1990). *The international encyclopedia of educational valuation.* (pp733-738). N. Y.: Pergamon Press.

Tyler, R. W. & Waples, D. (1932). *Service studies in higher education.* Columbus: the Bureau of Educational Research, Ohio State University.

Tyler, R. W. & Lessinger, L. M. (1971) (eds.). *Accountability in education.* Worthington, Ohio: Charles A. Jones.

Tyler, R. W. & Brandt, R. S. (1983). Goal and objectives. In English, F. W. (ed.) *Fundamental curriculum decisions.* (pp. 40-52). ED 225 948.

United Nations Educational, Scientific and Cultural Organization (UNESCO)

Institute for Education. (2003). Nurturing the Treasure: Vision and Strategy 2002 - 2007. Hamburg, Germany: Author.

Walker, D. F. (1979). A naturalistic model for curriculum development. In Gress, J. R. & Purpel, D. E. (eds.) *Curriculum: An introduction to the field.* (pp. 268-82) CA: McCutchan.

Walker, D. F. (1990). *Fundamentals of curriculum.* N.Y.: Harcourt Brace Jovanovich.

Walker, D. F. & Schaffarzick. J. (1974). Comparing curricula. *Review of Educational Research,* 44(1), 83-111.

Wheeler, D. K. (1967). *Curriculum process.* London: University of London Press.

Whipple, G. M. (Ed)(1926). *The foundations and technique of curriculum construction part I. Curriculum-making: Past and present.* The twenty-sixth yearbook of the national society for the study of education. Bloomington, IL.:Public School.

Willis, G. , Schubert, H. W. Bullough, R. V., Kridel, C & Holton, J. (1994)(eds.). *The American curriculum: A documentary history.* Westport: Praeger.

Willis, G. , Schubert, H. W. Bullough, R. V., Kridel, C & Holton, J. (1994)(eds.). *The American curriculum: A documentary history.* Westport: Praeger.

Wirth, A.G.(1966). *John Dewey as educator: His design for work in education (1894-1904).* New York: John Willy & Sons.

Wolf, R. M. (1990). *Evaluation in education.* (3ed.). N. Y. :Praeger.

Wolf, R. M. (1991). Tyler Evaluation Model. in A. Lewy (ed.) *The international encyclopedia of curriculum.* (pp. 411-413.) N.Y.: Pergamon Press.

Young, M. (2006). Education, knowledge and the role of the state. In Moore, A. (2006)(Ed.). *Schooling , society and curriculum(19-30).* London: Routledge.

Zilversmit, A. (1993). *Changing Schools: Progressive Education Theory and Practice 1930-1960.* Chicago: The University of Chicago Press.

重要名詞索引

二、中文專有名詞

6畫

三、英文名詞

T

您，了没？

趕緊加入我們的粉絲專頁喲！

教育人文 & 影視新聞傳播～五南書香

等你來挖寶

【五南圖書 教育／傳播網】
ttps://www.facebook.com/wunan.t8

分絲專頁提供——

書籍出版資訊（包括五南教科書、
知識用書，書泉生活用書等）

不定時小驚喜(如贈書活動或書籍折
扣等)

粉絲可詢問書籍事項（訂購書籍或
出版寫作均可）、留言分享心情或
資訊交流

封面圖
不定期
會更換

請此處加入
按讚

國家圖書館出版品預行編目資料

課程發展與設計新論／黃光雄，蔡清田著.
－－初版.－－臺北市：五南圖書出版股份
有限公司, 2015.02
面；　公分
ISBN 978-957-11-8008-3 (平裝)

1.課程　2.課程規劃設計

521.7　　　　　　　　104001162

1IYP

課程發展與設計新論

作　　　者 — 黃光雄　蔡清田(372.1)

發 行 人 — 楊榮川

總 經 理 — 楊士清

總 編 輯 — 楊秀麗

副總編輯 — 黃文瓊

責任編輯 — 李敏華

封面設計 — 童安安

出 版 者 — 五南圖書出版股份有限公司

地　　　址：106台北市大安區和平東路二段339號4樓

電　　　話：(02)2705-5066　　傳　真：(02)2706-6100

網　　　址：https://www.wunan.com.tw

電子郵件：wunan@wunan.com.tw

劃撥帳號：01068953

戶　　　名：五南圖書出版股份有限公司

法律顧問　林勝安律師

出版日期　2015年 2 月初版一刷
　　　　　2023年 9 月初版十刷

定　　　價　新臺幣550元

經典永恆・名著常在

五十週年的獻禮──經典名著文庫

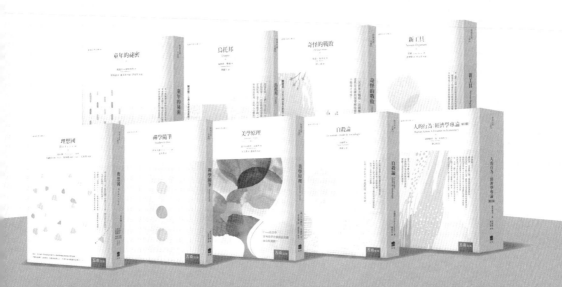

五南，五十年了，半個世紀，人生旅程的一大半，走過來了。

思索著，邁向百年的未來歷程，能為知識界、文化學術界作些什麼？

在速食文化的生態下，有什麼值得讓人雋永品味的？

歷代經典・當今名著，經過時間的洗禮，千錘百鍊，流傳至今，光芒耀人；

不僅使我們能領悟前人的智慧，同時也增深加廣我們思考的深度與視野。

我們決心投入巨資，有計畫的系統梳選，成立「經典名著文庫」，

希望收入古今中外思想性的、充滿睿智與獨見的經典、名著。

這是一項理想性的、永續性的巨大出版工程。

不在意讀者的眾寡，只考慮它的學術價值，力求完整展現先哲思想的軌跡；

為知識界開啟一片智慧之窗，營造一座百花綻放的世界文明公園，

任君遨遊、取菁吸蜜、嘉惠學子！